GB
한길그레이트북스

인류의 위대한 지적유산

인류의 위대한 지적유산

자본주의와 현대사회이론
마르크스, 뒤르켕 그리고 막스 베버의 저작분석

앤서니 기든스 | 박노영·임영일 옮김

한길사

Anthony Giddens
Capitalism & Modern Social Theory:
An Analysis of the Writings of Marx, Durkheim and Max Weber

Translated by Park No-young, Lim Young-il

Capitalism & Modern Social Theory ⓒ 1971 by Anthony Giddens
All rights reserved.
Korean translation edition ⓒ 2008 by Hangilsa Publishing Co., Ltd.
Published by arrangement with Cambridge University Press, UK
via Bestun Korea Agency, Korea
All rights reserved.

카를 마르크스(Karl Marx, 1818~83)
마르크스의 저작들은 구질서를 뒤흔들었던 1789년 프랑스 혁명의 영향을 근대로 끌어들였고, 또 그로부터 130여 년 후인 1917년에 일어난 러시아의 10월혁명을 직결시켜주고 있다.

막스 베버(Max Weber, 1864~1920)
베버는 말한다. "사회과학은 실제 문제들에 대한 관심에서 비롯되었고, 원하는 사회변동을 일으켜 보고자 하는 인간의 관심에 의해 고무되었다." 인간의 사회적·문화적 현실에 관한 객관적 진술에 관심을 갖는 학문을 만들고자 하는 충동은 그런 맥락으로부터 나왔다.

에밀 뒤르켐(Émile Durkheim, 1858~1917)
뒤르켐은 프랑스 사회학의 기초자로 널리 알려져 있는 인물로, 경험적 조사와 사회학 이론을 결합하여 야심적인 방법론을 발전시켰다.

레제, 「건축공사장 인부들」, 1950
레제는 근대 산업기술에 깊은 영향을 받은 프랑스의 화가이다.
20세기 예술가 가운데 산업혁명과 평범한 사람들이 희망을 가질 수 있는 시대를
레제만큼 열광적으로 받아들인 사람은 없었다.

인류의 위대한 지적유산

자본주의와 현대사회이론

앤서니 기든스 | 박노영 · 임영일 옮김

한길사

자본주의와 현대사회이론
차례

고전에서 현대를 읽는다 | 박노영 ········ 13

감사의 말 ········ 27
저자의 말 ········ 29

서론 ········ 37

제1부 마르크스
제1장 마르크스의 초기 저작 ········ 49
제2장 사적 유물론 ········ 77
제3장 생산관계와 계급구조 ········ 103
제4장 자본주의 발전의 이론 ········ 121

제2부 뒤르켕
제5장 뒤르켕의 초기 저작 ········ 153
제6장 사회학적 방법에 관한 뒤르켕의 견해 ········ 179
제7장 개인주의 · 사회주의 · 직업집단 ········ 201
제8장 종교와 도덕률 ········ 217

제3부 막스 베버
제9장 프로테스탄티즘과 자본주의 ········ 241
제10장 베버의 방법론 저작 ········ 263
제11장 사회학의 기초개념 ········ 283
제12장 합리화 · 세계종교 · 서구 자본주의 ········ 321

제4부 자본주의 · 사회주의 · 사회이론
제13장 마르크스의 영향 ········ 349
제14장 종교 · 이데올로기 · 사회 ········ 381
제15장 사회분화와 분업 ········ 411

저자 후기 ········ 439
옮긴이의 말 ········ 447
찾아보기 ········ 451

고전에서 현대를 읽는다

박노영 충남대 교수·사회학

『자본주의와 현대사회이론』은 기든스의 저작 가운데 주목할 만한 첫 저작이다. 이 책이 어떤 의도로 집필되었는지, 집중적으로 조명하는 것이 무엇인지에 관해서는 기든스가 저자의 말에서 자세히 소개하고 있다. 따라서 책의 내용에 관해 번역자가 별도의 해제를 싣는 것은 그다지 필요하지 않은 일일 수 있다. 다만, 이 책이 기든스의 초기 저작이고, 따라서 기든스가 쓴 저자의 말에는 책이 나온 다음 오늘날에 이르기까지 전개되어온 기든스의 학문세계 전반과 그 속에서 이 책이 갖는 의미 같은 것이 소개될 수는 없었던 만큼, 여기에서는 오히려 그런 점들을 짚어보는 편이 책을 읽을 분들에게 더 유익할 듯싶다.

　기든스는 1938년 런던의 에드먼턴(Edmonton)에서 중하층 집안의 아들로 태어났다—그는 자기 집안에서 대학까지 진학한 첫 인물이었다. 그는 헐 대학교(Hull University) 학사, 런던 경제학교(London School of Economics) 석사를 거쳐서 1969년 케임브리지 대학교(University of Cambridge)로 옮겨 학업과 교수 활동을 병행했다. 1974년에는 케임브리지 대학교에서 박사학위를 취득했고, 1987년에는 이 학교의 정교수로 승진했으며, 1997년 런던 경제학교의 총장으로 취임할 때까지 줄곧 케임브리지에서 연구하고 강의했다. 런던 경제학교의 총장이 된 그는 학교의 면모를 일신하는 데 몰두하여 오늘날 이 학교가 옥스퍼드, 케임브리지와 어깨를 나란히 하는 데 기여했다.

물론 기든스는 대학총장으로서가 아니라 학자로서 유명하다. 지금까지 34권에 달하는 영향력 있는 책을 썼고—학문에 몸담은 이래 일 년에 한 권 꼴로 책을 냈다—그 책들은 알려진 것만으로도 35개의 언어로 출판되었다.

사회학의 고전이론의 검토로부터 현대사회에 대한 진단과 인류를 위한 방향 제시에 이르기까지 매우 폭넓은 주제를 다루는 그의 책들은 관련 분야에서 많은 이의 주목을 끌어왔고, 그러는 사이에 그는 현대 사회과학계의 거인으로 우뚝 서게 되었다. 그리하여 그는 흔히 '오늘날 가장 자주 인용되는 사회학자', '오늘날의 사회학에 가장 크게 기여한 학자 가운데 한 사람'이라는 평을 듣게 되었다. 또한 '케인스 이래 가장 저명한 영국 사회과학자'라고 일컬어지기도 한다.

그는 14개의 명예박사학위를 갖고 있고, 미국기초학문아카데미(American Academy of Arts and Science)의 펠로이자 케임브리지 대학교 킹스 칼리지(King's College)의 종신 펠로다. 분명하고 유창한 언변으로도 유명한 그는 덴마크의 아르후스 대학교(University of Aarhus)로부터 '세계최우수강사' 타이틀을 받기도 했고, 2002년에는 '에스파냐의 노벨 상'으로 알려진 프린스 오브 아스투리아스 상(Prince of Asturias Prize) 사회과학부문 수상자가 되기도 했다.

기든스는 매우 넓은 분야에 걸쳐 많은 저작을 남겼기 때문에 학문적 업적을 간단하게 요약하기는 어렵지만, 아마도 '구조화이론', '급진화된 모더니티', 지구화, '제3의 길' 같은 것이 그의 학문세계를 요약해주는 핵심어가 아니겠는가 생각된다.

구조화이론

마르크스의 전 학문세계의 기초가 되는 것이 그가 초기에 얻은 '유물론적 역사 이해'이듯이, 기든스의 전체 학문세계에서 기초가 되는 것도 그가 초기에 구축한 '구조화이론'(theory of structuration)이라는 데 이의를 느낄 사람은 별로 없을 것이다. 기든스의 구조화이론은 사회이론의 오랜 숙제인 구조와 행위, 또는 구조와 에이전시(agency)의 문제를 해결해보려는 시도의 산물이다. 그의 구조화이론은 구조만을 중시하거나 에이전트만을 중시하는 두 극단적 입장을 피하고, 양자의 상호관계를 해명함으로써 양자 모두를 만족스럽게 설명하려고 한다.

사회학에서 구조결정론을 제시한 대표적인 인물은 뒤르켐으로 알려져 왔다. 뒤르켐은 『사회학적 방법의 규칙』에서 '사회적 사실'이 개인(행위자)들로는 환원되지 않는 그 자체의 속성과 그 자체의 논리를 갖는다거나, 따라서 '사회적 사실을 다른 사회적 사실들을 통해서 설명하라'거나 하는 식의 주장을 펼쳤다. 기든스는 1976년에 나온 『사회학적 방법의 새로운 규칙』(New Rules of Sociological Method)에서 뒤르켐의 이런 입장을 비판하는데, 거기에는 베버의 '이해의 사회학'으로부터의 영향이 고스란히 드러난다. 기든스는 뒤르켐의 '사회실재론'을 베버의 가치 해석적 사회학과 대조하면서 행위자인 개인의 동기에 초점을 맞춘다.

기든스에 의하면 개인들은 비록 행위를 선택하는 데 전적으로 자유롭지도 않고, 완전한 지식을 갖고 있지도 못하기는 하지만, 그럼에도 불구하고 사회구조를 재생산하고 사회변동을 낳는 에이전시다. 기든스는 행위자는 언제나 자신이 하는 일을 얼마간 이해하고 있다고 주장하면서, 사회이론에서 행위자의 중요성을 강조하기 위해서 해석학적 전통의 논리를 사용한다. 기든스는 사회과학자들은 자연과학자들과 달리 사회세계 속에서 살아가는 행위자들에 의해서 이미 해석된 사회세계를 해석해야 한다고 주장한다. 그런 의미에서 그것은 '이중적 해석학'(double hermeneutic)의 상황을 연출한다.

기든스는 구조와 행위의 연결이 사회이론의 근본요소 가운데 하나라고 말한다. 그는 구조와 에이전시는 하나 없이 다른 하나를 생각할 수 없는 관계에 있다고 본다. 기든스의 주장의 핵심은 '구조의 이중성'

(duality of structure)이라는 표현에 들어 있다. 기본 아이디어는 사람들이 사회를 만들지만, 그들은 동시에 사회에 의해 제약당한다는 것이다―여기에서 '사회'라는 말을 '환경'이라는 말로 바꾸기만 하면 정확히 『루이 보나파르트의 브뤼메르 18일』에서 마르크스가 한 말과 같아진다. 기든스에 의하면 행위와 구조는 별개로 분석될 수 없다. 구조는 행위를 통해서 창조되고 유지되고 변동한다. 동시에 행위는 오직 구조라는 배경을 통해서만 유의미한 형식을 부여받는다. 여기에서 인과의 경로는 무엇이 무엇을 변화시키는지를 말할 수 없게 만들 정도로 두 방향으로 진행된다. 기든스 자신의 말로는 "사회구조는 인간 에이전시에 의해 구성되는 동시에 이 구성의 매개자다."

여기에서 그는 구조를 인간 행위와 관련되는 규칙들(rules)과 자원들(resources)로 구성된다고 본다. 규칙들은 행위들을 제약하고, 자원들은 행위들을 가능케 한다. 그는 또한 시스템과 구조를 구별한다. 시스템은 구조 비슷한 속성들을 보이지만, 구조 자체는 아니다. 그는 "사회 시스템의 구조화를 연구하는 것은 그 시스템이 그것을 생성하는 규칙들과 자원들을 통해서 사회적 상호작용 속에서 생산, 재생산되는 양식을 연구하는 것"이라고 말한다. 여기에서 구조들이 시스템들을 생산하는 과정을 '구조화'라고 부른다.

모더니티, 포스트모더니티, 급진화된 모더니티

초기의 기든스가 주로 구조화이론을 구성하는 데 심혈을 기울였다면, 그후의 기든스는 이렇게 다져진 이론을 바탕으로 자신이 관심을 갖는 실제의 문제들을 향해 나아간다. 그런 문제들 중 하나는 모더니티와 관계된 문제다. 그는 포스트모더니즘 담론이 유행하던 1990년에 『모더니티의 결과들』(*The Consequences of Modernity*)이라는 책을 발표했다.[1] 그는 여기서 인식론적 토대의 구축을 포기하려 드는 것을 포함하여 포스트모더니즘의 주요 입장을 거부하고, 모더니티와 포스트모더니티에 관한 독자적인 견해를 펼친다. 그는 우리가 "포스트모더니티의 시대로 접어들고 있다기보다는 오히려 모더니티의 결과들이 전보다 더욱 급진화되고 보편화되는 시대로 옮아가고 있으며, 더 나아가 모더니티를 넘어서서 '포스트모더니티'라는 하나의 새로운 사회질서의 윤곽을 포착할 수 있는 시점에 와 있다"고 말한다. 그러나 그것은 "오늘날 많은 사람들이 '포스트모더니티'라고 부르는 것과는 다른 것이다." 그는 그것을 지금까지의 시대를 만들어왔던 것들과 똑같은 사회적 힘들의 확장에 의해서 생겨나게 된 '급진화된 모더니티의 시대'라고 부른다. 다른 사람들이 '포스트모더니티'라고 부르는 것이 기든스에게는 발전된 모더니티의 가장 극단적인 형태일 뿐이다.

　기든스는 제도의 측면에 초점을 맞춰서 모더니티와 급진화된 모더니티를 고찰한다. 그는 모더니티의 제도적 차원을 자본주의(경쟁적 노동과 상품시장 안에서의 자본축적), 감시(정보에 대한 통제와 사회적 관리), 군사적 힘(전쟁의 산업화와 관련된 폭력수단의 통제), 산업주의(자연의 변형: '인위적 환경의 발달') 등 상호 얼마간 독립적으로 움직이는 네 가지로 식별한다. 지구화 시대를 맞아 그것들은 세계자본주의 경제, 민족국가 체계, 세계 군사질서, 국제적 노동분업의 모습으로 드러나고 있다. 그러나 이 세계는 많은 위험과 위협 요인을 안고 있다. 전체주의 권력의 성장, 핵전쟁을 포함한 대규모 전쟁의 가능성, 생태학적 붕괴와 재앙, 경제성장 메커니즘의 붕괴 같은 것들이 그것이다.

　여기에서 그는 '유토피아적 현실주의'를 대안으로 제시한다. 그가 말하는 유토피아적 현실주의의 차원들은 생활정치(자아실현의 정치)와 해방적 정치(불평등에 저항하는 정치), 지역의 정치화와 세계의 정치화 등이다. 여기에서 해방적 정치가 '무엇으로부터의 자유'를 지향하는 정치라면 생활정치는 '무엇을 향한 자유'다. 그는 모더니티의 제도적

---

1) 한국에서는 이윤희·이현희가 『포스트모더니티』(민영사, 1991)라는 제목으로 번역, 출판했다. 이하 이 책에 관한 논의에서는 이 번역본을 참조했음을 밝혀둔다.

차원에 대응하는 사회운동의 유형으로서 노동운동, 언론자유/민주화운동, 평화운동, 생태학적 운동 등을 든다. 그러나 고도로 근대화된 오늘날의 상황은 우리에게 새로운 미래지향적 유토피아의 수립을 요청한다고 본다. 그리하여 그는 후기절약체제, 다층화된 민주적 참여, 탈군사화, 기술의 인간화 등을 지향하는 운동들을 대안으로 제시한다.

지구화

기든스는 지구화 현상에 주목하고 그것의 의의를 밝히고자 적극적으로 나선 선구적 학자 가운데 한 사람이다.[2] 그는 우선 지구화에 관한 '근본주의자'(radicals)와 '회의주의자'(sceptics)의 입장을 구별한다. '근본주의자'들은 지구화가 현실적으로 진행되고 있을 뿐만 아니라 그 결과가 도처에서 감지된다고 주장한다. 지구적 시장은 과거보다 훨씬 발전했고, 국민국가의 경계선을 무의미하게 만들었다고 주장한다. 그들에 의하면 국민국가들은 주권의 대부분을 상실했고, 정치인들은 오늘날의 사정에 대한 영향력을 대부분 상실했다. 민족국가의 시대는 끝났다. 이에 반해서 많은 경우 정치적으로 좌파—특히 '구좌파'—인 '회의주의자'들은 지구화에 관한 말들이 그저 '말'일 뿐, 실제 사정은 과거와 별로 달라진 것이 없다고 주장한다. 그들은 지구화라는 관념은 복지국가를 해체하고 정부지출을 줄이려는 자유시장주의자들이 만들어낸 이데올로기라고 본다.

기든스 자신은 일단 '근본주의자'의 손을 들어준다. 무역도 늘어났지만, 무엇보다도 금융 및 자본 흐름에서 가장 큰 차이가 있다고 본다. 전자화폐—컴퓨터 속의 숫자로만 존재하는 화폐—에 의해 추진되는 지금의 경제는 전대미문의 것이다. 새로운 지구적 전자경제 시대를 맞아

---

[2] 지구화에 관한 기든스의 견해는 BBC에서 행한 강연들을 엮어서 펴낸 *Runaway World*(Routledge, 2000)에 잘 나타나 있다. 이하 지구화에 관한 그의 논의에서는 이 책을 주로 참조했다.

펀드 매니저, 은행가, 기업가, 수백만의 개인투자가들은 그저 클릭 한 번으로 막대한 자본을 빛의 속도로 지구 반대편으로 보낼 수 있다. 기든스는 이런 지구화가 새로운 것일 뿐만 아니라 혁명적인 것이라고 주장한다.

그는 지구화가 세계금융질서 같은 큰 시스템과만 관련되는 것은 아니라고 본다. 지구화는 개인으로부터 멀리 떨어진 것들과만 관계되는 것이 아니고, 우리 생활의 친숙하고 사적인 측면들에도 영향을 미치는 현상이라는 것이다. 예컨대 가족 가치에 관한 논쟁도 얼른 보면 지구화와는 별 상관 없어 보이겠지만 세계 각지에서 여성들의 평등권 주장이 커져감에 따라서 전통적인 가족 시스템이 변형되거나 긴장을 겪고 있다. 여성이 오늘날만큼 남성과 평등했던 적이 없는데, 이것은 일상생활에서 진정으로 지구적인 혁명이고 그 영향은 전 지구에 걸쳐 일에서부터 정치에 이르기까지 모든 영역에서 감지된다.

기든스는 지구화가 좋은 결과만을 가져다주는 것은 아니라고 말한다. 무엇보다도 그것은 불평등을 심화시키고 있는데, 그것은 생태 위기와 더불어 세계사회가 직면한 가장 심각한 문제다. 그는 그러나 경제지구화에 반대하고 보호주의를 택하는 것이 부국이나 빈국 모두에게 잘못된 전술이라고 본다. 일부 나라에서 일시적으로 보호주의가 필요할 수도 있지만, 항구적인 보호주의는 빈국의 경우에는 발전에 도움이 안 되고, 부국들 사이에서는 전쟁으로 이어질 수 있는 블록화를 낳는다는 것이다.

기든스는 지구화의 진전에도 불구하고 민족국가는 강력하고 정치지도자들의 역할도 크다고 말한다. 그에 의하면 그러나 오늘날 민족국가는 모습이 바뀌고 있다. 민족적 경제정책은 과거에 그랬던 것만큼 유효하지 않다. 더 중요한 것으로, 민족들은 구형의 지정학이 진부한 것이 되어가고 있는 지금, 정체성을 재고해야 한다. 논쟁의 여지가 있겠지만, 냉전이 해소된 지금 민족들은 더 이상 적국을 갖지 않는다는 것이 기든스의 생각이다. 민족들은 오늘날 적국들이 아니라 리스크와 위험들에 직면해 있다. 민족의 성격이 크게 변한 것이다.

기든스에 의하면 이런 논평이 가능한 것은 민족만이 아니다. 눈길이 미치는 모든 곳에서 우리는 겉보기에는 과거와 마찬가지고 이름도 똑같지만 내부적으로는 완전히 달라진 제도들을 본다. 우리는 여전히 민족, 가족, 일, 전통, 자연 같은 것들이 과거와 다르지 않은 것처럼 말한다. 그러나 실제는 그렇지 않다. 껍데기는 그대로지만 내부는 모든 것이 전과 다르다. 이런 일은 미국, 영국, 프랑스 같은 나라들에서만 일어나는 것이 아니라 지구상 거의 모든 곳에서 일어난다. 기든스는 그것들을 '형해화된 제도들'(shell institutions)이라고 부른다. 맡은 과제들을 해결해내기에 부적합해진 제도들이다.

기든스는 자기가 설명한 변화들로 인해서 과거에는 겪어보지 못했던 하나의 지구적 코스모폴리탄 사회가 형성되고 있다고 말한다. 우리는 그 속에서 살게 된 첫 세대이고, 그것의 전도가 어떤 모습이 될지는 어렴풋하게만 드러나고 있다고 말한다. 그것은 우리 기존 생활방식을 흔들고 있다. 그것은—적어도 현재로서는—집단적인 인간 의지에 의해 추동되는 하나의 지구적 질서가 아니라, 무정부적이고 애매한 양상으로 출현하고 있는 중이다. 그는 새로운 질서가 정돈된 것도 안정된 것도 아니라고 말한다. 그것은 염려와 분열을 낳고 있다. 그리고 많은 이는 우리가 통제할 수 없는 힘들에 내맡겨져 있다고 느낀다. 인간은 그것들에 다시 자신의 의지를 실을 수 있을까? 기든스는 가능하다고 믿는다. 우리가 느끼는 무력감은 사적인 실패의 신호가 아니라 우리가 가진 제도들의 부적절성을 반영한다. 우리는 지구화 시대에 어울리는 방식으로 이미 있는 제도들을 재건하고 새 제도들을 만들어낼 필요가 있다.

제3의 길

학문적 명성을 쌓아가던 기든스는 토니 블레어의 브레인으로 일하게 된다. 1994년에 기든스는 『좌파와 우파를 넘어서』(*Beyond Left and*

Right)³⁾를 출간했는데, 블레어는 이 책을 읽고 '제3의 길'에 관한 영감을 얻게 되었다고 한다. 그에 뒤이어 1998년 기든스는 『제3의 길』(*The Third Way*)⁴⁾을 출간했는데, 핵심 메시지는 쇄신된 사회민주주의가 '성찰적 근대성'(reflexive modernity)을 반영하는 '제3의 길'—구식 사회민주주의도 신자유주의도 아니라는 점에서 '제3의' 길이다—로 나아가야 한다는 것이다.

기든스는 대체로 1970년대 이래 구식 사회민주주의가 곤경에 처해왔다고 하는 일반적인 진단에 동의한다. 그는 '복지에 대한 합의'가 지배적이던 당시에 당연한 것으로 여겨졌던 사회적 특성들이 그후 연달아 해체되어왔음에 주목한다. 그렇게 해체된 것들 가운데는 남편이 생계부양자이고 아내가 주부이자 어머니인 가족형태, 동질적 노동시장, 대량생산의 우위, 보수는 낮더라도 안정적인 노동조건, 공익정신이 있는 전문가 소집단을 가진 엘리트 국가, 국민경제 같은 것이 포함된다. 그는 사회민주주의에 대한 정치적 지지구조도 많이 변했다고 본다. 육체노동 계급이 감소했고, 여성이 대대적으로 노동시장에 유입됨으로써 계급에 기반을 두는 지지가 불안정해졌다는 것은 대표적인 사정이다. 정치적 무관심의 심화나 희소성가치로부터 탈물질가치로의 변화 같은 것도 중요한 변화다. 성장과 번영이 아닌 자기표현, 의미 있는 노동 같은 것들을 중시하게 되었는데, 이것은 종래 계급이나 좌파 우파 개념으로는 포착하기 어려운 것이다.

기든스에 의하면 사회민주주의 정당들은 이제 더 이상 의존할 만한 일관된 '계급 블록'을 갖고 있지 않다. 이 정당들은 과거의 정체성에 의존할 수 없기 때문에, 사회적·문화적으로 복잡한 환경에서 새로운 정

---

3) 한국에서는 김현옥이 『좌파와 우파를 넘어서』(한울, 1997)라는 제목으로 번역, 출판했다.
4) 한국에서는 한상진과 박찬욱이 『제3의 길』(생각의나무, 1998)이라는 제목으로 번역, 출판했다. 이하 이 책에 관한 논의에서는 이 번역본을 참조했음을 밝혀 둔다.

체성을 창조해내지 않으면 안 된다. 이런 상황에서 그는 사회민주주의가 나아가야 할 길을 정리해보고자 한다. "내가 말하는 '제3의 길'이란 지난 20년, 혹은 30년에 걸쳐 근본적으로 변한 세계에 사회민주주의를 적응시키고자 하는 사고와 정책형성의 틀을 가리킨다. 이것은 구식 사회민주주의와 신자유주의를 뛰어넘는 시도라는 의미에서 '제3의 길'이다."

그가 제안하는 '제3의 길 프로젝트'를 요약해주는 핵심어는 '급진적 중도', 새로운 민주국가(적이 없는 국가), 활발한 시민사회, 민주적 가족, 신혼합경제, 통합으로서의 평등, 적극적 복지, 사회투자국가, 세계주의적 민족, 세계적 민주주의 같은 것들이다. 여기에서 이것들을 모두 살펴볼 여유는 없으므로, 다소 혼란스러울 수 있는 '급진적 중도' 개념, 그리고 복지국가 개편과 관련되는 '적극적 복지'와 '사회투자국가' 개념에 초점을 맞추어보기로 하자.

기든스는 현실사회주의의 사망과 함께, 좌우를 나누는 중요 구분선 중의 하나가 사라졌다고 본다. 그는 이제 누구도 더 이상 자본주의를 대신할 대안을 갖고 있지 않으며, 남은 논쟁은 얼마만큼이나, 그리고 어떤 방법으로 자본주의를 통제하고 규제할 것인가 하는 것이라고 말한다.[5] 더욱이 환경이 변하면서 좌우 구도에는 없었던 문제들과 가능성이 전면으로 나서게 되었는데, 예컨대 생태 문제, 가족, 일, 개인의 문화적 정체성 같은 것이 그런 것들이다. 이런 사정은 고전적 좌파의 '해방의 정치'에다 자신이 말하는 '생활정치'도 덧붙여져야 함을 의미한다고 그는 말한다.

생활정치란 우리의 생활을 규정하는 것들에 관한 정치를 의미하는데, 예컨대 지구 온난화, 원자력 같은 문제들에 관한 정치가 그것이다. 그런데 그가 보기에 이것은 좌파냐 우파냐의 쟁점이 아니다. 그리고

---

5) 따라서 큰 눈으로 보자면 기든스도 '역사종언론'을 유행시켰던 후쿠야마의 입장과 다르지 않다고 할 수 있다.

바로 그렇기 때문에 사회민주주의자들은 정치적 중도주의를 새롭게 바라보아야 한다. 구식으로 보자면 중도주의는 절충이나 두 개의 더 선명한 선택 사이의 중간 정도의 의미밖에 못 가지지만, 좌우의 경계가 흐려진 상태에서 그런 견해는 지탱될 수 없다고 그는 말한다. 좌우의 문제가 아닌 문제들을 적극적으로 대면한다는 의미의 '적극적 중간', '급진적 중도' 같은 개념을 진지하게 받아들여야 한다는 것이다. 그러나 쇄신된 사회민주주의는 단순한 급진적 중도가 아닌 '급진적 중도좌파'여야 한다고 말하는데, 이는 사회정의와 해방의 정치도 사회민주주의의 핵심에 그대로 남아 있기 때문이다.

기든스가 말하는 '적극적 복지국가'는 오늘날 상당히 잘 알려져 있다. 기든스는 고전적 사회민주주의가 부의 창조에는 부수적인 관심만을 가지면서 경제적 보장과 재분배—사후적/결과적 평등—에 주된 관심을 둠으로써 복지국가의 위기를 불러왔다고 하는 통상적인 견해를 공유한다. 그는 신자유주의가 경쟁력과 부의 산출을 더 중시하는데, 제3의 길 정치 또한 그렇다고 주장한다. 그는 재분배가 도덕적 해이를 낳는다는 신자유주의자들의 비판도 수용하여 그렇게 되지 않게끔 복지를 개혁해야 한다고 주장한다. 그러나 개인들이 낙오자가 되는 것은 곤란하므로, 정부는 인적 자원과 기반 시설에 대한 투자에서 중요한 역할을 수행해야 한다고 주장한다.

재분배가 사회민주주의자들의 의제로부터 사라져서는 안 되지만, 강조점은 '사후적 재분배'로부터 '가능성의 재분배'로 옮겨져야 한다고 그는 주장한다. 시장에서 실패한 사람들을 사후적으로 도와주기 보다는 사람들이 자신의 인적 자원을 개발해서 시장에서 자립할 수 있도록 도와야 한다는 것, 요컨대 개인들이 고용될 수 있는 가능성(employability)를 높여야 한다는 것이다. 사회투자국가(social investment state)는 바로 이런 적극적 복지사회의 맥락 속에서 작동하는 국가다. 인적 자본 양성이라는 명제 아래 여기에서 특히 강조되는 것은 교육이다. 기든스의 적극적 복지국가 개념은 세계적으로 큰 영향을 미쳤다. 김대중 정부의 한국에서 '생산적 복지'라는 이름 아래 전파되었던 아이디어도 그 핵심은 기든스의 '적극적 복지국가'였다.

『자본주의와 현대사회이론』읽기

『자본주의와 현대사회이론』이 지금까지 살펴본 기든스의 학문세계 속에서 어떤 자리를 차지하는지를 간단히 살펴보자. 앞에서 말했듯이, 이 책은 기든스 최초의 주요 저작이다. 여기에는 마르크스, 뒤르켕, 베버 등 세 사람의 고전 사회이론가들의 저작에 관한 기든스의 독해가 실려 있다. 따라서 우리는 기든스의 정통한 안내를 통해서 간접적으로 세 사람 사회이론가들 각각의 중요한 아이디어들을 만날 수 있다. 동시에 우리는 기든스가 이 세 사람의 아이디어들을 다루는 방식을 보면서, 세 사람의 아이디어에 관한 연구가 기든스의 학문세계에 어떤 영향을 미쳤겠는지 짐작해볼 수도 있는데, 내가 관심을 갖는 것도 바로 이것이다.

『자본주의와 현대사회이론』를 통해서 우리는 기든스가 고전을 폭넓게 섭렵하고, 거기에 들어 있는 문제의식들에 관해 깊이 사고했음을 알 수 있는데, 내가 보기에는 이 점이야말로 기든스를 당대 최고의 사회과학자로 만든 밑거름이다. 그는 고전 연구를 통해서 우선 자신의 이론적, 방법론적 토대가 되는 '구조화이론'으로 나아갈 수 있었다. 사실 구조화이론의 핵심 아이디어인 '구조의 이중성'이나 '이중적 해석학' 같은 것들에는 그가 이 책에서 공들여 검토하고 있는 고전―특히 마르크스와 베버의 저작들―의 영향이 직접적으로 드러난다. '구조의 이중성'이라는 아이디어에는 인간과 환경의 관계에 관한 마르크스의 설명, 더 구체적으로는 노동자들('에이전트'에 해당되겠다)이 주어진 생산관계('구조'에 해당되겠다)의 규정을 받는 가운데 일상적인 생산활동('행위'에 해당되겠다)을 계속함으로써 그 생산관계를 재생산함과 동시에 그것을 변혁시킬 조건들을 창출해간다고 하는 마르크스의 변증법적 인식이 그대로 옮겨져 있다.

또 '이중적 해석학'이라는 아이디어에는 스스로도 가치판단의 안내를 받는 연구자가 역시 가치판단에 의해 인도되는 행위자의 행위를 가치해석적으로 이해하게 된다고 하는 베버의 '이해의 사회학'의 기본 아이디어가 그대로 녹아들어 있다. 에이전트와 행위만을 강조하고 구조를 망각해서는 안 된다는 그의 입장은 뒤르켕으로부터 영향을 받은 것이라고 할 수 있다.

기든스가 고전 연구로부터 얻은 것은 이론적, 방법론적 통찰로 그치지 않는다. 그가 모더니티의 제도적 차원을 자본주의, 감시, 군사적 힘, 산업주의 등으로 파악하고, 포스트모더니즘이 유행하던 상황에서 현대 사회를 포스트모더니티가 아니라 '급진화된 모더니티'로 파악하게 된 배경에는 고전 연구를 통해서 도달한 모더니티에 관한 깊은 통찰이 있다고 볼 수 있다. 그의 '유토피아적 현실주의'라는 개념에는 "인간은 자신이 해결할 수 있는 과제만을 의식하게 된다"고 했던 마르크스의 면모가 비치기도 한다. 그는 아마도 역사에서 경제의 역할에 관한 마르크스와 베버의 입장에 대한 면밀한 검토를 거치고, 속류화한 마르크스주의에 대해서 베버가 가하는 비판 중 많은 부분이 사실은 마르크스 자신도 동의할 수 있는 것임을 확인함으로써 훨씬 편하게 다원주의적으로 보이는 자신의 현대사회론을 펼칠 수 있었을 것이다. 그가 이제 자본주의 외의 대안은 생각할 수 없다고 공언하면서 '제3의 길'을 제안할 때, 그는 '역사종언론'을 퍼뜨린 후쿠야마로부터 영향을 받고 있다기보다는 자본주의를 가장 합리적인 경제조직으로 보는 베버와 자본주의 특유의 계급문제를 해결 가능한 아노미상태로 파악하는 뒤르켕으로부터 영향을 받고 있는 듯이 보인다.

앞에서 말했듯이, 독자들은 이 책을 읽음으로써 기든스의 안내를 따라 마르크스, 뒤르켕, 베버 등 사회이론의 고전적 거장들의 세계로 인도될 수 있고, 기든스가 그들을 이해하는 방식을 볼 수 있다. 이 책은 세 거장들의 원전을 읽어본 이들에게는 훨씬 쉽고 흥미로울 수 있겠지만, 그렇지 않은 이들에게는 다소 어려울 수 있을 것이다. 물론 그렇다고 해서 걱정할 일은 아니다. 어차피 세 거장들의 원전을 직접 읽는다는 것도 처음부터 쉬운 일은 아니므로, 이 책을 읽는 것에서부터 그들의 세계로 접근해보는 것도 좋은 방법이다.[6] 더욱이 그것은 오늘날 가장 영향력 있는 사회과학자인 기든스의 세계를 이해하는 데 필수적인 기초를 다지는 길이기도 하다.

---

[6] 물론 사회(과)학을 전공하고자 하는 이라면 언젠가는 그들의 원전을 직접 읽는 편이 좋을 것이다.

감사의 말

이 책의 각 부분의 원고를 읽어보거나, 구두로 논평해준 여러분에게 감사드린다. 존 번스, 버질 번스타인, 존 캐럴, 퍼시 코언, 노버트 엘리어스, 조프리 잉엄, 테리 존슨, 개빈 매킨지, 일리야 노이슈타트, 그리고 어빙 차이틀린이 그들이다. 원고 전체를 살펴주었던 분들에게는 특히 깊은 감사의 말씀을 드린다. 마틴 앨브로, 탐 바터모어, 데이비드 로크우드, 스테빈 룩스, 그리고 존 렉스가 그들이다. 배버라 레오나르드, 로렛 매킨지, 브리짓 프렌티스와 나의 아내 제인 기든스에게도 감사를 표하고 싶다.

저자의 말

이성은 언제나 존재해왔다.
다만 언제나 이성적인 형태로만 존재해왔던 것이 아닐 뿐이다.
　• 카를 마르크스

　나는 현대의 사회이론을 근본적으로 재조명할 필요가 있다는 느낌이 사회학자들 사이에 널리 번져 있다고 믿으면서 이 책을 쓰게 되었다. 그런 재조명은 근대 사회학의 가장 중요한 준거들을 정립했던 이들의 업적을 재음미하는 데에서 시작되어야 한다. 이런 관점에서 보자면 누구보다도 먼저 마르크스와 뒤르켐, 그리고 막스 베버라는 세 이름이 떠오르게 된다.
　이 책의 목적은 두 가지다. 첫째는 이 세 사람 각각의 사회학적 아이디어들을 정밀하게, 그러면서도 포괄적으로 분석하는 것이다. 둘째는 마르크스와 다른 두 사람의 특징적인 견해에서 나타나는 몇몇 주된 불일치점을 면밀하게 검토하는 것이다. 나는 어떤 식으로든 감히 '마르크스주의' 사회학과 '부르주아' 사회학의 관계를 전반적으로 평가하겠다고 나서지는 않겠지만, 이 책이 이 문제를 두고 복잡하게 뒤얽혀 있는 수많은 주장과 반대주장들을 정리해둔다는 예비적 작업의 완성에 도움이 되기를 희망한다. 이 책을 쓰기 위해 내가 익숙해져 있는 이 분야에서 매우 광범위한 연구를 해야만 했던 것은 당연한 일이다. 그러나 최근의 학계는 세 사람 모두의 기본적인 측면들을 잘 조명해왔고, 나의 분석은 이 분야의 몇몇 기존 업적에 크게 의거하면서 출발하고 있다고 믿는다.

물론 나는 이 책에서 다룰 세 사람의 업적들만이 사회학 속으로 체화되어온 사회사상의 주요 흐름이라고 주장하고 싶지는 않다. 이와는 반대로, 1820년에서 1920년 사이 100년 동안의 사회사상계의 가장 두드러진 특징은 그 기간에 개발되어 나온 다양한 형태의 이론들로 넘쳐흘렀다는 점이다. 토크빌이나 콩트, 그리고 스펜서 같은 마르크스와 동시대의 인물들의 저작은 근대 사회학의 관심들과 명확하게 관련되어 있고, 사실 논리적으로 따지자면 이 책에서도 그들까지 포함시켜서 상세히 다루는 것이 옳았을지도 모른다.

그렇게 하지 않기로 결정한 것은 한편으로는 책의 분량을 고려해서이고, 다른 한편으로는 오늘날 마르크스가 그들 누구보다도 훨씬 큰 영향력을 갖고 있기 때문이다(마르크스의 저작들이 지적으로 더 심오하다는 점에서 그렇게 되는 것이 마땅하기도 하다). 더욱이 현대 사회이론의 지배적인 분파 중 대부분은 중간에 무수히 수정되고 확장되었음에도 불구하고 결국은 이 책에서 내가 집중적으로 살펴보는 세 사람으로부터 기원한 것이다.

마르크스의 저작들은 오늘날 다양한 형태의 신마르크스주의(neo-Marxism)의 으뜸가는 원천이 되고 있음이 분명하며, 뒤르켕의 저작들은 '구조기능주의'에 가장 중요한 영감을 불어넣었다고 볼 수 있다. 그리고 현상학의 현대적 분파 중 적어도 몇몇은 직접적으로든 간접적으로든 막스 베버의 저작들로부터 파생된 것이다. 더욱이 사회계층이나 종교 등과 같은 사회학의 좀더 특정한 분야에서는 마르크스와 뒤르켕, 그리고 베버의 영향이 아주 근본적이었다.

뒤르켕의 친구이자 동료인 햄린(Hamelin)이 칸트에 관해서 쓴 한 책의 서문에서 뒤르켕 스스로 지적하고 있듯이, 자기와는 다른 시대에 살았던 인물들의 사상을 해설하고자 하는 사람은 누구나 어떤 딜레마에 직면하게 된다. 원저자가 사용했던 원래의 용어를 그대로 살릴 경우, 자신의 해설이 시대에 뒤떨어진 것이 되어 현대적 적합성을 잃게 될 위험을 안게 된다. 의식적으로 용어를 현대적인 것으로 바꾸어 쓸 경우에는 자신의 분석이 해당 인물의 아이디어를 올바르게 전달하지 못하게 될 위험에 직면하게 된다. 이 책에서 다룰 세 사람의 경우 그들의 사회사상이 워낙 현재적인 적합성을 갖고 있기 때문에 그들의 저작을 분석할 때 이 딜레마가 아주 심각한 어려움을 가져다주지는 않는다는 평가가 많다. 그렇더라도 그런 어려움이 생길 경우 나는 원래의 용어들을 살리는 쪽을 택했다.

그러나 이 책에서 분석하고 있는 세 사람의 경우, 주된 어려움은 문화적으로 특수한 독일이나 프랑스의 용어들을 영어로 옮기는 데 있었다. 예컨대 정신(Geist)이나 집합표상(représentation collective) 같은 용어들은 딱 들어맞는 영어 번역어를 찾기 어려우며, 그 자체가 이 책에서 언급하고 있는 영국과 독일, 그리고 프랑스의 사회적 발전과정의 차이를 보여주는 것들이다. 나는 가능한 한 원전에 담겨 있는 특수한 어감에 주의를 기울임으로써 그런 문제들을 해결하려고 했고, 인용문을 제시할 때에는 자주 기존의 영어 번역을 수정하곤 했다.

이 책은 비판서라기보다는 해설서며 비교분석서다. 나는 되도록이면 현재 시제를 사용함으로써 이 세 저작자의 '현재적' 적합성을 강조하려고 했다. 마르크스와 뒤르켕, 그리고 베버의 저작에서 약점이나 모호한 점들을 찾아내려고 애쓰지는 않았다. 그보다는 각자의 저작들 속에서 찾아볼 수 있는 내적 일관성을 보여주려고 애썼다. 나는 또 되도록이면 세 사람의 저작 속에 들어 있는 아이디어들의 원천을 밝혀내고자 하는 학문적 노력을 피했다. 그러나 세 사람 모두 워낙 논쟁적인 투로 글을 썼기 때문에, 다른 저작가들이나 사상적 전통들에 관해서도 전혀 언급하지 않을 수는 없었다. 나는 세 사람의 사회적·역사적 '배경'에 얼마간 큰 관심을 기울였는데, 이는 그들의 글을 적절히 해석하는 데 필수적이었기 때문이다.

물론 여러 가지 점에서 세 사람의 퍼스낼리티는 극적으로 대조적이고, 이 점 또한 그들의 사회이론을 해설할 때 적절하게 고려되어야 한다는 점에는 의심의 여지가 없다. 나는 이 점은 무시했는데, 이는 나의 목적이 이 책에서 살펴본 글들의 '인과적' 기원을 자세하게 분석하는 것은 아니기 때문이다. 나의 관심은 세 사람 사이의 일부 복잡하게 얽혀 있는 지적 관계들을 풀어 헤치는 데로 향해 있다.

결론부의 장들에서 나는 뒤르켕과 베버의 글들을 직접 비교하려 드는 대신, 마르크스의 글들을 준거로 사용했다. 마르크스와 다른 두 사람의 글들에서 볼 수 있는 일치점과 차이점에 관한 평가는 마르크스의 초기저작들이 뒤늦게 출판됨으로써 매우 복잡해졌다. 마르크스의 초기저작들은 그의 사상을 평가하는 데에서 지극히 중요함에도 불구하고 그것들이 원래 쓰여진 때로부터 근 한 세기가 지난 다음에야 최초로 출판되었으니, 뒤르켕(1917)과 베버(1920)가 죽은 지 약 10여 년이 지난 비교적 근년에 이르러서야 마르크스의 글들에 담겨 있는 지적 내용을 그의 초기저작에 비추어가면서 평가하는 것이 가능해졌다.

마르크스의 글들이 '청년' 마르크스의 글들과 '성숙한' 마르크스의 글들로 양분된다는 생각이 제2차 세계대전 이래 대부분의 마르크스주의 원전연구를 짓눌러 왔지만, 나는 마르크스의 글들을 평가하면서 그런 식의 양분법을 피하려고 했다. 마르크스가 1857~58년 사이에 원래 『자본론』의 예비작업으로 썼던 노트들(*Grundrisse der Kritik der politischen Ökonomie*)을 자세히 검토해보면, 마르크스가 초기저작을 쓸 때 가졌던 시각을 나중에도 버리지 않았다는 점이 분명하게 드러난다. 그러나 이 사실을 인정하는 사람들조차도 실제로 그의 사상을 분석할 때는 여전히 그의 글들 중 한 부분만을 강조하고 다른 한 부분은 배제하는 경향을 보여오곤 했다. 나는 마르크스의 일생에 걸친 저작들 중에서 『자본론』이 차지하는 기본적 중요성은 여전히 인정하는 가운데, 좀더 균형 잡히고 잘 통합된 분석을 제공하려고 해보았다.

마르크스를 제외하고는 뒤르켕만큼이나 오랫동안 오해되어온 사회사상가도 별로 없을 것이다. 뒤르켕이 활동하던 당시 대부분의 비평가들은 뒤르켕의 이론적 저작들이 '집단심성'(group mind)이라는 받아들일 수 없는 형이상학적 관념을 담고 있다고 보았다. 좀더 최근의 다소 동정적인 논평들은 이런 식의 오해를 크게 해소하기는 했지만, 사실상 뒤르켕의 기능주의만을 전적으로 강조하는 또 다른 방식의 오해로 그것을 대체했다.

이 책에서 나는 역사적 사상가로서의 뒤르켕을 되살리려고 애썼다. 뒤르켕은 사회학에서 역사적 차원의 핵심적 중요성을 늘 강조했는데, 이 점을 이해하게 되면 뒤르켕의 사상에 관해 통속적인 평가와는 전혀 다른 평가에 이르게 된다. 뒤르켕은 나름의 뚜렷한 사회발전관을 갖고 '질서의 문제'가 아니라 '변화해가는 질서의 성질'을 파헤치는 데 으뜸가는 관심을 기울였던 것이다.

베버의 글들은 이 책에서 분석되는 글 중에서 가장 복잡하고, 일반적인 수준에서 쉽게 다루기 어렵다. 나는 이 사실 때문에 일부 2차적 논평들이 베버 저작들 속의 본질적인 일관성을 포착할 수 없게 되었다고 생각한다. 베버가 쓴 논문들의 '다양성'이야말로 그 논문들을 하나로 통일시켜주는 인식론적 원칙들을 표현하는 것이라고 말하는 것은 겉치레식 역설일 뿐이다. 상이한 분야들에 걸치는 베버의 다양한 글을 하나의 일관된 틀 속에서 결합시켜주는 기본 입장은 베버의 철저한 신칸트주의(neo-Kantianism)이다. 베버의 사회이론과 뒤르켕 및 마르크스의 사회이론이 중요한 점들에서 해소될 수 없는 불일치를 보이도록 만든 것이 바로 이것인데, 이 책 결론부의 장들에서 그런 불일치점 중의 일부를 분석했다.

끝으로 한 가지 지적해야 할 점이 있다. 나는 사회학자들은 항상 이론들이 나오게 된 사회적 배경을 의식해야 한다고 믿는다. 그러나 이 점을 강조한다고 해서 특정 개념은 오로지 그것을 낳은 환경 속에서만 '타당성'을 갖는다는 완전히 상대주의적인 입장을 수용해야 하는 것은 아니다. 마르크스의 글들이 겪은 운명이 이 점을 증명한다. 나는 마르크스의 이론은 자본주의 발전의 초기 단계에 정립된 것이고, 이후 서구 선진국들의 경험은 마르크스가 원래 만들어냈던 것과는 실질적으로 달라진 판본의 '마르크스주의'가 만들어지도록 도왔다고 주장했다.

모든 실제적 이론은 항상 나름대로의 사도 바울(St. Paul)을 가지며, 그것은 어느 정도 불가피한 일로 보일 수도 있다. 그러나 그 점을 인정한다는 것이 자본주의의 차후 발전이 마르크스가 '틀렸음을 보여주었다'(falsified)고 하는 진부한 견해의 용인을 뜻하는 것은 아니다. 마르크스의 글들은 오늘날에 와서도 이후의 다른 인물들의 글과 대조해볼 가치가 있는 하나의 역사 및 사회 '관'을 제공하고 있다. 나는 경험적 검증을 통해서 과학적 이론들을 '지지'하거나 '거부'하려 드는 관례적인 방식으로 이 괴리들을 해소할 수 있다고 믿지 않는다. 그렇다고 해서 이 괴리들이 철학이론들이 그런 것만큼 경험적으로 다루기 어려운 것은 또 아니다.

확연히 긋기가 어렵기는 하지만, 사회학과 사회철학 사이에는 분명히 경계선이 있다. 나는 사회학자들이 사회학의 영역을 명제의 경험적 검증이 쉽사리 적용될 수 있는 분야들로만 제한하려고 하는 것은 잘못이라고 확신한다. 그것은 사회학을 현실로부터 동떨어지게 만들고, 그리하여 사회학적 시각이 무엇보다도 기여해야 할 바로 그런 쟁점들과 상관없어지게 만드는 불모의 형식주의로 빠져드는 길이다.

1971년 3월 3일
앤서니 기든스

약어표

1. 마르크스와 엥겔스의 저작

Cap	*Capital*
CM	*The Communist Manifesto*
EW	*Karl Marx, Early Writings*
GI	*The German Ideology*
Gru	*Grundrisse der Kritik der politischen Ökonomie*
SW	*Selected Works*
We	*Werke*
WYM	*Writings of the Young Marx on Philosophy and Society*

2. 뒤르켐의 저작

DL	*The Division of Labour in Society*
DTS	*De la division du travail social*
EF	*The Elementary Forms of the Religious Life*
FE	*Les formes élémentaires de la vie religieuse*
PECM	*Professional Ethics and Civic Morals*
RMS	*Les règles de la méthode sociologique*
RSM	*The Rules of Sociological Method*

Soc   Socialism
Su   Suicide
LS   Le Suicide

3. 잡지
AS   Année sociologique
RP   Revue philosophique

4. 베버의 저작
ES   Economy and Sociey
FMW   From Max Weber: Essays in Sociology
GAR   Gesammelte Aufsätze zur Religionssoziologie
GASS   Gesammelte Aufsätze zur Sociologie und Sozialpoitik
GAW   Gesammelte Aufsätze zur Wissenschaftslehre
GPS   Gesammelte politische Schriften
MSS   Methodology of the Social Sciences
PE   The Protestant Ethics and the Spirit of Capitalism
RC   The Religion of China
RI   Religion of India
WuG   Wirtschaft und Gesellschaft

서론

1895년 케임브리지 대학 부임 강연에서 액턴 경(Lord Acton)은 유럽의 근대와 근대 이전 시기를 구분해주는 '분명하고도 이해할 수 있는 선'이 존재한다는 확신을 표명했다. 근대는 '합법적 세습의 외적 징표를 몸에 두른 정상적인 승계를 통해' 중세를 이어받은 것이 아니다.

근대는 혁신의 법칙 아래서 고대적인 영속(永續)의 권위를 무너뜨리면서 전대미문의 새로운 질서를 창건했다. 이 시기에 콜럼버스는 세계에 관한 기존의 생각들을 무너뜨리고, 생산과 부와 권력의 조건들을 바꾸어놓았다. 마키아벨리는 정부를 법의 제약으로부터 풀어놓았고, 에라스무스는 고래의 학문적 흐름을 세속으로부터 기독교적인 통로로 이끌어 갔다. 루터는 권위와 전통의 사슬을 그 가장 강력한 연결고리에서부터 부숴놓았다. 그리고 코페르니쿠스는 길이 진보의 이정표가 될 무적의 힘을 일으켜 세웠다……. 그것은 새로운 생활을 일깨운 것이었다. 세계는 종전에 알지 못했던 영향력들에 의해 결정되는 생소한 궤도를 따라 운행했다.[1]

---

1) Lord Acton, *Lectures on Modern History*(London, 1960), p.19.

액턴 경은 유럽에서 이런 전통적 질서의 와해가 역사과학 발전의 원천이었다고 주장한다. 전통사회란 끊임없이 과거를 되돌아보는, 그리고 과거가 그 사회의 현재인, 그런 사회라고 할 수 있다. 그러나 바로 그 때문에 '역사' 자체에 대한 관심은 존재하지 않는다. 어제와 오늘 사이의 연속성이 과거(what 'was')와 현재(what 'is') 사이의 구분을 불투명하게 하는 것이다. 따라서 역사과학이 존재하려면 변화가 편재하는 세계, 특히 과거가 어느 정도 사람들이 벗어나고자 애쓰는 질곡이 되어버린 세계가 그 전제조건이 된다. 근대에 이르면 인간은 그들이 태어난 생활 조건들을 더 이상 영원히 고정된 것으로 받아들이지 않게 된다. 오히려 인간은 자기 의지를 현실에 불어넣음으로써 미래를 자기 욕구에 맞는 모습으로 바꾸어가려고 한다.

르네상스 시기의 유럽이 역사에 대한 관심을 불러일으켰다면, 산업화 시기의 유럽은 사회학 탄생의 조건을 제공했다. 1789년의 프랑스 대혁명은 극히 복잡한 이 두 사건(산업화와 사회학 탄생—옮긴이) 사이에서 촉매 역할을 했다고 할 수 있다. 영국은 어느 정도 민주적인 정부를 성취해낸 최초의 나라였다고 흔히 평가된다. 그러나 영국에서 그런 성취가 정치적 혁명 없이는 얻어질 수 없는 것이었다는 사실을 감안하더라도, 17세기 이래 영국 사회를 변형시켰던 사회·경제적 변동 과정은 비교적 점진적인 성격을 띠었다.

이와는 대조적으로, 프랑스에서 대혁명은 구질서(ancien régime)의 특권적이고 귀족적인 질서를 정의와 자유의 일반 원칙들을 실현시킬 새로운 사회로의 전망으로 극적으로 대체했다. 1789년에 채택된 「인권선언」은 "인간의 권리들에 대한 무지와 경시 또는 경멸이 공공적 불행의 유일한 원인"임을 천명했다. 따라서 프랑스 대혁명은 마침내 16세기와 17세기의 세속적 합리주의를 인간사회 자체로 확장시켰다.

그러나 1789년 혁명과 더불어 시작된 정치적 변동은 사실상 사회의 더욱더 근원적인 재조직의 표현이자 신호였다. 그리고 이 점에서 영국은 다시 주도적 역할을 떠맡았다. 농업적·수공업적 생산으로부터 공장과 기계에 기초한 산업경제로의 변천은 18세기 말 영국에서 시작된 일이다. 19세기에 이르자 이 변화의 영향이 영국과 다른 주요 서구 국가 모두에서 확연히 느껴지게 되었다.

프랑스 대혁명의 정치적 분위기와 산업혁명이 가져온 경제적 변동들을 연결하는 사건들의 복합국면이 사회학 발생의 맥락을 제공했다는 점은 물론 흔히 지적되어왔다. 그러나 늦은 18세기 이래 서구의 여러 나라의 경험이 얼마나 서로 달랐던가를 기억하는 것이 필수적인데, 이는 19세기에 있었던 사회사상의 주요 흐름의 형성이 바로 이 차이점들을 배경으로 하고 있기 때문이다. 오늘날 사회학자들은 19세기 유럽에서의 '산업사회'의 출현에 관해서 재미없게 이야기할 뿐, 그 과정 속에 포함되어 있는 복잡한 사정들은 무시하고 있다.

서구의 세 주요국이었던 영국과 프랑스와 독일은 각기 18세기의 마지막 수십 년 동안에 경제적 번영을 누렸다. 그중 영국의 18세기 말 경제 발전 속도는 프랑스와 독일보다 훨씬 빨랐다. 이 시기에 다수의 중요한 기술적 혁신이 이뤄져서 면직 공장의 조직을 변화시키고, 기계화와 공장제 생산의 급속한 확산을 불러왔다. 그러나 19세기로 접어들 무렵 영국의 경제 분야 중에서 산업혁명의 직접적인 영향을 받은 부문은 비교적 제한되어 있었다. 20년이 지난 후에도, 50년 전까지만 하더라도 경제 전체에서 별 중요성을 갖지 못했던 면직공업이 영국의 선도적인 제조업의 역할을 맡게 되었다는 점을 제외하고 사정은 그다지 달라지지 않았다.[2] 19세기 중반에 이르러서야 비로소 영국은 '산업사회'라고 불릴 만하게 되었다.

프랑스와 독일의 사정은 이와는 매우 달랐다. 이 두 나라가 오늘날 통용되는 의미에서 '저개발'(under-developed) 상태에 있었다고 한다면 완전한 잘못이 될 것이다.[3] 예컨대 문화적 성취의 수준 등에서 평

---

2) Phyllis Dane and W.A. Cole, *British Economic Growth*(Cambridge, 1969), pp.182~192.

가될 수 있듯이(특히 문학과 예술과 철학 등), 대륙 쪽의 이 두 나라는 몇 가지 측면에서 영국을 앞지르고 있었다고 할만했다. 그러나 18세기 중엽 이래 프랑스와 독일은 경제발전 수준에서는 분명히 영국에 뒤져 있었다. 이들이 영국에 빼앗겼던 주도권을 상당한 정도로 되찾을 수 있었던 것은 한 세기가 훨씬 지난 다음의 일이다.[4]

더욱이 영국을 기준으로 살펴볼 때, 19세기 초 프랑스와 독일은 영국처럼 내부적인 정치적 안정을 이루지 못하고 있었다. 영국은 정부 안에서 자유주의적 부르주아지가 강력한 지위를 차지하고 있었다. 프랑스에서 왕정복고(Restoration)는 25년 전에 자코뱅당을 이끌던 과도한 진보적 희망을 무산시킨 반동적 이해관계의 완강함을 실증적으로 보여주었다. 1789년 및 그 직후의 사건들은 대혁명을 통해서 드러났던 정치적·사회적 간극들을 해소시킨 것이 아니라 오히려 더 심화시켰다. 프랑스에서는 1870년에 이르기까지 그 어떤 정권도 20년 이상 권력을 부지할 수 없었던 것이 사실이다. 마르크스가 초기에 지적하고 있듯이 "독일은 근대 국가들과 혁명은 공유하지 않으면서 복고만을 공유했다."[5] 사실 19세기 초의 독일은 근대적 의미의 국가가 아니었으며, 주권을 가진 공국(公國)들 간의 느슨한 집합체였을 뿐이다. 이 상황은 비스마르크 치하의 프로이센이 독일의 완전한 정치적 통일을 확보하기 위해 그 지배력을 행사할 때까지 지속되었다.

독일의 '후진성'이라는 문제는 마르크스가 초기의 역사적 유물론을 정립하는 밑바탕이 되었다. '청년헤겔주의자'로서 마르크스는 처음에는 기성 제도들에 대한 합리적 비판이 독일이 영국과 프랑스라는 두 주

---

3) David S. Landes, *The Unbound Prometheus*(Cambridge, 1969), p.125 참조.
4) 물론, 영국과 다른 두 나라 사이의 경제발전 수준의 차이는 18세기 훨씬 이전으로까지 거슬러 올라갈 수도 있을 것이다. 예컨대 F. Cronzet, "England and France in the eighteenth century: a comparative analysis of two economic growths," in R.M. Hartwell, *The Causes of the Industrial Revolution in England*(London, 1967), pp.139~174를 참조하라.
5) *EW*, p.45.

도국을 따라잡고 추월할 수 있게 하는 데에 필수적인 변동들을 유발하기에 충분할 것이라는 견해를 공유했다. 그러나 마르크스가 곧 인식했듯이, 이 급진적·비판적 입장은 단지 '이론'에 대한 전형적인 독일식 관심을 보존하고 있을 뿐, '실천'은 배제했다. 마르크스는 "정치 분야에서 독일인들은 다른 민족들이 실제로 '해낸' 것들에 관해 '생각'만 해왔다"[6]고 적고 있다. 인간의 전체 역사를 정신의 역사로 변형시키고 있는 헤겔의 체계야말로 이 점을 보여주는 가장 완벽한 철학적 예증이 되고 있었다. 독일이 더 발전해가려면 철학적 비판은 관념 속의 변동이 아닌 실제 변동에서 언제나 작동하는 물질적 힘들에 관한 지식에 의해 보완되어야 한다고 마르크스는 결론지었다.

매우 적절하게도, 많은 사람들이 마르크스의 저작들 속에 결합되어 있는 세 가지의 영향을 크게 강조해왔다.[7] 마르크스는 서구의 세 선도국들의 사회적·경제적·정치적 차이점들과 결부되어 발전해온 사상 조류들을 매우 훌륭하게 종합해냈다. 공리주의 철학과 밀접히 관련되어 있는 정치경제학은 19세기 전체를 통해 영국 유일의 중요한 사회이론으로 영향력을 행사했다. 마르크스는 애덤 스미스와 리카도가 발전시켰던 몇 가지 핵심적 명제들을 받아들였으나, 그것들을 프랑스의 다양한 사회주의 흐름들에 포함되어 있던 부르주아 사회의 유한성에 관한 전망들과 결합시켰다. 프랑스 사회주의는 마르크스가 1844년 파리에서 저술한 『경제철학 수고』 속에서 최초로 구상된 미래사회의 가장 가까운 원천이 되고 있다. 정치경제학과 사회주의를 통합하고 있는 역사적 차원은 헤겔의 변증법이 제공해주었다. 마르크스의 저작은 영국과 프랑스와 독일의 다양한 경험에 관한 지적 의식을 조리 있게 재결합시키는 동시에, 사회적·경제적·정치적 구조에서 이 차이들에 관한 이론적 해석을 위한 토대를 제공했다.

---

6) *EW*, p.51.
7) Lenin, "The three sources and three component parts of Marxism," *V.I. Lenin, Selected Works*(London, 1969), pp.20~32.

1883년 마르크스가 사망했을 때, 뒤르켐과 베버는 학문적 경력의 초기에 접어든 청년들이었다. 그러나 당시에 이미 서구 3대국의 사회구조는 마르크스가 자신의 기본적 견해를 발전시키던 당시와는 크게 달라져 있었다. 프랑스와 독일 모두에서—영국에서와는 대조적으로—혁명성을 잠재시키고 있는 노동계급운동들이 정치체제 내에서 주도적인 역할을 수행하게 되었다. 그러나 이 운동의 영향력은 고조되어가는 민족주의의 물결에 의해 상쇄되고 있었다. 그리고 특히 부르주아 혁명의 성공을 체험하지 못한 독일에서는 부르주아지가 국가관료, 군대 및 기성 위계체제에 대한 통제를 통해 작동하는 강력한 독재 질서 하에 종속되어 있었다. 독일 내부에서는 사회주의 금지법에도 불구하고 사민당(S.D.P)—1875년 이후에는 명확히 '마르크스주의' 정당이 되었다—이 점차 커지고 있었다. 그러나 19세기 말에 이르면 독일 사회는 대체로 '위로부터의' 주도에 의해 산업사회로 변모해가고 그 속에서 사민당의 혁명적 입장은 그 현실적 지위와 점점 괴리를 일으키게 된다.

　엥겔스가 마르크스주의를 체계적인 교의로서 부각시키고 옹호하는 저작들—특히 『반(反)뒤링론』이 가장 중요하며 영향력이 컸다—을 출간하기 시작한 것은 마르크스가 죽은 직후였는데, 그것은 앞서 설명한 독일의 사회 분위기 속에서였다. 마르크스주의적 사회주의의 '과학적' 성격을 공상적이고 자발주의적인 형태의 사회이론과 대비시켜 강조한 『반뒤링론』은 제1차 세계대전 이후에 이르기까지 마르크스주의자 서클들을 지배했고, 나아가서 소비에트의 공인철학[8]이 된 실증주의적 마르크스주의의 토대를 마련해주었다. 마르크스 사후 10년 동안의 시기—즉, 뒤르켐과 베버가 차후 그들의 일생에 걸친 저작들에 담길 견해들을 견고히 해가고 있었던 시기—는 마르크스주의의 역사에서 결정적으로 중요한 시기로, 이 시기에 마르크스주의는 정치적으로나 지

---

8) George Lichtheim, *Marxism, an Historical and Critical Study*(London, 1964), pp.238~243.

적으로 정말 중요한 세력이 되었다.

엥겔스의 영향 아래 보편적으로 '마르크스주의'와 동일시되었던 철학적 유물론은 사회민주주의에 대해 이론과 실천의 본질적 괴리를 용인하는 이론적 틀을 제공해주었다. 사민당은 실질적으로는 점점 더 개량주의적인 정당이 되어갔지만, 명목상으로는 여전히 혁명적 정당임을 내세웠다. 그러나, 바로 그런 사실을 보여주는 증거로서, 사민당의 주요 이론가들은 공업 선진국 영국과의 격차를 빠른 속도로 좁히는 것을 가능케 했던 변동들의 중요성을 제대로 평가하지 못했다.

'관념'이 사회발전 과정에 어떤 영향을 미치는가 하는, 20세기 접어들면서 전개된 마르크스주의자와 그 비판자들 사이의 설전에서 중심적인 주제가 되어왔던 문제는 바로 이런 사정을 배경으로 해서 이해되어야 한다. 뒤르켕이나 베버 모두 엥겔스와 카우츠키, 라브리올라(Labriola) 등등에 의해 전파된 철학적 유물론을 마르크스주의와 동일시하고 이를 비판함으로써 마르크스주의를 비판했다. 따라서 자유주의자와 마르크스주의자 모두가 관념론과 유물론 사이의 고전적인 양분법의 문제를 중심으로 자신들의 주장을 펼쳤다. 그 결과 마르크스 저작의 타당성에 관한 논쟁은 관념이라는 것이 사회발전 과정에서 '독립적' 역할을 수행하지 못하는 '부수현상'(epiphenomena)일 뿐인가 어떤가 하는 문제에 우선 관심을 두게 된다. 이 책에서 나의 관심사 중의 하나는 마르크스의 글들이 뒤르켕 및 베버의 글들과 대조적인 형태의 사회이론으로서 그것들과 비교될 수 있는 한, 그러한 논쟁은 본질적으로 부적절한 것임을 보여주려는 데 있다. 마르크스 역시 뒤르켕과 베버 못지않게 관념론과 유물론 사이의 전통철학적 분열을 극복하려고 애썼다. 그리고 마르크스와 '강단' 또는 '부르주아' 사회학 사이의 진정한 차이점들의 원천을 애매해지게 만들어온 것은 바로 이 해묵은 양분법과 마르크스 자신의 '유물론적인' 관념론 비판 사이의 혼동이다.

이것은 제2차 세계대전 이후 서구에서 마르크스주의 고전 연구가 크게 부활하는 과정을 통해서 상당히 최근에 와서야 비로소 분명해진 사실이다. 랴자노프(Ryazanov)의 『마르크스-엥겔스 전집』에 수록된 마르크스와 엥겔스의 미발표 저작들이 이 부활을 고무하는 역할을 했음은 물론이다. 그렇지만 1844년의 『경제철학 수고』와 같은 저작들의 출간은 해석상의 문제들을 해소해준 것만큼이나 새로운 해석상의 문제들을 야기하기도 했다. 이것은 마르크스 자신의 저작들의 '내적' 성격과 일관성에 관한 것인 동시에 마르크스의 입장과 다른 사회사상가들의 입장 사이의 지적 관계에 관한 것이기도 하다. 이런 상황에 의해 제시되는 얽히고설킨 난점들이 이 책의 구성에 큰 영향을 미쳤다.

현대 사회이론의 기원을 이루는 주요 사상가들의 글 속에 들어 있는 주요 주제들을 재구성하는 것은 마르크스주의와 '강단' 사회학 사이의 현재와 같은 논란들의 몇몇 원천을 평가하기에 앞서 이루어져야 할 필수적인 선행작업이다. 따라서 이 책의 처음 3분의 2 정도(제1장에서 제12장까지)는 마르크스와 뒤르켐, 그리고 베버가 각각 정립한 사회이론들을 다루었다. 세 사람 각각의 글이 다룬 주요 주제들을 가능한 한 엄밀하고 조리 있게 정리해야 할 필요 때문에 그들 사상의 '논리'나 사실적 '타당성'에 관해서는 어떤 비판적 분석도 시도할 수 없었다.

결론 부분의 첫 장(제13장)은 뒤르켐과 베버가 자신들의 견해를 그들이 생각했던 마르크스의 견해와 구분하고자 시도했던 주요 방식들을 분석하고 있다. 그러나 마르크스에 관한 그들의 견해가 '액면' 그대로 간단히 수용될 수는 없다. 제14장과 제15장은 이 문제와 관련된 뒤르켐과 베버의 실제로 진술된 입장들을 사상시키고, 그들의 글들과 마르크스의 글들 사이의 일부 중요한 합치점들과 차이점들에 관한 새로운 평가를 제시한다.

결론 부분의 세 장들에서는 마르크스, 뒤르켐, 그리고 베버 세 사람을 비교해볼 수 있는 몇몇 중요한 기준들이 소홀히 다루어지거나 전적으로 무시되었다는 점도 강조되어야 할 것이다. 그중 가장 두드러지게 누락되어 있는 것은 세 학자들이 취했던 상이한 방법론적 견해에 관한 것으로, 얼핏 보기에는 가장 기본적인 비교의 쟁점들이 여기에 있는 것처럼 보일지도 모른다. 어떤 의미에서는 그것이 사실이기도 하다. 그러나 이 책에서 가장 힘주어 주장하는 점은 세 사람 모두가 근대 '자본주의'의 특징적 구조를 이전의 사회형태와 대비시켜 묘사하는 데에 압도적으로 큰 관심을 기울였다는 사실이다. 지난 수십 년 동안 사회학이 전형적으로 강조점을 두어왔던 것은 형식적인 '일반이론'을 탐색하는 것이었다. 그런 목표는 추구해볼 만한 것이기는 하지만, 근대 사회사상의 기반을 정립했던 사람들의 글들이 초점을 맞췄던 것으로부터는 크게 벗어나는 것이며, 그들이 사회이론의 전면에 내세웠던 중요한 문제들을 흐려지게 만들어버리는 중대한 결과를 초래해왔다.

나는 이 책에서 다루는 세 사람 중 어느 누구도 그들이 그렇게 했다고 통속적으로 여겨져 온 것처럼 모든 것을 포괄하는 사상의 '체계들'을 만들어내려고 하지는 않았다고 믿는다. 실제로 그들은 모두 단호하게 그것을 부인했다. 따라서 나는 각 저술가가 남긴 글들의 온전한 통일성을 강조함과 동시에, 다른 한편으로는 이들이 각기 자신의 시각과 결론들이 지니고 있는 한계로서 강조했던 부분성과 불완전성을 전달하기 위해서도 노력했다.

1 마르크스

제1장 마르크스의 초기 저작

마르크스의 저작은 세 세기에 걸쳐 있는 듯한 느낌을 준다. 마르크스는 19세기가 시작되고 근 20년이 지난 다음에 태어나서, 19세기가 끝나기 훨씬 전에 사망했다. 그러나 그의 저작들이 가장 큰 영향을 미친 것은—정치 영역에서는 물론이고, 아마 지성계에서도—20세기다. 하지만 그 저작들은 18세기 말, 즉 1789년의 프랑스 대혁명에서 비롯된 급격한 사회적·정치적 변동에 기원을 두고 있다. 그러므로 마르크스의 저작들은 구질서를 뒤흔들었던 프랑스 혁명의 영향을 근대로 끌어들였고, 또 1789년과 거의 130여 년 후의 러시아 10월혁명을 직결시켜주고 있다.

마르크스의 유년시절에 관해서는 거의 알려진 것이 없지만, 사춘기의 다양한 단편과 편지들은 남아 있다. 그중 최초의 것은 고등학교 시절의 마지막 시험기간에 쓴 세 편의 짧은 에세이들이다. 이것들이 특별히 중요하거나 독창적이지 않다는 점이야 너무나 당연하다고 하겠지만, 거기에도 나중에 나온 그의 성년기 저작들에 영감을 불어넣은 정열과 웅대함의 징후가 드러나 있다.[1] 세 에세이 중 가장 참신한 것은 「직

---

1) 몇몇 주석자는 이 에세이들 속에서 차후 마르크스 저작의 기초가 된 많은 주제를 찾아내려 시도해왔다(예컨대 A. Cornu, *Karl Marx et Friedrich Engels*, Paris,

업선택에 관한 한 젊은이의 성찰」(Reflections of a young man on choosing a career)이라는 것인데, 이 글은 직업(Vocation)을 선택하는 한 개인 앞에 놓인 자유의 범위와 도덕적 의미를 논하고 있다. 마르크스는 다음과 같이 결론짓는다.

직업을 선택할 때 우리는 인류의 복지와 우리 자신의 완성이라는 주된 원리에 따라야 한다. 이 둘이 서로 갈등을 일으킨다거나 하나가 다른 하나를 파괴한다고 생각하지 말아야 한다. 오히려 인간은 본성상 사회의 완성과 복지를 위해 노력함으로써 비로소 자기충족에 이를 수 있다……. 보편성을 위해 일함으로써 고귀해진 사람을 일컬어 역사는 위인이라고 부른다.[2]

이런 생각은 결국 대학생 마르크스가 헤겔을 면밀히 연구하도록 했는데, 헤겔 철학에서 우리는 바로 그것, 즉 자아실현(self-fulfillmemt)과 자기완성의 완결(culmination of 'our own perfection')의 이론을 발견한다. 1837년에 마르크스가 아버지에게 보낸 한 편지는 그가 어떻게 칸트와 피히테의 철학에 불만을 느끼고, 서정시에 대한 젊은이 특유의 심취마저 결국 버린 채, 헤겔이라는 큰 바다로 뛰어드는지를 보여준다.[3] 그러나 마르크스는 헤겔학도로서 그의 철학체계의 마력 아래 놓여 있던 동안에도 결코 한순간도 교조적 헤겔주의자였던 적이 없었음이 분명하다. 베를린 대학 학생으로서 그가 철학과 법학에 관해 독서한 내용을 기록해둔 노트에는 그가 애초에 어떻게 해서 헤겔주의에 관심을 가지게 되었는지가 나타나 있다.[4]

1955, vol.1, pp.65~66). 그러나 이 에세이들의 가장 뚜렷한 성격은 으레 그러하듯 사춘기적인 관념론이다.
2) *WYM*, p.39.
3) *WYM*, pp.40~50.
4) *WYM*, pp.42~47.

마르크스에게는 '존재'와 '당위'에 관한 칸트의 이원론은 철학을 목적의 추구에 응용하기를 바라는 개인의 요구와는 전혀 양립될 수 없는 것으로 보였다—마르크스는 그 후 평생 이 생각을 버리지 않았다. 피히테의 철학도 이 점에서 다를 것이 없다. 그것은 논리와 진리(수학 및 경험과학에 각각 관련되는)를 끊임없이 발전해가는 세상을 살아가는 인간 주체가 어떻게 개입해볼 여지가 없는 것이라고 본다. 그러므로 이 입장은 "객체 자체도 그것의 발전이라는 관점에서 연구되어야 한다, 자의적인 분열이란 있을 수 없다, 사물 자체의 근본원리(rationale, Vernunft)가 그 모순성 속에서 해명되고 자체 속에서 그 통일성을 찾아야 한다"[5]는 사실을 인정하는 입장으로 대체되어야 한다.

이 문제들을 혼자서 해결할 수 없음을 깨달은 마르크스는, 불가피하게 독일 관념철학 일반이 밟아온 진화 과정—칸트에서 피히테를 거쳐 헤겔에 이르는 과정—을 자신의 사상 속에서 밟아가게 된다.[6] 그러나 처음 마르크스를 헤겔로 이끌었던 것은 헤겔 철학의 인상적인 포괄성도, 그 철학적 전제들의 구체적인 내용도 아니다. 그것은 칸트가 남긴 주요 유산인 독일 고전철학의 양분론적 경향을 헤겔이 종결지었다는 사실 바로 그것이었다. 마르크스에 대한 헤겔의 영향은 부분적으로는 별개인 두 가지의 원천을 통해 주어지는데, 그것들은 각기 헤겔의 변증법을 헤겔의 보수주의와 충돌하는 정치적 입장과 접합시키는 것과 관련된다.[7]

이중 하나가 에두아르트 간스(Eduard Gans)의 가르침이다. 베를린 대학에서 그의 강의는 마르크스에게 큰 영향을 주었다. 간스는 헤겔에 생시몽주의적 요소를 가미했다.[8] 그러나 마르크스가 보다 젊은 시절에

---

5) *WYM*, p.43; *We, Ergänzungsband*(*Ergd*), vol.1, p.5.
6) Robert C. Tucker, *Philosophy and Myth in Karl Marx*(Cambridge, 1965), pp.31~69 참조.
7) '청년 헤겔'에 관해서는 Georg Lukács, *Der junge Hegel*(Zurich and Vienna, 1948), pp.27~130 참조.

생시몽주의적 이념에 접할 기회를 가졌음은 거의 확실하며, 이것은 인격 형성기의 마르크스에게 생시몽의 저작이 미친 영향이 어떤 의미에서는 헤겔의 영향만큼이나 컸다고 보는 견해의 정당한 논거가 될 수도 있다.9)

마르크스가 헤겔을 받아들이는 데 영향을 미친 두 번째 요소는 그가 베를린 대학에서 '박사클럽'(Doctor's Club) 회원이 되었다는 사실이다. 이 모임에서 마르크스는 각양각색의 젊은 헤겔 추종자들과 친분을 쌓게 되는데, 그중 브루노 바우어(Bruno Bauer)는 탁월한 인물이었다.10) 바우어와 그를 중심으로 형성된 '청년헤겔주의자들'에게 중요했던 당면 문제들은 헤겔 저작들 특유의 기독교 신학에 대한 관심을 이어가게 했다. 데모크리토스와 에피쿠로스의 철학을 비교·논의하고 있는 마르크스의 박사학위 논문은 바우어가 끼친 강한 영향을 보여준다. 그러나 마르크스가 학위 논문을 제출했던 바로 그 무렵 포이어바흐의 『기독교의 본질』(1841)이 출판된다.11) 나중 엥겔스는 청년헤겔주의자들에 대한 이 책의 충격을 다음과 같이 묘사했다. "마법은 깨졌고 '체계'는 산산조각 난 채 내팽개쳐졌다……. 모두가 열광했고 우리 모두가 즉시 '포이어바흐주의자'가 되었다."12)

발전 과정에 있던 마르크스의 사상에 대한 이 책의 즉각적인 영향은 근 40여 년 후에 쓰어진 엥겔스의 글에 묘사된 것보다는 사실 산발적이고 덜 직접적이었음이 분명하다.13) 마르크스는 헤겔의 견해를 전면적

---

8) Hanns Günther Reissner, *Eduard Gans*(Tübingen, 1965)를 보라.
9) Georges Gurvitch, "La sociologie du jeune Marx," in *La Vocation actuelle de la sociologie*(Paris, 1950), pp.568~580. 이 장은 1963년 제2판에서는 "La sociologie de Karl Marx"라는 제목의 좀더 일반적 논의로 바뀌었다.
10) 마르크스에 대한 바우어의 영향을 논의하는 최근의 예로서는 David McClellan, *The Young Hegellians and Karl Marx*(London, 1969), pp.48 이하와 그밖의 여러 곳을 보라. 같은 저자의 *Marx before Marxism*(London, 1970)도 볼 것.
11) Ludwig Feuerbach, *The Essence of Christianity*(New York, 1957).
12) *SW*, vol.2, p.368.

으로 수용하지 않았듯이, 포이어바흐의 견해도 전면적으로 수용하지는 않았다.[14] 그럼에도 불구하고 1842년 말경 청년헤겔주의자들 사이에 포이어바흐의 영향이 압도적이었다는 점에는 의문의 여지가 없다. 1843년에 집필된 헤겔 국가철학에 대한 마르크스의 비판적 논의는 포이어바흐로부터 크게 영향 받은 것이다. 그리고 1844년의 『경제철학수고』에서도 포이어바흐의 입장이 기본이 되고 있다.

『기독교의 본질』과 뒤이어 출판된 다른 글들에서 포이어바흐는 인간성에 관한 연구는 '실제의 물질세계'에 살고 있는 '실제의 인간'(real man)을 그 기초로 해야 한다고 솔직하게 말하면서, 헤겔철학의 관념론적 전제들을 전도시키려고 한다. 헤겔은 '실제적인 것'을 '신성한 것'으로부터 퍼져나가는 것으로 보는 반면, 포이어바흐는 신성한 것이 실제적인 것의 환상적 산물이라고 주장한다. 인간은 세계를 반영하기 이전에 먼저 그 세계 속에서 활동한다는 의미에서 존재(being)나 실존(existence)은 사유에 선행한다. 즉 "존재가 사유에 기인하는 것이 아니라, 사유가 존재에 기인한다"[15]는 것이다. 헤겔은 인류의 발전을 스스로에 대해 분열해가는 신(God)이라는 관점에서 보았다. 포이어바흐의 철학에서는 신은 인간이 스스로에 대해 분열하는 한에만, 인간이 자기 자신으로부터 소외되는 한에만, 존재할 수 있다. 신은 하나의 환상적 존재며, 인간이 자신의 가장 높은 힘과 능력을 이 존재에 부여함으로써 그것은 한정되고 불완전해 보이는 인간 자신과는 대조적으로 완

---

13) McClellan, *The Young Hegelians and Karl Marx*, pp.92~97을 참조. 그러나 "이 책의 영향에 대한 엥겔스의 묘사는 사실과 완전히 다르다"는 그의 주장은 과장된 것이다. 예컨대 1842년 초에 쓰여진 마르크스의 유명한 문구를 보라. "진리와 자유에 도달하려면 '불의 강'을 건너지 않으면 안 된다"(Feuerbach는 말 그대로 '불의 시내'라는 뜻이다). *WYM*, p.95.
14) 포이어바흐 자신의 견해는 숱한 불명료한 특징을 가지며, 1834년에서 1843년 사이에 분명한 변화를 보여주고 있음에 주목해야 한다. Feuerbach, *Sämmtliche Werke*, vols.1~3을 참조하라(이 책에서는 저작연도가 잘못 조정된 것들이 있다).
15) *Ibid.*, vol.2, p.239.

전하고 전능해 보인다.
 그러나 포이어바흐는 동시에 신과 인간의 이 철저한 대조가 인간 잠재력의 실현을 위한 영감을 불러일으킬 수 있다고 본다. 헤겔주의적 시각을 전도시켜 물질세계의 우위를 주장함으로써 인간이 변화를 불러올 비판(transformative criticism)을 통해 소외된 자아를 회복할 수 있게 만드는 것, 그것이 철학의 과제다. 이전에는 신에게 향했던 사랑을 인간에게 집중시킴으로써 인간의 통일성, 대자적(對自的) 인간을 회복시켜줄 휴머니즘이 종교를 대신해야 한다. "낡은 철학은 '사유되지 않는 것은 실존하지 않는다'고 말하지만, 새로운 철학은 '사랑받지 않는 것, 사랑받을 수 없는 것은 실존하지 않는다'고 말한다."[16)
 포이어바흐의 사상을 받아들인 결과, 마르크스는 새로운 시각의 함축적 의미를 끌어내고, 특히 그것을 정치 영역에 적용해보기 위해 다시 헤겔로 돌아가게 되었다. 마르크스를 매혹시킨 포이어바흐 철학의 측면들은 애초 그를 헤겔로 이끌었던 측면들과 본질적으로 같다. 즉 분석과 비판을 융합하고 그럼으로써 철학을 '실현할' 가능성이 제시된 것처럼 보였던 것이다.
 정치 및 산업에서의 소외에 관한 마르크스의 초기저작들은 포이어바흐의 '유물론'을 포이어바흐가 다루지 않았던 사회적 영역에 확대 적용한 것에 지나지 않는다는 주장이 많다. 그러나 그것은 오류다. 마르크스는 어떤 점에서도 포이어바흐가 자기 철학의 가장 유의미한 점이라고 생각하던 것—즉 자기 철학이 헤겔에 대한 '대안'이며 따라서 헤겔 철학의 '대체물'이라는 생각—을 받아들이지 않는다. 포이어바흐에 가장 열렬히 심취해 있을 때조차도 마르크스는 그를 헤겔보다 우위에 두지 않으려고 한다. 이리하여 마르크스는 헤겔철학에서는 중심적이지만 포이어바흐에 의해서는 의도되지는 않았더라도 실제로는 거의 방치되는 역사적 시각을 유지하는 데 성공한다.[17)

---

16) *Sämmtliche Werke*, vol.2, p.299.

국가와 '진정한 민주주의'

마르크스가 1843년에 쓴 헤겔 철학 비판은 사적 유물론[18]에 관한 그의 초기 이해를 찾아볼 수 있는 최초의 간행물이며, 또 1년 후 마르크스가 『경제철학 수고』에서 좀더 상세하게 설명한 소외에 관한 논의의 출발점을 이룬다. 마르크스는 헤겔 원전의 면밀한 분석을 통해 포이어바흐식으로 헤겔을 '전도'시킨다. 그는 다음과 같이 말한다. "헤겔은 술어들(predicates), 객체들(objects)을 주체화한다. 그러나 그는 그것들을 그것들의 진정한 주체성(subjectivity), 주체(subject)와 분리시킨 가운데 주체화한다."[19] 마르크스의 분석의 요점은 진정한 주체('실제의 물질세계'에서 살며 행동하는 개인)를 재확인하는 것이며, 국가라는 정치제도 속에서 이루어지는 그 주체의 '객체화'(objectification) 과정을 추적하는 것이다.[20] 실제적 세계가 관념적인 것의 연구로부터 추론되는 것이 아니라, 역으로 관념적인 것이야말로 실제적인 것의 역사적 산물로 이해되어야 한다. 헤겔에게는 국가의 정치적·법률적 구조 외부에 있는 모든 경제적·가족적 관계를 포함하는 시민사회(bürgerliche Gesellschaft)는 본질적으로 무제한적인 이기주의의 영역이다.

여기서 각자는 서로 적대하게 된다. 국가는 시민사회에서 인간행위의 이기주의적 이해관계들을 가로지르는 보편적 영역이며, 인간은 그

---

17) 1843년 루게에게 보낸 편지에서 마르크스는 역시 다음과 같이 말한다. 즉 포이어바흐는 "자연에는 너무 많이, 정치에는 너무 적게 관심을 보이고 있다. 그러나 정치야말로 현존철학을 실현시킬 유일한 수단이다." *We*, vol.27, p.417.
18) 잘 알려져 있듯이 '사적 유물론'이라는 용어는 마르크스는 사용한 적이 없고 엥겔스가 제일 먼저 사용했다. 여기서는 이 용어가 마르크스가 자신의 역사 연구를 두고 기꺼이 인정함직한 것보다 더 심한 이론적 폐쇄성을 느끼게 할지도 모른다는 점을 밝혀두는 가운데 이 용어를 사용한다.
19) *WYM*, p.166; *We*, vol.1, p.224.
20) 『비판』에 대한 통찰력 있는 논의로서는 Jean Hyppolite, "La conception hégélienne de l'Etat et sa critique par Karl Marx," in *Etudes sur Marx et Hegel*(Paris, 1955), pp.120~141을 보라.

국가의 내재적 질서를 받아들이는 한에서 이성적이고 질서 있는 존재가 된다. 그러므로 헤겔의 설명에서 국가는 시민사회에서의 개인생활과 엄격히 분리되어 나타날 뿐 아니라, 논리적으로 개인에 선행해 나타난다. 역사의 진정한 창조자인 행동하는 개인들은 국가로 구현되는 정치적 참여라는 이념에 따라야만 하고, 그리하여 이 이념이야말로 사회발전의 원동력으로 나타난다.

나아가서 마르크스는 포이어바흐가 인간이 고통스럽고 비참한 실제의 일상세계에서 살면서 그 대상(代償)으로 종교 속에서는 조화와 아름다움, 그리고 만족이 넘치는 비현실적 환상세계에서 산다는 점을 보여주었다고 말한다. 마찬가지로 국가도 정치활동 소외의 결과 생겨난 것으로, 종교 속의 이상세계만큼이나 덧없는 보편적 '권리들'을 체현한다. 대의제도의 정치적 권리들이 시민사회의 이기적 개인주의와 국가의 보편주의를 매개한다는 것이 헤겔의 견해에서 토대가 되고 있다. 그러나 마르크스는 그런 연결을 실제로 보여주는 정치체제는 어떤 형태로도 존재하지 않는다고 강조한다. 현존 국가들에서 모든 사람이 정치생활에 참여한다는 것은 이상에 불과하며, 분파적 이익의 추구가 현실이라는 것이다. 따라서 헤겔의 설명에서는 시민사회의 개인적 특수이익과 분리되고 그것에 우선하는 것처럼 보였던 것이 사실은 그 파생물이 되어버린다. "지금에 이르기까지 '정치체제'는 '종교적 영역'이자 인민생활의 '종교'였고, 인민들의 실제 생활의 특수한 '세속적 실존'과는 대조되는 그들의 보편성의 천국이었다."[21]

그리스의 도시국가(polis)에서는 모든 사람—즉 모든 자유시민—이 '정치적 동물'이었다. 정치적인 것과 사회적인 것이 구별 없이 융합되어 있었고, '정치적인 것'이라는 독립적 영역은 없었다. 사적 생활과 공적 생활이 구분되지 않았으며, 유일한 '사적 개인들'이란 노예처럼 시민으로서 공적 지위를 전혀 갖지 못한 사람들이었다. 중세 유럽은 이

---

21) *WYM*, p.176.

와 대조를 이룬다. 중세에는 시민사회의 다양한 계층 자체가 정치의 담당자가 되었다. 즉 사회가 안정적인 사회·경제적 질서로 분화되자, 정치권력은 거기에 직접 의거했고 또 그런 분화를 표현했던 것이다.[22] "각각의 사적 영역이 정치성을 띠며, 정치적 영역이다……."[23]

이 사회형태에서는 다양한 계층이 정치화되지만, '사적인 것' 또는 '개인적인 것'과 '정치적인 것'의 구분은 여전히 존재하지 않는다. 시민'사회'로부터 구분 가능한 '국가'라는 개념 그 자체가 근대적 산물이다. 왜냐하면 시민사회에서 이해관계, 특히 경제적 이해관계의 영역이 개인의 '사적 권리'의 일부가 되고, 그럼으로써 정치라는 '공적' 영역에서 분리될 수 있게 된 것은 중세 이후의 일이기 때문이다. 이제 재산의 분배는 정치권력 체제 밖의 일로 여겨진다. 실제로는 재산소유권이 여전히 정치권력을 크게 규정한다. 그러나 중세 사회와 같이 법제화된 방식으로가 아니라, 정부에의 보편적 참여라는 외양을 취하는 가운데 그렇게 한다.[24]

마르크스의 분석에 의하면, 그의 이른바 '진정한 민주주의'의 실현은 개인과 정치공동체 사이 소외의 극복을 수반한다. 그것은 시민사회에서 '이기적' 개인이익과 정치적 생활의 '사회적' 성격 사이의 양분 현상을 해소함으로써 이루어진다. 그리고 이를 위해서는 국가와 사회의 관계가 구체적으로 달라져서 현재로서는 이상에 지나지 않는 것(보편적 정치참여)이 실현되어야 한다. "헤겔은 국가에서 출발하여 인간을 주체화된 국가로 바라본다. 민주주의는 인간에서 출발해 국가를 객체화된 인간으로 바라본다……. 민주주의에서는 '형식적'(formal) 원리가 동시에 '물질적' 원리다."[25] 보통선거권의 획득은 이를 촉진시키는 수단

---

22) 봉건적 신분(stände)의 변천에 대한 마르크스의 논의를 참조하라. *We*, vol.1, pp.273 이하.
23) *WYM*, p.176; *We*, vol.1, p.232.
24) *WYM*, pp.187~188.
25) *WYM*, pp.173~174.

이라고 마르크스는 말한다. 보통선거권은 시민사회의 모든 구성원에게 정치적 실존을 부여하며, 따라서 바로 그 사실에 의해 독립된 범주로서 '정치적인 것'을 제거한다. "선거권과 피선거권 두 측면을 모두 아우르는 '보통참정권'을 통해 시민사회는 비로소 '실제로' 자기 자신의 추상태(抽象態)로, 자신의 진정한 보편적·필수적 존재로서의 '정치적' 존재로, 스스로의 지위를 끌어올린다."[26]

혁명적 '실천'

『헤겔 국가철학 비판』에서 마르크스가 전개한 논지와 뒤이어 나온 1844년 저작의 관련성에 관해서는 꽤 많은 논란이 있어왔다.[27] 『헤겔 국가철학 비판』이 국가와 정치에 관한 서론적 분석에 지나지 않는다는 점은 분명하다. 원고는 완성되지 않았고 마르크스는 몇몇 논지들을 펼치겠다는 의도를 밝히지만 이를 실행하지는 못한다. 더욱이 마르크스의 분석의 경향은 급진적 자코뱅주의로 향하고 있다. 즉 현존 국가 형태를 넘어서 진보하려면 1789년 혁명이 구현했던 추상적 이상들을 실현하는 것이 필요하다는 것이다. 그러나 『헤겔 국가철학 비판』 속에 마르크스가 나중에도 계속 버리지 않았던 생각들이 들어 있다는 점에는 의문의 여지가 없다. 사실 그것은 국가론 및 국가소멸론을 이해하기 위한 관건이며, 거기에 포함된 구상은 마르크스의 모든 후기 저작의 배경을 이룬다. 그러나 이 단계에서 마르크스는 아직도 다른 청년헤겔주의자들과 마찬가지로 포이어바흐가 제기한 '의식의 개혁'이라는 맥락에서 생각하고 있었다. 마르크스는 1843년 9월 프랑스로 가기 위해 독일을 떠나면서 모든 '독단들'(dogma)은 그것이 종교적인 것이든 정치적

---

[26] *WYM*, p.202; *We*, vol.1, p.326.
[27] 이 점에 대한 상이한 견해들에 관해서는 Lichtheim, pp.38~40과 Shlomo Avineri, *The Social and Political Thought of Karl Marx*(Cambridge, 1968), pp.33~40.

인 것이든 의심받아야 한다는 자기 확신을 표명하면서, 루게(Arnold Ruge)에게 다음과 같이 편지를 썼다.

> 따라서 우리의 슬로건은 종교에서건 정치에서건 독단에 의해서가 아니라 불분명한 신비적 의식을 분석함에 의해서 우리의 의식을 개혁하자는 것이어야 한다. 그렇게 되면 세상은 오랫동안 무엇인가에 관해 의식하기만 하면 실제로도 그것을 갖게 될 것이라고 꿈꾸어 왔다는 점이 명백해질 것이다……. 죄 사함을 얻기 위해 인류는 그저 자기가 무슨 죄를 지었는지를 밝히기만 하면 된다.[28]

파리에서 마르크스는 프랑스 사회주의와 직접 접촉했고, 이 영향은 1843년 말에 씌어진 『헤겔 국가철학 비판 서문』에 분명히 나타난다.[29] 이 논문의 논지 중 대부분은 그가 『헤겔 국가철학 비판』에서 이미 다뤘던 주제들을 가다듬은 것이다. 그러나 마르크스는 바우어에 의해 강조되었던, 그리고 헤겔에 관한 자신의 좀더 초기의 비판적 분석에 시사를 주었던, '탈신비화'의 강조를 포기한다. 마르크스는 '종교비판이 모든 비판의 전제'라는 점을 인정한다. 그러나 그것은 이제 거의 완수된 과제고 따라서 더 시급하고 필수적인 과제는 직접 정치의 무대로 옮겨가는 것이다.

> 민중의 '환상적' 행복으로서 종교를 폐기하는 것이 그들의 '실제' 행복의 전제다. 그들의 실제 상태에 관한 환상을 포기하라는 요구는 '환상을 요하는 조건들을 포기하라는 요구다.' 따라서 종교에 대한 비판은 종교를 후광으로 삼는 '현실에 대한 비판의 맹아'다.[30]

---

28) *WYM*, pp.214~215.
29) 1844년 2월 루게의 『독불연감』에 처음 실렸다. 비슷한 생각이 "On the Jewish Question," *WYM*, pp.216~248에서도 개진되고 있다. 후자는 *EW*, pp.3~31에도 번역되어 있다.

그러나 마르크스는 이제 '비판' 자체만으로는 충분치 못하다고 말하는 데로 나아간다. 이 사실이 후진적인 독일에서보다 더 뚜렷이 드러나는 곳은 없다. 독일의 정치구조에 대한 추상적이고 철학적인 '부정'만으로는 독일의 변화에 필요한 실제의 요구들을 충족시킬 수 없다. "우리의 정치적 현실에 대한 부정조차도, 이미 근대국가들의 역사 창고 속의 케케묵은 사실에 지나지 않는다."[31] 유럽 국가들의 사회적 발전에 대한 독일의 기여는 사상의 영역에 국한되어 있다. 독일인들은 현재의 '역사적 동시대인들'이 아니라, 그 '철학적 동시대인들'이다. 따라서 철학적 비판을 통해 이런 사정을 떨치려 하는 것은 관념과 현실 사이의 기존 탈구를 그대로 안고 가는 것이어서 부질없는 일이다. 지적 수준에서 모순을 밝히는 것은 그 모순을 제거하는 것이 아니다. "오직 하나의 수단, 즉 실천(Praxis)을 통해서만 해결할 수 있는 과제들"[32]로 나아가지 않으면 안 된다.

독일의 개혁은 느린 점진적 과정으로 진행될 수 없다. 그것은 급진적 혁명의 형태를 띠어야 한다. 그런 방식으로 독일은 "근대 민족들의 '공인(公認) 수준'에 이를 수 있을 뿐만 아니라, 그 민족들의 즉각적인 미래가 될 '인간적 수준'에도 도달할 수 있다."[33] 독일 사회구성의 후진성이야말로 독일이 다른 유럽 국가들을 앞질러 도약할 수 있는 조건을 제공할 수 있다. 그러나 정치에 대한 '이론적 비판'이 자신의 사회적 지위로 인하여 혁명적일 수밖에 없는 특정 사회집단의 경험과 결합되지 않는다면 그런 도약은 불가능하다. 여기서 마르크스는 처음으로 프롤레타리아를 언급한다. 마르크스는 독일의 낮은 경제발전 수준은 독일의 산업프

---

30) *EW*, p.44; *We*, vol.1, p.379. 전 저작을 통해서 종교, 국가, 소외, 또는 자본주의 전체의 '폐기'는 *aufheben*이라는 용어의 3중적 의미(즉 폐지한다, 보존한다, 끌어올린다) 속에서 이해되어야만 한다. 따라서 종교의 '폐기'란 그것을 근절시킨다는 단순한 의미가 아니라 변증법적으로 초극한다는 의미다.
31) *EW*, p.45.
32) *EW*, p.52; *We*, vol.1, p.385.
33) *EW*, p.52.

롤레타리아가 이제 겨우 출현하기 시작했을 뿐임을 뜻한다고 지적한다. 그러나 독일의 현재와 같은 특수하게 후진적인 사회·정치적 구조와 보조를 맞추어 이 산업프롤레타리아가 보다 확산된다면, 이는 독일이 다른 유럽 국가들을 추월하는 데 필요한 조건들을 제공할 것이다.[34]

마르크스는 헤겔이 합리적 국가 속에 구현된 이념 속에서 찾고자 했던 '보편적 성격'을 프롤레타리아 속에서 발견한다. 프롤레타리아는 '근본적으로 속박당한 계급'이다. 그들은 "보편적인 고통 때문에 보편성을 가지며, 특수한 잘못이 아니라 무제한적인 잘못이 그들에 대해 저질러지므로 어떤 특수한 권리도 주장하지 못하는, 사회의 한 영역이다." 사회의 가장 사악한 불행이 모두 프롤레타리아 그 자체에 집중되어 있다. 프롤레타리아는 물질적 자원의 결핍에서 야기되는 자연적 궁핍이 아니라, 산업생산의 현존 조직의 '인위적' 산물인 궁핍 속에서 생활한다. 사회의 비합리성이 프롤레타리아에게 집약되어 있으므로, 그 해방은 동시에 전체 사회의 해방이라는 결론이 나온다.

> 인간성의 '총체적 상실'은……인간성의 '총체적 회복'을 통해서만 회복될 수 있다……. 프롤레타리아가 '지금까지 존재해오던 질서의 해체'를 천명할 때 그들은 그저 '그들 자신의 존재의 비밀'을 천명하는데, 이는 그것이 '사실상' 이 질서를 해체하는 것'이기' 때문이다……. 철학이 프롤레타리아에게서 그 물질적 무기를 발견하듯, 프롤레타리아는 철학에서 그 지적 무기를 발견한다.[35]

1844년의 초기에 마르크스는 정치경제학에 대한 집중적 연구를 시작했다. 미완성 원고들 속에 기록되어 있던 이 연구의 예비적 결과들은 1932년이 되어서야 『경제철학 수고』라는 제목으로 처음 출간되었다.

---

34) *EW*, pp.57~59.
35) *EW*, pp.58~59; *We*, vol.1, p.391.

이 연구를 거치면서 마르크스의 생각은 엥겔스라는 두드러진 예외만 빼고—그는 마르크스가 정치경제학 연구에 애쓰도록 크게 영향을 미쳤다—나머지 청년헤겔주의자들의 생각과 더욱 멀어지게 되었다. 『경제철학 수고』가 마르크스의 전체 저작에서 결정적으로 중요한 위치를 차지하는 데는 몇 가지 이유가 있다. 사실 그것은 『자본론』의 출간에 앞서 마르크스가 작성한 몇 가지 초안 중 최초의 것이다. 마르크스가 『경제철학 수고』를 위해 준비한 서문은 그가 본래 계획했으나 결코 완성할 수는 없었던 야심찬 연구의 골격을 보여준다. 마르크스가 그의 지적 경력의 비교적 초기인 이 단계에서 세운 이 계획들은 『자본론』—결국은 길고 자세한 설명을 담은 책으로 출판되었다—이 마르크스가 생각했던 자본주의에 대한 훨씬 더 폭넓은 비판의 한 요소일 뿐이라는 점을 의문의 여지없이 보여준다. 마르크스는 원래는 '법학 비판, 도덕 비판, 정치학 비판' 등을 다루는 '다수의 단행본 소책자들'을 출간한 다음, 이 다양한 논의들을 하나의 종합적, 결론적 저작 속에서 연결하려고 했다.36) 『경제철학 수고』에서 마르크스는 이 제도적 영역들이 경제관계에 의해 직접 영향 받는 한도 내에서만 그것들을 다룬다. 그러므로 이 저작은 이 분야를 자신의 전공분야라고 주장하는 학문, 즉 정치경제학에 대한 비판을 위한 마르크스의 최초의 시도이다.

『경제철학 수고』는 마르크스가 나중의 저작들에서 여러 가지 이유로 덜 직접적으로만 관심을 갖는 문제들을 직접 다룬다는 점에서도 각별한 관심의 대상이 된다. 근대 자본주의에 대한 이론적 비판을 가하는 것이 으뜸가는 목표로 되어 있는 상태에서, 그런 문제들 중의 일부는 그만하면 이미 충분히 다루어졌다고 생각되었고 따라서 그의 나중의 저작들에서는 다루어지지 않았다. 종교분석은 그런 것들 중 하나다. 『경제철학 수고』는 마르크스가 여전히 종교에 상당한 관심을 보이는 마지막 저작이다. 그러나 『경제철학 수고』에서 두드러지게 부각된 어떤

---

36) *EW*, p.63.

주제들은 또 다른 이유들 때문에 나중 저작들에서 모습을 감춘다.

그중 가장 중요한 것은 소외(alienation) 분석인데, 『경제철학 수고』에서는 그것이 중심위치를 차지한다. 1844년 이후의 글들에서는 소외라는 용어 자체가 거의 눈에 띄지 않는다. 그럼에도 불구하고, 소외 개념이 마르크스의 후기저작들에서도 계속 밑바탕을 이룬다는 점에는 조금도 의문의 여지가 없다. 마르크스는 『경제철학 수고』에서 구사된 소외 개념 속에 한 덩어리로 얽혀 있던 여러 갈래의 실마리들을 뒤이어 나온 글들에서 한 갈래 한 갈래 풀어나간다. 이에 따라 마르크스가 스스로 절연하고자 했던 추상적·철학적 성격을 띤 소외라는 용어 자체는 쓰이지 않게 되었다. 그러나 『경제철학 수고』에 나오는 소외에 관한 직접적인 논의는 마르크스 후기 사상의 밑바닥에 깔려 있는 주요 주제들을 통찰하는 데 말할 수 없이 소중한 도움을 준다.

소외와 정치경제학 이론

마르크스가 『경제철학 수고』에서 펼치는 정치경제학 비판과 관련된 주요 주장들은 다음과 같다. 정치경제학자들의 저작들은 두 가지 중대한 비판을 받아야 한다. 첫째는 자본주의를 특징짓는 생산조건이 모든 형태의 경제에 두루 적용될 수 있다고 하는 그들의 가정과 관련된다. 경제학자들은 교환경제와 사유재산의 존재를 전제하는 데에서 시작한다. 이기심과 이윤 추구가 인간의 본성으로 간주된다. 마르크스는 교환경제의 형성은 실제로는 역사과정의 산물이며, 자본주의는 역사적으로 특수한 하나의 생산체제라고 지적한다. 자본주의는 역사상 그것보다 앞서 나타났던 다른 여러 생산체제들과 마찬가지로 생산체제의 한 유형일 뿐이고, 이전의 생산체제들이 그랬듯이 자본주의 역시 최종 형태가 아니다.

경제학자들의 두 번째로 잘못된 가정은 순수하게 '경제적인' 관계들이 추상적으로 다루어질 수 있다는 가정이다. 경제학자들은 **자본, 상품,**

가격 등이 마치 인간에 의해 매개되지 않고 독자적인 생명을 가진 듯이 말한다. 이것은 명백한 오류다. 예컨대, 동전 한 개는 물리적 실체며, 그런 의미에서 인간으로부터 독립된 존재지만, 일정한 사회적 관계들 속의 한 요소를 이루는 한 '화폐'가 된다. 그러나 경제학자들은 모든 것을 '경제적인 것'으로 환원시키려 하며, 그렇게 다룰 수 없는 것들은 모두 회피해버린다.

따라서 정치경제학은 이 노동관계 외부에 존재하는 실직 노동자, 노동하는 사람을 인지하지 않는다. 도둑, 사기꾼, 거지, 실업자, 그리고 굶주리고 버림받은 범죄인 노동자들은 '정치경제학'의 대상이 아니라 의사, 법관, 장의사, 그리고 하급 관리 등 다른 일을 하는 사람들의 관심 대상일 뿐이다. 그들은 정치경제학의 범위 밖에 존재하는 유령 같은 존재인 셈이다.[37]

모든 '경제적' 현상은 동시에 항상 사회적 현상이며, 특수한 종류의 '경제'의 존재는 특정 종류의 사회를 전제한다.[38]
경제학자들이 노동자를 자본가에 대한 '비용'으로 취급하고, 나아가서 다른 자본 비용들과 마찬가지로 취급한다는 사실은 그들의 이 잘못된 생각을 보여준다. 정치경제학은 분석의 진정한 대상이 사회 속의 인간이라는 사실을 부적절한 것이라고 선언한다. 정치경제학자들이 자본주의 생산양식에 대한 그들의 해석에서 본질적인 것, 즉 자본주의는 한편의 프롤레타리아, 또는 노동계급과 다른 한편의 부르주아지, 또는 자본가계급 사이의 계급분할의 기초 위에 세워져 있다는 사실을 얼버무릴 수 있게 되는 것은 바로 이 때문이다. 이 두 계급은 본래 산업 생산의 결실을 분배하는 문제에서 갈등을 겪게 되어 있다. '자본가와 노동

---

37) *EW*, pp.137~138; *We, Ergd*, vol.1, pp.523~524.
38) *EW*, pp.120~121.

자 사이의 격심한 투쟁'에 의해서 한편에서는 임금이, 그리고 다른 한편에서는 이윤이 결정되는데, 이 관계에서는 자본 소유자가 쉽게 우위를 차지한다.[39]

자본주의적 생산 속의 소외에 대한 마르크스의 분석은 자본주의가 진보하면 할수록 노동자는 더욱 궁핍해진다는 '현대의 경제적 사실'에서 출발하는데, 이것 역시 나중 『자본론』에서 자세하게 다루어진 주제의 초기적 표현이다. 자본주의적 생산이 이루어놓은 엄청난 부(富)는 토지와 자본의 소유자들이 가져간다. 노동자와 그의 노동생산물의 격리는 그러나 단지 당연히 노동자에게 돌아가야 할 재화가 자본가에 의해 전유(專有)된다는 문제로 그치는 것이 아니다. 마르크스의 주된 논지는 자본주의에서는 생산된 물질적 대상이 노동자 자신과 동등하게 취급된다는 점인데, 이는 정치경제학이 순수이론적 수준에서 상정하는 바로 그대로다. "노동자는 더 많은 재화를 생산할수록 점점 더 값싼 상품이 되어간다. 인간세계의 '평가절하'는 물질세계의 '가치상승'에 정비례하여 더욱 심화된다."[40] 이는 마르크스가 '객체화'(Vergegenständlichung)라고 부르는 왜곡 과정을 수반한다. 노동자는 자기의 노동을 통해 자연세계를 변형(modify)시킨다. 그가 자연세계를 모양 짓는 한, 그의 생산은 외부세계와의 이 상호작용의 결과다. 그러나 자본주의 아래서 노동자(주체, 창조자)는 그의 생산물(객체)과 동격이 되어버렸다.[41]

생산 과정, 객체화 과정은 이처럼 '주체성의 상실과 객체에 대한 복

---

39) *EW*, p.69.
40) *EW*, p.121.
41) *EW*, p.123. 더 폭넓은 인식론적 수준에서 마르크스는 헤겔이 객체화와 소외의 연관의 본질을 잘못 해석했다고 비판한다. '물화'(thinghood)는 '소외된 자기의식'과 같은 것이고, 따라서 객체화는 인간의 자기소외에 의해 가능해질 뿐이라는 전제는 헤겔 관념론의 밑바탕이 되고 있다고 마르크스는 지적한다. 마르크스는 다음과 같이 단언한다. 즉 "사실은 그와 반대다. 소외의 존재가 객체화를 전제로 하는 것이고 소외의 존재는 자본주의의 특색인 객체화라는 특유한 왜곡된 형태의 필연적 결과다. 불행하게도 많은 2차 문헌의 저자들은 객체화와 소외의 이 본질적인 차이를 간과해왔다."

종'이라는 형태를 취한다. 노동자는 '객체의 노예가 된다……'[42] 자본주의 경제에서 노동자의 소외는 자본주의의 팽창과 더불어 계속 커지는 노동생산력과 노동자가 자신이 생산하는 객체에 대해 가할 수 있는 통제의 상실 사이의 불균형 위에 성립된다. 정치적 소외의 경우처럼, 노동 소외도 종교적 소외와 유사한 면을 보인다. 기독교 윤리에서 신에게 귀속되는 특성들은 그럼으로써 인간의 통제로부터 벗어나 마치 외부의 어떤 주체에 의해 주어지는 것처럼 된다. 비슷한 방식으로, 노동자의 생산물은 "그에게 낯설며……자율적인 힘으로서 그와 대립한다. 그가 객체에게 부여한 생명이 낯설고 적대적인 힘으로서 그에게 맞선다."[43] 따라서 자본주의 하에서는 '모든' 노동(노동력에 의해 창조되는 대상으로 노동력의 이전을 포함한)의 필수적 특징인 객체화가 바로 소외와 같은 것이 된다. 다시 말해서 노동생산물은, 존재론적인 의미에서뿐만 아니라 "노동생산물로 체화된 것이 더 이상 노동자 자신의 것이 아니"[44]라고 하는 훨씬 더 심오하면서도 더 구체적인 의미에서도, 노동자에 '외재'한다.

노동생산물로부터 노동자의 소외는 여러 가지 구별되는 형태를 취한다. 마르크스는 포이어바흐의 영향을 많이 받은 용어들을 사용하지만, 그가 하나의 특수하고 역사적인 생산양식으로서 자본주의의 영향이라는 구체적 맥락에서 생각하고 있음은 분명하다. 소외에 관한 마르크스의 논의에 등장하는 중요한 차원들은 다음과 같다.

1. 노동자가 생산한 것이 타인에 의해 전유되므로 노동자는 자신의 생산물을 처분하는 데 아무런 통제권이 없고, 따라서 거기에서 아무 이

---

42) *EW*, pp.122~123.
43) *EW*, p.123. 마르크스는 이와 같은 맥락에서 소외를 논의하면서 다음 두 가지 용어를 사용한다. 즉 *Entfremdung*(estrangement, 소외)과 *Entäusserung*(externalisation, 外化)이 그것이다. 마르크스의 분석에서 양자는 같은 뜻으로 사용된다.
44) *EW*, p.122.

익도 얻지 못한다. 교환을 위한 재화의 생산이 시장경쟁의 핵심 원리다. 자본주의적 생산에서는 자유시장을 통해서 재화의 교환과 분배가 통제된다. 따라서 시장에서 매매될 상품의 하나로 취급되는 노동자 자신은 자기가 생산한 것의 운명을 결정할 어떤 권한도 갖지 못한다. 시장은 노동자의 이익을 희생시켜 자본가의 이익을 늘리는 방향으로 작동한다. 그러므로 "노동자는 많이 생산할수록 자신이 소비할 수 있는 것은 줄어들고, 더 많은 가치를 창출할수록 스스로는 더욱 가치 없게 된다."

2. 노동자는 일 자체로부터 소외된다. "노동의 생산물이 소외라고 한다면, 생산 자체가 진행형의 소외—즉 활동의 소외이자 소외된 활동—임이 틀림없다."[45] 일은 노동자가 "자기의 정신적·물질적 활력을 자유로이 계발하는 것"을 가능케 하는 내적 만족감을 주지 못한다. 이는 그 일이 전적으로 외적 환경의 힘에 의해서 강요되는 노동이기 때문이다. 일은 목적 자체라기보다는 어떤 목적을 위한 수단이 된다. 이 점은 "물리적인 강제나 다른 강제가 소멸되면 인간들은 즉시 역병과도 같은 노동으로부터 달아난다"[46]는 사실에서 잘 드러난다.

3. 모든 경제적 관계는 동시에 사회적 관계이므로 노동 소외는 직접적으로 사회적 여파를 미친다. 이것은 마르크스를 자신의 출발점으로 돌아가게 한다. 즉 자본주의에서 인간관계는 시장관계로 환원되는 경향이 있다는 것이다. 이것은 인간관계에서 화폐가 차지하는 중요성에서 직접 드러난다. 화폐는 가장 이질적인 특성들도 서로 비교되고 서로 환원될 수 있게 만드는 하나의 추상적 기준을 제공함으로써 사회관계의 합리화를 촉진한다. "용기를 돈으로 살 수 있는 자는 겁쟁이일지라도 용자가 된다……. 이처럼 화폐 소유자의 입장에서 보자면 화폐는 모든 질적 속성들과 대상들을 다른 모든 그것들과 교환되게 한다. 심지어

---

45) *EW*, pp.123~124.
46) *EW*, p.125; *We, Ergd*, vol.1, p.514.

교환되는 것들이 서로 모순적인 경우에도 말이다."[47]

4. 인간은 자연계와 능동적인 교호관계 속에서 살아간다. 기술과 문화는 이 교호관계의 결실이자 표현이며, 동물로부터 인간을 구분해주는 으뜸가는 특성이다. 물론 동물 중에도 어떤 것들은 생산을 한다. 그러나 그 생산은 기계적이고 수동적인 적응의 모습으로만 이루어진다. 소외된 노동은 인간의 생산활동을 자연에 대한 능동적 제어력으로 만들기보다, 오히려 자연에 대한 수동적 적응의 수준으로 격하시킨다. 이것은 개별적 인간을 그의 '유적(類的) 본성'(Gattungswesen)으로부터, 즉 인류의 생활을 동물류의 그것과 구분해주는 것으로부터, 떼어놓는다.[48] 여기에서 마르크스의 논법은 포이어바흐의 그것을 많이 닮았다. 그러나 마르크스의 취지는 전혀 다르다. 1844년 『경제철학 수고』에 나타난 마르크스의 소외 분석에 관한 많은 이차적 설명들은 마르크스의 견해를 포이어바흐와 연결시키며, 그럼으로써 마르크스의 논의가 그것이 실제 그런 것보다 더 '유토피아적'인 것처럼 해석한다.[49] 단지 '부분적으로'만 그리고 생물학적으로 정해지는 본능에 따라 설정되는 제한된 맥락 속에서만 생산하는 동물들과는 대조적으로, 인간은 '보편적 생산자'라고 주장할 때, 마르크스는 포이어바흐의 용어들을 사용한다. 그러나 그의 분석은 이 용어가 시사하는 것보다 훨씬 구체적이고 상세하다.

마르크스에 의하면 인간의 삶을 동물의 삶과 차이 나게 하는 것은 인간의 능력과 취향들이 사회에 의해 형성된다는 점이다. '고립된 개인'이란 공리주의 이론이 만들어낸 허구일 뿐이다. 사회에서 태어나서 그 사회에 의해 형성되지 않는 인간은 없다. 따라서 각 개인은 앞 세대들에

---

47) *EW*, p.193.
48) Feuerbach, *Essence of Christianity*, pp.1~12. 마르크스는 Gattungsleben이라는 용어를 말 그대로 '유적(類的) 삶'이라는 뜻으로 자유롭게 사용한다.
49) 이 경우의 두 가지 예로서는 H. Popitz, *Der entfremdete Mensch*(Frankfurt, 1967)와 터커의 책을 들 수 있다.

의해 축적된 문화를 물려받고, 자기가 살고 있는 자연 및 사회와 상호작용을 통해서 이 세계를 자기가 물려받은 것에서부터 더 변모시키는 데 기여하고, 그렇게 변모한 세계를 다른 사람들이 경험하게 한다. "인간의 개별적 삶과 유적인 삶은 '별개의 것'이 아니"라고 마르크스는 주장한다. "……한 인간은 한 개체이기는 하지만……마찬가지로 그는 '전체', 관념적 전체, 즉 사유되고 경험되는 사회의 주체적 존재다."[50] 따라서 인간을 동물과 구분시켜주고 인간에게 그 '인간성'(humanity)을 부여해주는 것은, 사회를 지탱해주고 사회의 형성 자체를 가능케 하는 기술적 · 문화적 장치와 더불어, 그가 사회의 구성원이라고 하는 사실이다.

인간과 유사한 감각기관을 가진 동물들도 있지만, 모습이나 소리에서, 미술이나 음악에서 아름다움을 느끼는 것은 인간적인 기능이며 사회의 산물이다. 성행위나 먹고 마시는 행위는 인간에게는 단순히 생물학적 충동들만을 만족시키는 것이 아니다. 자연계와 창조적 상호작용을 거치면서 사회가 발전해오는 동안, 그것들은 다중적인 만족을 주는 행위로 변모해왔다.[51] 오감(五感)의 개발은 과거의 모든 역사에 의해 이루어졌다. 그러나 "'인간적 감각'의 대상을 통해서만, '인간화된' 자연을 통해서만, 비로소 존재할 수 있게 되는 것은 오감만이 아니다. 정신적 감각들, 실제의 감각들(욕망하기, 사랑하기 등), 요컨대 '인간적' 감수성과 감각들의 인간적 특성도 마찬가지다."[52]

부르주아 사회에서 인간들은 그들에게 '인간성'을 부여하는 유일한 통로인 사회와의 유대로부터 설명 가능한 방식으로 멀어진다. 첫째, 소외된 노동은 "유적 삶과 개인적 삶을 소외시킨다." 둘째, "소외된 노동은 추상적 관념 형태의 개체적 삶을 역시 추상적이고 소외된 형태의 유적 삶의 목표로 바꾸어버린다."[53] 자본주의에서는 이론상으로나 실제

---

50) *EW*, p.158; *We, Ergd*, vol.1, p.539.
51) 이 책 pp.82~83을 보라.
52) *EW*, p.161; *We, Ergd*, vol.1, p.541. 뒤르켕과 관련하여 이 점을 더 논의한 것으로서는 이 책 pp.411~418을 보라.

로나 개인의 삶과 필요가 그가 사회의 구성원임과 무관하게 '주어진' 것처럼 보인다. 우리는 고립된 개인의 이기주의를 바탕으로 사회이론을 수립한 정치경제학에서(그리고 다소 다른 방식이기는 하지만 마르크스가 앞서 비판했던 헤겔식의 시민사회이론에서) 이 사실의 뚜렷한 이론적 표현을 발견한다. 정치경제학은 이런 식으로 "사유재산을 인간의 본질로 만든다."[54] 그러나 '개인적인 것'이 '사회적인 것'으로부터 분리될 뿐 아니라, '사회적인 것'이 '개인적인 것'에 '종속'되게 된다. 공동체의 생산자원은—궁핍 상태에 있는 대다수 주민의 경우—유기체의 생존에 꼭 필요한 최소한의 상태를 유지하는 데 사용된다. 임금노동자 대중은 그들의 생산 활동이 오로지 육체적 생존이라는 가장 기본적인 필요에 의해서 지배되는 상황에 놓여 있다.

인간은 '혈거생활'로, 그것도 소외되고 유해한 형태의 혈거생활로 되돌아가고 있다. 주거지로 또 은신처로 쓸 수 있도록 공짜로 주어지는 자연의 일부인 동굴 속 야만인은 자신이 이방인이라고 느끼지 않는다. 반대로, 그는 물속의 '물고기'처럼 안락함을 느낀다. 그러나 성냥갑 같은 빈민의 주거지는 그에게 적대적인 주거지며, '그가 피땀과 맞바꿈으로써만 자기 것으로 만들 수 있는 낯선 힘이자 그를 옥죄는 힘'이다.[55]

따라서 마르크스가 이 문제를 다루는 방식을 보면 '유적 존재'로부터 인간소외는 그의 자본주의 분석의 문맥 속에서 설명되고 있고, 상당히 비대칭적인 현상으로 설명된다. 달리 말해서, 소외의 효과가 계급구조를 통해 집중 조명되고, 프롤레타리아에 의해 집중적으로 체험되는 현상으로 설명된다. 헤겔과 포이어바흐가 사용한 일반적인 존재론적 범

---

53) *EW*, p.127.
54) *EW*, p.148.
55) *EW*, p.177.

주로서 소외 개념을 특정의 사회·역사적 맥락에다 적용하는 것이 『경제철학 수고』에서 마르크스가 보여주는 접근의 주된 주제다. 그러나 그는 소외가 전적으로 임금노동자라는 지위에만 국한되는 것이라고 주장하지는 않는다. 사유재산과 화폐의 법칙이 자본가의 존재를 지배한다는 의미에서 자본가 자신도 자본에 종속되어 있다. 산업경영자는 "근면하고, 성실하고, 검소하고, 무미건조해야" 한다.

그의 즐김은 단지 부차적인 것일 뿐이다. 그것은 생산에 종속된 레크리에이션이며, 따라서 '계산되고 실리적인' 즐김이다. 이는 그가 그의 쾌락을 자본 지출의 대가라고 보고, 그가 소비하는 것이 자본의 소모에 의해 얻어지는 이윤으로 충당할 수 있는 것보다 커서는 안 되기 때문이다. 따라서 이전〔봉건사회〕에 그랬던 것과는 반대로, 즐김은 자본에 종속당하고 즐김을 좇는 자는 자본을 축적하는 자에게 종속당한다.[56]

『경제철학 수고』는 완성된 저작이라기보다는 일련의 예비적인 노트들이다. 『경제철학 수고』에 담겨 있는 소외된 노동에 관한 논의는 마르크스가 1844년에도 여전히 자신의 특징적 시각을 뚜렷하게 정립하기 위해 애쓰고 있었음을 보여준다. 마르크스 소외론의 주요 주제들이 어떤 것들인지를 확인하기는 그리 어렵지 않지만, 정작 그 주제들에 관한 마르크스의 설명은 흔히 신비스럽고 애매하다. 그는 경제학자들의 저작을 분석할 때는 정치경제학의 용어를, 그리고 소외를 직접 논의할 때는 포이어바흐의 용어를 사용한다. 이 단계에서 마르크스가 두 개의 상

---

[56] *EW*, p.179. 〔 〕는 필자가 친 것이다. 또 다른 곳에서 마르크스는 모제스 헤스를 연상케 하는 말을 하고 있다. "사유재산은 우리를 너무도 둔감하고 부분적인 존재로 만들어버린다. 따라서 한 객체는 우리가 그것을 소유하거나, 또는 그것이 자본으로서 우리에게 존재할 때, 또는 직접 그것을 먹고 마시고 입고 그 속에서 거주할 때 등, 한마디로 말해서 어떤 식으로든 그것을 '이용'할 때 비로소 '우리 것'이 될 뿐이다."(p.159)

이한 출처로부터 끌어온 개념들을 성공적으로 조화시키지 못하고 있음은 의문의 여지가 없는 사실이고, 『경제철학 수고』에서 양자는 불편한 관계를 보여준다. 그럼에도 불구하고 『경제철학 수고』는 자본주의에 관한 포괄적인 비판적 분석의 골격을 제시하고 있고, 이 미완성 노트들은 마르크스가 나중의 글들에서 훨씬 정밀하게 발전시킨 모든 중요한 생각들의 싹을 담고 있다.

1844년 『경제철학 수고』에서 마르크스가 자본주의적 생산조건들 아래서 인간의 '동물 수준으로의 타락'과 인간의 '유적 존재'로부터 소외에 관해서 말할 때, 그가 인간을 유(類)로서 자신의 생물학적 특징들로부터 소외된 존재로 여기는 추상적인 '인간' 개념의 맥락에서 생각하고 있는 것이라고 여겨지는 것이 보통이다. 그리하여 마르크스가 자기 사상의 이 초기 진화 단계에서 인간이란 본질적으로 창조적인 존재지만, 그의 '자연적' 성향들이 자본주의의 구속적인 성격에 의해 부정당하고 있다고 믿었다고 여겨진다. 실제로는 마르크스는 이와는 반대로 자본주의의 엄청난 생산력이 이전의 생산체제들 아래서라면 불가능했을 인간의 미래의 발전 가능성을 낳는다고 주장한다. 실은 자본주의적 생산과 결부된 사회적 관계들의 조직이 역사적으로 생겨난 이 가능성들을 알아보지 못하게 한다. 소외된 노동의 특성은 '자연 속의 인간'(소외되지 않은)과 '사회 속의 인간'(소외된) 사이의 긴장을 표현하는 것이 아니라, '하나의 특정 형태의 사회'—자본주의—와 그 잠재력 실현의 좌절 사이의 긴장을 보여준다. 인간을 동물들과 구별되게 하는 것은 단순히 인류와 다른 종(種)들 사이에 생물학적 차이가 있다는 점이 아니라 장구한 사회발전 과정의 산물인 인간의 문화적 성취들이다. 인간의 생물학적 속성들은 이 성취의 한 필요조건일 뿐이며, 충분조건은 사회 자체의 진화다. '유적 존재'로부터 인간소외는 사회적으로 발생한 특징들과 성향들로부터 사회적 격리다.[57]

---

57) 마르크스가 "인간은 고귀하고 총명한 유(類, species)이며, 그것은 문명의 과정

공산주의에 관한 초기 구상

『경제철학 수고』에는 또한 공산주의에 관한 마르크스의 최초의 포괄적인 논의가 실려 있다. 이 설명과 앞서 있었던 헤겔 국가철학에 대한 비판 속의 '진정한 민주주의'에 대한 분석 사이에는 분명한 연속성이 있다. 그러나 『경제철학 수고』에서 펼쳐진 논의에는 프랑스 사회주의의 영향이 나타나 있고, 마르크스는 '민주주의'라는 용어 대신 '공산주의'라는 용어를 쓴다.[58]

마르크스는 소외의 극복이 사유재산의 폐지에 달린 문제라고 밝힌다. 생산에서 소외가 종교나 국가 같은 다른 형태의 소외의 근거가 된다는 사실로부터 '진정한 민주주의'의 수립만으로는 충분치 못하다는 결론이 나온다. 요구되는 것은 더욱 철저한 사회의 재조직이며, 이것은 사유재산과 임금노동 사이의 현존관계의 철폐를 기반으로 한다.

마르크스는 공산주의에 관한 자신의 생각을 '조잡한(crude) 공산주의'와 구별한다.[59] 조잡한 공산주의는 사유재산에 대한 감정적 반감에 기반을 두고 있으며 모든 사람이 비슷한 수준이 되어 각자 같은 몫의 재산을 소유하게 되어야 한다고 주장한다. 마르크스는 이것이 진정한 공산주의가 아니라고 단언하는데, 이는 그것이 노동을 정치경제학 이

에 의해 좌절당한다"라고 주장했다고 보는 마이어와 같은 견해는 전혀 부적절한 것이다(Alfred G. Meyer, *Marxism, the Unity of Theory and Practice*, Ann Arbor, 1963, p.57). 메스자로스가 말하듯이, "(마르크스의) 생각 속에는 자연에 대한 어떠한 감상적이고 낭만적인 향수의 흔적도 없다. 그의 프로그램은…… '자연'으로의 복귀, '자연스러운' 원시적 또는 '단순한' 욕구들로의 복귀를 두둔하지 않는다." István Mészáros, *Marx's Theory of Alienation* (London, 1970).

58) 마르크스는 독일 사회주의자들의 영향도 언급한다. 그러나 그는 "이 주제에 대한 독일의 '원래적'이고 중요한 저작"은 헤스와 바이틀링, 그리고 엥겔스 정도로 한정되어 있다고 주장한다. *EW*, p.64.

59) 여기서 마르크스가 누구를 생각하고 있는지는 확실치 않다. 그러나 아마도 바뵈프나 카베가 아닌가 싶다. 엥겔스는 "The progress of social reform on the Continent," *We*, vol.1, pp.480~496에서 이들에 대해 논의하고 있다.

론에서 보이는 것과 똑같은 방식으로 왜곡되게 객체화하는 데 바탕을 두고 있기 때문이다. 이런 식의 조잡한 공산주의는 개인 대신에 공동체가 자본가가 되었던 원시적 금욕주의로 나아가도록 자극받게 되어 있다. 조잡한 공산주의에서는 재산의 법칙이 여전히, 그러나 소극적으로, 지배적이다.

하나의 힘으로 등장하는 보편적 '질투'(envy)는 되살아나서 '다른' 방식으로 스스로를 만족시키는 위장된 형태의 '탐욕'일 뿐이다……. 이런 식의 사유재산 철폐가 진정한 전유(專有)와 거의 무관하다는 점은 전체 문화·문명세계에 대한 추상적 부정(否定)으로 퇴행하는 데서, 그리고 사유재산을 초극했음은 물론, 그것을 가져보지도 못한 '가난'하고, 유치하며 욕심도 없는 개인의 '부자연스러운' 단순성으로 퇴행하는 데서 드러난다.[60]

조잡한 공산주의는 사유재산을 적극적으로 초극할 수 있는 가능성을 파악하지 못했다고 마르크스는 덧붙인다. 확실히 사유재산의 타파는 새로운 형태의 사회로 이행하기 위한 필요조건의 하나다. 그러나 미래의 사회주의 사회의 조직 원리는 "사유재산과 인간의 자기소외의 적극적인 폐기, 나아가서 인간을 통한, 그리고 인간을 위한 '인간' 본성의 진정한 '전유'"를 중심으로 해야 한다. 그것은 "사회적인, 즉 진정으로 인간적인, 존재로서 인간 자신의 회복, 지금까지 모든 성과를 살려내는 완전하고도 의식적인 회복을 수반한다."[61] 인간 실존의 사회성을 회복하는 것은 마르크스가 『경제철학 수고』에서 밝힌 그의 공산주의 개념의 필수 요소다. 공산주의 사회는 경제학자들이 인간성 일반의 특징이라고 가정하는 이기적 자기본위가 아니라, 개인과 사회 공동체 사이의 상

---

60) *EW*, p.154; *We, Ergd*, vol.1, pp.534~535.
61) *EW*, p.155; *We, Ergd*, vol.1, p.536.

호의존성에 관한 의식적 깨달음을 기반으로 삼게 될 것이다. 인간의 사회성은 인간 존재의 뿌리에까지 스며들어 있는 것으로, 단순히 직접 다른 사람들과 함께 하는 활동들에서 드러나는 것이 결코 아니라고 마르크스는 강조한다. 그렇다고 해도 공산주의는 각 개인의 개인성을 부정하지 않을 것이다. 정반대로, 마르크스의 논의에 담긴 취지는 공산주의 사회가 이전의 생산체제들에서는 불가능했던 방식을 통해 개인들의 특수한 잠재력과 능력들이 커져가는 것을 허용할 것이라는 것이다. 마르크스에게는 이것은 전혀 역설이 아니다. 인간이 집합적 생산물인 자원들을 이용하여 개인화되는 것은 오직 사회적 공동체를 통해서이다.

이 흥미롭고 예지가 번득이는 설명은 청년헤겔주의자들의 '비판철학'이 가진 한계들을 거듭 지적하는 것으로 완결된다. 사유재산을 이론 속에서 폐기하는 것, 사유재산이라는 '관념'을 공산주의라는 '관념'으로 대체하는 것으로는 충분하지 않다. 공산주의를 실제로 달성하는 일은 실은 매우 혹독하고 지리한 과정을 수반할 것이다.[62]

---

62) *EW*, p.176; *We, Ergd*, vol.1, p.553.

제2장 사적 유물론

마르크스와 엥겔스의 결합이 낳은 최초의 결실은 수많은 논란의 대상이 되었던 『신성가족』(*Die heilige Familie*)인데, 그것은 1844년 후반기에 착수되어 1845년 말경에 출간되었다. 이 책은 대부분을 마르크스가 썼으며, 다른 청년헤겔주의자들과 마르크스의 마지막 결별을 보여준다. 곧 이어서, 역시 근본적으로는 비판적 저작이지만, 마르크스가 최초로 사적 유물론이라는 교의에 관한 일반적인 개요를 언급하고 있는 것으로서 1845년에서 1846년 사이에 집필된 『독일 이데올로기』(*The German Ideology*)가 나왔다.

이때부터 마르크스의 일반적인 견해는 거의 변하지 않았고, 그의 여생은 『독일 이데올로기』에 개진된 이론적 견해를 보다 깊이 있게 탐구하고 실제로 적용하는 데 바쳐졌다.

『독일 이데올로기』의 전문(全文)은 마르크스나 엥겔스의 생전에 출판되지 않았다. 1859년 『독일 이데올로기』가 집필되던 당시를 회고하던 마르크스는 자신과 엥겔스가 그 저작을 출간할 수 없다고 해서 실망하지는 않았다고 썼다. 즉 주목적인 '자기정리'가 달성되었으므로 그들은 "생쥐들이 갉아먹든 말든 기꺼이 그 원고를 내팽개쳐 두었다."[1]

---

1) *SW*, vol.1, p.364. 『독일 이데올로기』를 포함하여, 그것에 이르기까지 초기 저작의

그럼에도 불구하고, 마르크스는 『헤겔 국가철학 비판』과 1844년이라는 해가 자기의 지적 경력에서 가장 중요한 분기점이었다고 분명하게 밝히고 있다. 마르크스는 『정치경제학 비판』(*Zur Kritik der politishen Okonomie*) 서문에서 자신이 "국가형태는 물론 법률관계도 그 자체로부터나 이른바 인간정신(Geist)의 일반적 발전으로부터 파악될 수는 없게 되어 있고, 오히려 물질적 생활조건에 뿌리를 두고 있다"[2]고 하는 결론에 이르게 한 것은 다름 아닌 헤겔의 국가철학에 대한 분석이었다고 썼다.

엥겔스는 나중 『독일 이데올로기』와 관련하여 거기에 나타난 유물론적 역사 파악의 설명이 "그 당시 경제사에 관한 우리들의 지식이 얼마나 불완전했는가를 증명할 따름이다"[3]라고 썼다. 그러나 마르크스의 경제사에 관한 당시의 지식이 빈약했던 것은 사실이지만—거기서 정립된 생산체계의 발전 '단계들'에 관한 도식은 나중에 꽤 정밀하게 검토된다—그 저작에서 제시하고 있는 사적 유물론에 관한 설명은 나중 다른 곳에서 마르크스가 묘사한 설명과 일치한다. 시기를 구분한다는 것은 모두 자의적인 일이다. 『독일 이데올로기』가 때로는 마르크스의 '초기' 부분으로 간주되기도 하지만, 마르크스의 성숙한 입장을 나타내는 최초의 중요한 저작으로 보는 것이 더 타당하다.

1843년과 1844년에 나온 마르크스의 저작과 그의 사적 유물론에 관한 성숙한 구상 사이의 연관성에 관한 논쟁은 1929년에서 1932년 사이에 초기 저작들이 출간된 이래 끊임없이 이어졌다. 그 논란의 갈래들 중에는 직접 정치성을 갖는 것들도 있고, 모든 당사자들을 만족시킬 수 있는 방법으로 쟁점이 해소될 수 있으리라고 기대하기도 어렵다. 그러나 실상 『헤겔 국가철학 비판』과 1844년의 『경제철학 수고』, 그리고 마

의미에 대한 엥겔스의 추후의 평가를 위해서는 A. Voden, "Talks with Engels," in *Reminiscences of Marx and Engels*(Moscow, n.d), pp.330 이하를 참조하라.
2) *SW*, vol.1, p.362; *We*, vol.13, p.8.
3) *SW*, vol.2, p.359.

르크스의 성숙한 사상이 뚜렷한 연속성을 보여주고 있다는 것은 명백한 사실이다. 마르크스의 초기저작에서 전개되었다가 그의 후기 저작들에서 구체화된 가장 중요한 주제들은 다음과 같다.

1. 마르크스가 헤겔로부터 너무나 많은 빚을 지고 있는, 인간의 진보적인 '자기 창조'에 관한 생각. 마르크스가 1844년 『경제철학 수고』에서 표현했듯이 "'이른바 세계사라고 하는 모든 것'은 인간 노동에 의한 인간의 창조 바로 그것이다……."[4]

2. 소외 개념. 마르크스가 1844년 이후 그의 저술에서 '소외'라는 어휘를 거의 사용하지 않은 이유 가운데 하나는 분명 그가 자신의 생각을 추상적인 철학으로부터 결정적으로 절연시키려고 했다는 점이다. 그리하여 마르크스는 「공산당 선언」에서 '인간 본질의 소외'에 관해 이야기하는 독일 철학자들의 '철학적 난센스'에 조소를 보낸다.[5] 『경제철학 수고』에서 상당히 비쳐지기는 했지만 『독일 이데올로기』를 집필할 때까지는 완성되지 않았던 이 견해가 주로 의미하는 것은 소외는 특정 사회구성의 발전의 맥락 속에서만 이해될 수 있는 하나의 역사적 현상으로서 연구되어야 한다는 것이다. 마르크스의 역사발전 단계에 관한 연구는 분업의 성장과 사유재산의 출현을 추적하는데, 이것은 유럽에서 봉건제가 해체되면서 농민이 자신의 생산수단에 대한 통제로부터 소외되는 과정에서 절정에 이르렀다. 이 과정, 즉 광범위한 무산 임금노동자로 구성되는 대중의 창출은 자본주의 발흥을 위한 필수 선행조건으로 『자본론』에 묘사되어 있다.[6]

---

4) *EW*, p.166. 마르크스의 '노동' 개념에 대해서는, Helmut Klages, *Technischer Humanismus*(Stuttgart, 1964), pp.11~128을 보라.
5) *CM*, p.168; *We*, vol.4, p.486.
6) 마르크스가 자신의 후기 저작에서 '소외' 개념을 제거했고 그래서 마르크스의 초기 저작과 후기 저작 사이에는 중대한 단절이 있다는 견해는 Louis Feuer, "What is alienation? The career of a concept," *New Politics*, 1962, pp.116~134와

3. 마르크스의 『헤겔 국가철학 비판』에 나타났던 국가이론 및 미래 사회에서의 국가의 '폐기'에 관한 이론의 핵심. 『헤겔 국가철학 비판』을 집필하던 당시 마르크스는 자신이 바라고 기대했던 자본주의를 대체할 사회질서의 유형에 관해서는 단지 초보적인 구상만을 갖고 있었지만, 국가의 폐기가 '정치'라는 별개 영역의 제거를 통해 달성될 수 있으리라는 논지는 이 문제에 관한 그의 후기 견해에서도 본질적인 것으로 남아 있다.

4. 사회발전의 분석을 위한 시각으로서 사적 유물론의 주요 기초원리들. 초기 저작에서 마르크스가 흔히 헤겔과 포이어바흐의 용어를 사용한다는 사실에도 불구하고, 새로 형성되고 있는 그의 입장이 이들, 특히 헤겔과는 결정적인 인식론적 단절을 보여준다는 점은 너무나 분명하다. 마르크스가 낡은 견해를 대체해서 제시하려고 하는 것은 새로운 철학이 아니다. 마르크스는 사회적이고 역사적인 접근의 편에 서서 철학을 공격한다. 그리하여 마르크스는 이미 1844년의 『경제철학 수고』에서 자본주의는 자본과 임금노동 사이의 양대 계급관계를 주된 구조적 특성으로 하는 특정의 사회형태에 뿌리를 두고 있다고 강조한다.

5. 혁명적 '실천' 이론의 개요. 슈트라우스와 바우어에 관한 마르크스의 논평(그들은 "관념상의 자연"의 실체를 관념상의 인간의 '자기의식'으로 대체한다")[7]은 『신성가족』과 『독일 이데올로기』에서 상세히 언급되는 견해, 즉 비판적 철학은 혁명운동의 초기단계를 지나면 아무런 적실성을 갖지 못한다는 견해를 예기케 한다. 사회변동은 오직 이론과 실천의 통일에 의해서만, 이론적 이해와 실천적 정치행위의 결합에 의해서만, 일어날 수 있다. 이는 역사 속에서 생겨나고 있는 변동 가능성

Daniel Bell, "The debate on alienation," in Leopold Labedz, *Revisionism* (London, 1963), pp.195~211에 의해서 표명된다. 이와 반대되는 정치적 시각에서 비교할 만한 주장을 보려면 Louis Althusser, *For Marx* (London, 1969), pp.51~86과 그밖의 여러 책을 참조하라.

7) *EW*, p.195.

에 대한 연구를 이 변동을 실현할 수 있는 실천적 행동 프로그램과 통합하는 것을 의미한다.

1844년 『경제철학 수고』로부터 『독일 이데올로기』로의 이행의 핵심은 마르크스가 1845년 3월에 썼고 그후 『포이어바흐에 관한 명제』(*Theses on Feuerbach*)[8]라는 이름으로 유명해진 일련의 짧은 비판적 명제들에서 찾아볼 수 있도록 되어 있다. 마르크스는 포이어바흐에 대해 몇 가지 비판을 가한다. 첫째로 포이어바흐의 접근은 역사적이지 못하다. 포이어바흐는 관념상의 '인간'을 사회에 선행하는 것으로 생각한다. 그는 인간을 종교적 인간으로 환원시킬 뿐 아니라, "'종교적 감정' 자체가 사회적 산물이며, 그가 분석하는 관념상의 개인이 특수한 사회형태에 속한다는 사실"[9]을 보지 못한다. 둘째로, 포이어바흐의 유물론은 관념을 물질적 실재의 단순한 '반영'으로 간주하는 철학적 독단의 수준에 머물러 있다. 실제로는 의식과 인간적 '실천'(Praxis) 사이에 끊임없는 상호 작용이 있다. 포이어바흐는 이전의 모든 유물론적 철학자들과 마찬가지로 '물질적 실재'를 인간 활동의 결정인자로 취급하여 '주체'에 의한, 즉 인간의 행위에 의한, '객관' 세계의 변형을 분석하지 않는다. 마르크스는 다른 방식으로 이 점을 극히 중요한 문제로 다룬다. 마르크스에 의하면 포이어바흐의 유물론적 교의는 혁명적 행위가 인간의 의식적이고 의지적인 행동의 산물이라는 사실을 다룰 수 없고, 그보다는 물질적 실재가 '관념'에 대해 '일방적으로' 영향을 미치는 것이라는 식으로 세계를 설명한다. 그러나 마르크스는 "환경은 인간에 의해 변화되고……교육자는 스스로 교육받아야만 한다……"[10]고 지적한다.

---

[8] 『포이어바흐에 관한 명제』는 1888년 엥겔스에 의해 처음으로 출간되었다. 그는 그 명제들이 "새로운 세계관의 탁월한 맹아를 가지고 있다"고 언급한다(*SW*, vol.2, p.359). 여기서 나는 *WYM*, pp.400~402에 수록되어 있는 번역을 인용한다.
[9] *WYM*, p.402.
[10] *WYM*, p.401.

마르크스가 볼 때 포이어바흐는 "철학[즉 헤겔 철학]은 사유 속으로 들어와서 사유에 의해 발전된 종교에 지나지 않는다는 점, 그리고 그것은 인간 소외의 또 하나의 존재형태, 존재양식으로서 마찬가지로 비난받아야 한다"[11]는 점을 밝히는 데 결정적으로 기여했다. 그러나 이때 포이어바흐는 "운동하고 창조하는 원리로서 부정성의 변증법"[12]에 대한 헤겔의 강조를 무시하면서 '사변적', 또는 수동적 유물론을 펼친다. 마르크스 사상의 핵심에 자리잡게 되는 것은 인간이 점점 더 물질세계를 자신의 목적들에 종속시키고 그럼으로써 그 목적들을 변화시키고 새로운 욕구들을 만들어가는 바로 이 주체(사회 속의 인간)와 객체(물질세계) 사이의 변증법이다.

유물론적 명제

그러므로 『독일 이데올로기』와 그 이후의 저작들에서 세워진 사적 유물론에 관한 일반적인 구상은 포이어바흐의 그것과는 매우 다르며 그 이전의 철학적 유물론의 전통과도 매우 다르다. 마르크스가 쓰고 있는 '유물론'이라는 개념은 어떤 논리적으로 주장되는 존재론적 입장에서의 가정을 가리키는 것이 아니다.[13] 마르크스가 관념이란 감각을 통해 인식 가능한 물질세계와 관계 맺는 인간두뇌의 산물이지, 경험과 무관하게 인간의 마음에 주어진 내재적 범주에 의해 성립되는 것이 아니라

---

11) *EW*, p.197. [ ]는 필자가 친 것이다.
12) *EW*, p.202. 이 점의 의미에 대한 보다 광범위한 설명을 위해서는 pp.403~406을 보라.
13) 물론 이것은 마르크스의 입장이 명확한 존재론적 가설을 내포하지 않는다는 뜻은 아니다. H.B. Acton, *The Illusion of the Epoch*(London, 1955)를 참조하라. 마르크스가 전통적인 의미에서 '유물론자'라는 견해에 대한 설득력 있는 반박으로는 Alfred Schmidt, *Der Begriff der Natur in der Lebre von Marx*(Frankfrut, 1962)와 Z.A. Jordan, *The Evolution of Dialectical Materialism*(London, 1967)을 보라.

고 보는 '실재론적' 입장을 수용했다는 데에는 의문의 여지가 없다. 그러나 이것은 사회발전을 해석하는 데 결정론적 성향의 철학적 유물론을 적용하는 것으로 이어지는 것은 결코 아니다. 인간의 의식은 주체와 객체 사이의 변증법적 상호작용 속에서 조정되며, 이 관계 속에서 인간은 그가 살아가고 있는 세계가 그를 모양 짓듯이 자기 편에서 능동적으로 그 세계를 모양 짓는다. 이 점은 『포이어바흐에 관한 명제』의 한 논지를 발전시키고 있는 마르크스의 관찰, 즉 물질세계에 대한 우리의 지각조차도 사회에 의해 조건지어진다고 하는 관찰에 의해 설명될 수 있다. 포이어바흐는 감각적 지각이 고정된 것이거나 영원불변의 것이 아니라 다음과 같은 속성을 갖는 현상계 속에 통합되어 있다는 점을 보지 못한다.

(현상계는—옮긴이) 역사적 산물, 즉 앞 세대가 이루어놓은 것을 바탕으로 산업과 교류를 더욱 발전시키고 변화된 욕구에 따라 사회질서를 개조해가는 모든 세대들의 활동이 합쳐진 결과다. 가장 단순한 '감각적 확신'의 대상들조차도 오직 사회 발전과 산업 및 상업 교류를 통해서만 주어진다.[14]

마르크스에게 역사란 인간 욕구의 끊임없는 창출과 충족, 그리고 재창출의 과정이다. 이것이 바로 인간을 정해져 있고 변함이 없는 욕구들을 가진 동물과 구별되게 하는 점이다. 이것이 인간과 자연환경 사이의 창조적 상호교류인 노동이 인간 사회의 기초인 이유다. 물질적 환경에 대한 개인의 관계는 그가 한 구성원으로서 소속해 있는 사회의 독특한 성격에 의해 매개된다. 인간사회의 발전을 연구할 때 우리는 인간존재의 필수조건인 사회생활의 구체적인 과정에 대한 구체적 검토로부터 출발해야 한다. 길게 인용할 만한 가치가 있는 한 구절에서 마르크스는

---

14) *GI*, p.57; *We*, vol.3, p.43.

이 점을 다음과 같이 표현한다.

> 이 접근 방법이 전제들을 결여하고 있는 것은 아니다. 그것은 실제적인 전제들로부터 출발하며 잠시도 그 전제들을 포기하지 않는다. 그것의 전제들은 인간들이며, 환상 속의 고립적 인간이나 불변의 속성을 가진 인간이 아니라 특정의 조건들 속에서 실제의, 경험적으로 지각 가능한 발전과정을 거치고 있는 인간들이다. 이 능동적인 삶의 과정이 묘사되자마자 역사는 유물론자들(그들 역시 여전히 추상적이다)의 경우에서처럼 죽은 사실들의 수집이거나 관념론자들의 경우에서처럼 상상된 주체들의 상상된 행위이기를 그치게 된다.
> 명상이 끝나는 곳에서—실제의 삶 속에서—현실적이고 실증적인 과학이 시작된다. 그것은 실제 활동의, 인간 발전의 실제 과정의 표현이다. 의식에 관한 이야기가 그치고 현실적인 지식이 그 자리를 대신해야 한다. 현실이 묘사될 때 독립적인 지식 분야로서 철학은 그 존재의 매개물을 잃는다. 기껏해야 인간들의 역사적 발전에 대한 관찰로부터 추출될 수 있을 가장 일반적인 결과들의 종합이 그 자리를 대신할 수 있을 뿐이다. 이 추상화된 개념들은 실제의 역사로부터 동떨어져 있기 때문에 그 자체 아무 쓸모가 없다. 그것들은 단지 역사적 자료들의 배열을 손쉽게 해주고 분절된 역사적 단편들의 순서를 알려주는 데나 도움이 될 뿐이다. 그러나 그것들은, 철학이 그렇듯이, 결코 역사의 시대들을 깔끔하게 정리하는 데 도움되는 방침이나 틀을 제공하지 않는다. 이와는 반대로, 최초로 어려움이 시작되는 것은 우리가, 지나간 시대의 것이든 현 시대의 것이든, 자료들을 실제로 관찰하고 정돈하는 일—진정한 묘사—에 착수할 때다.[15]

이 양보의 여지가 없는 표현에서, 마르크스는 인간과 자연 사이의 창

---

15) *GI*, pp.38~39; *We*, vol.3, p.27.

조적이고 역동적인 상호작용, 즉 인간이 스스로를 만들어나가는 발생적인 과정에 관한 연구에 바탕을 둘 경험적 사회과학의 필요성을 선언하고 있다.

사회 발전에서 몇몇 주요 '단계들'에 관한 마르크스의 생각은, 그가 남긴 글들 속의 다른 기본적인 분야들이 그렇듯이, 단편적인 자료들로부터 재구성되어야 하도록 되어 있다. 『독일 이데올로기』에 나오는 개관 외에 마르크스는 어디에서도 그가 구분했던 주요 사회 유형들에 관해 충분하게 설명하지 않는다. 그럼에도 불구하고, 사회발전에 관한 마르크스의 해석을 이끌어가는 일반 원리들은 분명하다. 마르크스가 확인하고 있는 다양한 사회유형들은 각기 스스로의 독특한 내적 역동성이나 발전 '논리'를 가지고 있다. 그러나 이것들은 오직 사후적인 경험적 분석을 통해서만 발견되고 분석될 수 있다. 이 점은 폭넓은 이론적 원리로서 강조되고, 특히 한 유형으로부터 다른 유형으로 사회의 발전과정을 추적하는 데서 강조된다. 마르크스는 "역사란 앞선 모든 세대로부터 물려받은 자원과 자본기금과 생산력을 이용하여 한편으로는 완전히 변화된 환경 속에서 전통적인 활동을 계속하고, 또 한편으로는 완전히 변화된 활동으로 낡은 환경을 개조하는 개별 세대들의 연속일 뿐"[16]이라고 확언한다. "나중의 역사는 앞선 역사의 목표가 된다"는 식으로 역사에 '목표들'을 부여하는 것은 단지 목적론적인 왜곡일 뿐이다.[17]

모든 근대사회에서 자본주의 단계는 공산주의의 건설을 위한 필수적 선행조건이라고 하는 주장에 대해 논평하면서 단선진화론적 입장을 거

---

16) *GI*, p.60. 역시 『신성가족』 또는 『비판적 비판의 비판』(Moscow, 1956), p.125를 참조하라.
17) *GI*, p.60. 마르크스는 프루동의 헤겔 변증법 사용에 대해 언급하면서 이와 동일한 비판을 가한다. 프루동은 헤겔의 관념(ideas)을 단순한 경제적 범주들로 대체함으로써, 역사발전을 상세히 연구하지 않는다. "프루동 씨는 경제적 관계를, 테제에서 안티테제가 나오듯 상호산출적인, 그리고 그 논리적 연계 속에서 인간성이라는 비인성적 이성을 실현하는, 숱한 사회적 국면들로 간주한다." *The poverty of philosophy*(London, n.d.), p.93.

부할 때도 마르크스는 같은 견해를 표명한다. 앞선 시대 중의 하나를 설명사례로 택하기 위해 그는 로마 사례를 끌어들인다. 서구의 자본주의 형성에서 본질적인 역할을 했던 몇 가지 조건이 로마에 이미 존재했지만, 그것은 자본주의적 생산을 일으키는 대신 로마 경제를 내적으로 해체시켜버렸다. 이 사실은 "놀랍도록 유사한 사건들이라도 상이한 역사적 맥락에서 일어났을 때는 매우 다른 결과를 가져왔음"을 보여준다. 마르크스는 계속하여 다음과 같이 말한다. 이 상황들을 각각 따로 연구한다면 이 점을 이해할 수 있지만, "초역사성을 주된 특징으로 삼는 역사철학적 이론이라는 만병통치약에 의존한다면 결코 그것들을 이해할 수 없을 것이다."[18]

마르크스의 사회유형론은 분업의 점진적 진전을 추적하는 데 기초를 두고 있다. 1844년의 『경제철학 수고』에서 그가 말하고 있듯이, 분업의 확산은 소외와 사유재산의 성장과 동의어다. 물론 공동재산이라는 시초의 미분화된 체제로부터 계급사회가 형성되어 나오려면 분업체제 속에서 전문화가 진행되어야 한다. 그리고 인간을 그들의 특수한 직업적 전문성(이를테면 '임금노동자')과 동일시함으로써 그들의 '보편적' 생산자로서 역량을 부정하는 것이 바로 분업이다. 따라서 "분업의 다양한 발전 단계들은 곧 그만큼 많은 수의 상이한 소유형태들이다. 즉 분업의 현존 단계가 노동의 소재, 도구 및 생산물을 둘러싼 개인들의 상호관계도 규정한다."[19]

계급 이전의 체계

모든 형태의 인간 사회는 모종의 기본적인 분업을 전제한다. 그러나

---

18) *Otyecestvenniye Zapisky*의 편집자에게 보낸 편지. T.B. Bottomore and Maximilien Rubel, Karl Marx, *Selected Writings in Sociology and Social Philosophy*(London, 1963), p.38에 따른 번역이다.
19) *GI*, p.33.

부족사회와 같이 단순한 유형의 사회에는 포괄적인 성별 분업을 포함하는 최소한의 분업만 존재한다. 여기서 여자들은 대개 어린이 양육에 종사하면서 생산에서는 남자들보다 작은 역할을 맡는다. 사람들은 처음에는 전적으로 공동체적 존재였고, 개인화는 분업이 복합적으로, 그리고 전문적으로 진전됨에 따라 나타난 역사적 산물이다. 더욱더 복잡한 형태의 분업은 기본 욕구를 충족하는 데 필요한 수준을 넘어서는 잉여를 생산할 능력과 병행하여 진전된다. 이는 다시 상품 교환을 초래한다. 그리고 교환은 다시 인간의 개인화를 낳는다. 이 과정은 고도로 전문화된 분업과 화폐경제, 그리고 상품생산의 발전과 더불어, 자본주의 아래서 정점에 도달한다. 따라서 인간은 역사 과정을 '통해서' 비로소 개인화된다. "(인간은——저자 추가) 원래 '유적(類的) 존재', '부족적 존재', '군집(群集)동물'로서 등장한다……. 교환 자체가 개인화의 주된 담당자 중의 하나다."[20]

재산도 처음에는 공동체소유다. 사유재산은 자연상태로부터 나온 것이 아니고 나중의 사회 발전이 낳은 결과다. 마르크스는 인간사회가 원래 각자 자신의 자그마한 사유재산을 가지고 격리된 채 살아가는 개인들이 어느 날 갑자기 어떤 종류의 계약에 합의함으로써 한데 모여 공동체를 형성할 수 있도록 되어 있는 조건 아래 있었다고 생각한다면 그것은 터무니없는 난센스라고 주장한다. "고립된 개인은 말을 할 수 없는 것과 마찬가지로 토지를 소유할 수도 없었다. 그는 기껏해야 동물과 마찬가지로 생계수단 공급원으로서 토지를 이용해서 살 수 있었을 뿐이다."[21] 자기가 경작하는 토지에 대한 한 개인의 관계는 공동체를 통해 매개된다고 마르크스는 강조한다. "생산자는 가족이나 부족 같은 인간 집단의 한 부분으로서 존재한다. 이 집단들은 다른 집단들과의 결합, 대립의 결과에 따라 역사적으로 다양한 형태를 띤다."[22]

---

20) *Pre-Capitalist Economic Formations*(London, 1964), p.96; *Gru*, pp.395~396.
21) *Economic Formations*, p.81.

가장 단순한 형태의 부족사회는 수렵이나 채취, 또는 유목 등의 이주 생활에 따라 나타나는 사회다. 이 부족은 한 고정된 지역에 정주하는 것이 아니라, 한 장소의 자원이 모두 고갈되면 또 다른 장소로 이주하곤 한다. 인간은 원래부터 자연처럼 한 군데 정주하도록 되어 있었던 것이 아니다. 역사의 어느 단계에서 유목민 집단이 안정된 농업공동체를 이룰 때 비로소 인간은 정주생활을 하게 된다. 일단 이 전환이 이루어지면, 환경의 물리적 조건과 부족의 내적 구조, '부족의 특성' 등을 포함하여 많은 요인들이 그 공동체가 거기에서부터 어떻게 발전할 것인지에 영향을 미친다.

인구가 증가하고, 그럼으로써 접촉하게 된 부족 간에 갈등이 일어나고, 한 부족이 다른 부족을 복속시키는 등의 과정을 통해 분업은 더욱더 복잡하게 진전된다.[23] 이것은 인종에 따른 노예제를 낳는 경향이 있다. 이 체제는 분화된 계층의 일부로서 "가부장적인 가족장들, 그 아래의 부족 성원들, 그리고 최하위의 노예들"을 포함한다.[24] 사회들 사이의 접촉은 전쟁뿐만 아니라 교역도 촉진한다. "서로 다른 공동체들이 각자의 자연환경 속에서 다른 생산수단과 생계수단을 발견"[25]하므로 생산물의 교환이 발전하고, 나아가 직업상의 전문화를 더욱 자극하며 이것이 상품──즉, 시장에서 판매를 목적으로 한 생산물──생산의 최초의 기원을 이룬다. 최초의 상품들에는 노예, 가축, 금속 등이 포함되고, 그것들은 처음에는 직접적인 물물교환을 통해 교환된다. 이렇게 해서 성립된 교환관계는 더 큰 단위들 사이의 상호의존성을 높이고 그리하여 더 큰 규모의 사회들을 향해 나아간다.

마르크스의 초기 저작은 단순히 유럽의 자료들을 이용하고 있기 때문에 거기에는 부족사회에서 고대사회(그리스와 로마)로 단선적인 발

---

22) *Ibid*, p.87; Gru, p.389.
23) *Cap*, vol.1, pp.87~89 참조. 뒤르켕과의 유사성이 지적될 수 있을 것이다.
24) *Pre-Capitalist Economic Formations*, pp.122~123.
25) *Cap*, vol.1, p.351.

전과정만 나타나 있지만, 후기의 마르크스는 부족사회로부터 발전노선을 여러 가지로 구분한다. 거기에서 특히 동양사회(인도와 중국)가 지적되고 있지만, 그 밖에도 마르크스는 게르만적 형태라는 이름의 부족사회의 한 특정 형태도 식별한다. 게르만적 형태는 로마 제국의 해체와 결합하여 서구에서 나중 봉건제로 발전되어 나가게 될 사정들을 조성했다.

'아시아적 생산양식'(동양사회)의 본질에 관한 마르크스의 견해는 약간의 변화를 겪는다. 1853년부터 『뉴욕 트리뷴』(*New York Tribune*)지에 연재하기 시작한 글들에서 마르크스는 농업에서 중앙집중적 관개작업이 중요해지게 만들고 그럼으로써 강력한 중앙정부, 또는 '동양적 전제정치'로 나아가게 했던 기후적·지리적 요인들의 중요성을 상당히 강조했다.[26] 그러나 마르크스의 나중의 생각으로는 그것은 이 유형의 사회 자체가 갖는 본질적 특성, 지역공동체 자체의 본래적 성격에 뿌리박고 있다. 동양사회는 변동에 대해서 매우 저항적이며 이 정체적 성향은 중앙집권적 정부기관의 엄한 전제적 통제로부터 나타나는 것만은 아니다. 그것은 동시에(그리고 일차적으로) 촌락공동체의 내적인 자급자족성으로부터 생겨나는 것이기도 하다. 소규모 촌락공동체사회는 "완전히 자급자족적이며 자체 내에 생산과 잉여생산의 모든 조건들을 갖고 있다."[27] 이 현상의 역사적 기원은 분명치 않다. 그러나 처음에 어떻게 생겨나게 되었든 간에 그것의 결과는 "수공업과 농업이 결합된 자급자족 단위"며, 그것은 더 이상의 분화를 낳을 추진력으로 이어지지 않는다.

동양사회의 인구증가는 단지 "아직 점거되지 않은 토지 위에 과거의 공동체들과 같은 모양의……새로운 공동체"를 낳는 경향이 있다.[28] 여

---

26) *The American Journalism of Marx and Engels*(New York, 1966); *Articles on India*(Bombay, 1951); *Marx on China, 1865~1960*(London, 1968).
27) *Pre-Capitalist Economic Forrmatoins*, p.70.
28) *Cap*, vol.1, p.358. 아시아적 생산양식의 구조는 결국 서구 식민주의의 영향에 의해 와해된다.

기에서 한 본질적 요인은 토지에 대한 사적 소유의 결여다. 유럽의 일부, 특히 로마에서처럼 토지재산에 대한 사적 소유가 발달한 곳에서는 인구의 증가가 소유권에 대한 압박을 낳고 그럼으로써 끊임없는 확장의 경향이 나타난다. 그러나 동양사회에서는 개인은 "결코 소유자가 되지 않으며, 단지 점유자가 될 뿐이다." 이런 유형의 사회가 반드시 전제적인 것은 아니다. 소규모 촌락공동체들은 파편화되고 느슨하게 결합된 집단으로 존재할 수 있다. 그러나 공동체들은 잉여생산물의 일부를 전제자에 대한 공물로 바쳐야 하는 수도 있는데, 그런 일은 흔히 '신의 대행자라고 상상되는 실체'인 종교의 암시에 따라서 이루어진다. 그러나 지배자와 복종자 사이의 화합은 폭넓은 경제적 상호의존성에 의해 결속된 통합된 사회를 기반으로 하는 것이 아니다. 그것은 어디까지나 전제자 개인에 대한 종교적 추종을 주된 연결끈으로 삼는 분절된 단위들로 구성된 사회다.

지방 촌락공동체들의 자족성은 분명히 도시의 성장을 제한한다. 인도나 중국에서는 도시가 결코 지배적 역할을 할 만큼 성장하지 못했다.[29] 반면 그리스나 로마 등으로 대표되는 유형의 사회에서는 도시가 핵심적 중요성을 갖게 된다. 마르크스는 도시화의 진전이 일반적으로 분업 진전의 가장 뚜렷한 지표임을 상당히 힘주어 강조한다. "도시와 농촌 사이의 대립은 야만에서 문명으로, 부족에서 국가로, 지방성에서 민족으로의 이행과 더불어 시작되며, 오늘날에 이르기까지 전 문명사를 관류해왔다."[30] 도시와 농촌의 분리는 도시에서 처음 시작된 자본의 성장과 토지재산으로부터 자본의 분리를 위한 역사적 조건들을 제공한다. 우리는 도시에서 "노동과 교환만을 토대로 하는 재산의 출현"[31]을 발견한다.

도시에 토대를 둔 문명인 고대사회는 계급사회의 최초의 뚜렷한 형

---

29) 베버는 차후 인도와 중국을 언급하면서 바로 이 점을 지적했다.
30) *GI*, p.65; *We*, vol.3, p.50.
31) *GI*, p.66.

태였다. 아시아적 사회들이 국가조직의 일정한 발전을 보여줌에도 불구하고 마르크스는 그 사회들이 발달된 계급체계를 갖는다고 보지 않았는데, 이는 지방 수준에서 재산이 전적으로 공동체 소유로 남아 있기 때문이다.[32] 계급은 사적으로 전유된 부(富)의 잉여분이 내부적으로 자가 충원되는 한 집단을 생산자 대중과 뚜렷하게 구별되게 만들 정도로 충분할 때만 나타나게 된다. 고대사회—특히 그리스—에서조차도 여전히 사유재산은 '공동체적이고 공적인 재산'의 그늘에 가려진다.

고대세계

고대사회는 "합의에 의해, 또는 정복에 의해 몇 개의 부족이 도시로 결합됨에 따라서" 나타난다.[33] 동양에서와는 달리, 도시는 하나의 경제적 통일체다. 도시국가들을 구성하는 원래의 부족들은 호전적이었고 전투적이었다. 처음 도시들은 군사집단을 중심으로 조직되었으며, 그리스와 로마는 자신의 전 역사에 걸쳐서 팽창주의적 성격을 잃지 않았다.

고대사회에 대한 마르크스의 분석은 로마 사례에 집중되어 있다. 로마는 도시사회지만 결코 토지재산의 영향을 완전히 벗어나지 못했다. 토지의 사적 소유자가 동시에 도시 시민이다. 이것을 마르크스는 "농민이 도시에 거주하는 형태"라고 묘사한다.[34] 로마사의 전 시대에 걸쳐서

---

[32] 비트포겔은 다음과 같이 주장한다. 즉 마르크스는 "그의 이론적 입장에서 보면 불가피해 보이는 결론을 이끌어내지 못했다. 아시아적 생산양식 아래서는 농업 경영적 관료제가 지배계급을 구성한다는 결론이 그것이다"(Karl A. Wittfogel, *Oriental Despotism*, New Haven, 1957, p.6). 마르크스는 러시아가 '반(半)아시아적인' 사회라고 말한다. 따라서 '아시아적 생산양식'의 계급구조는 현저하게 정치적일 것이다. 비트포겔은 러시아 학자들의 아시아 사회에 대한 논란을 (냉정하게) 평가하고 있다(*Ibid*, ch.9). George Lichtheim, "Marx and the 'Asiatic mode of prodution'," *St. Anthony's papers*, No.14, 1963, pp.86~112.

[33] *GI*, p.33.

지배계급은 토지재산의 소유에 기반을 두었다. 바로 이 점 때문에 인구 성장이 영토 확장을 요구하는 압력을 낳는다. 그리고 그 점이 로마 사회의 변동의 주요 원천이자 구조 내부에 깊이 뿌리박은 '모순'이다. "이것은 공동체 자체의 경제적 조건들의 한 본질적인 부분이지만……공동체의 기반이 되는 진정한 유대를 부수는 것도 이것이다."[35] 인구 팽창과 그것이 촉진하는 군사적 모험이 노예제의 확대와 토지재산의 집적에 기여한다. 정복전쟁과 식민화는 노예계급의 규모를 키우면서 사회적 분화의 구분선이 더욱 뚜렷해지게 한다.[36] 노예들이 생산노동을 전담하게 되는 한편, 귀족계급 지주들은 점점 더 공공기금과 전쟁조직을 독점하는 별도의 지배계급으로 등장한다. "전체 체제가……인구수의 일정한 제한을 기초로 삼고 있었고, 이는 고대문명 자체의 조건들을 위태롭게 하지 않고서는 극복될 수 없었다."[37] 이것이 마르크스가 말하는 '강제 이민'(compulsory emigration)의 압력을 낳는 원인이 되었다. 식민지들을 주기적으로 재정비하는 양상으로 진행된 '강제 이민'은 "사회구조 속의 한 정상적인 연결고리가 되었다."

기존 자원들의 생산성을 높이게 할 유인이 전혀 없으므로 토지 부족에서 생겨나는 압력은 매우 크다. 이윤의 극대화에 관심을 쏟도록 만드는 이데올로기는 전혀 없다.

카토(Cato, Marcus. 로마의 장군, 정치가. B.C. 234~149-옮긴이)가 당연히 가장 많은 이윤을 남길 수 있는 방식으로 장원을 운영할 방법을 생각한다고 하더라도, 또 브루투스(Brutus)가 가장 높은 이자율로 심지어 돈을 대부하기까지 한다고 하더라도, 부(富)는 생산의 목표로 등장하지는 않는다. 문제는 항상 어떤 종류의 재산이 가장

---

34) *Pre-Capitalist Economic Formations*, pp.79~80.
35) *Ibid*, p.83.
36) *Ibid*, pp.92~93.
37) *American Journalism of Marx and Engels*, p.77.

훌륭한 시민을 창출하는가 하는 것이다. 부 자체를 목표로 보는 것은 단지 소수의 무역상인들뿐이다……[38]

부(富)는 그 자체로서가 아니라, 그것이 가져다주는 '개인적 향락' 때문에 가치 있게 여겨진다. 따라서 지배계급은 상업과 수공업을 의혹의 눈초리로 바라보며 심지어 멸시하기까지 한다. 더욱이 노동 일반은 경멸의 대상이 되며 자유인이 할 일이 못 되는 것으로 여겨진다.

이미 공화정 말기에 이르러 로마는 "정복 지역들에 대한 무자비한 착취"에 그 존재 기반을 두게 되는데,[39] 제정 로마에 와서는 이것이 공공연하게 일상화된다. 로마 사회 내부의 중심적인 계급갈등은 귀족과 평민 사이의 갈등이다. 귀족은 무엇보다도 고리대를 통해서 파렴치하게 평민을 착취하는데, 로마에서 고리대는 결코 자본축적이라는 일반적 과정의 일부가 되지 못함에도 불구하고 고도로 발달한다. 마르크스는 『자본론』 제3권에서 고리대의 역할을 논하는 가운데 고리대 자본은 다른 어떤 조건들과 결부되면 자본주의의 발전에서 중요한 역할을 하지만, 그 조건들이 없을 때는 경제를 약화시키는 역할을 할 뿐이라고 말한다. 로마에서 일어나는 일이 바로 이것이다. 귀족들이 전쟁에 나가 싸우도록 강요당함으로써 끊임없이 몰락을 맞는 평민층의 현실적 필요에 부응하는 대신 그들을 상대로 터무니없이 높은 이자율로 돈을 빌려

---

38) *Pre-Capitalist Economic Formations*, p.84. 마르크스는 고대세계에 만연했던 관점이—"편협하게 민족적이며, 종교적이고 정치적인" 세계관이었다는 점에서는 소외적인 형태였지만—인간적 목적을 생산과 부의 축적에 종속시키는 '부르주아' 사회에 비할 때에는 아직도 인간을 사물의 중심에 위치시키고 있었다고 말한다. 그러나 그는 계속 말하기를, "그러나 사실 편협한 '부르주아적' 형태가 사라져버린다면, 부란 도대체 무엇이겠는가? 그것은 보편적 교환 속에서 생산된 개인들의 욕구·능력·향락·생산력 등등의 보편성일 수밖에 없지 않는가?" 따라서 '순진한 고대세계'가 근대세계보다 우월한 측면이 있는 반면에, 그것은 인간적 잠재력을 비교적 좁은 범위에 국한시키는 맥락에서만 그러할 뿐이다. *Ibid*, pp.84~85.
39) 이것은 엥겔스의 표현이다. *SW*, vol.2, p.299.

줌에 따라 로마에서는 고리대가 소농민층을 몰락시키는 영향력으로 작용한다. "로마 귀족의 고리대가 로마의 평민들, 즉 소농민들을 완전히 파멸시켜 버리자 이 형태의 착취는 종말을 고하게 되었고, 순수한 노예제경제가 소농경제를 대신하게 되었다."[40]

로마 역사상 노예제도는 다양한 단계들을 거친다. 노예가 소생산자들을 보조하는 식의 가부장적 체제로 출발한 노예제도는, 평민들 자신이 노예로 전락해감에 따라서 대규모 농장인 라티푼디아(latifundiae)의 성장으로 귀결되는데, 여기서는 시장을 위한 농업생산이 대규모로 이루어진다. 그러나 상업 및 공업이 일정 수준을 넘어 발전하지 못하고, 주민 대다수가 착취를 못 견디고 빈곤해진다는 사실은 결국은 라티푼디아 자체가 경제적이지 못하게 된다는 사실을 의미한다. 도시의 몰락과 더불어 상업은 더욱더 몰락했다. 해체되어가는 국가를 일으켜 세워보고자 하는 국가 관리들에 의한 세금 부과는 살아남은 상업마저도 파멸시켜버린다. 노예제도 자체가 폐지되기 시작하고, 대규모 농장들은 해체되어 소규모 농장을 경영하는 세습적 차지인들에게 임대된다. 소규모 영농이 다시 지배적인 영농 형태가 된다.

전성기에는 엄청난 부의 집적을 낳는 대제국이던 로마는 결국 이렇게 몰락한다. 상당한 수준의 생산력의 발전이 이루어지지만, 사회의 내부 구성이 일정 수준 이상의 성장을 불가능하게 한다. 다수 농민들의 생산수단으로부터의 추방―마르크스가 자본주의의 기원을 논할 때 크게 강조하는 과정―이 자본주의적 생산의 발전으로 이어지는 것이 아니라 노예제를 토대로 하는 체제로 이어지고, 이 체제는 결국 내부로부터 해체된다.

---

40) *Cap*, vol.3, p.582.

봉건제, 그리고 자본주의 발전의 기원

따라서 이민족의 로마 침공은 단지 고대세계의 멸망을 좀더 재촉하는 조건이었을 뿐이다. 멸망의 진정한 원인은 로마 자체의 내적 발전에서 기원한다. 마르크스가 고대사회를 봉건제 발전의 '필수적' 단계의 하나로 보지 않는다는 점은 분명하다.[41] 그러나 어쨌든 서구에서는 로마 제국의 해체가 봉건사회 출현의 토대를 마련한다. 마르크스는 어디서도 봉건제의 초기 국면을 상세히 논하지 않는다. 그러나 아마도 그는 엥겔스가 『가족, 사유재산 및 국가의 기원』에서 제시하고 있는 핵심 견해를 받아들일 것이다. 이 책에서 엥겔스는 정복한 영토를 경영해야 하게 된 이민족은 자신의 정부 시스템을 수정하지 않을 수 없게 되어 로마가 남긴 유산 속의 여러 요소들을 채택한다고 설명한다. 이 새로운 사회질서는 군대 지휘자의 우세한 지위를 중심으로 조직되고, 결국 군사적 리더십을 군주제로 변형시킨다.[42] 이에 따라 군인 가신(家臣)이라는 사적 수행원의 형태로 새로운 귀족계급이 형성되며, 로마화한 관리 및 학자 출신의 교육받은 엘리트들이 거기에 추가된다.

서유럽에서 수세기에 걸쳐 이어져온 전쟁과 내부 혼란은 이민족 군대들의 근간을 이루는 자유 소농민들을 항상적인 빈곤상태에 빠뜨리고 나아가서 그들을 지방 귀족과 지주들의 농노로 전락시킨다. 9세기에 이르러서는 농노제가 지배적이 된다. 마르크스는 그러나 봉건시대를 통틀어서 옛 이민족(게르만)의 사회조직 형태의 한 하부구조가 계속 유지되며, 이 점은 구체적으로는 지방 수준에서 공동체 소유 재산이 살아남아 있다는 사실에 의해 증명된다고 말한다. 이 하부구조는 "중세 내내 대중적 자유 및 대중적 생활의 독특한 중심지로 존속한다."[43]

---

41) *Pre-Capitalist Economic Formations*, p.70.
42) 어느 곳에서 마르크스는 유럽에서 로마를 계승한 체제를 '두 체제가 상호 수정된' '종합'이라 말하고 있다. *A Contribution to the Critique of Political Economy*(Chicago, 1904), p.288.

마르크스는 봉건사회의 특징을 묘사하는 데는 별 관심을 보이지 않는다. 그는 봉건제로부터 자본주의로의 이행 과정에 더 큰 관심을 기울인다—여기에서조차 그의 설명에는 큰 공백들과 애매한 점들이 있기는 하지만. 유럽 봉건사회의 성숙기에 관한 마르크스의 견해를 보여주는 부분들을 모아 보면, 그가 당시 경제사의 표준적인 견해를 따르고 있음을 볼 수 있다. 봉건경제의 토대는 예속 농노를 수반하는 소규모 농업이다. 여기에 가내공업과 도시의 수공업 생산이 추가된다. 그러나 봉건제는 기본적으로 농촌적 체제다. "고대가 '도시'와 그것의 소규모 영토로부터 출발했다면, 중세는 '농촌'으로부터 출발했다."[44] 농노제에서는 노동자가 자기 생산물의 일정량을 영주에게 납부해야 하기는 하지만, 생산자와 그의 생산물 사이의 소외의 정도는 낮다. 농노는 자율성을 가지며 대체로 자신과 가족의 욕구를 위해 생산한다. "영주는 장원으로부터 최대한의 이윤을 얻어내려고 애쓰지 않는다. 그러기보다는 그는 거기에 있는 것을 소비하는 데 신경 쓰며, 생산에 신경 쓰는 일은 조용히 농노와 차지농(借地農)에게 맡긴다."[45] 마르크스가 보기에 자본주의 초기 단계의 역사는 대체로 소생산자들이 자신들의 생산물에 대한 통제로부터 점점 더 소외되어가는 역사, 다시 말해서 소생산자들이 자신의 생산수단으로부터 추방되고 이에 따라 시장에서 자기 노동의 판매에 점점 더 의존하게 되어가는 역사다.

봉건제의 해체와 자본주의의 초기 발전은 도시의 성장과 결부되어 있다. 마르크스는 12세기에 나타난 자치시(自治市) 운동의 중요성을 강조하는데, 이 운동은 '혁명성'을 갖는 것으로 그 결과 도시 공동체들은 결국 고도의 행정적 자율성을 확보한다.[46] 고대에도 그랬듯이, 도심

---

43) *Pre-Capitalist Economic Formations*, pp.144~145(마르크스가 자수리치에게 보낸 세 번째 편지).
44) *GI*, p.35.
45) *EW*, p.115.
46) 마르크스는 자율적인 도시공동체의 성장과 더불어 *capitalia*라는 단어가 처음 나

지(都心地)들의 발전은 상업자본과 고리대자본, 그리고 그것들이 가동될 수 있게 하는 화폐제도의 형성과 나란히 진행되며, 그것은 농업 생산에 기반을 두는 체제를 해체하는 힘으로 작용한다.[47] 아마도 몇몇 도시들은 로마 제국 시대로부터 존속해왔겠지만, 도심지들이 정말 부유한 상업 및 매뉴팩처 중심지로 발전하기 시작하는 것은 12세기에 와서야 일어나는 일이다. 그런 도심지들의 주민은 주로 해방 농노들이다.

상업의 성장은 과거 자급자족적이던 농촌의 봉건경제 속으로 화폐 사용이 점점 더 번져가고, 그 결과 상품 교환도 번져가게 촉진한다. 이것은 도시에서 고리대의 성장을 촉진하고, 지주 귀족의 몰락을 촉발하며, 상대적으로 번창하는 농민이 금납(金納)을 통해 자신의 영주에 대한 속박을 풀거나 영주의 통제로부터 완전히 벗어날 수 있게 한다. 영국에서는 14세기 말경에 농노제가 사실상 모습을 감췄다. 어떤 봉건적 명칭들로 불리든 간에, 그 무렵에 이르면 영국의 광범한 노동 대중은 자유로운 농업 경영자들이다. 물론 농노제의 운명은 유럽의 여러 지역에서 크게 다르고, 어떤 지역은 농노제의 '부활'을 거치기도 한다.[48]

이탈리아에서는 이미 14세기에,[49] 그리고 영국에서는 15세기에, "자본주의적 생산의 시작"을 볼 수 있지만, 그 범위는 매우 제한적이다. 도시들은 장인이 고용할 도제와 직인의 숫자를 엄격히 제한하는 강력한

타났음을 지적한다. 엥겔스에게 보낸 마르크스의 편지, 1854년 7월, *Selected Correspondence*(1934), p.72.

47) 돕은 봉건제를 멸망시킨 주된 요소가 "생산체제로서 봉건제의 비효율성과 지배계급의 수세(收稅)의 필요 증대……"였다고 지적했다. Maurice Dobb, *Studies in the Development of Capitalism*(London, 1963), p.42. 돕의 책에 대한 논평으로는 Paul M. Sweezy, *The Transition from Feudalism to Capitalism* (London, 1954).

48) 엥겔스는 15세기 동부 유럽에서 발생한 '제2의 농노제'의 대두를 말하면서 이러한 현상에 다소 주목하고 있다. 마르크스에게 보내는 편지, 1882년 12월, *Selected Correspondence*, pp.407~408.

49) 마르크스는 다음과 같이 말한다. 자본주의적 생산이 가장 일찍 나타났던 이탈리아에서는 "농노제의 해체 역시 다른 지역보다 빨랐다." *Cap*, vol.1, p.358.

길드 조직체들에 의해 지배되며, 이 길드들은 "그들이 접촉하게 된 유일한 형태의 자유로운 자본"[50]인 상업자본으로부터 자신들을 기능 측면에서 분리시킨다. 더욱이 노동인구의 대다수가 독립 소농으로 구성되어 있는 동안에는 자본주의가 발전할 가능성은 전혀 없다. 마르크스가 여러 차례 강조하듯이, '본원적 축적'(primary accumulation)[51]—즉 자본주의적 생산양식의 최초의 형성—의 과정은 농민의 생산수단으로부터의 추방을 수반하는데, 그것은 "인류의 역사에 피와 불의 문자로 기록되어 있는" 일단의 사건들이다.

이 과정은 나라에 따라서 서로 다른 시기들에 다양한 방식으로 진행되며, 마르크스는 그것이 '고전적 형태'로 드러나는 영국의 예에 초점을 맞춘다. 영국에서는 독립 소농의 임금노동자로의 전환이 15세기 후반에 본격적으로 시작된다.[52] 이때가 되면 봉건시대의 대규모 전쟁들이 이미 귀족의 자원을 모두 고갈시켜 버린다. 궁핍해진 귀족은 가신단을 해산시키고 이에 따라 최초의 '자유로운 프롤레타리아 대중'이 시장으로 내던져진다. 봉건귀족의 몰락은 군주 권력의 성장에 의해 더욱 촉진된다. 지주귀족은 점점 더 교환경제 속으로 이끌려 들어간다. 그 결과 나타나는 것이 종획운동(Enclosure Movement)인데, 이것을 더욱 재촉한 것이 영국의 모직물 가격을 급등시킨 플란더스 지방의 모직공업 성장이다. 봉건 영주들은 "국왕과 의회에 도전적으로 반대하면서" 수많은 소농을 그들의 토지로부터 추방한다. 경작지는 목장으로 바뀌고, 필요한 인력은 소수의 목동으로 충분하다. 이 전체적인 축출 과정은 16세기의 종교개혁으로부터 '새롭고 놀라운 자극'을 받는다. 광활한 교회 소유지가 왕실의 총신(寵臣)들에게 분양되거나 세습적 작인들을

---

50) *Cap*, vol.1, p.358.
51) 이 용어는 흔히 '원시적 축적'으로 표현된다. 나는 스위지(p.17) 등을 따라서 *ursprünglich*를 'primary'(일차적)로 번역했다. 이것이 오도의 가능성을 피해줄 것이기 때문이다.
52) *Cap*, vol.1, pp.718 이하.

축출하고 그들의 토지를 대단위로 겸병하는 투기꾼들에게 헐값으로 방매된다. 쫓겨난 소농들은 "일부는 자기 성향 때문에, 그러나 대개의 경우는 환경의 압박 때문에, 대규모로 거지나 부랑아가 된다."[53] 정부는 가혹한 반부랑법(反浮浪法)으로 맞서는데, 이것은 부랑민들이 '임금노동에 필수적인 규율들'에 종속되는 것을 의미한다.[54]

16세기 초에 이르면 영국에는 프롤레타리아—즉 생산수단으로부터 유리되어 '자유로운' 임금노동자로서 시장에 내던져진 '부동(浮動)하는' 떠돌이 집단인 박탈당한 농민층—의 단초가 존재하게 된다. 마르크스는 정치경제학자들이 이 과정을 해석할 때 봉건적 유대와 억압으로부터 인간해방만을 이야기할 뿐, 그 자유가 "'신성한 소유권'의 가장 철면피한 침해와 인간에 대한 가장 추악한 폭행"[55]을 수반한다는 사실은 전적으로 무시하는 식으로 그저 긍정적인 이야기만 늘어놓는다는 점을 조소조로 지적한다.

그러나 이 사실 자체는 자본주의의 대두를 위한 충분조건이 되지 못한다고 마르크스는 지적한다. 16세기로 들어서면서 몰락하고 있던 봉건제의 잔재는 더욱더 해체되든가 아니면 더 발전된 생산형태인 자본주의를 향해 나아가야만 했다. 자본주의로의 발전을 추진한 요소들 중 제법 중요한 한 가지는 15세기 후반의 놀라운 지리적 발견들의 결과로서 진전된 대외무역의 급속하고도 엄청난 확대다. 그 중 특히 중요한 것은 아메리카 대륙의 발견과 희망봉 우회 항로의 개척으로, 그것들은 "상업과 농업, 그리고 공업에 전례 없는 자극을 가하고, 그로써 비틀거리고 있던 봉건사회 내의 혁명적 요소들을 급속히 발전시켰다."[56]

이같이 급속히 성장하는 무역으로부터 얻어지는 자본의 급속한 유입과 아메리카 대륙에서 금과 은의 발견에 따르는 귀금속의 홍수는 영국

---

53) *Cap*, vol.1, pp.718, 721, 그리고 734; *We*, vol.23, pp.746, 748, 그리고 762.
54) *Cap*, vol.1, p.737.
55) *Cap*, vol.1, p.727.
56) *CM*, p.133; *GI*, p.73.

의 기존 사회 및 경제적 사정들에 두루 영향을 미친다. 새로운 제조업체들이 옛 자치시들(corporate towns)과 그 길드 조직들의 통제가 미치지 않는 항구와 내륙 중심지에 건설된다. "새로운 제조업체들에 대한 자치시들의 처절한 투쟁"[57]에도 불구하고, 그것들은 빠르게 성장한다. 이처럼 근대 자본주의는 이전의 매뉴팩처 중심지들에서 벗어나 "대규모의 해상 및 육상 무역을 기반으로"[58] 출발한다. 조직적인 매뉴팩처는 길드의 통제를 받는 수공업적 산업체들로부터가 아니라 마르크스가 말하는 '농촌의 부업'적인 산업인 방적과 방직으로부터 출현하는데, 이것들은 기술 훈련을 거의 요하지 않는다. 농촌 사회는 '가장 순수하고 가장 논리적인 형태'로의 자본주의의 발전이 가장 이루어지지 않은 곳이지만, 최초의 자극은 그곳에서 주어진다.[59]

이 단계에 도달하기 전까지는 자본은 혁명적인 힘이 아니다. 11세기에 시작된 중상주의 발전이 봉건구조 해체의 한 주된 요인으로 작용하는 동안, 발전되어가는 도시들은 본질적으로 낡은 체제에 의존하고 있고, 일정 수준의 힘을 얻게 되자 곧 본질적으로 보수적인 역할을 한다.

자본의 통제자인 신흥 부르주아지는 16세기 개막 이래 점차 성장해 간다. 금과 은의 유입은 물가를 급등시킨다. 이것은 무역과 매뉴팩처에는 커다란 이윤을 가져다주지만, 대지주들을 몰락시키는 한 근원으로 작용하며, 임금노동자의 수를 급증시킨다. 이런 사실들의 정치 영역에서의 결과가 최초의 영국혁명으로, 그것은 국가권력의 급속한 확장의 한 계기가 되었다. 발전해가는 중앙집권적 행정기구와 강화된 정치권력은 "봉건적 생산양식의 자본주의적 양식으로 변형과정을 촉진하고, 이행기를 단축시키기 위해"[60] 이용된다.

---

57) *Cap*, vol.1, p.751.
58) *Pre-Capitalist Economic Formations*, p.116.
59) *Ibid*, p.116. 마르크스는 다음과 같이 덧붙인다. "따라서 도시 특유의 수공업 기술과 그 적용을 결코 넘지 못했던 고대인들은 결코 대규모의 산업을 이루지 못했다"(p.117).

오늘날에도 최초의 자본가들의 구체적 기원에 관해서는 그리 많이 알려져 있지 않으며, 마르크스도 이 문제에 관해서 구체적인 역사적 자료를 거의 제시하지 않는다. 그러나 그는 자본주의적 생산으로 나아가는 두 가지의 대조적인 역사적 진보양식이 있음을 지적한다. 첫 번째 경로는 상인계급의 일부가 순수한 상업에서 나아가 직접 생산을 담당하게 되는 것이다. 이것은 이탈리아에서 자본주의 발전의 초기에 나타났던 일이며, 15세기 후반과 16세기 초 영국에서 자본가들이 출현한 주된 방식이다. 그러나 이런 형태의 자본가의 형성은 곧 "진정한 자본주의적 생산양식에 대한 장애가 되고, 후자의 발전과 더불어 몰락한다."[61] 마르크스에 따르면 두 번째 경로가 '진정한 혁명적 방식'이다. 이 경우 개별 생산자들 자신이 자본을 축적하여 생산으로부터 무역으로까지 활동의 범위를 넓혀간다. 따라서 그들은 처음부터 길드 외부에서 활동하며 길드와 갈등한다. 마르크스는 이 두 번째 발전양식이 매뉴팩처 속에서 어떻게 생겨나는지에 관해서는 약간의 시사밖에 주지 않는 반면, 영국 농업에서 생겨나는 이 과정의 몇몇 측면들은 자세히 논한다.

17세기 중엽에 이르면 영국에서는 임금노동자를 고용하여 상품시장을 위해 생산하는 자본가적 농업경영자들이 토지의 큰 부분을 소유한다. 그들의 토지는 봉건시대 이래 잔존해오던 공유지들을 강탈함으로써 현저하게 넓어진다. 그러나 이 토지침탈과정은 장기간에 걸치는 것으로, 18세기 후반에 이르러서야 완결된다. 이 과정은 독립 소농의 최종적 소멸, "토지의 자본으로서의 법인 등기", 도시의 산업들을 위해 "필수적인" "법의 보호를 받지 못하는 프롤레타리아의 공급"[62]을 창출하는 것과 때를 같이 하면서 완결된다.

자본주의 시기의 생산조직을 마르크스는 크게 두 단계로 구분한다. 첫째 단계는 매뉴팩처가 지배적인 단계다. 이 형태의 두드러진 특징은

---

60) *Cap*, vol.1, p.751.
61) *Cap*, vol.3, p.329.
62) *Cap*, vol.1, p.733; *We*, vol.23, p.761.

장인적 기술들이 다수의 노동자들에 의해 수행되는 다양한 전문화된 작업들로 파편화되고, 이 다수의 노동자들이 길드 체제 아래에서라면 한 명의 숙련자가 할 일을 집단적으로 해낸다는 점이다. 매뉴팩처가 수공업적 생산보다 더 효율적인 것은 기술 진보 때문이 아니라 거기에 따르는 분업이 인시(人時, man-hour)당 생산량을 늘려주기 때문이다. 16세기에서부터 18세기 말엽에 이르기까지 영국에서 지배적인 이 생산 형태는 명백한 한계들을 안고 있다. 18세기 말에 이르러서는 시장이 너무 크게 확대되어 매뉴팩처의 생산력으로는 시장의 수요를 충분히 감당할 수 없게 된다. 그 결과 기술적으로 더욱 효율적인 생산수단을 만들도록 하는 강한 압력이 생긴다. "기계의 발전은 시장의 필요가 낳은 필연적인 결과였다."[63] 그 결과가 '산업혁명'이다.[64] 그 다음부터는 기계화가 자본주의 생산양식을 지배해오고 있다. 자본주의의 대명사가 된 기술혁신의 끊임없는 추구가 시작된 것이다. 점점 더 복잡하고 값비싼 기계의 발전은 마르크스가 『자본론』에서 예견되는 자본주의의 해체를 논하면서 그렇게도 강조하는 자본주의 경제의 집중(centralization)을 가져오는 으뜸 요인 중의 하나다.

---

63) 안넨코프에게 보내는 편지, *Poverty of Philosoply*, p.156에서 인용.
64) 마르크스 이전에 엥겔스가 이 용어를 사용했다. Engels, *Condition of the Working Class in England in 1844*(Oxford, 1968), pp.9~26. '산업혁명'이라는 용어의 기원에 대해서는 약간의 논란이 있다. Dobb, p.258을 참조하라.

제3장 생산관계와 계급구조

마르크스에 의하면, 사회발전은 인간과 자연 사이의 끊임없는 생산적 상호작용의 결과다. 인간은 "생계수단을 '생산'하기 시작하면서 동물과 달라지기 시작한다……."[1] '생활의 생산과 재생산'은 인간 유기체의 생물학적 욕구가 요구하는 시급한 일이지만, 그보다 더욱 중요한 것은 그것이 새로운 욕구와 능력을 창조하는 원천이라는 점이다. 따라서 생산 활동은 역사적인 의미에서나 분석적인 의미에서나 사회의 근원이다. 생산은 "최초의 역사적 행위다." 그리고 "물질적 생활조건의 생산은……모든 역사의 근본 조건이며, 그것은 수천 년 전과 다름없이 오늘날에도 매일 매시간 인간의 삶을 유지시키기 위해 수행되어야 한다."[2] 모든 개인은 그들의 매일 매일의 행위 속에서 매순간 사회를 창조하고 재생산한다. 이 점은 사회 조직의 안정의 원천이자 끊임없는 변동의 근원이기도 하다.

모든 종류의 생산체제는 생산과정에 편입되는 개인들 사이에 존재하는 일정한 사회적 관계들을 수반한다. 정치경제학 및 공리주의 일반에 대한 마르크스의 가장 중요한 비판들의 밑바닥에 놓여 있는 것이 바로

---

1) *GI*, p.31.
2) *GI*, p.39.

이것이다. '고립된 개인'이라는 개념은 부르주아 개인주의 철학이 만들어낸 허구다. 그것은 생산이 언제나 갖게 되는 사회성을 은폐하는 역할을 한다. 마르크스는 애덤 스미스를 '정치경제학의 루터'라 부른다. 애덤 스미스와 그를 계승한 경제학자들은 노동을 인간의 자기 창조의 원천으로 정확히 파악했기 때문이다.[3] 그러나 이들 경제학자들은 생산을 통한 인간의 자기창조가 '사회적' 발전 과정을 수반한다는 점을 얼버무려 버렸다. 인간은 결코 단순히 개인들로서가 아니라 일정한 형태의 사회의 구성원들로서 생산한다. 따라서 일정한 형태의 생산 관계들에 기반을 두지 않는 사회란 있을 수 없다.[4]

생산 속에서 인간은 자연에 대해서뿐만 아니라 서로서로에 대해서도 행위한다. 인간은 일정한 방식으로 협동하고 자기들의 활동을 서로 교환함으로써만 생산한다. 생산을 위해서 그들은 일정한 상호관계 속으로 들어가며 그런 사회적 관계 속에서만 그들의 자연에 대한 행위, 즉 생산이 이루어진다.[5]

어떤 형태의 사회에도 "생산력의 총체, 즉 선조로부터 각 세대에게 전수된 개인과 자연, 개인과 개인 사이의 역사적으로 창조된 관계가 존재한다."[6] 마르크스는 생산력을 확장시켜주는 요인에 관한 일반이론을 구성하려고 시도했던 것은 결코 아니다. 그것은 오직 구체적인 역사적·사회적 분석에 의해서만 설명될 수 있다. 따라서 봉건제로부터 자

---

3) *EW*, p.147.
4) 마르크스가 쓰는 생산 관계(*produktionsverhältnisse*)라는 용어는 사실상 영어에서는 이중적 의미를 갖는다. 즉 그것은 생산 '조건'(conditions)을 가리킬 수도 있고 생산 '관계'(relations)를 가리킬 수도 있다. '생산 관계'라는 뜻으로서 이 용어가 마르크스 저작에서 갖는 용법에 관해서는 Louis Althusser *et al.*, *Lire le Capital*(Paris, 1967), vol.2, pp.149~159를 참조하라.
5) *SW*, vol.1, p.89.
6) *GI*, p.51.

본주의로의 이행과 관련된 생산력의 변화는 그런 변화를 낳는 쪽으로 수렴된 일단의 역사적 사건들을 통해서 설명될 수 있을 것이다. 더욱이 생산력이 고도로 진화했으면서도 여타의 사회조직적 요소들이 더 이상의 발전을 저해했던 사회들의 예도 있다. 마르크스는 어떤 측면에서는 발전된 경제를 가지고 있었으면서도 화폐체계의 결여 때문에 낙후되어 있었던 페루의 예를 든다. 페루가 화폐체계를 발전시키지 못했던 것은 주로 지리적으로 격리되어 있어서 무역이 발전되기 어려웠다는 나름대로의 사정 때문이었다.[7]

계급지배

마르크스에 의하면 생산관계가 진전된 분업을 수반하고, 이 분업이 소수 집단에 의해 전유될 수 있는 잉여생산의 축적을 가능케 하고, 이 소수 집단이 생산자 대중에 대해 착취자로서 관계 맺게 될 때 계급이 출현한다. 사회 속의 계급들 사이의 관계를 논하면서 마르크스는 보통 '지배'(Herrschaft) 또는 '계급지배'(Klassenherrschaft)라는 용어를 쓴다. 영문판에서는 이를 'rule' 그리고 'class rule'로 번역하는 것이 관례로 되어 있다. 그러나 이 영어 용어들은 앞의 독일어 용어들이 반드시 그런 것보다 더 강하게 의도적으로 권력(power)을 부과한다는 뜻을 가진다. 그런 사정을 생각해보면, 'rule'이라는 용어보다는 'domination'이라는 용어가 좀더 적절하다.[8]

계급지배에 대한 마르크스의 다양한 분석은 모두 일차적으로 부르주아 사회의 특징적 구조와 동학을 자세히 설명한다는 목적을 갖는 것으

---

7) *Gru*, p.22.
8) W. Wesolowski, "Marx's theory of class domination: an attempt at systematisation," in Nicholas Lobkowicz, *Marx and the Western World*(Notre Dame, 1967), pp.54~55 참조. 베버 저작에서 지배(Herrschaft)의 문제에 관하여는 제11장 권위 부분을 볼 것.

로, 이 점이 가지는 압도적 중요성에 비추어 본다면 개념적 정밀성이라는 것은 부차적인 것에 지나지 않는다. 따라서 마르크스는 계급(Klasse)이라는 용어를 다소 대범하게 사용하는 경우가 많았고, 지적 경력이 거의 끝날 무렵에 이르러서야 비로소 계급이라는 개념을 엄밀하게 정의하는 작업을 해야 할 필요를 느꼈다.[9]

베버의 사상에서 '합리화'라는 개념이 그러했듯, 마르크스의 저작에서 '계급'이라는 개념은 너무도 근본적인 것이었으므로 그는 대부분의 주요 저서에서 그 개념을 당연한 것으로 사용한다. 마르크스가 사망할 당시 남겨놓은 원고가 계급 개념에 대한 체계적 분석을 시작할 시점에서 중단되었다는 사실은 흔히 지적되어온 아이러니다.[10] 거기서 그는 처음으로 "계급을 이루는 것은 무엇인가"라는 물음을 분명하게 제기한다. 그러나 원고가 끝나기까지 마르크스가 말했던 것은 주로 잘못된 계급 개념에 관한 것이다.

계급은 소득의 원천 또는 분업상의 기능적 위치 등과 같은 것으로 보아서는 안 된다. 그런 기준들은 매우 다양한 계급을 낳을 것이다. 환자 치료에서 소득을 얻는 의사를 토지 경작에서 소득을 얻는 농부와 별개의 계급으로 보는 식으로 말이다. 더욱이 그런 기준들을 사용하면 생산 과정 속에서 개인들의 집단이 차지하는 위치가 간과될 수 있다. 예컨대 두 사람이 동시에 건축가이지만, 그 중 한 명은 자기 재산이 없는 대기업의 고용자인 반면, 다른 한 명은 자기 자신의 소기업을 소유할 수도 있다.

계급이 소득집단과는 다르다고 하는 마르크스의 강조는 『자본론』에서 말하고 있는 그의 일반적 전제, 즉 경제적 재화의 배분은 생산과 분

---

9) "근대사회 속에서 계급의 존재를 발견해내고, 더욱이 그들 간의 갈등을 발견해낸 것은 결코 내가 아니다" 1852년 3월 바이데마이어에게 보낸 편지, *Selected Correspondence*, p.57; Stanislaw Ossowski, *Class and Class Structure in the Social Consciousness*(London, 1963), pp.69~88과 기타 여러 부분.
10) 『자본론』 제3권의 마지막 부분인 "The Classes"라는 제목의 절(ed. by Engels)(*Cap*, vol.3, pp.862~863)은 극히 짤막한 부분에 지나지 않는다.

리된 독립적인 분야가 아니라 생산양식에 의해 규정되는 분야라고 하는 전제의 한 특정 측면이다. 마르크스는 생산은 일정한 법칙들에 의해 지배되지만 분배는 (유연한) 인간적 제도들에 의해 통제된다고 하는 밀(John Stuart Mill) 및 여러 정치경제학자의 주장을 '터무니없는' 것으로 보아 거부한다.[11] 그런 견해는 계급이란 단지 소득분배의 불평등에 지나지 않으며, 따라서 계급갈등은 소득격차를 극소화하는 수단을 도입함으로써 완화되거나 심지어 제거될 수 있다는 가정의 배경을 이룬다. 그러나 마르크스에게 계급이란 생산관계의 한 측면이다. 마르크스의 계급 개념의 핵심은, 비록 그가 계급이라는 용어를 다양한 의미로 사용하고 있기는 하지만, 그의 다양한 저작 여기저기에 나타나는 언급들로부터 쉽게 추론해낼 수 있다.

계급은 인간집단들이 생산수단의 사적 소유권에 대해 어떤 식으로 관계 맺는가에 따라서 정해진다. 여기서 기본적으로 양분법적인 계급관계 모델이 나타난다. 즉 모든 계급사회들은 지배계급과 피지배계급이라는 두 개의 적대적인 계급 사이의 분할선을 중심축으로 해서 형성된다는 것이다.[12] 마르크스의 용법에 따르면 계급은 필연적으로 갈등관계를 수반한다. 마르크스는 이 점을 강조하곤 했다. 예컨대 19세기 프랑스 농민의 지위를 논의하면서 마르크스는 다음과 같이 말한다.

> 소농민들은 거대한 대중을 이루며, 그 구성원들은 같은 조건 아래서 생활하지만 서로 간에 다면적인 관계를 맺지 못한다. 그들의 생산양식은 그들을 상호작용하게 만들기보다는 각자를 고립시킨다……. 수백만의 가족이 그들의 생활양식과 이해관계, 그리고 문화를 다른 계급들의 그것과 분리시키며 그들을 그 다른 계급들과 적대관계에 서도록 하는 경제적 생존조건 아래 살고 있는 한, 그들은 하나의 계

---

11) *Gru*, p.717.
12) Ralf Dahrendorf, *Class and Class Conflict in an Industrial Society*(Stanford, 1965), pp.18~27.

급을 형성한다. 이들 소농들 사이에 지역적인 상호관계만 존재하고 그들 사이의 이해관계의 동일성이 그들 사이에 어떤 공동체도, 어떤 민족적 유대도, 어떤 정치적 조직도 낳지 못하는 한, 그들은 계급을 형성하지 못한다.[13]

또 다른 곳에서 마르크스는 부르주아지에 관해 이와 유사한 지적을 한다. 자본가들은 그들이 타 계급에 대한 투쟁을 수행해야만 비로소 계급을 형성한다는 것이다. 그렇지 않을 경우 자본가들은 시장에서 이윤을 추구하면서 서로 경제적 경쟁관계에 서게 된다.[14]

계급구조와 시장관계

마르크스의 이분법적 계급 개념이 그의 저작 속에서 하나의 이론적 구성물로서 나타나고 있다는 점을 강조하는 것은 중요하다. 오직 마르크스가 그 미래의 발전 모습을 내다보고 있는 부르주아 사회만이 그런 모습에 근접해 있을 뿐이다. 역사상 모든 계급사회들은 계급구조를 양분하는 축과 중첩되는 더욱 복잡한 관계들의 체계를 보여준다. 따라서 부르주아 사회에서는 이 복잡한 집단들을 세 종류로 나누어 볼 수 있다.

1. 주변적(marginal) 계급들. 이들은 현존 사회형태 속에서 중요한 경제적·정치적 역할을 수행하기는 하지만 이미 대체되고 있거나 또는 반대로 아직 생성 중인 생산관계들로부터 나온다고 하는 의미에서 주변적이다.[15] 그 첫 예가 자유 소농민인데, 이들은 비록 아직도 프랑스나 독일에서는 강력한 계급이긴 하지만, 점차 자본주의적 농민에게 의존하게 되어가거나 도시 프롤레타리아로 강제 편입되고 있다.[16]

---

13) *SW*, vol.1, p.334.
14) *GI*, p.69.
15) Donald Hodges, "The 'intermediate classes' in Marxian theory," *Social Research*, vol.28, 1961, pp.241~252 참조.

2. 한 계급에 기능적으로 의존하고 있는 관계에 있는 계층들. 이들은 따라서 정치적으로 그 계급과 동일시되는 경향이 있다. 산업체 내에서 관리 업무를 맡고 있는 노동자들 중 마르크스가 '장교'(officer)라고 부르는 자들―고위 경영간부들―이 이 범주에 속한다.[17]

3. 끝으로 '룸펜프롤레타리아' 내의 이질적인 개인집단들이 있다. 이들은 분업 속으로 온전하게 통합되지 못하고 있으므로 계급체제의 주변에 존재한다. 여기에는 "사회의 빵부스러기를 먹고 사는 도둑들과 갖가지 범죄자들, 그리고 특정한 직업이 없는 자들, 집도 거처도 없는 부랑자들"[18] 등이 있다.

한 계급이 하나의 동질적인 실체를 구성하는 정도는 역사적으로 다양하게 나타난다. 즉 모든 계급에는 '하위집단들'이 존재한다.[19] 『프랑스의 계급투쟁』에서 마르크스는 1848년과 1850년 사이의 금융자본가와 산업자본가 사이의 갈등을 분석하고 있다. 이것은 전체 부르주아 내에 하위 분화현상이 계속 존재한다는 것을 보여주는 경험적 사례다. 다른 동일한 종류의 하위 분화현상과 마찬가지로 이 경우도 양자는 뚜렷이 다른 이해관계를 그 기반으로 한다. "그것은 이윤이 두 가지 종류의 수입으로 나뉠 수 있기 때문이다. 이들 두 종류의 자본가는 바로 이 점을 표현하고 있을 뿐이다".[20]

마르크스에 의하면 계급체제와 계급갈등의 성격은 뒤이어 나타나는 사회형태들의 출현에 따라서 상당히 달라진다. 자본주의 이전의 사회는 지방적인 조직 형태를 갖추고 있는 경우가 대부분이었다. 마르크스가 프랑스 농민을 비유했던 말을 빌려서 일반화하자면, 모든 전(前) 자

---

16) *SW*, vol.1, p.217.
17) *Cap*, vol.3, pp.376 이하. 마르크스는 계급들의 "'이데올로기적' 대표들과 대변자들"로서 "학자, 법률가, 의사 등등"을 역시 들고 있다.
18) *SW*, vol.1, p.155.
19) *CM*, p.132.
20) *Gru*, p.735.

본주의적 사회는 "자루 속에 담긴 감자들이 한 자루의 감자를 형성하듯, 동형이체(同形異體)의 덩어리들이 단순히 뒤섞여 형성되었다"고 할 수 있다.[21] 그런 형태의 사회들에서는 경제관계 자체가 순수한 시장관계로 드러나지 않는다. 경제적 지배·종속은 개인들 사이의 사적 유대관계와 뒤엉켜 있었다. 따라서 봉건영주의 지배는 사적 예속 관계와 십일조(十一租)의 직납을 통해 작동했다. 더욱이 자신의 생산물 중 일부를 영주에게 공물로 바쳐야 했다는 사실에도 불구하고 농노는 자신의 생산수단에 대해 상당한 통제력을 행사할 수 있었다.

생필품과 교환하기 위해 내놓을 것이라고는 노동력밖에 없던 노동자 대중에 대한 수탈에 의존하는 자본주의의 출현과 더불어, 비로소 적나라한 시장관계가 인간의 생산 활동의 결정요인으로 등장했다. 부르주아 사회는 "인간을 '태어날 때부터 상전'에게 묶어놓았던 잡다한 봉건적 속박들을 무자비하게 잘라버렸고, 인간과 인간 사이에 적나라한 자기이익, 무정한 '현금 거래' 외에는 어떤 유대도 남겨두지 않았다……. 한마디로 말해서, 그것은 종교적·정치적 환상으로 가려졌던 착취를 적나라하고, 몰염치하고, 직접적이고, 야수적인 착취로 대체했다".[22] 따라서 부르주아 사회에서 계급관계는 단순화되고 보편화된다. 자본주의가 일단 확립되면, 그것의 계속적인 발전은 점점 더 시장에서 직접적으로 대립하는 양대 계급인 부르주아지와 프롤레타리아를 창출해가게 된다. 다른 계급들——지주, 프티 부르주아지, 농민——은 과도기적 계급들로서, 두 개의 주요 계급 중 어느 하나로 점차 흡수되어버린다.

마르크스의 생각으로는 계급들은 생산관계들과 사회의 여타 부분, 또는 사회의 '상부구조' 사이의 주된 연결장치가 된다. 계급관계를 주축으로 해서 정치권력이 분배되고, 정치조직이 형성된다. 마르크스는 경제적 권력과 정치적 권력이 비록 분리 불가능하지는 않더라도 매우

---

21) *SW*, vol.1, p.334.
22) *CM*, p.135.

밀접하게 연관되어 있다고 보았다. 그러나 이 이론적 정리 또한 역사라는 차원 속에 놓여야 한다. 정치적 주체의 형태는 생산양식과 밀접히 연관되어 있고, 따라서 경제에서 시장관계가 우선적 중요성을 차지하는 정도와 밀접히 관련된다. 사유재산은 고대 세계에서 처음 출현했지만, 경제생활의 제한된 영역에만 국한되는 상태로 머물렀다. 중세에 들어와서 재산은 봉건적 토지재산으로부터 법인 동산(動産)의 형태를 거쳐서 마침내 도시 매뉴팩처에 투자된 자본에 이르기까지 몇 단계를 거치게 된다. 고대사회나 중세사회 모두에서 재산은 계속해서 대체로 공동체에 묶여 있었고, 따라서 계급지배관계들 또한 그러했다. 이것은 정치권력의 작동이 여전히 주로 공동체(Communitas) 내에서 산만하게 이루어짐을 의미한다. 그러나 근대 자본주의는 "거대한 산업과 보편적 경쟁에 의해 규정되며, 그것은 모든 공동체적 제도의 외관을 벗어던졌다."[23]

근대국가는 봉건적 잔재에 대해 부르주아지가 투쟁하던 국면에서 출현했지만, 자본주의 경제의 요구에 의해서 자극받기도 했다.

    근대국가는 이 근대적 사유재산에 조응한다. 근대국가는 조세를 통해서 점차 유산가들에 의해 매입되고, 국채를 통해서 마침내 완전히 그들의 수중으로 들어갔다. 근대국가의 존재는, 증권시장에서의 국가 기금들의 증감을 통해서 볼 수 있듯이, 유산가, 즉 부르주아지가 베풀어주는 신용에 전적으로 의존하게 되었다.[24]

부르주아 사회에서 국가의 구체적 형태는 부르주아지가 상승하게 된 상황에 따라 다양하게 나타난다. 예컨대 프랑스에서는 부르주아지와 절대군주의 동맹이 강력한 관리집단의 확립을 촉진했다. 이와는 대조

---

23) *GI*, p.79.
24) *GI*, p.79.

적으로, 영국에서는 국가가 "'공식적으로 통치하는' 지주귀족과 사실상 시민사회의 모든 다양한 분야를 '지배'하기는 하나 '공식적으로는 통치하지 않는' 부르주아지 사이의 오래되고, 시간에 흐름에 의해 낡아버리고, 고풍스러운 타협"[25]을 보여준다. 영국에 이런 정치질서를 가져다 준 특수한 과정이 국가 내의 관료제적 요소의 중요성을 최소화시켰다.

이데올로기와 의식

공동체사회의 붕괴, 그리고 그것을 불러온 사유재산의 확장이 민법(civil law)의 배경이다. 민법의 성문화는 로마에서 처음 이루어졌으나 로마 사회에서의 공업과 상업의 내적인 해체로 인해서 지속적인 영향력을 갖지 못했다. 근대 자본주의의 출현과 함께 법 형성의 새로운 국면이 시작되었다. 로마법은 이탈리아와 다른 곳의 자본주의의 초기 중심지들로 전수되어 민법의 원천이 되었다. 민법은 전통적 공동체들에 번져 있던 종교적 규범들이 아니라 합리화된 규범들에 권위의 기반을 둔다.[26] 근대적인 법체계와 사법제도는 부르주아 국가를 이데올로기적으로 떠받치는 기둥이다. 그러나 이는 모든 계급사회에서 지배계급은 자기 지배를 정당화해주는 이데올로기적 형태들을 발전시키거나 전수받는다는 사실의 현재적 표현일 뿐이다. "'물질적' 생산수단을 장악하고 있는 계급이 동시에 '지적' 생산수단에 대한 통제력도 장악하며, 이에 따라, 일반적으로 말해서, 지적 생산수단을 갖고 있지 않은 이들의 관념은 지배계급에 종속된다."[27]

마르크스에 의하면 의식은 인간의 실천 속에 뿌리박고 있으며, 그 실천이란 곧 사회적인 것이다. 이것이 "인간의 의식이 그들의 존재를 규

---

25) *We*, vol.11, p.95.
26) 이 문제에 대한 베버의 언급으로는 *Es*, vol.2를 볼 것. Durkheim, DL, pp.142 이하도 참조하라.
27) *GI*, p.61; *We*, vol.3, p.46.

정하는 것이 아니라, 인간의 사회적 존재가 그들의 의식을 규정한다"[28]고 하는 말의 의미다. 이런 마르크스의 고찰에 대해 숱한 비방이 쏟아져왔다. 그러나 여기서 핵심적인 용어는 '사회적' 존재라는 말이며, 의식이 인간의 사회적 활동에 의해 지배된다고 하는 일반화에 대해서는 거의 반대가 있을 수 없을 것이다. 마르크스는 언어의 경우가 구체적인 예라고 지적한다. 마르크스에 의하면 언어란 "의식만큼이나 오래된 것으로, 다른 사람들을 위해서도 존재하는 실제적 의식이며, 오직 바로 그 이유 때문에 사적으로 나를 위해서도 현존한다……."[29] 관념들의 표현, 그리고 실제로 단순한 감각을 넘어서는 모든 것의 존재 자체가 언어의 존재에 의해 제약을 받는다. 그러나 언어는 사회적 산물이며, 개인이 자기의식을 전달할 매체가 되는 언어적 범주들을 획득하는 것은 오직 사회의 구성원이 됨으로써만 가능한 일이다.

계급사회에서 특정 형태의 이데올로기가 수행하는 역할에 관한 마르크스의 생각은 이러한 일반적인 고찰로부터 직접 도출된 것이다. 역사학과 철학에서의 관념론이 지니는 주된 결점은 그것이 사회의 속성들을 그 사회 속의 지배적 관념체계의 내용으로부터 추론해내려 한다는 점에 있다. 그러나 이것은 가치와 권력 사이의 관계가 일방적이지 않다는 사실을 완전히 무시한다. 지배계급은 자신의 지배적인 지위를 정당화해주는 관념들을 유포시킬 능력을 갖고 있다. 따라서 부르주아 사회에서 전면에 내세워지는 자유와 평등이라는 관념들은 '액면대로', 사회현실을 직접적으로 종합해서 보여주는 것으로 받아들여질 수 없다. 이와는 반대로 부르주아 사회에 존재하는 법적 자유란 실제로는 무산 임금노동자가 자본 소유자에 비해 심하게 불리한 입장에 처하도록 하는 계약관계라는 현실을 정당화하는 역할을 한다. 이것이 의미하는 것은 이데올로기란 그것이 뿌리를 두고 있는 사회적 관계들과의 관련 속에

---

28) SW, vol.1, p.363. 베버 및 뒤르켕과의 관련 속에서 이 문제를 더 살펴보려면 이 책의 pp.383~409를 보라.
29) GI, p.42.

서 연구되어야 한다는 것이다.

　우리는 다양한 유형의 관념들을 낳는 구체적 과정들과, 주어진 사회에서 어떤 관념들이 유포될지를 규정하는 요인들, 이 둘 모두를 함께 연구해야만 한다. 이데올로기들은 장기간에 걸쳐서 연속성을 보여주는 것이 분명하지만, 이 연속성도, 또 생겨나는 어떠한 변동들도, 순수하게 그 내적 내용의 문맥에서 설명될 수는 없다. 관념들은 독자적으로 진화하는 것이 아니다. 그것들은 특정의 실천을 추구하면서 사회 속에서 생활하는 인간 의식의 한 요소로서 진화한다. "일상생활 속에서 모든 점원(shopkeeper)이 어떤 사람이 말로 하는 것과 그의 실제 사람됨을 너무나도 잘 구별할 수 있는 데 반해서, 우리의 역사가들은 아직 이 사소한 통찰조차도 얻지 못하고 있다. 그들은 각 시대가 스스로에 관해서 말하고 상상하는 것들을 그대로 받아들인다."[30]

　마르크스는 이데올로기를 다루면서 서로 관련되는 두 가지 사항을 강조한다. 이 둘을 구별하는 것은 중요한데, 그것들은 앞에서 이미 언급된 것들이다. 첫째는 인간 활동의 배경이 되고 있는 사회적 환경이 자신이 살고 있는 세계에 관한 인간들의 인식을 조건 짓는다는 점이다. 이것은 언어가 인간의 '실제적 의식'을 형성한다는 것과 같은 의미다. 두 번째는 관념들의 창출에 관한 것임은 물론, 그것들의 '확산'에 관한 것이기도 하다. 마르크스의 일반화에 따르면 계급사회에서는 어떤 시기의 지배적 관념은 지배계급의 관념이다. 이 후자의 명제로부터 관념의 확산은 사회의 경제력의 분포에 크게 의존한다는 사실이 도출된다. 이데올로기가 사회적 '상부구조'의 일부를 이룬다고 하는 것은 바로 이 후자의 의미에서다. 주어진 시기의 지배적인 사회적 사조는 지배계급의 이익을 정당화해준다. 그리하여 생산관계들은 계급체계의 매개를 통해서 "그 위에 하나의 법적·정치적 상부구조가 생겨나고, 특정 형태의 사회의식이 거기에 조응하게 되는 현실적 토대"[31]를 이룬다.

---

30) GI, p.64; We, vol.3, p.49.

마르크스는 사회적 실천에 의해 의식이 주조되는 이 두 가지 양식 사이에 어떤 불변의 연관이 있다고 보지는 않았다. 한 개인이나 집단은 자기 시대의 주도적 관점으로부터 약간 벗어나는 관념들을 발전시킬 수도 있다. 그러나 그런 관념들은 지배계급의 이익을 구현하거나 현존 권위구조에 도전할 만한 위치에 도달한 계급의 이익을 구현하는 것이 아닌 한 두드러진 중요성을 가질 수는 없다.[32] 예컨대 18세기 말과 19세기 초에 기계의 제작에 활용되었던 많은 관념은 여러 해 동안 알려져 왔지만, 그것들의 급속한 적용과 확산은 자본주의의 팽창이 자본가들에게 수공업적 생산의 한계를 넘어서서 생산을 늘려야 할 필요를 느끼게 했을 때에야 비로소 일어났다.

사회적 활동과 의식의 관계에 관한 변증법적 이해의 배경에 깔려 있는 계급지배의 역할을 받아들이면 주어진 사회에서의 생산관계와 이데올로기적 '상부구조'의 연관과 관련되는 명백한 딜레마들 중의 일부를 해결할 수 있다.[33] 서로간의, 그리고 자연과의, 상호관계 속에 있는 개인들의 생산 활동에는 사회적 행위와 의식 사이의 지속적인 상호작용이 개입된다. 그런 식으로 생겨난 관념들은 계급지배의 구조에 의하여 그 확산이나 수용이 조건지어진다. 따라서 지배적 이데올로기는 항상 "한편으로는……지배의 정교한 논리나 의식을, 또 한편으로는……그 지배의 도덕적 수단들을"[34] 포함한다. '상부구조'가 출현할 토대가 되는 '사회의 진정한 기초'는 언제나 능동적이고 자발적인 개인들의 관계들로 구성되며, 따라서 언제나 관념들의 창조와 적용을 수반한다. '상부구조'에 관한 주 논점은 그것이 생산관계와는 달리 관념들을 담아낸다는 점에 있는 것이 아니라, 계급지배체제의 질서를 잡고 규제하는 사회

---

31) *SW*, vol.1, p.363.
32) *GI*, pp.472~473 참조.
33) 예컨대 John Plamenatz, *Man and Society*(London, 1968), vol.2, pp.279~293 참조.
34) *GI*, p.473; *We*, vol.3, p.405. Karl Korsch, *Marxismus und Philosophie* (Leipzig, 1930), pp.55~67을 보라.

적 관계들의 체계(특히 정치, 법, 종교의 형태)를 이룬다는 점에 있다.

  역사적 지식의 상대성 문제는 마르크스에 의해 별다른 어려움 없이 해결된다. 가장 복잡한 종류의 이데올로기들까지를 포함한 모든 형태의 인간 의식이 특정의 사회적 조건들 속에 그 뿌리를 두고 있다는 것은 분명한 사실이다. 그러나 이 사실이 합리적 원리들을 통해서 역사를 돌이켜서 이해하는 것을 배제하는 것은 아니다. 예컨대 모든 계급사회들이 공유하는 어떤 특징들이 있지만, 사회에 관한 과학적인 지식이 출현할 조건들이 자본주의에 의해 산출되어 마련되기 전에는 그것들이 이해되지 못한다. 마르크스는 유추를 통해 이 점을 설명한다. 더욱 진화된 생명체인 인간의 해부학적 구조는 우리에게 유인원의 해부학적 구조를 이해할 수 있는 열쇠를 제공한다.

  이와 비슷하게, 부르주아 사회의 구조와 발전과정을 이해하게 되면 고대세계의 사회적 발전을 설명하기 위해서도 같은 범주들을 사용할 수 있게 된다. 정치경제학자들이 정립한 개념들을 사용하면서 '노동'이나 '생산' 등과 같은 개념을 매우 일반적인 방식으로 적용할 수 있고, 복잡성의 수준이 각기 다른 모든 사회들이 공유하는 특징에 대해서도 적용할 수 있다. 그러나 이 개념들은 자본주의적 생산이 나타나면서 비로소 출현했다. "'생산 일반'(production in general)이란 하나의 추상이다. 그러나 그것은 근거 있는 추상이다……."[35]

  정치경제학자들이 발전시킨 이론들은 모든 사회에 적용될 수 있는 중요한 진리의 요소를 포함하고 있다. 그러나 경제학자들의 저작들이 부르주아 계급지배의 구조와 밀접하게 연결되어 있다는 사실은 그들에게 자기들의 주장이 갖는 한계와 불공평성을 식별해낼 능력이 없음을 뜻한다. 독일 역사학자나 철학자들과 마찬가지로 그들은 '시대의 환상'[36]을 공유하고 있다. 그러나 이것이 그들의 모든 관념이 인식론인

---

[35] *Gru*, p.7. 물론 이것은 헤겔적인 입장을 근본적으로 전도시킨 것이다. 루카치가 언급하고 있듯이 마르크스에게는 "과거의 역사를 적절히 파악하기 위해서는 현재가 정확하게 이해되어야만 한다……"(Lukács, *Der junge Hegel*, p.130).

의미에서 '환상적'임을 의미하는 것은 결코 아니다. "계급지배 일반이 더 이상 사회질서의 조직 형태가 아니게 될 때, 다시 말해서, 더 이상 특수이익을 일반이익인 것처럼, 또는 '일반이익'이 현실 속에서 관철되고 있는 것처럼 내세울 필요가 없어지게 될 때"[37] 비로소 지배적 사고양식은 그 이데올로기적 성격을 남김없이 드러내게 될 것이다.

모든 지배계급은 자신의 지배자로서의 지위를 정당화해주는 이데올로기가 보편성을 갖는 것이라고 주장한다. 마르크스에 따르면, 그들이 그렇게 주장한다고 해서 새로운 혁명적 계급이 지배적 위치에 오른 결과 생겨나는 사회적 변동들이 서로 다른 유형의 사회에서 같은 모습으로 나타나는 것은 아니다. 마르크스는 모든 혁명적 변동의 과정이 공유하는 특징들을 담아내는 포괄적 도식을 정립하는 동시에, 역사 속에서 발견되는 혁명적 변동의 형태들이 매우 중요한 몇 가지 측면에서 서로 다르다고 본다. 혁명적 사회변동을 분석하면서 마르크스가 적용하는 포괄적 도식은 다음과 같다.

비교적 안정적인 사회에서는 생산양식과 그 생산양식의 필수요소인 사회적 관계, 그리고 계급지배를 매개로 하여 그것과 하나로 묶이는 '상부구조' 사이에 균형이 존재한다. 생산 활동 영역에서 점진적인 변화가 발생하면—전반적인 농업경제 내에서 제조업과 상업이 출현하면서 로마에서 그랬던 것처럼—이 새로운 생산력과 현존 생산관계 사이에 긴장관계가 생겨난다. 그렇게 되면 현존 생산관계는 출현하는 새로운 생산력에 대해 점점 장애요인이 되어간다. 이 '모순들'은 공공연한 계급갈등으로 표현되고, 그것은 결국 정치적 영역에서의 혁명적 투쟁으로 귀결되며, 이데올로기적으로는 경쟁하는 '원리들' 사이의 충돌로 드러나게 된다.

이 투쟁들의 결과는 로마의 경우에서처럼 "서로 싸우는 계급들의 공

---

36) *GI*, p.52.
37) *GI*, p.63; *We*, vol.3, p.48.

멸(共滅)"로 나타나거나, 봉건제가 자본주의로 대체되었듯이 '사회 일반의 혁명적 재구성'으로 나타난다.[38] 권력 장악을 위한 혁명적 투쟁을 수행하는 계급은 절대적인 인간적 권리들의 이름 아래 싸움을 전개하며, 자신의 관념들이 "유일하게 합리적이고 보편타당한 것들"이라고 내세우게 된다.[39] 현존 지배계급을 혁명적으로 전복함으로써 새로운 지배계급이 될 피지배계급은 단 하나뿐이지만, 그 계급은 다른 계급들에게 권력 장악을 위한 자신의 운동을 지원해달라고 호소할 수도 있다. 예컨대, 프랑스의 부르주아지는 소농계급의 도움을 얻어서 1789년의 혁명을 이룩했다. 혁명적 계급이 일단 권력을 장악하게 되면, 그 계급은 그때까지의 혁명적 성격을 버리고 현존질서, 즉 자기 자신의 헤게모니를 방어하는 쪽으로 관심을 돌리게 된다.

현존 질서를 법률로 조문화하고 그 질서의 관습적·전통적 한계들을 합법적인 것으로 영속화시키는 것은 사회의 지배집단의 이익을 위해서다. 이런 일은, 다른 사정들은 차치하고라도, 현존하는 관계들의 질서를 떠받치는 토대의 지속적인 재생산이 점점 더 규제되고 질서 잡힌 형태를 갖추어가는 데 비례해서 저절로 일어나게 된다. 그리고 어떤 생산양식이든 사회적으로 견고해지고 단순한 우발적 사건이나 자의로부터 영향 받지 않으려면 그런 규제와 질서 자체를 필수불가결한 요소로서 갖춰야만 한다.[40]

따라서 새로운 계급이 권력을 장악하는 것은 또 다른 상대적 안정기의 개막이며, 결국은 동일한 변동 유형의 반복을 낳는다.
만일 마르크스가 혁명적 변동의 발생을 역사과정 전체와 관련시키지 않았더라면, 이 일반적 이해는 아마도 완전히 실증주의적인 것이 되어

---

38) *CM*, p.132.
39) *GI*, p.62.
40) *Cap*, vol.3, pp.773~774; *We*, vol.25, p.801.

버렸을지도 모른다. 마르크스는 "모든 새로운 계급은 이전의 지배계급보다 더 넓은 토대 위에서만 비로소 지배권을 장악하지만, 새로운 지배계급에 대한 피지배계급의 저항은 나중 더욱더 첨예하고 근본적인 모습으로 펼쳐진다"41)고 말한다. 부르주아지의 권력 장악의 결과 계급관계들의 성격은 봉건제 당시의 그것에 비해 심대하게 변했다. 부르주아 사회는 역사상 어느 시대보다도 훨씬 폭넓게 인간의 생산역량을 실현시키는 쪽으로 나아간다. 그러나 이는 끊임없이 증대하는 수많은 무산임금노동자 계급을 형성함으로써만 비로소 가능해진다. 부르주아 사회는 부르주아지와 프롤레타리아라는 단일한 계급 구분을 중심으로 계급관계를 보편화한다. 사실상 부르주아 사회와 이전의 모든 계급사회들의 근본적인 차이는 바로 여기에 있다. 이전의 혁명적 계급은 일단 권력을 장악하고 나면 "사회 일반을 자신들의 착취 조건에 종속시킴으로써 획득한 지위를 보호하고자 했다." 그러나 프롤레타리아는 "자기 자신의 이전의 착취 양식을 타파하고, 그럼으로써 과거의 모든 다른 착취 양식을 타파하지 않고서는" 지배적 위치에 오를 수가 없다.42)

마르크스에 의하면 노동계급의 권력 장악은 부르주아 사회가 예정해 놓은 역사적 변동들의 절정을 이루는 일이다. 부르주아 사회의 발전은 인간의 생산능력이 엄청난 부를 창출해낸다는 사실과 사회의 대다수 구성원이 자신이 창출한 부에 대한 통제로부터 소외된다는 사정 사이의 극단적 부정합성을 보여준다. 반면에 자본주의의 폐기는 인간이 계급지배로부터 해방된 합리적 질서 안에서 자신의 소외된 자아를 회복하는 것이 가능해질 환경들을 제공한다. 이 과정의 경제적 전제조건들은 『자본론』에서 상세히 다루어진다.

---

41) *GI*, p.63; *We*, vol.3, p.48.
42) *CM*, p.147.

제4장 자본주의 발전의 이론

잉여가치론

『자본론』의 많은 부분이 경제적 분석을 내용으로 삼고 있기는 하지만, 『자본론』에서 마르크스의 최우선적인 관심은 항상 부르주아 사회의 동학(動學)을 향해 있다. 『자본론』의 으뜸 목표는 부르주아 사회의 밑바탕이 되는 생산의 동학을 연구함으로써 부르주아 사회의 '경제적 운동법칙'을 밝혀내는 것이다.[1]

마르크스는 『자본론』의 첫 페이지에서 자본주의는 '상품' 생산체제라고 강조한다. 자본주의 체제 속에서 생산자는 자기 자신이나 자기가 사적으로 접촉하는 개인들의 필요만을 위하여 생산하지 않는다. 자본주의는 우선 국민적 규모, 그리고 흔히 국제적 규모의 교환시장을 갖는

---

1) 『자본론』 중 첫 권만이 마르크스의 생전에 출간되었지만 마르크스는 세 권 모두를 같이 저술했다. 제2권과 제3권은 각각 1885년과 1894년에 엥겔스에 의해 편집·출간되었다. 제1권의 서문에서 마르크스는 '역사이론'을 다루기 위한 제4권의 출간 계획에 대해 언급하고 있다. 이 작업에 관한 기록은 1905년에서 1910년 사이 카우츠키에 의해 *Theorien über den Mehrwert*라는 제목으로 출간되었다. 이 책의 몇 절은 영어로 번역되었다. *Theories of Surplus Value*, ed. Bonner & Burms(London, 1951). 그리고 이어 두 권으로 완역되었다(London, vol.1, 1964; vol.2, 1969).

다. 모든 상품은 한편으로는 '사용가치'를, 다른 한편으로는 '교환가치'를 갖는다는 점에서 '양면적' 모습을 갖는다고 마르크스는 말한다. 사용가치란 '소비과정에서 비로소 실현'되는 것으로, 이것은 물리적 가공품으로서 상품의 속성들이 만족시킬 수 있는 욕구들과 관련된다.[2] 어떤 물건은 그것이 상품이든 아니든 사용가치를 가질 수 있다. 한 생산품이 상품이 되기 위해서는 사용가치를 가져야만 하지만, 사용가치를 갖는다고 해서 상품이 되는 것은 아니다. '교환가치'는 한 생산품이 다른 생산품들과 교환되기 위해 제공될 때 갖는 가치를 가리킨다.[3] 사용가치와는 대조적으로 교환가치는 '특정한 경제적 관계'를 전제로 하며, 재화의 교환 장소인 시장과 분리될 수 없다. 교환가치는 상품들과의 관련 속에서만 의미를 갖는다.

상품이든 아니든 모든 객체는 그것의 생산을 위해 인간의 노동 능력이 투입되어야만 가치를 가질 수 있다. 이것은 마르크스가 애덤 스미스와 리카도로부터 이어받은 노동가치론의 핵심적 명제다.[4] 이로부터 교환가치와 사용가치는 모두 상품생산에 투입된 노동의 양과 직결됨이 분명하다는 사실이 나온다. 교환가치가 사용가치로부터 나올 수 없음은 분명하다고 마르크스는 말한다. 이 점은 옥수수와 강철이라는 두 상품의 교환가치를 예로 들어 설명할 수 있다.

특정한 양의 옥수수는 특정한 양의 강철과 같은 가치를 갖는다. 우리가 이 두 생산품의 가치를 서로 상대방을 통해서, 그리고 양화된 방식으로 나타낼 수 있다는 사실은 우리가 양자 모두에게 적용 가능한 어떤 공통의 기준을 사용하고 있음을 보여준다. 이 공통의 가치 척도는 양화될 수 없는 옥수수나 강철의 물리적 속성과는 관계가 없다. 그렇다면

---

2) *Contribution to the Critique of Political Economy*, p.20.
3) 마르크스가 조건 없이 '가치'라는 말을 사용할 경우, 그것은 항상 '교환가치'를 뜻한다.
4) 노동가치론의 발전과정에 대해서는 Ronald L. Meek, *Studies in the Labour Theory of Value*(London, 1956).

교환가치는 어떤 양화할 수 있는 노동의 특성에 의거할 수밖에 없다. 여러 가지 특수한 종류의 노동들 사이에는 많은 차이들이 있음이 분명하다. 즉 옥수수를 재배하는 데 투입된 실제 노동과 강철을 만들어내는 데 투입된 실제 노동의 내용은 서로 다르다. 교환가치가 상품들의 구체적 특성들을 사상(捨象)시키고 상품들을 추상적인 양적 비율로 다루는 것과 꼭 마찬가지로, 교환가치를 유도할 때 우리는 단지 '추상적 일반노동'만을 고려해야 하는데, 그것은 노동자가 상품을 생산하기 위하여 투입한 시간의 크기에 따라서 측정될 수 있다.

추상적 노동이 교환가치의 기초인 반면, '유용노동'은 사용가치의 기초다. 상품의 두 측면은 노동 자체가 갖는 이중성의 표현일 뿐이다. 노동은 모든 형태의 생산활동에 공통되는 노동하는 '힘'(power), 인간 유기체의 물리적 에너지의 소비라는 측면을 갖는 한편, 다른 한편으로는 특정의 효용을 갖는 특정의 상품들의 생산에서 특이하게 나타나는 특정한 종류의 노동, 인간의 에너지를 전달하는 특정한 동작들이라는 측면을 갖는다는 점에서 이중성을 갖는다.

> 한편으로 모든 노동은 생리학적으로 말해서 인간 노동력의 지출이며, 성격상 유사한, 또는 추상적인, 인간노동으로서 상품의 가치를 창조한다. 다른 한편으로는 모든 노동은 인간 노동력의 특정 형태로의, 그리고 특정 목적을 가진 지출이며, 이 점에서, 즉 구체적 유용노동이라는 점에서 사용가치를 산출한다.[5]

'추상적 노동'은 역사적 범주다. 이는 그것이 오직 상품 생산에만 적용될 수 있기 때문이다. 그것은 자본주의의 어떤 내재적 특징에 그 존재 기반을 두고 있다고 마르크스는 보았다. 노동인력이 고도로 이동성이 있을 것, 그리고 상이한 종류의 작업들에 적응할 수 있을 것을 요구

---

5) *Cap*, vol.1, p.47; *We*, vol.23, p.61.

하는 자본주의는 이전의 어떤 체제보다도 훨씬 유동적인 체제다. 마르크스의 말을 빌리자면, "근대 정치경제학의 출발점인 '노동 일반'— 한마디로 말해서 노동—이 실제로 실현된다."[6]

추상적 노동의 양을 노동이 투입된 시간의 길이에 따라 계산하고 이를 근거로 교환가치를 산정하고자 한다면 이내 한 가지 명백한 문제점이 드러나게 된다. 그렇게 되면 주어진 품목을 생산하는 데 긴 시간을 잡아먹는 게으른 노동자가 같은 작업을 더 빠른 시간 안에 끝내는 부지런한 노동자보다 더욱 가치 있는 상품을 생산할 것이라는 결론이 나올 수 있다.[7] 그러나 마르크스는 그 개념이 구체적인 개별 노동자에게 적용되는 것이 아니라 '사회적으로 필요한' 노동시간에 적용되는 것임을 강조한다. 이것은 정상적인 생산조건 아래서, 그리고 특정 산업 내에서 주어진 시점에서의 '평균적 숙련도와 집중도'를 가지고 상품을 생산할 때 요구되는 시간의 양이다. 마르크스에 의하면 사회적으로 필요한 노동시간은 경험적 연구를 통해 매우 쉽게 정해질 수 있다. 급작스러운 기술 향상은 특정 상품을 생산하는 데 요구되는 사회적으로 필요한 노동시간의 양을 줄일 수 있으며, 따라서 그 상품의 가치를 그만큼 줄일 것이다.[8]

다음에 서술될 마르크스의 잉여가치론을 포함한 이 모든 분석은 『자

---

6) *Contribution to the Critique of Political Economy*, p.299.
7) 숙련노동 역시 난점을 제기한다. 그러나 마르크스는 모든 숙련노동은 비숙련 노동, 즉 '단순'노동의 시간단위로 환원시킬 수 있다고 주장한다. 기술은 보통 특정한 훈련기간의 성과를 나타낸다. 숙련노동을 단순노동으로 전환시켜보기 위해서는 훈련과정에 투여된 노동의 양(노동자 자신의 것과 훈련자의 것의 합)을 평가해 보는 것이 필요하다. 그러나 마르크스의 견해에 따르면 자본주의는 궁극적으로는 어떤 경우에나 점진적인 기계화 과정을 통해 숙련노동을 소멸시키는 경향을 보인다. Paul M. Sweezy, *The Theory of Capitalist Development*(New York, 1954), pp.42~44 참조.
8) 테크놀러지가 이러한 방향으로 영향을 미친 예로서, 마르크스는 영국의 모직공업의 경우를 인용한다. 동력 직조기의 도입은 모사(毛絲)를 직조하는 데 필요한 노동시간을 약 50퍼센트 축소시켰다. 물론 손으로 직조하는 사람은 이전과 같은 시간을 여전히 필요로 했다. "그러나 그의 한 시간의 개인노동의 생산물은 교환된 후

본론』의 제1권에서 제시된다.[9] 마르크스가 거기서 가치와 잉여가치를 고도로 추상적인 수준에서 다루고 있다는 점을 강조할 필요가 있다. 마르크스는 자본주의의 '내부적 메커니즘'의 '역할을 은폐하는 모든 현상들을 무시'한다. 이 점을 이해하지 못하면 숱한 개념적 오해가 생기며, 심지어는 마르크스가 아무런 역할도 부여하지 않았던 개념조차 오해하게 된다.『자본론』제1권에서 마르크스는 수요와 공급이 균형상태에 있는 상황을 전제로 해서 논의의 대부분을 펼치고 있기 때문이다. 마르크스는 수요의 중요성을 무시하지 않았다. 그러나 노동가치론에 입각하면 수요는 가격에 영향을 줄 수는 있어도 가치를 결정하지는 않는다는 결론이 나온다.[10] 마르크스에게 수요는 경제의 상이한 부문들로 노동을 배분하는 문제와 관련된 가장 중요한 요소다. 만일 특정 상품에 대한 수요가 특히 높아진다면 다른 재화의 생산자들은 그 상품을 생산하는 부문으로 옮아가도록 자극받게 될 것이다. 그러면 수요 증가에 따른 가격 상승분은 다시 축소되어 가격은 가치에 가까워지게 될 것이다.[11] 그러나 수요는 일부 경제학자들이 말하듯 독립변수가 아니다. "공급과 수요는 상이한 계급들과 계급 부문들(sections)을 전제로 한다. 이들은 사회의 총수입을 서로 나누어 그것을 소비하며, 따라서 그 수입에 의해 창출된 수요를 구성한다."[12]

위에서 논의한 교환가치의 분석으로부터 생산품은 그 가치에 따라 교환된다는 결론을 이끌어낼 수 있다. 즉 그 상품에 구현된 사회적으로 필요한 노동시간의 양에 따라 교환된다는 것이다.[13] 마르크스는 자본가들이 어떤 종류의 속임수나 뒷거래로부터 그들의 이윤을 취한다고

에는 단지 반시간의 사회적 노동을 나타낼 뿐이며, 따라서 이전 가치의 반으로 그 가치는 줄어든다." *Cap*, vol.1, p.39; *We*, vol.23, p.53.
9) *Cap*, vol.1, pp.508 이하.
10) *SW*, vol.1, pp.84 이하.
11) *Cap*, vol.3, pp.181~195. Meek, p.178 참조.
12) *Cap*, vol.3, p.191.
13) 이 진술은 마르크스가『자본론』제1권에서 적용하고 있는 단순한 모델 아래서만 비

생각을 하지 않는다. 비록 실제 매매과정에서 특정 자본가가 자기 상품에 대한 수요가 갑자기 늘어나는 것과 같은 시장의 변덕을 이용하여 돈을 벌 수도 있기는 하겠지만, 전체 경제에서 이윤의 존재는 그런 방식으로 설명될 수는 없다. 마르크스는 평균적으로 자본가는 실제 가치에 따라 노동을 구입하고 상품을 판매한다고 본다. 마르크스의 표현을 빌리면, 자본가는 "자기 상품을 그 가치대로 구입하고, 그것을 가치대로 판매해야 한다. 그러나 이 과정이 끝날 무렵에 그는 처음에 자기가 유통과정에 투입했던 것보다 더 큰 가치를 유통과정으로부터 끌어내야 한다."[14]

마르크스는 명백한 역설처럼 보이는 이 문제를 자본주의의 필수적 토대인 역사적 조건, 즉 노동자들이 공개시장에서 '자유롭게' 자기 노동을 판매한다는 사실을 언급하면서 풀어낸다. 이 사실은 노동력은 그 자체가 시장에서 매매되는 상품임을 뜻한다. 그러므로 노동력의 가치는, 다른 상품들과 마찬가지로, 그 노동의 생산에 사회적으로 필요한 노동시간에 의해 결정된다. 인간 노동력은 물리적 에너지의 소비를 수반하며, 그 에너지는 재충전되지 않으면 안 된다. 노동에 투입된 에너지를 보충하기 위해서 노동자는 기능하는 유기체로서 자기 존재에 필요한 필수품—즉 음식, 의복, 주택—을 공급받아야 한다. 노동자의 생필품을 생산하기 위한 사회적으로 필요한 노동시간이 그의 노동력의 가치가 된다. 따라서 노동의 가치는 정확히 파악할 수 있는 상품의 양(최소한도의)으로 환원될 수 있다. 노동자가 생존하고 자기를 재생산하기 위해서 필요한 양이 그것이다. "노동자는 자기 노동 자체를 자본과 교환한다……. 그는 자기 노동을 '소외'시킨다. 그가 대가로 받는 값은 이 소외의 값이다."[15]

로소 진실일 수 있다. 현실 세계 속에서는 가치와 가격 간에 현저한 차이가 나타나는 것이 보통이다.
14) *Cap*, vol.1, p.166.
15) *Gru*, pp.270~271.

근대적 공업과 산업생산의 조건은 노동자가 평균적인 노동시간 동안에 자기 생존의 비용을 충당하는 데 필요한 것보다 훨씬 더 많이 생산할 수 있도록 해주었다. 즉 노동시간의 일부분만으로 노동자 자신의 가치만큼을 생산할 수 있게 된 것이다. 그것 이상으로 노동자가 생산하는 것은 모두 잉여생산이다. 예컨대, 노동자의 하루 노동시간이 10시간이고 그가 자기 가치만큼 생산하는 데 필요한 시간을 5시간이라고 한다면, 나머지 5시간 동안의 일은 잉여생산이고 자본가는 그것을 착취할 수 있다. 마르크스는 필요노동과 잉여노동의 비율을 '잉여가치율'이라고 부른다. 잉여가치율이 가리키는 것은, 마르크스의 다른 모든 개념이 그렇듯이, 생물학적인 것이라기보다는 사회적인 것이다. '노동력을 생산'하는 데 필요한 노동시간은 순전히 물리적으로 정의될 수는 없다. 그것은 사회 속에서 문화적으로 기대되는 생활수준에 준거하여 식별되어야 한다. '기후적·물리적 조건들'이 영향을 미치는 것은 사실이지만, 그것들은 "자유로운 노동자계급을 형성시켜온 조건들, 그리고 따라서 그 조건들 내의 습관 및 만족의 정도"[16]와 결부되어서 비로소 가능한 것이다.

잉여가치는 이윤의 원천이다. 말하자면 이윤은 잉여가치가 가시적인 모습으로 '표면'화한 것이다. 그것은 "잉여가치가 전화한 형태며, 이 형태 속에서 이윤의 기원과 존재의 비밀이 관찰되고 소멸한다."[17] 마르크스가 『자본론』 제1권에서 제시하고 있는 분석은 그런 가면을 벗기려는 시도지, 경험 세계 속에서 매우 복잡한 형태로 나타나는 잉여가치와 이윤 사이의 실제의 관계를 논의하려는 것이 아니다.

자본가가 노동자를 고용하기 위해 지출하는 비용은 그가 생산과정에서 지출해야 하는 자본의 일부에 지나지 않는다. 나머지 부분은 생산에 필요한 기계, 원료, 공장설비의 유지 등으로 구성된다. 여기에 충당되

---

16) *Cap*, vol.1, p.171.
17) *Cap*, vol.3, p.47.

는 자본 부분은 '불변자본'이며, 반면에 임금에 소모되는 부분은 '가변자본'이다. 가변자본만 가치를 창출한다. 불변자본은 "생산 과정 속에서 그 가치의 크기가 어떤 변화도 겪지 않는다."[18] 잉여가치율은 잉여가치의 가변자본에 대한 비율(s/v)이지만, 이와는 대조적으로 '이윤'율은 가변자본과 불변자본 모두에 대해서만 계산될 수 있다. 불변자본의 가변자본에 대한 비율은 자본의 '유기적 구성'이다. 이윤율은 자본의 유기적 구성에 의존하므로 잉여가치율보다 낮다. 이윤율은 $P = s/(c+v)$라는 공식으로 주어진다. 불변자본에 대한 지출의 비율이 가변자본에 대한 지출의 비율보다 낮을수록 이윤율은 높아진다.[19]

『자본론』제3권에서 마르크스는 제1권에서 주장했던 단순한 잉여가치론을 실제 가격과 관련시키고 있다. 현실세계에서는 자본의 유기적 구성비는 각 산업마다 크게 다른 것이 분명한 사실이다. 어떤 생산 부문들에서는 불변자본의 크기가 가변자본에 비해 훨씬 크다. 예를 들면 철강공장에서는 기계 및 플랜트 설비에 대한 매년의 자본 투여가 섬유공장에서보다 훨씬 크다. 『자본론』제1권에서 전개된 단순한 모델에 따르면 이것은 아마도 잉여가치율의 격차를 매우 크게 만들었을 것이다. 그리고 만약 이윤이 잉여가치와 직접적인 상관관계에 있다면 상이한 경제 부문들 사이의 이윤 격차도 크게 나타날 것이다. 그러나 그런 상태는 단기간에 걸쳐 나타나는 경우를 제외하고는 자본주의 경제조직과 양립할 수 없다. 자본주의 경제에서 자본은 항상 가장 높은 이윤을 제공해주는 통로로 흘러가는 경향이 있기 때문이다.

따라서 마르크스는 제1권에서 분석적 목적을 위해 제시한 가정을 제쳐놓고, 상품은 그 가치에 따라 판매되는 것이 아니라 이른바 '생산가격'에 의해 판매되는 것이 일반적인 현상이라고 결론 내린다.[20] 경제에

---

18) *Cap*, vol.1, p.209.
19) 여기서 마르크스는 자본가가 지주에게 지불하는 지대는 없는 것으로 가정한다. 마르크스의 표현을 빌리자면, "토지 재산은 제로로 취급한다." 마르크스는 『자본론』제3권에서 지대의 문제를 다룬다.

서 이윤의 총량은 그 경제 내부에서 창출되는 잉여가치의 양에 의해 결정된다. 그러나 각 개별 자본가가 그 총량으로부터 취하는 몫은 그의 사업에서 실현되는 잉여가치율에 비례하지 않는다. 자본가들은 자본의 유기적 구성에 따라서가 아니라 자기가 투자한 자본 전체의 크기에 비례해서 총잉여가치를 나눠 갖는다. 평균이윤율은 사회의 총잉여가치를 사회의 총투하자본으로 나눈 것이다. 생산가격은 '생산비', 즉 생산 과정에서 실제로 지출된 총액(상품 생산을 위해 소모된 불변자본과 임금으로 지출된 자본을 합한 것)에다 투하자본에 대해 주어지는 평균율의 이윤을 합친 것과 같다.

상품이 가치대로가 아니라 생산가격으로 판매되도록 만드는 요인은 무엇인가? 마르크스는 『자본론』 제3권의 대부분을 이 문제에 대한 논의에 바친다. 자본주의가 등장하기 전에는 상품은 그 가치에 따라 판매되는 경향이 있었다. 그러나 자본주의의 경쟁적 구조가 그것을 분쇄했다. '평균이윤'은 역사적으로 자본주의의 발전과 더불어 진전된다. 가변자본 비율이 불변자본 비율보다 큰 생산 부문이 만일 매우 높은 잉여가치율과 이윤을 창출한다면,

자본은 이윤율이 낮은 부문에서 빠져나와 더 높은 이윤을 낳는 부문으로 옮겨간다. 이 끊임없는 유출과 유입을 통해서, 간단히 말해서 여러 부문에서 이윤율의 부침(浮沈)에 따른 다양한 부문들로의 자본의 분배에 의해서, 자본은 다양한 생산부문들에서의 평균이윤이 같아지게 하는 수요 대비 공급 비율을 낳는다. 그리하여 가치는 생산비로 전환된다. 이런 균등화는 대체로 한 나라 안에서 자본주의적 발전

---

20) 마르크스의 경제학에 대한 대부분의 비판은 가치와 가격 간의 관계에 집중되어 있다. Paul Sweezy, *Böhm Bawerk's Criticism of Marx*(New York, 1949)를 참조하라. 마르크스 경제학에 대한 최근의 논의로서는 Murray Wolfson, *A Reappraisal of Marxian Economics*(New York, 1964); Fred M. Gottheil, *Marx's Economic Predictions*(Evanston, 1966)를 참조하라.

이 전개된 정도에 비례해서, 다시 말해서 각국 내부의 조건들이 자본주의 생산양식에 적응된 정도에 비례해서 실현된다.[21]

이 과정을 촉진시키는 두 가지 조건이 있다. 자본의 유동성과 노동의 이동성(mobility)이 그것이다. 자본의 유동성은 '사회 내에서의 완전한 거래의 자유'와 봉건적 독점권의 타파를 요구한다. 그것은 자본을 개별 자본가의 수중에 남겨두지 않고 한 군데로 집중시켜주는 신용체계의 발전에 의해 더욱 촉진된다. 노동의 이동성이라는 조건은 이미 잘 알려진 일단의 사정들에 달려 있다. 생산수단에 대한 소유 측면에서의 관계 및 지방화된 관계들로부터의 노동의 '해방', 그리고 장인(匠人)적 숙련의 미숙련 작업으로의 대체—이것은 노동자가 쉽게 일자리를 옮길 수 있게 만든다—등이 그것이다. 평균이윤율의 발전은 이처럼 자본주의적 생산의 경제구조와 본질적으로 결부된다.

마르크스는 『자본론』 제1권에서 설명된 잉여가치론이 제3권에서의 분석의 배경이 되고 있다는 점을 계속 강조한다. 가격과 가치의 관계가 아무리 복잡하다고 하더라도 가격은 가치에 의존하며, 총잉여가치의 증가나 감소는 모두 생산가격에 영향을 주게 되어 있다. 마르크스의 입장에 대한 대부분의 경제학자들의 비판은 가치와 가격의 관계가 워낙 복잡하게 얽혀 있어서 마르크스의 이론으로는 가격을 예견하기가 극히 어렵다는 사실을 중심으로 펼쳐져 왔다. 그러나 마르크스의 입장에서 가격을 예견하는 것은 부차적인 중요성밖에는 갖지 못한다는 점을 강조할 필요가 있다. 마르크스의 이론은 자본주의 경제의 작동의 밑바닥에 깔려 있는 원리들을 밝히 데 모든 비중을 두고 있다. 마르크스의 분석은 가격, 지대, 이자율 등의 물리적 범주들이 정치경제학 이론에 미치는 영향력을 약화시키고 그것들의 밑바닥에 깔려 있는 사회적 관계들을 밝히고자 하는 수준에서 전개된다. 그의 표현을 빌리자면,

---

21) *Cap*, vol.3, p.192; *We*, vol.25, p.206.

활동의 사회적 성격, 생산품의 사회적 형태, 그리고 생산에 대한 개인적 참여의 사회적 형태는 개인에게 소외되고 물화(物化)된 모습으로 드러난다……. 특정 개인들의 존재 조건이자 그들 사이 연결의 조건이 된 활동들과 생산물들의 보편적 교환은 그들로부터 소외되고 그들과는 무관한 사물 형태를 취한다.[22]

자본주의의 발전에 관한 마르크스의 이론은 잉여가치론에서 제시된 자본주의적 전유의 성격에 그 기반을 두고 있다. 마르크스가 펼치는 주장의 전반적인 취지는 자본주의는 원래 개별 기업가들의 활동을 기초로 하여 상품이 '자기 자신의 가치를 발견'할 수 있도록 해주는 자유시장 체계를 중심으로 구조화되었지만 자본주의 생산의 내재적 경향은 자본주의 경제의 토대를 이루고 있는 경험적 조건들을 잠식한다는 것이다.

자본주의적 생산의 경제적 '모순'

마르크스는 이윤추구가 자본주의의 본성이라고 본다. "자본의 목표는 어떤 욕구(wants)의 충족에 도움을 주는 것이 아니라 이윤을 산출하는 것이다……."[23] 그러나 동시에 자본주의 경제에는 이윤율이 저하하는 구조적 경향이 뿌리박고 있다. 대다수의 고전 경제학자들은 이 점을 인정한다. '이윤율의 경향적 저하 법칙'이라는 이론에서 찾아볼 수 있는 마르크스의 공헌은 그가 이 이론을 자본의 유기적 구성 및 그것과 잉여가치의 관계에 관한 분석과 관련시킨다는 데 있다. 자본주의 경제에서 이윤의 총량은 창출된 잉여가치에 달려 있다. 그리고 전체 경제에서의 불변자본의 가변자본에 대한 비율이 평균 이윤율을 규정한다. 이

---

22) *Gru*, p.75. 그리고 pp.228~229도 볼 것.
23) *Cap*, vol.3, p.251.

윤율은 자본의 유기적 구성과는 반비례한다.

자본주의에서는 경쟁적 이윤추구가 기본이므로 생산 기계화의 진전을 필두로 하는 기술 발전은 시장에서 생존경쟁을 벌이는 각 자본가의 주무기 중의 하나다. 그것은 개별 기업가가 경쟁자보다 값싸게 상품을 생산함으로써 사회의 총이윤 가운데서 자기 몫을 키울 수 있는 수단이 되기 때문이다. 그러나 그가 이윤을 늘리는 데 성공하면, 다른 자본가들도 이내 비슷하게 향상된 기술을 도입하여 그를 따른다. 따라서 새로운(비록 마찬가지로 잠정적인 것이기는 하지만) 균형상태가 이루어지지만, 이 경우 각 자본가들은 전보다 더 높은 비율의 자본을 불변자본에 지출하게 된다. 그 전반적인 귀결은 자본의 유기적 구성의 상승과 평균이윤율의 하락이다.

물론, 이것이 반드시 총이윤의 절대량을 감소시키는 것은 아니다. 이윤율의 저하에도 불구하고 총이윤은 증대할 수 있기 때문이다. 더욱이 마르크스는 이윤율 저하 경향을 막는 여러 가지 요인을 거론한다. 그것은 불변자본의 상대적 성장을 지체시키는 요인들, 또는 이와 표리관계를 이루는 것이지만, 잉여가치율을 올리는 요소들이다. 불변자본에 대한 지출이 늘어나면 노동생산성도 향상되는 것이 보통이며, 노동생산성의 향상은 생산물 한 단위 속의 불변자본의 상대적 가치를 효과적으로 감소시키며, 그럼으로써 이윤율을 안정시키거나 심지어 상승시킬 수도 있다. "총자본의 측면에서 볼 때, 불변자본의 가치는 그 물질적 용량에 비례해서 커지는 것이 아니다……."[24] 이윤율 저하를 상쇄하는 다른 한 양식은 해외무역을 통한 값싼 물자의 투입이다. 값싼 수입품은 노동자의 생필품을 공급하는 데 사용될 경우 잉여가치율을 상승시키는 결과를 가져오며, 또 불변자본 가치를 떨어뜨리는 결과를 가져온다. 그러나 마르크스는 떨어지는 이윤율을 상쇄하는 힘으로서 노동착취의 강

---

24) *Cap*, vol.3, p.230. Sweezy, *Theory of Capitalist Development*, pp.98 이하도 참조하라.

화를 수반하는 것들을 가장 강조한다. 여기에는 노동일의 연장, 임금을 그 가치 이하로 억누르는 것 등이 포함된다. 다른 조건들이 같을 경우, 19세기 초에 실제로 나타났던 것과 같은 노동일의 연장은 잉여가치율을 높인다.

현존 기계장치의 더욱 집약적인 이용—예컨대 기계의 작동 속도를 높이거나 교대제 작업을 통해 기계를 24시간 내내 가동하는 것—에 의해 불변자본 대비 노동생산성 또한 향상될 수 있고, 잉여가치율도 올라갈 수 있다. 임금을 강제로 하락시키는 것은 단지 잠정적인 수단일 뿐, 장기적으로는 이윤율에 대해 영향을 미치지 못한다. 고용주들은 임금을 비용의 일부로 취급하여 가능할 때마다 그것을 줄이려 드는 경향이 있다. 그러나 마르크스의 일반적 분석에 의하면, 임금은 기본적으로 자본가 편에서의 강압적인 제한에 의해 결정되는 것이 아니라 뚜렷한 요인들에 의해 결정된다.

마르크스는 자본주의에서 정규적으로 발생하는 주기적 공황이야말로 자본주의 체제의 내적 '모순'을 가장 뚜렷하게 보여준다고 본다. 그러나 마르크스는 공황의 본질에 대해 체계적으로 논하지는 않는다. 이는 그가 공황은 여러 가지 요소들이 다양하게 얽혀서 나타나는 결과고, 따라서 어떤 단순한 인과적 과정으로 설명될 수 없다고 보기 때문이다. 그는 공황을 실제로 촉발하는 다중적인 인과의 연쇄를 추적하려는 시도를 전혀 보여주지 않는다. 그런 작업은 자본주의 생산의 전반적 움직임에 비추어 보아야만 가능한 일이다.[25] 그러므로 마르크스의 분석은 정규적으로 공황을 겪는 경향을 보이는 자본주의 경제의 이면에 존재하는 그것의 기본적인 요인들을 설명하는 것으로 국한된다.

상품생산은 자본주의 이전의 사회들에도 존재한다. 그러나 특히 화폐가 널리 사용되기 전에는 서로가 상대방의 욕구를 잘 알고 그 욕구를 위해 생산하는 개인이나 집단 사이에 상당히 직접적인 물물교환이

---

25) *Theories of Surplus Value*, ed. Bonner & Burns, pp.376~391.

이루어진다. 달리 말해서, 원시적 형태의 상품생산에서는 교환은 사용가치의 획득을 위해서 이루어지며, 필요에 관한 지식이 수요와 공급을 연결하는 규제의 한 원천이 된다. 그러나 상품생산이 더욱 널리 확산되어감에 따라서, 즉 자본주의가 발전함에 따라서 이런 식으로 규제되는 유대는 와해된다. 화폐의 사용은 이 점에서 중요한 역할을 한다. 그것은 교환거래에 참가하는 각 당사자들이 물물교환에서보다 훨씬 더 자율적으로 행위할 수 있게 만든다. 따라서 자본주의는 중요한 의미에서 '무정부적'(anarchic) 체제라고 할 수 있다.[26] 시장이 생산과 소비를 연결시키는 어떤 특정 기관에 의해서 규제되지 않기 때문이다. 동시에 그것은 본질적으로 팽창하는 체제이고, 끊임없는 이윤추구가 그 원동력이다. 이윤 동기가 중요하므로 생산된 상품 양과 평균 이윤율에 따라 판매될 수 있는 상품 양 사이에 상당한 불균형이 생기면 체제에 위기가 생긴다.

자본주의는 대규모의 과잉생산이 일어날 수 있는 역사상 최초의 체제다. 물론 이때의 과잉생산이란 자본주의 경제의 필요조건에 비추어 보았을 때의 과잉생산, 즉 사용가치가 아니라 교환가치 측면에서 볼 때의 과잉생산일 뿐이어서, '판매될 수 없는' 상품들도 보통 사용될 수는 있는 것들이다. 그러나 투자로부터 충분한 수준의 이익이 생겨나지 않는다면 자본주의적 작동방식은 와해된다. "대중들의 욕구를 적절하게 인간적인 수준으로 만족시켜주기에는 생산이 충분하지 않다"[27]는 사실에도 불구하고 생산은 그 잠재력의 일부만 실현시키는 것으로 국한된다.

공황이란 간단히 말해서 적절한 이윤율을 실현시키면서 상품을 흡수

---

26) 이것은 시장의 운동에 '질서'가 없다는 뜻이 아니라, 단지 시장을 지배하는 원칙들은 인간 자신의 의식적 통제를 벗어나서 마치 애덤 스미스의 유명한 구절과도 같이 '보이지 않는 손'에 의해 규제되는 것처럼 작동한다는 뜻이다.
27) *Cap*, vol.3, p.252. 그리고 생산자로서 노동자와 소비자로서 노동자 간의 '모순'에 대한 마르크스의 언급도 볼 것. *Cap*, vol.2, p.316. 마르크스는 당시의 더욱 나이브한 이론이었던 '소비축소' 이론들도 역시 배격하고 있다. 로트베르투스에 대한 마르크스의 언급. *Cap*, vol.2, pp.410~411.

할 수 있는 시장의 능력을 넘어서는 생산의 확장이다. 경제의 한 부문에서라도 한번 과잉생산이 발생하면 그것은 악순환적인 반응들을 불러일으킬 수 있다. 이윤율이 저하하면 투자가 감소하고, 노동력의 일부가 해고되며, 따라서 소비자의 구매력은 더욱 감소하여 또다시 이윤율이 하락하는 식으로 악순환이 펼쳐진다. 잉여가치율을 증대시킬 새로운 조건들이 생겨나고 그리하여 투자를 새로 시작할 자극이 생겨날 정도로 실업자가 늘어나고 고용 노동자들의 임금도 낮아질 때까지 이 나선형의 과정은 계속된다. 공황이 지속되는 동안 효율성이 낮은 일부 기업들은 도산한다. 남은 기업들이 도산한 기업들이 점유하던 시장을 차지하게 되고, 새로운 확장의 시대를 시작할 위치에 오른다. 순환과정이 다시 시작되고 또 하나의 상승 국면이 펼쳐진다.

그러므로 공황은 자본주의 체제의 '몰락'을 나타내는 것이 아니다. 이와는 반대로 자본주의 체제가 자신이 겪을 수밖에 없는 주기적 부침을 견딜 수 있게 해주는 규제 메커니즘이다. 공황의 효과는 균형을 회복시키고 새로운 성장을 가능케 만드는 것이다. 마르크스가 말하듯이, 그것은 "현존 모순에 대한 일시적이고 강제적인 해결책이다. 그것은 교란된 균형을 한동안 회복시키는 광포한 폭발이다."[28] 이윤율 저하 경향은 언제나 존재하므로, 자본주의 발전의 모든 단계에서 이윤에 대한 압력은 어쨌든 존재하게 마련이다. 공황은 자본의 집중을 진전시키고 일시적으로 자본주의 체제를 안정시키는 효과를 갖는다.[29] 공황은 자본주의의 본질적인 현상이다. 이는 자본주의적 생산의 모든 추진력은 "사회적 생산력의 무조건적인 발전"을 지향하는 데 비해서, 착취적 계급관계에 기반을 둔 생산관계는 자본의 팽창만을 위해서 조직되기 때문이다. 따라서 마르크스는 다음과 같은 유명한 결론에 도달한다.

---

28) *Cap*, vol.3, p.244.
29) *Cap*, vol.2, pp.75~77.

자본주의적 생산의 '진정한 장애'는 '자본 그 자체'다. 자본과 그것의 자기 확장은 생산의 출발점이자 종결점으로서, 동기이자 목적으로서 나타난다. 생산이 단지 '자본'을 위한 생산일 뿐, 그 역은 성립되지 않는다. 즉, 생산수단이 생산자 '사회'의 생활과정의 끊임없는 확장을 위한 수단이 되는 것이 아니다.[30]

'궁핍화' 명제

마르크스가 자본주의의 최종적 붕괴는 회복이 불가능할 정도의 엄청난 공황의 모습으로 나타날 것으로 생각한다는 견해가 더러 있어왔다. 마르크스가 「공산당 선언」에서 공황은 "주기적으로 반복되면서 부르주아 사회 전체의 존재를 점점 위태롭게 한다"고 말하고 있기는 하지만, 그의 저작 어느 곳에서도 최종적인 파멸적 공황이 구체적으로 예견되고 있지는 않다.[31] 더욱이 그런 예견은 공황이 균형을 회복시키는 기능을 갖는다는 생각과 어울리기도 어렵다.

마르크스는 분명히 자본주의가 영원히 존속할 수는 없을 것이라고 믿었지만, 자본주의 해체의 성격은 자본주의의 발전을 지배하는 법칙들에 달려 있을 뿐만 아니라 미리 알려질 수 없는 특정의 역사적 사정들에 따라서 달라지기도 한다. 그러나 공황은 프롤레타리아트 공통의 계급 상황을 극적으로 뚜렷하게 드러내기 때문에 혁명적 의식을 촉진시키는 데 중요한 역할을 하는데, 이는 공황이라는 것이 실업률은 낮고 임금 수준은 높아서 노동계급이 상대적으로 번영을 누리던 시기에 뒤이은 급작스런 불경기로서 나타나는 경향이 있다는 점에서 더욱 그렇다.[32]

자본주의 경제에서 완전고용에 가까운 사정이 널리 나타나는 경우는

---

30) *Cap*, vol.3, p.245; *We*, vol 25, p.260.
31) *CM*, p.33; *We*, vol.4, pp.467~468. 여기에 가장 근접해 있는 마르크스의 입장에 관해서는 *Gru*, p.636.
32) *Cap*, vol.2, p.411.

매우 드물다. 만성적 실업상태에 있는 집단, 즉 산업 '예비군'의 존재는 자본주의에 필수적이다. 마르크스는 노동력 자체가 상품인 것이 자본주의의 본질적 측면 중의 하나임을 보여주었다. 그러나 노동력의 가격이 그 가치로부터 크게 벗어나는 것을 막아줄 수 있는 유력한 요인이 전혀 없다는 점에서 노동력은 다른 상품들과는 분명히 다르다. 보통의 상품의 경우 가격이 올라가면 자본이 그 상품을 생산하는 부문으로 흘러들어 그 상품의 가격을 떨어뜨려 가치에 가까워지게 만드는 경향이 있다.[33] 그러나 노동의 가격이 상승한다고 해서 더 많은 노동을 '생산'한다는 것은 불가능하다. 마르크스가 산업예비군, 또는 '상대적 과잉인구' — 그는 어떤 때는 이 용어를 쓴다 — 라는 개념을 도입하는 것은 바로 여기에서다. 기계화를 통해 여분의 존재가 되어버린 노동자들로 주로 구성되는 산업예비군은 임금에 대해 항상적으로 진정제 역할을 한다. 노동 수요가 커지는 호황기에는 산업예비군의 일부가 노동인구로 흡수되어 임금이 낮은 수준에 머물러 있게 만든다. 호황기가 아닐 때의 산업예비군은 자신들의 처지를 개선해보려는 노동계급의 어떤 시도도 막아버리는 값싼 노동의 잠재적 원천으로 작용한다. 산업예비군은 "자본주의적 축적의 지렛대"며 "자본주의 생산양식의 존재조건"이다.[34]

산업예비군의 처지에 관한 분석은 자본주의 내에서 노동계급의 커다란 부분이 운명적으로 겪도록 되어 있는 물질적 빈곤에 관한 마르크스의 논의와 밀접하게 관련되어 있다. 이른바 '궁핍화' 또는 '비참화'(emiseration)라는 명제를 둘러싸고 숱한 논란이 있어왔고, 자본주의의 미래에 관해 마르크스가 내린 진단에 대한 많은 비판적 공격이 초점을 맞추어 온 것도 이 명제다.[35] 이 문제를 분석할 때 마르크스의 논의

---

33) 『자본론』 제1권에서 제시된 이 분석은 가치에 관한 단순화된 모델에 입각해 있다.
34) *Cap*, vol.1, p.632.
35) 지난 한 세기 동안 서구와 미국의 대다수 노동자들의 생활수준은 상승해왔음이 틀림없다. 이 사실에는 다소 중요한 이론적 문제가 있으며, 그 점은 여러 비판가

가운데 두 가지의 주제를 반드시 구별해야 한다. 그러나 비판가들은 구별되어야 할 이 두 가지 주제를 노동계급의 생활수준에 관한 한 가지 '예언' 속으로 뒤섞어버리는 경향을 보여왔는데, 마르크스의 견해에 대한 그들의 공통적인 오독(誤讀)의 밑바닥에 깔려 있는 것이 바로 이 경향이다.

두 가지 주제 가운데 하나는 자본주의적 발전의 과정은 노동계급의 소득과 자본가계급의 소득 사이의 상대적 격차가 점점 커진다는 점을 특징적으로 보여준다는 이론과 관계 있다. 두 번째 주제는 자본주의의 발전은 점점 더 많은 산업예비군을 산출하며, 그들의 대다수는 극단적인 빈곤 속에서 살아가도록 강요된다는 것이다. 임금이 그 가치를 훨씬 넘어 상승하는 것을 방해하는 것이 바로 '상대적 과잉인구'의 존재인 만큼, 이 두 가지의 경향은 서로 결부되어 있다.

그러나 비판가들은 이 두 가지를 혼동함으로써 마르크스가 노동계급 전체가 점점 더 혹독한 물질적 빈곤상태로 빠져들도록 점점 더 압박받게 된다고 보았다고 하는 도저히 받아들여질 수 없는 결론에 이르게 되었던 것이다. 마르크스는 자본주의가 진행됨에 따라 노동계급이 '착취의 심화'를 겪을 것이라는 이야기를 하지만, 착취율(잉여가치율)은 분명히 노동계급 대다수의 실질임금을 반드시 변동시키지 않으면서도 올라갈 수 있다.[36] 자본소득과 임금소득 사이의 상대적 격차가 커진다는 점에 관한 마르크스의 중심적 논지는 간단한 것으로, 자본가계급은 더욱더 많은 부(富)를 축적해가는 반면 노동계급의 임금은 결코 생계비

들이 지적해온 바다. 마르크스 자신의 이론에 따르면 이윤은 저하하는 경향을 보인다. 이윤율에 변함이 없다고 한다면 생산성의 향상은 실질 임금을 상승시키지 않으면 안 된다. 로빈슨은 "마르크스는 실질 임금은 변하지 않는 경향이 있다는 자기 주장을 포기함으로써 비로소 이윤 저하의 경향을 주장할 수 있을 뿐이다"라고 주장한다. Joan Robinson, *An Essay on Marxian Economics* (London, 1966), p.36.

36) 이것은 생산성의 향상을 전제로 한다. 그러나 이 점에 대해서는 위의 주 35)를 보라.

수준을 크게 넘어설 수가 없다는 것인데, 이것은 『자본론』에서 전개되고 있는 일반적 잉여가치론과 부합된다.[37] 마르크스가 『자본론』에서 노동계급 전체에 대해 자본주의가 가져올 결과라고 적고 있는 것 가운데 분업의 소외유발효과에 관한 언급이 있다. 분업은 "노동자를 반편 인간으로 불구화시키고, 기계의 부속품 수준으로 전락시키며, 노동자에게 고통을 줌으로써 노동이 주는 만족감을 파괴하고, 노동자가 노동과정을 통해 자신의 정신적 잠재력을 실현시키는 것을 막는" 쪽으로 작용한다.[38]

그러나 만성적 궁핍을 확산시키는 것은 "산업예비군의 상대적 숫자"의 증가다. 마르크스는 이를 "자본주의적 축적의 절대적 일반법칙"이라고 부르면서, "다른 모든 법칙들과 마찬가지로 이 법칙도 실제의 작동에서는 여러 가지 환경에 의해 수정된다"고 지적한다. 궁핍은 "취업 노동자들의 구호소이자 산업예비군의 벗어던질 수 없는 짐이다."[39] 가장 악랄한 형태의 물질적 착취는 대부분 후자에게 집중되며, 그들 사이에서는 "비참함과 노동의 고통, 노예상태, 무지, 잔혹함, 도덕적 타락……"[40]이 펼쳐진다. 따라서 자본주의의 모순성은 한쪽 극단에서의 부(富)의 축적과 다른 한쪽 극단에서의 빈곤과 비참의 축적으로 그 모습을 드러낸다.

---

37) 마르크스는 노동계급에게 가장 유리한 방향으로 자본주의가 급속히 확장되는 경우에서조차도 임금의 상승이 이윤의 상승과 비례하는 수준 이상으로 나타날 수 없음을 지적한다. 따라서 경제의 호황기에 노동계급의 생활수준이 상승하는 경우에조차도 자본가 계급의 생활수준은 마찬가지로 상승하고, 따라서 그 격차는 여전하다. *SW*, vol.1, pp.94~98.
38) *Cap*, vol.1, p.645; *We*, vol.23, p.674.
39) *Cap*, vol.1, p.644. 자본주의는 "노동 인구의 일부는 과로 속으로, 그리고 나머지는 거의, 또는 완전히 궁핍화된 산업예비군 속으로 몰아넣는다." *Theories of Surplus Value*, ed. Bonner & Burns, p.352.
40) *Cap*, vol.1, p.645; *We*, vol.23, p.675.

집적과 집중

자본주의의 진전에 따라 나타나는 자본의 유기적 구성도의 상승은 자본의 집중 및 집적과 밀접한 관계를 갖는다. '집적'이란 자본이 축적됨에 따라서 개별 자본가들이 자기가 통제하는 자본의 크기를 성공적으로 키워가는 과정을 가리킨다. 한편 '집중'은 현존 자본의 합병을 가리키는 것으로, 그것은 "이미 있는 자본의 분배의 변화"에 해당된다.[41] 둘 모두 생산 단위를 더욱 커지게 만드는 효과를 갖는다. 자본주의의 경쟁적 성격은 생산자들에게 경쟁자들보다 더 값싸게 상품을 생산하기 위해서 끊임없이 노력하게 만든다. 더 큰 기업체를 움직이는 자본가들은 소규모 생산자들에 비해 다양한 이점을 누리며, 이로 인해 그들은 대체로 소생산자들과의 경쟁에서 승리할 수 있게 된다. 개별 사업가가 움직이는 자원의 규모가 크면 클수록 그는 더욱더 효율적으로 생산할 수 있다. 이는 그가 규모의 경제를 도입할 수 있고, 일시적인 시장의 위축으로부터 나타나는 것과 같은 경기후퇴에 쉽사리 견딜 수 있기 때문이다. 따라서 일반적으로 대자본들이 소자본들을 업계로부터 축출하고 그들의 자본을 흡수하는 경향을 보인다.

집중은 신용제도에 의해 더욱 촉진되는데, 그 가운데 가장 중요한 부문이 은행업이다. 은행은 예금자의 화폐자본을 집중시킬 뿐만 아니라 대출자들 사이의 집중도 조장한다. 그런가 하면 한편으로는 은행들 자체도 서로 연결되어 단일 금융시스템을 형성하는 경향이 있다. 이 전 과정은 "결국 자본 집중을 위한 거대한 사회적 메커니즘으로 변형된다."[42] 신용체계의 확장은 자본주의 체제 내에서 "공황을 부르고 사취(詐取)를 가능케 하는 가장 효과적인 촉매의 하나"인 동시에, 자본의 분배를 개별 자본가들의 권능 밖의 일로 만든다. 신용 체계는 "자본의

---

41) *Cap*, vol.1, p.625.
42) *Cap*, vol.1, P.626.

사적 성격을 제거하며 그럼으로써 자신의 내부에서, 그러나 오직 자신의 내부에서만 자본 자체를 철폐한다." 화폐를 대신하는 다양한 형태의 신용수단을 도입함으로써 은행체계는 "화폐란 실제로는 노동 및 노동생산품이 갖는 사회성의 한 특수한 표현물에 불과하다……"는 사실을 보여준다. 대출이자로부터 나오는 사적 이윤에 근거를 두고 조직된다는 점에서, 신용체계는 실제의 모습에서는 그 자체 하나의 자본주의적 사업이다. 그러나 신용체계는 경제의 중앙집중적 조정의 기반을 조성하기 때문에 "자본주의 생산양식으로부터 결합노동에 의한 생산양식으로의 전환기에 강력한 지렛대로 역할한다."[43]

신용체계의 팽창은 법인자본화라는 특수한 형태의 집중—주식회사의 발전으로 나타난다—과 나란히 진행된다. 마르크스에 의하면 주식회사는 대규모의 집중에 가장 적합한 산업조직 형태며 "자본주의 생산의 궁극적 발전"을 나타낸다. 개별 자본가와 생산조직의 일종의 분리에 공헌하는 주식회사는 "자본주의 생산양식 자체 내에서의 자본주의 생산양식의 폐기"를 보여준다.[44] 자본 소유자와 경영자의 분리는 이제 생산과정에서 어떤 직접적 역할도 하지 않는 자본 소유자의 불필요성을 드러내 보여준다. 주식회사에서는 생산의 사회성이 명백하게 드러나며, 그럼으로써 소수의 개인들이, 자본 소유권을 갖는다는 이유로, 생산된 부의 큰 부분을 전유할 수 있다는 사실을 하나의 모순으로서 폭로한다. 그럼에도 불구하고 주식회사는 하나의 과도적인 형태일 뿐인데, 이는 그것이 여전히 이자 낳는 자본과 결부되어 있음에 따라 "자본주의의 경계선 안에 갇혀 있기" 때문이다. 더욱이 거대 주식회사의 발전은 특정 산업 부문에 대한 독점적 통제로 이어져 여러 가지 새로운 형태의 착취관계의 토대를 창출할 수 있다.[45]

---

43) 4개의 인용 구절은 모두 *Cap*, vol.3, p.593.
44) *Cap*, vol.3, p.429.
45) "새로운 금융귀족, 그리고 중개인과 투기자와 단순히 이름뿐인 감독자 등의 모습으로 나타나는 새로운 기생 집단들; 법인체의 설립, 주식의 발행, 주식투기 등의

유럽 역사에서 자본주의에 선행했던 사회가 그랬듯이 자본주의도 적대관계들 위에 세워진 본질적으로 불안정한 체제며, 그 적대관계들은 결국은 자본주의를 무너뜨릴 변동을 통해서만 해소될 수 있다는 점을 『자본론』은 상세히 보여준다. 이 모순들은 무엇보다도 자본주의의 계급성, 즉 임금노동과 자본 사이의 비대칭적 관계로부터 나온다. 자본주의 생산양식의 작동은 필연적으로 이 체제를 해체의 방향으로 몰고 간다. 여기서 마르크스는 다시 자본주의의 지양(Aufhebung)을 언급한다. 그에 의하면 자본주의 생산양식의 '붕괴'로 나아가는 역사적 경향은 자본주의가 일거에 완전히 파괴되고 이에 따라 사회주의가 갑자기 '새로 시작'되어야 하는 그런 것으로 여겨져서는 안 된다. 이와는 반대로, 곧 나타날 자본주의 체제의 운동 추세는 자본주의의 변증법적 초월을 예비하는 사회적 조건들을 낳을 것이다.

이 점에서 혁명의 '불가피성'이라는 문제는 아무런 '인식론적'('실제적'이라는 말과 반대되는 의미에서) 난점도 제기하지 않는다. 자본주의의 발전 과정은, 프롤레타리아트 편에서의 계급인식의 성장과 상호작용하면서, 혁명적 '실천'을 통해서 사회를 변혁시키는 데 필수적인 능동적 의식을 창출하는 객관적 사회변동들을 낳는다.[46] 노동계급 대중의 상대적 빈곤, '산업예비군'의 물질적 비참함, 그리고 공황기에 발생하는 급격한 임금 하락과 실업의 증가, 이 모든 것이 혁명의 잠재력을 키워간다. 공장이 수많은 노동자들을 한 장소로 집결시킴에 따라서 산업체계 그 자체가 이익공동체를 인식할 원천과 집단적 조직화의 토대를 제공한다. 노동자들의 조직화는 지역적 수준에서 시작되지만, 결국은 합쳐져서 전국적 단위들을 이룬다. 프롤레타리아트의 자의식은 자본의 집적과 집중이 자기 사업을 하는 자본가들의 지위를 침식해가는

수단을 통한 사기와 속임수의 전 체계", 이것이 "사유재산에 대한 통제력이 없는 사적 생산"이다. *Cap*, vol.3, p.429.
46) Georg Lukács, *Geschichte und Klassenbewusstsein*(Berlin, 1932), pp.229 이하를 보라.

것과 더불어 점점 더 널리 번져간다. 이런 사정들의 복합적 발생이 사회주의 사회의 성취를 가능케 만든다.

마르크스의 저작을 전부 둘러보아도 자본주의를 대신해서 나타날 사회의 성격에 관해서는 단편적이거나 지나쳐가는 투의 언급들밖에 없다. 자신의 입장을 '공상적' 사회주의의 입장과 구별하면서, 마르크스는 미래사회를 위한 종합적 기획을 제시하기를 거부한다. 자본주의를 변증법적으로 초월함으로써 생겨나게 될 새로운 사회질서의 조직 원리들은 현재와 같은 형태의 사회 속에서 살아가는 사람들에게는 기껏해야 어렴풋하게 감지될 수 있을 뿐이다. 미래사회에 관한 상세한 계획을 만들어낸다는 것은 철학적 관념론으로 퇴행하는 일이다. 이는 그런 도식들이라는 것이 그것들을 생각해내는 사람들의 머리 밖에서는 어떤 현실성도 갖지 못하기 때문이다. 따라서 새 사회에 관해 마르크스가 말할 수 있었던 것은 대부분 그것이 "여전히 자신을 배태했던 낡은 사회가 찍어놓은 반점들(birth marks)을 가지고 있"[47]는 초기 형성 단계에 관한 것들이다.

자본주의 넘어서기

사회주의 사회에 관한 마르크스의 견해를 알 수 있게 해줄 주요 논의들은 그의 지적 경력 가운데 상당히 긴 기간에 걸쳐서 쓰여졌다. 최초의 주요 논의는 1844년의 『경제철학 수고』에서 볼 수 있고, 마지막의 주요 논의는 1875년의 『고타강령 비판』에서 볼 수 있다. 『고타강령 비판』에 나오는 용어들이 더 직접적이고 세속적이기는 하지만, 두 저작에서 드러나는 견해는 기본적으로 비슷하다.[48]

---

47) *SW*, vol.2, p.23.
48) 예컨대 Avineri, pp.220~239 참조. 그러나 아비네리처럼 마르크스의 '원시 공산주의'에 대한 초기의 논의를 부르주아 사회 타파의 과도적 단계에 대한 그의 후기 논의와 같은 것으로 취급하는 것은 잘못이다. 과도적 단계에 대한 마르크스

마르크스는 사회주의의 첫 번째 단계는 부르주아 사회의 '잠재적' 특징들이 '현재화'되는 단계, 달리 말해서, 『자본론』에 상세히 서술되어 있는 자본주의의 발생적 특성들이 가장 완전한 발전에 이르게 되는 단계이다. 그리하여 이미 시장 집중의 고도화라는 모습으로 자본주의 안에서 암암리에 진행되던 생산의 사회화는 사유재산을 종식시킴으로써 완결된다. 이 단계에서 재산은 집단적으로 소유되며 임금은 한 가지의 고정된 원리에 따라서 분배된다. 사회적 총생산물 가운데 일정량은 생산관리, 학교와 보건시설의 운영 등과 같은 집단적 필요를 해결하기 위해 배정된다. 한편 각 노동자는

> 정확히 자기가 사회에 준 것만큼을 사회로부터—집단적 필요를 해결하기 위한 공제가 이루어진 후—되돌려 받는다……. 그는 사회로부터 이런저런 분량의 노동을 제공했다는 증명서를 받은 다음(그의 노동으로부터 공동기금 기여분을 공제한 후에), 이 증명서를 가지고 사회의 총소비수단 가운데 자기가 한 노동과 같은 양의 노동을 요하는 만큼의 소비수단을 얻는다.[49]

그러나 사회의 그런 재조직은 그 사회가 인간관계들을 한 가지의 객관적 기준으로 평가하기를 계속하고 있다는 점에서 아직도 부르주아 사회의 저변에 흐르는 원리들을 보존하고 있다. 다시 말해서 그 사회는 여전히 노동을 교환가치로 취급한다. 다만 그것을 특정 계급집단(프롤레타리아)에만 적용하는 대신, 이제는 사회구성원 모두에게 보편적으로 적용한다는 점이 다를 뿐이다. 이 단계에서는 인간은 여전히 '단지 노동자로서만' 간주된다. 다른 모든 것이 무시되는 가운데 그가

의 논의는 예견적인(prospective) 것이지만, '원시 공산주의'는 초기 단계의 사회주의 이론에서 특징적으로 보이는 회고적(retrospective) 방법으로 확인된 것이다. 원시 공산주의는 과도적 단계에 대한 이론이 아니다.
49) SW, vol.2, p.23.

갖고 있는 다른 측면들은 눈에 들어오지 않는다.[50] '노동자'라는 역할이 폐지되는 것이 아니라 모든 인간에게로 확대된다. 사유재산 관계는 사물세계에 대한 공동체의 관계 속에 남아 있다.[51] 이 단계의 사회에서는 여전히 주체가 객체에게 압도당하며, 소외와 객체화가 구별되지 않는다.

생산 측면에서의 이런 사정은 정치 영역에서도 나타난다. 이 점과 관련해서도 마르크스의 가장 중요한 논의들은 그의 전 지적 경력에 걸쳐서 나타난다.『고타강령 비판』에 나오는 분석은 헤겔의 국가론에 대한 초기의 비판적 평가에서 펼쳐졌던 분석을 보완하고 있다. 마르크스가 두 곳 모두에서 보여주는 핵심적인 견해가 같다는 점은 고타강령이 "국가를 토대와 분리된 독자적인 영역인 듯 취급"하는 데 대한 그의 공격에서 드러난다. 이 대목에서의 마르크스의 비판은 30여 년 전 헤겔을 비판하면서 내세웠던 주 논지들을 되풀이하는 형태를 취한다. 마르크스는 독일 국가가 이미 거의 완전하게 '자유'(free)국가가 되어 있다고 지적한다. 노동자들의 운동 목표는 국가를 사회로부터 '해방'(free)시키는 것이 되어서는 안 되며, 그 반대로 국가를 "사회 위에 부과된 기관으로부터 사회에 완전히 종속된 기관으로"[52] 바꾸는 것이어야 한다⋯⋯.

그러나 자본주의를 갓 폐지한 다음에 오는 과도기적 국면은 또다시 부르주아 사회 자체 내에서는 부분적으로만, 또는 불완전하게만, 발전되었던 원리들을 완전하게 실현하는 과정을 수반하게 될 것이다. '프롤레타리아 독재'가 이 중간 단계를 이룬다. 그것은 정치권력의 중앙집중화를 의미하는데, 이는 덜 선명하기는 하지만 부르주아 사회에 이미 존재하고 있다. 프롤레타리아 독재는 앞에서 개관했던 생산과 분배의 집중화라는 프로그램의 이행을 가능케 한다. "프롤레타리아는 부르주아

---

50) *SW*, vol.2, p.24.
51) *EW*, p.153.
52) *SW*, vol.2, p.32.

지로부터 점차 모든 자본을 빼앗고, 모든 생산수단을 국가의 수중에, 즉 지배계급으로서 조직화된 프롤레타리아트의 수중에 집중시키고 총생산력을 가능한 한 급속히 성장시키기 위하여 그 정치적 지배를 사용할 것이다."[53]

'정치적' 권력은 이 단계가 완결될 때 비로소 소멸한다. 물론 마르크스가 생각하는 국가의 철폐는 사회조직이 일거에 '전복'되고 이에 따라 위에서 서술한 것과 같은 국가라는 집약적 형태가 제거되는 것을 의미하는 것이 아니다. 그보다는 공적인 일들이 전체 사회의 조직화를 통해 관리되게 하는 식으로 국가를 사회에 종속시킴으로써 국가의 변증법적 전환이 이루어진다. 마르크스는 파리코뮌의 작동구조에서 이 과정의 기본틀을 찾아낸다. 코뮌은 몇 가지 참고 되는 측면을 갖고 있었다. 코뮌은 보통선거에 의해 선출되는 의원들로 구성되어 있었고, "의회기구가 아니라 활동하는 행정부인 동시에 입법부이도록 되어 있었다." 경찰, 법관 및 다른 공무원들도 마찬가지로 "선출되고, 책임을 지고, 소환 가능하도록"[54] 되어 있었다.

그런 형태의 사회조직은 국가가 갖는 계급성의 소멸을 기반으로 하며, 역으로 시민사회와 단절된 실체로서의 국가 자체의 소멸까지도 가능케 한다. 이 관점이 흔히 그것과 동일시되는 아나키즘과 완전히 다르다는 점은 분명해 보인다. 아나키즘 이론에서는 국가란 일부 인간들의 타 인간들에 대한 강압적 지배를 의미하며, 따라서 그 자체로서 악이이고, 말 그대로 제거되어야 할 대상이다.

국가에 대한 마르크스의 태도는 자본주의 사회 일반에 대한 그의 견해와 한몸을 이룬다. 즉 그는 부르주아 국가가 그 강압성에도 불구하고 자본주의를 초월할 사회형태의 실현을 위한 사회적 기반을 제공하는 데 필수적인 요소의 하나라고 본다. 마르크스의 입장을 국가가 경제적

---

53) *CM*, p.160; *We*, vol.4, p.481.
54) *SW*, vol.1, pp.519~520.

계약관계의 규제 외에는 어떤 기능도 갖지 않는다고 보는 공리주의 국가이론과 동일시해서도 안 된다.[55] 마르크스에 의하면 그런 견해는 그저 시민사회 안에서 '만인에 대한 만인의 투쟁'이 일어난다는 견해의 되풀이일 뿐이다. 그에게 국가의 타파는 폭넓은 사회 변형의 한 측면에 지나지 않는다.

새로운 사회의 과도기적 국면은 부르주아 사회의 내재적 경향들이 보편화되는 과정을 수반하는 만큼 적어도 어느 정도는 그 모습을 사전에 예상해볼 수 있다. 그러나 자본주의를 완전히 초월한 사회에 관해서는 그렇게 하기가 불가능하며, 따라서 마르크스는 공산주의의 두 번째 단계의 특징들은 아주 개괄적으로만 그려보고 있다. 부르주아 사회를 대체하는 사회는 과도기적 단계에서도 이미 무계급사회다. 사적 소유가 제거되었기 때문이다. 그러나 인간 생활 전반에 대한 물질적 재화의 지배 및 그에 따른 소외의 극복은 부르주아 사회에 존재하는 분업을 폐지함으로써만 성취될 수 있다. 마르크스는 『자본론』에서 미래의 사회는 현재의 노동자를 "다양한 종류의 노동을 감당할 수 있는 완전하게 계발된 개인"[56]으로 대체할 것이라고 말한다. 마르크스에 의하면 이것은 분업이 초래한 분화의 결과인 여러 가지의 대립—도시와 농촌 사이의, 그리고 정신노동과 육체노동 사이의—을 극복할 것이다. 이 점이 『독일 이데올로기』에 나오는 다음과 같은 유명한 구절의 배경이 되고 있다.

분업이 존재하게 되자마자 각 개인은 그에게 강제로 주어지고 그로서는 벗어날 길이 없는 단 한 가지의 특정 활동영역을 갖게 된다. 그는 사냥꾼이거나, 어부거나, 목동이거나, 비평가며, 생계수단을 잃기를 바라지 않는 한 계속 그런 상태로 남아 있어야 한다. 반면에 누구도 한 가지 전업 활동분야를 갖지 않고, 누구나 자신이 원하는 모든

---

55) 이 문제에 대한 뒤르켕의 입장을 참조하라. Soc, pp.52 이하.
56) *Cap*, vol.1, p.488.

분야에서 활동할 수 있는 공산주의 사회에서는 사회가 생산 일반을 규제하고, 그럼으로써 한 사람이 오늘은 이 일을 하고 내일은 저 일을 하는 것, 결코 사냥꾼이나, 어부나, 목동이나, 비평가가 되지 않으면서도 마음 내키는 대로 오전에는 사냥하고, 오후에는 고기잡이하고, 저녁 무렵에는 가축을 돌보고, 저녁 식사 후에는 비평을 하는 것이 가능해지게 만든다.[57]

마르크스가 주로 농업 부문의 직업들을 예로 들고 있다는 점은 현실 속에서 공업생산이 중요하다는 점과 대조되어 마르크스의 전망이 완전히 비현실적인 것 같은 느낌을 주는 것으로 보인다. 그러나 마르크스는 미래사회에 관해서 언급하고 있는 자신의 모든 저작에서 분업의 '지양'이라는 개념을 계속 간직하고 있으며, 실제로 기계화된 생산의 '확장'을 통해서 그것이 이루어질 수 있다고 생각한다. 이것 역시 자본주의 내에 이미 존재하고 있는 경향들을 자동화된 생산이라는 모습으로 대체한 것인데, 그것은 분업을 요하는 현재의 상황으로부터 인간들을 해방시킨다.

대규모 산업이 발전할수록 실질적 부의 창출은 노동시간과 소모된 노동량보다는 노동하는 동안에 적용된 기술의 힘에 더 크게 의존한다……. 그렇게 되면 인간 노동은 더 이상 생산과정에 의해서 제약당하는 것으로 보이지 않게 된다. 인간은 오히려 그저 감독자나 통제자로서 생산과정과 관계 맺게 된다.[58]

---

57) *GI*, p.45 ; *We*, vol.3, p.33.
58) *Gru*, p.592 ; *Poverty of Philosophy*, p.121도 역시 참조하라. "자동화된 작업장에서 이루어지는 분업은, 그곳에서 행하는 노동이 완전히 그 전문화된 특성을 상실한다고 하는 특징을 가진다. 그러나 모든 특수한 발전이 정지되는 순간, 보편성의 필요와 개인의 완전한 발전으로 나아가는 경향이 감지되기 시작한다.

분업 철폐는 소외 극복의 전제조건인 동시에 그것의 표현물이다. 사회주의 사회에서는 사회적 관계들이 더 이상 인간의 피조물인 객체에 의해 좌우되지 않는다.[59]

다른 측면들에서 그렇듯이 이 가장 기본적인 측면에서도 사회주의 사회는 자본주의의 역사적 발전에 기반을 둔다. 「공산당 선언」이 부르주아지에게 바치고 있는 찬사는 잘 알려져 있다.

"부르주아지는 이집트의 피라미드, 로마의 수도(水道), 고딕시대의 대성당들을 훨씬 뛰어넘는 놀라운 것들을 성취했다……."[60] 그러나 이 말이 단지 자본주의의 기술적 성과에만 관심을 두고 있는 것은 아니다. 자본주의의 기술 발전은 부르주아 사회를 이전의 모든 사회구성과 구별되게 만드는 '보편적 경향'[61]을 보여준다. 부르주아 사회는 선행 사회유형들의 특징인 비교적 자율적인 지방 공동체들을 하나의 분업망으로 통합하는데, 이 분업망은 앞서 존재하던 이질적인 문화집단들과 심지어는 민족집단들까지도 동일한 사회·경제체제 속으로 끌어들인다. 분업이 인간들 사이의 상호의존성의 범위를 넓혀감과 동시에, 부르주아 사회는 인간이 시초부터 지녀오던 특수한 문화적 신화들과 전통들을 쓸어내 버린다. 부르주아 사회는 궁극에 가서는 역사상 처음으로 전 인류를 단일한 사회질서 속으로 끌어들이며, 따라서 진정으로 '세계사적'이다.

그러나 이것은 오직 시장의 운동에 의해서만, 그리고 모든 사적인 의존관계들(예컨대 봉건적 속박)을 교환가치로 변형시킴으로써만 달성될 수 있다. 이 관점에서 보면 왜 『자본론』 제1권과 제3권 사이의 가치-가격 문제를 두고 벌어지는 논쟁의 많은 부분이 『자본론』 전체의 목

---

59) *EW*, p.155.
60) *CM*, p.135.
61) *Gru*, pp.438~441; 만델이 말하고 있듯 "자본주의 체제 아래서 생산의 사회화는 자본주의 생산양식의 일반화가 가져온 가장 중요하고도 진보적인 결과다." Ernest Mandel, *Marxist Economic Theory*(London, 1968), vol.1, p.170.

표—인간의 관계들이 시장의 현상인 것처럼 둔갑되는 것을 해명하는 것—와는 본질적으로 별 상관이 없는지를 쉽게 이해할 수 있다. 제1권에서 제3권까지, 『자본론』 전체에서 제시되는 분석은 자본주의의 점진적 발전이 가져오는 소외 효과들을 자세히 검토하며, 부르주아 사회에 의해서 성취되는 사회관계들의 보편화가 어떻게 계급관계로의 변형을 통해서만 이루어질 수 있는지를 보여준다. "자본의 한계는 이 모든 발전이 모순적인 방식으로 일어난다는 점, 그리고 생산력, 보편적 부, 과학 등의 발전(elaboration)이 개별 노동자의 자기 '소외'로 나타난다는 점이다……."[62]

자본주의의 핵심은 그것이 자본과 임금노동 사이의 적대관계에 바탕을 둔다는 점이다. 이 적대관계는 '오직 소외를 겪게 하는 조건으로만' 노동자를 양산한다. 그러므로 자본주의는 자신의 내부에 자신을 붕괴로 몰아가고 자신을 뛰어넘을 길을 준비하는 힘을 품고 있다.

---

62) *Gru*, p.440.

2 뒤르켐

제5장 뒤르켕의 초기 저작

뒤르켕은 마르크스보다 뒷 세대의 사상가지만, 두 사람 사이에는 단순히 시대적인 것 이상의 차이가 있다. 두 사람 사이에는 또한 제도적 맥락과 지적 전통에서도 커다란 차이가 있다. 뒤르켕은 이 책에서 다루는 세 저술가 중에서 자기 시대의 정치적 사건들에 대한 직접적 개입이 가장 적다. 그의 모든 저술의 성격은 전적으로 학문적이며, 따라서 마르크스나 베버의 많은 저술들보다 훨씬 덜 산만하고 덜 선동적이다.[1] 더욱이 뒤르켕이 이론 활동의 목표를 설정하는 데 가장 중요하게 기여한 지적 영향들은 마르크스와 베버의 연구방향을 결정지은 지적 영향들보다 동질적이며 쉽게 그 특징을 밝힐 수 있다.

뒤르켕의 지적 입장에 중대한 영향을 미친 것은 분명히 프랑스적인 지적 전통이었다. 생시몽과 콩트가 제시했던 봉건제의 몰락과 근대적 사회형태의 출현에 대한 해석은 뒤르켕의 모든 저작의 가장 중요한 바탕을 이룬다. 실로 뒤르켕의 전 생애에 걸친 연구의 주된 테마는 콩트

---

[1] 그러나 이런 평가가 지나치게 과장되어서는 안 된다. 뒤르켕의 중요한 논문인 "L'individualisme et les intellectuels," *Revue bleue*, vol.10, 1898, pp.7~13은 전적으로 '정치적인 글'이라고 하기는 어렵다고 하더라도 드레퓌스사건과 직접적으로 관련된 것이다. 뒤르켕은 제1차 세계대전 중에 E. 데니스와의 공저인 *Qui a voulu la guerre?*(Paris, 1975)와 *L'Allemagne au-dessus de tout*(Paris, 1915)를 포함하는 여러 종류의 선전문을 준비하는 일에 종사했다.

의 '실증적' 단계의 사회라는 개념을 그것과는 약간 어긋나는 '산업주의'의 특성에 관한 생시몽의 설명과 조화시키는 작업이었다고 할 수 있다.[2] 앞 시대로부터는 몽테스키외와 루소에게서 영향을 받았다. 여기에 뒤르켕은 당대의 석학 르누비에의 가르침을 받았고, 1879년부터 1882년까지 공부했던 고등사범학교(Ecole Normale)에서는 부트루(Boutroux) 교수와 퓌스텔 드 쿨랑주(Fustel de Coulanges) 교수의 지도를 받았다.[3]

그러나 뒤르켕의 최초의 글들은 당대 독일 학자들의 사상에 관한 것이었다. 사회이론 중 비록 그 형태에서는 오늘날의 사회학에서 매우 친숙하게 살펴 볼 수 있는 이론들에 못지않게 현대적이면서도 나타나자마자 이내 거의 잊혀져 버린 것들도 있다. 19세기 후반에 프랑스의 푸이예(Fouillée)와 웜스(Worms), 그리고 독일의 셰플레(Schäffle)와 릴리엔펠트(Lilienfeld)가 제시했던 유기체론도 그런 이론 가운데 하나다. 사회가 어떤 의미에서 살아 있는 유기체와 비교될 수 있는 하나의 완전한 통일체를 이룬다는 생각은 물론 고전적 사회철학에까지 거슬러 올라가서 기원을 찾을 수 있다. 그러나 다윈 생물진화론의 출간은 유기체론을 정교하게 하는 데 완전히 새로운 자극제가 되었다.[4]

다윈의 저술들이 19세기 마지막 10년 동안의 사회사상에 끼친 특이

---

2) Alvin W. Gouldner, *Soc*의 "Introduction" 참조.
3) 뒤르켕 사상의 근원을 더 이상 적는다는 것은 지루한 일이고 또 이 책과 별 상관도 없는 일이다. 독일 및 영국 저술가들로부터 받은 영향도 분명히 전혀 없는 것은 아니다. 르누비에는 뒤르켕이 칸트에 관심을 갖도록 중재했고, 뒤르켕은 줄곧 이 관심을 버리지 않았다. 이 책에서 곧 다루어지겠지만, 뒤르켕은 당대의 많은 독일 저술가로부터도 부분적으로 영향을 받았다. 초기의 허버트 스펜서에 대한 관심과 나중의 영국 인류학자들(J.G. Frazer, E.B. Tylor 및 Robertson Smith)의 저작에 대한 관심에서는 영국의 영향이 뚜렷이 드러난다.
4) 마르크스와 엥겔스도 『종의 기원』(*The Origin of Species*)을 사회발전에 대한 그들 자신의 해석에 필적할 만한 생물학 쪽의 업적이라고 보고, 그것의 출판을 중대한 의의를 갖는 사건으로 받아들였다. 마르크스는 다윈에게 『자본론』 제1권을 그에게 헌정하겠다고 제의하는 편지를 썼다(다윈은 이 제의를 받아들이지 않았다).

한 영향을 현대적 시각에서 재현한다는 것은 결코 쉬운 일이 아니다. 19세기에는 전반적으로 생물학에서 괄목할 만한 진전이 있었다. 현미경을 이용한 분석을 통해 세포의 속성들이 밝혀졌고, 모든 유기체는 비슷한 세포 구조의 조합으로 구성되어 있다는 명제가 확고한 원리로 굳어졌다. 다윈의 저술에서는 이 같은 개념들이 경험적 근거를 갖는 역동적 이론의 문맥 속에 자리잡고 있다. 그리고 다윈과 동시대 사람들의 상상력을 자극하는 데 실증주의와 진화론적 진보관을 강력하게 결합시킨 이 사상만큼 확고한 영향력을 가진 것은 없었다. 그리하여 셰플레 등의 글은 유기체론적 유추를 받아들인 그들의 많은 선배학자의 글과 큰 차이를 보인다. 차이는 후대의 학자들이 동물유기체의 기능과 진보를 지배하는 기존의 법칙들이 사회에 관한 일종의 자연과학적인 틀의 기초가 될 수도 있는 모델을 제시한다는 전제에서 출발한다는 점이다.

사회학과 '도덕 생활의 과학'

1885년부터 1887년 사이에 뒤르켕은 셰플레, 릴리엔펠트 및 다른 독일 사상가들의 저술에 대한 몇 편의 비판적인 논문을 출판했다. 셰플레의 『사회유기체의 구조와 삶』(*Bau und Leben des Sozialen Körpers*)에 대한 서평은 뒤르켕의 첫 출판물이지만, 그의 초기 사상적 경향을 풍부하게 볼 수 있다.[5] 이 서평을 보면, 셰플레가 제시한 논지 중 몇몇 중요한 점에 그가 공감하고 있음을 쉽게 알 수 있다. 뒤르켕에 의하면, 셰플레의 가장 중요한 공헌 가운데 하나는 서로 다른 사회형태들의 주된 구조적 구성요소들에 관하여 하나의 유용한 형태학적 분석의 대강

---

5) Durkheim, review of Albert Schäffle, *Bau und Leben des Sozialen Körpers*(2nd ed.). (이 서평은 셰플레가 낸 책의 제1권만을 커버하고 있다). *RP*, vol.19, 1885, pp.84~101. 나의 논문 "Durkheim as a review critic," *Sociological Review*, vol.18, 1970, pp.171~196을 참조하라. 이 장(章)의 일부는 이 논문에서 끌어온 것이다.

을 제시했다는 점이다.

셰플레는 이 틀을 만들어내면서 사회의 여러 부분을 신체의 기관과 조직에 비교하여 유기체론적 유추를 많이 사용한다. 뒤르켕이 보기에 이것은 잘못된 절차가 아니다. 셰플레가 사회조직의 속성들을 생물유기체의 속성들로부터 직접 끌어내리려 하지 않기 때문이다. 셰플레는 이와는 정반대로 생물학적 개념들을 사용하는 것은 사회학적 분석을 도와주는 일종의 '은유'일 뿐임을 강조한다.

사실 뒤르켕은 유기체와 사회 사이에는 하나의 근본적이고도 매우 중요한 차이가 있다는 셰플레의 강조를 지적하고, 이를 두둔한다. 동물유기체의 생명이 '기계적으로' 지배되는 데 비해, 사회는 '물질적 관계가 아니라 관념적 유대에 의해' 결속된다.[6] 뒤르켕은 '관념적인 것으로서의 사회'(society as the ideal)라는 개념이 셰플레 사상을 이루는 핵심이며, 이 개념은 또한 사회는 그것을 이루는 개인 구성원들의 속성으로부터 분리되는 그 자체의 독특한 속성들을 갖는다는 셰플레의 주장과도 완전히 합치된다고 강조한다.

셰플레가 보기에 "사회는 단순한 개인들의 집합체가 아니다. 사회는 그것을 구성하고 있는 사람들에 앞서서 이미 존재해왔고, 그들이 죽은 다음에도 존속해나갈 존재고, 그 구성원들로부터 영향을 받는 것보다 훨씬 더 그들에게 영향을 미치는 존재며, 그 자체의 생명과 의식(consciousness, 프랑스어 원어로는 conscience), 그 자체의 이해관계와 운명을 갖는 존재다."[7] 그리하여 셰플레는 자연상태 속의 가설적인 '고립된 개인'이 사회에 소속되어 있는 개인보다 더 자유롭고 행복하다는 루소 식의 개인 및 사회 개념을 배척한다. 반대로 인간생활을 동물적 존재보다 고차적인 것으로 만들어주는 것은 모두 사회가 가지

---

6) Review of Schöffle, p.85. 인용부호는 뒤르켕이 넣은 것이다. 사회학에서 유기체적 유추의 효용성에 대한 뒤르켕의 견해를 알고 싶으면 바로 위에서 언급한 내 논문의 pp.179~180을 보라.
7) Review of Schäffle, p.84.

고 있는 축적된 문화적·기술적 부(富)로부터 나온다. 이 부가 인간으로부터 떨어져 나간다면 "사람들은 그와 동시에 우리를 진정으로 인간답게 만들어주는 모든 것을 잃게 될 것이다."[8]

사회 구성원들의 문화적 유산을 이루는 관념들(ideals)과 감정들(sentiments)은 '비인격적'(impersonal)이다. 즉, 이것들은 사회적으로 진화해왔으며, 어떤 특정 개인들의 산물이나 속성이 아니다. 한 예로 언어를 살펴보면 이 사실이 쉽게 밝혀진다. 즉 "우리들은 모두 자기가 만들어낸 것이 아닌 언어를 사용한다."[9] 계속해서 뒤르켕은 셰플레가 집합의식(conscience collective)이 개인의식과는 다른 속성들을 가진다고 파악하는 것이 형이상학과는 무관하다는 점을 보여주고 있다고 지적한다.[10] 집합의식은 단순히 "개인들의 마음들(minds)을 구성요소로 하는 하나의 혼성물(composite)일 뿐이다."[11]

셰플레의 업적은, 다른 독일 학자들의 업적과 더불어 독일에서 이루어지고 있는 사회사상의 중요한 진전─프랑스 사회학의 낙후된 발전상과 크게 대조가 되는 상황─을 뚜렷이 보여준다. "그리하여 프랑스에서 기원된 사회학은 점점 더 독일의 학문이 되어가고 있다."[12]

1887년에 출판된 독일의 '실증적 도덕과학'에 관한 긴 연구논문에서 뒤르켕은 이 논지들 가운데 몇 가지를 거듭 주장한다.[13] 그러나 이 논

---

8) *Ibid*, p.87.
9) *Ibid*, p.87.
10) *Ibid*, pp.99 이하. 나는 뒤르켕이 사용하고 있는 '집합의식'(*conscience collective*)이라는 어구를 번역하지 않고 그냥 쓰는 통례를 따랐다. 영어의 '의식'(consciousness) 및 '양심'(conscience) 양자 모두와 겹치는 이 용어의 의미는 분명히 애매하다.
　* 이 번역서에서는 한국에서의 관례를 따라서 *conscience collective*를 '집합의식'으로 번역한다(옮긴이).
11) Review of Schäffle, p.92. 그렇지만, 뒤르켕은 셰플레가 때때로 관념주의로 후퇴한다고 비판한다.
12) Durkheim, review of Ludwig Gumplowicz, *Grundriss der Soziologie*, RP, vol.20, 1885, p.627.

문의 주된 관심사는 독일의 선도적인 학자들이 도덕생활에 관한 과학의 기초를 다지는 데 기여해온 공적들을 검토하는 것이다.[14] 뒤르켕은 프랑스에는 단지 두 가지의 매우 포괄적인 윤리이론—한편으로는 칸트의 관념론, 다른 한편으로는 공리주의—만이 알려져 있다고 역설한다. 그러나 독일 사회사상가들은 최근의 연구를 통해 과학적인 기초 위에 윤리학을 정립—그들의 생각 가운데 어떤 것들은 콩트가 이미 언급한 적이 있으므로, 재정립이라고 하는 편이 좋을지도 모르겠다—하기 시작했다.

뒤르켕은 주로 경제학자들과 법학자들이 이 접근방식을 취해왔으며, 바그너(Wagner)와 슈몰러(Schmoller)가 그 중 가장 중요한 인물들이라고 주장한다.[15] 뒤르켕이 쓰고 있는 것처럼, 이 두 학자의 연구는 정통 경제학자들과 매우 다르다. 정통 경제학이론은 개인주의적 공리주의에 바탕을 두고 있고, 몰역사적이다. "달리 말해서, 경제학의 중요한 법칙들은 심지어 민족이나 국가가 세상에 존재하지 않았다고 하더라도 조금도 변함없을 것이다. 이 법칙들은 생산물을 교환하는 개인들의 존재만을 상정할 뿐이니까."[16] 그러나 바그너와 슈몰러는 실질적으로 이

---

13) "La science positive de la morale en Allemagne," RP, vol.24, 1887, pp.33~58, 113~142 및 275~284. 또한 "Les études de science sociale," RP, vol.22, 1886, pp.61~80을 참조하라.
14) 뒤르켕은 보통 'la morale'이라는 용어를 쓰는데, 이는 영어의 '도덕성'(morality)을 의미할 수도 있고 '윤리학'(ethics, 즉 도덕성을 연구하는 학문)을 의미할 수도 있어서 그 뜻이 애매하다. 여기에서는 뒤르켕을 인용하면서 이 용어를 문맥에 따라서 달리 번역하였다.
15) 이러한 점은 뒤르켕과 막스 베버의 저술들을 직접 연결시키는 몇 가지 논지 중 하나이다. 아돌프 바그너와 구스타프 슈몰러는 사회정책협회(Verein für Sozialpolitik)의 창립 멤버들이었으며, 베버는 이 협회의 저명한 멤버였다. 그러나 베버는 바그너와 슈몰러의 견해 중에서 뒤르켕에게는 가장 호소력이 있었던 측면—'과학적' 윤리학을 창설하고자 했던 그들의 시도—을 결코 받아들이지 않았다. 베버는 또한 슈몰러가 특히 주장했던 경제에 대한 국가간섭정책에 대해서도 의문을 제기했다.
16) "Science positive de la morale," part 1, p.37.

런 입장과 결별한다. 그들에게 (셰플레의 경우와 마찬가지로) 사회는 개인 구성원들의 속성으로부터 추론될 수 없는 그 자체의 독특한 특성들을 가진 하나의 통일체다.

"하나의 전체는 그 부분들의 합과 같다"[17]는 가정은 틀린 것이다. 이 부분들이 하나의 특정한 양상으로 '조직'되는 한, 이 관계들의 조직은 그 자체의 속성을 가진다. 인간들이 사회생활을 하면서 의지하고 있는 도덕률에도 이 원리가 적용되어야 한다. 도덕성은 집합체적 속성이며 또 이에 맞게 탐구되어야 한다. 반면, 정통 정치경제학이론에서는 "집합체적 이익은 사적인 이익의 한 형태에 불과하며", "이타주의는 가면 쓴 이기주의에 지나지 않는다."[18]

뒤르켐은 슈몰러가 고전경제학이론처럼 경제적 현상들이 마치 사회 속 개인들의 생활을 지배하는 도덕규범이나 신념들과는 무관한 듯이 취급해서는 그것을 적절하게 탐구할 수 없음을 보여주었다고 말한다. 경제 관계가 관습과 법률의 규제를 받지 않는 사회는 어디에도 없다(또한 그런 사회란 상상조차 할 수 없다). 말하자면 나중에 뒤르켐이 『분업론』에서 이 문제에 관해 언급하게 되는 것처럼, "계약이란 자가충족적인 것이 아니다."[19] 계약이 이루어질 수 있는 틀을 제공하는 사회적 규범이 존재하지 않는다면, '엉망진창의 혼돈'이 경제계를 지배하게 될

---

17) 이 원리는 르누비에를 통해서 뒤르켐에게 이미 잘 알려져 있었다. 뒤르켐은 자기의 글들에서 이 원리를 자주 적용한다. 그가 훨씬 나중에 출판한 한 서평에서 언급하고 있듯이 "우리가 하나의 전체는 그 부분들의 합과 같지 않다는 명제를 얻은 것은 르누비에로부터이다."(Review of Simon Deploige, *Le conflit de la morale et de la sociologie*, AS, vol.12, 1909~12, p.326). 데플로아지의 글은 토마스 아퀴나스 학파적인 관점으로부터 뒤르켐에 대하여 통렬한 공격을 가한 것이다. 이것은 *The Conflict between Ethics and Sociology*(St. Louis, 1938)라는 제목 아래 영어로 번역되었는데 특히 pp.15~185를 보기 바란다. 뒤르켐이 AS에 실은 서평들 중에서 일부 더욱 중요한 것들은 *Journal sociologique*(Paris, 1969)로 엮이어 나왔다.
18) "Science positive de la morale," part 1, p.38.
19) *DL*, p.215.

것이다.[20]

경제생활을 통제하는 규제들은 순수한 경제학적 용어들로는 설명될 수 없다. "재산, 계약, 노동 등을 관장하는 도덕적 규칙들을 이해하고자 할 때 그 밑바탕에 깔려 있는 경제적 원인들을 모른다면 그것들에 관해서 아무것도 이해할 수 없다. 역으로, 경제발전에 영향을 미치는 도덕적 원인들을 무시한다면 경제발전에 관해서 완전히 그릇된 인식에 도달하게 될 것이다."[21]

도덕률과 도덕적 행위들은 사회조직의 고유한 속성으로서, 과학적으로 탐구될 수 있고 또 반드시 그렇게 되어야만 한다는 것을 보여준 것은 독일 사상가들의 주요 업적 가운데 하나다. 여기서 뒤르켕은 뒤이어 나올 저작들의 공통분모가 될 한 가지 견해를 뚜렷이 밝혀두게 된다. 오늘날까지 철학자들은 윤리학이 추상적 원리들로 이루어진 연역체계에 바탕을 둘 수 있다고 가정해왔다. 그러나 독일 저술가들의 업적은 인간의 사회생활이 마치 지적으로 상정된 몇몇 공리들로 환원될 수 있기라도 한 것처럼 그런 식의 절차를 밟는 것은 근본적으로 잘못된 것임을 보여주었다. 오히려 우리는 현실에서부터 '출발'해야 하는데, 이것은 특정 사회에 형성되어 있는 도덕률의 구체적 형태를 탐구하는 것을 의미한다. 여기서 뒤르켕은 다시 셰플레를 찬양하면서 인용한다.

도덕률이 집합체적 필요의 압력을 받아 사회에 의해서 형성된다는 것을 밝힌 점은 분명히 셰플레의 가장 중요한 업적이다. 그러므로 실제로 경험적으로 작동되고 있는 것과 같은 도덕률들이 몇몇 선험적인 원리들로 환원될 수 있고 모든 구체적인 신념들과 행위들이 이 원리들의 표출에 불과하다고 가정하는 것은 터무니없는 일이다. 도덕적 사실들은 실제로 '거대한 복합체'다. 서로 다른 여러 사회들을 경험적으로 연구해보면 '신념, 관습, 법조문 등이 점점 복잡하게 늘어난다는 사실'이

---

20) "Science positive de la morale," part 1, p.40.
21) *Ibid*, p.41.

밝혀진다.[22] 그렇게 다양하다고 해서 분석될 수 없는 것은 아니다. 그러나 사회학자만이 관찰과 서술을 통해서 이것을 분류하고 해석하기를 기대할 수 있다.

뒤르켐은 분트(Wundt)의 『윤리학』(Ethik)이 앞에서 살펴본 시각에서 쓰어진 가장 중요한 성과라고 보고, 독일 사상가들을 다루는 논문의 많은 부분을 이 책의 분석에 할애한다. 뒤르켐이 밝혀내고 있는 분트의 으뜸가는 공헌 가운데 하나는 사회에서 종교제도가 가지는 기본적인 중요성을 보여주었다는 점이다.

분트는 원시종교들이 두 종류의 상호관련된 현상을 담고 있음을 보여주었는데, 하나는 '자연과 사물들의 질서에 관한 형이상학적 성찰들'이고, 다른 하나는 행위의 규칙들과 도덕적 규율이다.[23] 나아가서, 추구해야 할 이상들을 제공함으로써 종교는 사회의 통일을 돕는 힘이 된다. 뒤르켐은 이것을 하나의 일반적 공준(公準, postulate)으로서 받아들인다. 이 이상들은 사회에 따라서 서로 다를 수 있다. "그러나 우리는 아무리 미미한 것일지라도 이상을 전혀 가지지 않은 사람들은 존재해오지 않았다고 자신있게 말할 수 있다. 왜냐하면 이상을 갖는다는 것은 우리의 본성 속에 깊이 뿌리박혀 있는 욕구에 상응하기 때문이다."[24]

원시사회들에서 종교는 이타심의 강력한 근원이다. 종교적 신념들과 관행들은 "이기심을 억제하고 인간을 희생과 무사(無私)로 기울게 하는" 효과가 있다. 종교적 감정들은 "인간을 자신이 아닌 다른 무엇에 애착을 가지게 하고, 이상을 상징하는 우월한 권력자에게 의존하게 한다."[25] 분트는 개인주의가 사회발전의 산물임을 밝혔다. "개인적 특성

---

22) *Ibid*, part 3, p.276.
23) *Ibid*, part 2, pp.116, 117. 분트에 대한 베버의 비판적인 논의는 *GAW*, pp.52 이하에 실려 있다.
24) *Ibid*, p.117.
25) *Ibid*, p.120.

이 본원적이고 사회는 파생적이라는 주장은 사실과 거리가 멀다. 전자는 단지 후자로부터 서서히 출현할 뿐이다."[26]

분트에 대한 뒤르켕의 비판 가운데 하나는 분트가 종교적 계율들과 그밖의 도덕률들이 갖는 규제효과의 이중성을 충분히 감지하지 못했다는 점이다. 뒤르켕에 의하면 모든 도덕적 행위들은 두 가지 측면을 갖는데, 긍정적인 흡인, 즉 이상들로의 흡인이 그 하나이다. 그러나 도덕적 목표들의 추구가 언제나 필연적으로 이상의 추구라는 식으로 긍정적으로 포장될 수만은 없는 것이어서, 도덕률은 또한 의무나 억압의 성격도 가진다. 이 두 가지 측면은 모두 도덕률의 기능에 필수적이다.

『분업론』에 나타난 뒤르켕의 관심

독일 사회사상가들의 저작에 관한 뒤르켕의 초기 논의들을 살펴보면, 특징적인 견해 가운데 몇몇은 그가 학문활동을 갓 시작할 당시에 이미 확립되어 있었다는 사실을 알 수 있다.[27] 그들의 저작이 얼마나 뒤르켕에게 직접적인 영향을 미쳤는지, 아니면 뒤르켕이 다른 자료들을 통해서 이미 내리고 있던 결론들을 단지 강화해주었을 뿐인지를 정

---

26) Ibid, p.129. 종교에 대한 뒤르켕의 초기의 견해를 살펴볼 수 있는 또 하나의 문헌으로는 귀요의 L'irréligion de l'avenir에 대한 뒤르켕의 서평(RP, vol.23, 1887, pp.299~311)을 참조할 것.
27) 이 점을 강조하는 것은 중요하다. 왜냐하면, 대부분의 2차적인 해석자들이 뒤르켕이 저작활동을 해나가는 과정에서 그의 사상이 변했다고 추측하고 그 변화에 크게 관심을 집중시켜 왔기 때문이다. 이런 종류의 것으로서 가장 영향력이 큰 분석은 Talcott Parsons, The Structure of Social Action(Glencoe, 1949), pp.301~450에 실려 있다. 같은 입장을 최근에 보다 단순화시켜서 내놓은 것으로는 Jean Duvignaud, Durkheim, sa vie, son oeuvre(Paris, 1965), pp.39~50을 보라. 비슷한 논지가 니스벳에 의해 되풀이되고 있다. Robert A. Nisbet, Emile Durkheim(Englewood Cliffs, 1965), 특히 p.37. 이런 식의 취급은 『분업론』이 뒤르켕의 후기 저작들과 관련해서 가지는 중요성을 극소화시키고, 그리하여 뒤르켕을 실제보다 훨씬 더 '보수적인' 이론가로 보이게 하는 효과를 낸다. 나의 논문 "Durkheim as a review critic," pp.188~191을 참조하라.

확하게 평가하기는 어렵다. 그러나 후자일 가능성이 훨씬 커 보인다. 먼 뒷날 '아이디어를 통째로 독일로부터 수입했다'는 비판에 뒤르켐은 자신에게는 콩트의 영향이 훨씬 심대했고, 그것이 독일 학자들을 평가할 입장을 형성시켜주었다고 밝히면서, 이 혐의를 단호히 부인했다.[28]

중요한 점은, 초기 저작에 나타난 뒤르켐의 논의들을 보면, 사람들이 훨씬 나중에 가서야 나타나게 되었다고 생각해온 개념들을 그가 처음부터 의식했다는 것을 알 수 있다는 점이다.[29] 물론 이 개념들은 초보적인 형태로 저술되어 있거나, 아니면 뒤르켐이 다른 사람들의 견해를 정리해놓은 부분들로부터 추론하도록 되어 있다. 그러나 그가 의식하고 있었던 것에는 다음과 같은 것들이 포함된다. 사회의 연속성에 대하여 '이상들'과 도덕적 통일이 갖는 중요성,[30] 사회적 영향들의 수동적 수용자인 동시에 능동적 담지자이기도 한 개인의 중요성,[31] 의무인 동시에 이상에 대한 적극적인 신봉이라는 두 측면을 모두 갖는 개인-사회

---

28) Review of Deploige, p.326. 그러나 뒤르켐의 논평들은 임박한 세계대전의 암영 속에서 쒸어졌다는 점이 상기되어야 할 것이다. 이보다 먼저 뒤르켐과 데플로아지가 주고받았던 비판적인 편지들을 보려면 *Revue néo-scolastique*, vol.4, 1907, pp.606~621을 보라.
29) 특히 Parsons, pp.303~307을 보라. 또한 Alessandro Pizzorno, "Lecture actuelle de Durkheim," *Archives européennes de sociologie*, vol.4, 1963, pp.3, 4를 보라.
30) 퇴니에스의 『공동사회와 이익사회』에 대하여 논평하면서 뒤르켐은 원시사회가 보다 근대적인 형태로 대체될 때 통합의 도덕적 기초가 완전히 사라지지는 않는다는 논지를 펼쳤다. 뒤르켐에 의하면 퇴니에스는 이익사회에서는 '내적 자생성에서부터 나오는 모든 집합체적 생활'이 상실되어버렸다고 가정한다. 그러나 우리는 분화가 많이 된 종류의 사회질서도 더 이상 사회가 아닌 것은 아니라는 점을 인식해야만 한다고 뒤르켐은 주장한다. 즉, 그러한 사회도 집합체적인 통일성과 아이덴티티를 보존하고 있다는 것이다. *RP*, vol.27, 1889, p.421.
31) 이 점은 굼플로비츠의 *Grundriss der Soziologie*(*RP*, vol.20, 1885, pp.627~634)에 대한 뒤르켐의 논의에 선명하게 나타난다. 여기에서 뒤르켐은 굼플로비츠의 '객관주의'를 비판하면서 "우리는 행위자인 동시에 행위를 받는 사람이며, 우리들 각자는 자기를 압도해버리는 이 불가항력적인 조류를 형성하는 데에 기여한다"고 말한다(p.632).

연결의 이중성, 단위들(예컨대, 조직된 사회의 단위로서의 개인들)로 구성된 조직은 서로 격리된 상태에서 고려되는 구성단위들의 특징들로부터 직접 추론될 수 없는 속성들을 가진다는 생각, 나중에 나타난 아노미 이론의 핵심적 기초들,[32] 나중에 나타난 종교이론의 맹아들.

매우 논쟁적인 저작인『분업론』(1893)의 내용을 평가하기 위해서는 방금 적은 사실들을 명심하는 것이 중요하다. 뒤르켕은 책의 바탕에 깔려 있는 일부 논지들이 흐려질 정도로 비판적 공격을 집중시킨다.『분업론』에서 전개되는 논쟁의 한 주요 대상은 정치경제학자들과 영국 철학자들의 공리주의적 개인주의다.[33] 그러나 그것보다는 좀 덜 분명하기는 하지만, 이 책에는 또 하나의 중요한 목적이 있다. 콩트에게서 비롯되었고 셰플레 같은 학자들이 채택한 것으로서, 강력하게 규정된 도덕적 합의가 사회질서를 유지시켜가는 데 매우 중요하다는 점을 강조하는 사조에 관한 것이다.[34] 뒤르켕은 이 사조가 전통사회의 분석에 적합하다고 받아들인다. 그러나『분업론』에서 전개되는 주요 명제는 전통적인 도덕적 신념의 중요성이 줄어듦에도 불구하고 현대의 복잡한 사회가 반드시 해체되는 경향을 보이지는 않는다는 것이다. 오히려 분업이 진행된 결과의 '정상적인' 상태는 유기체적 안정의 상태이다. 그러나 이것은(뒤르켕이『이익사회와 공동사회』에서 퇴니에스의 분석이 뜻하고 있다고 보는 것처럼) 세분화된 분업의 통합 효과가 공리주의적 방식으로, 천태만상의 무수한 개인적 계약들의 결과인 것처럼, 만족스럽게 해석될 수 있다는 것을 의미하는 것은 아니다.

---

32) 자살에 관한 뒤르켕의 초기 논문을 참조할 것. 그 논지는 공리주의자들의 명제와는 반대로 물질적 풍요의 증대와 인류행복의 증진 간에는 아무런 직접적이고 보편적인 관계가 없다는 것이다. 욕구충족의 효과가 더 큰 욕구를 자극시키는 것이라면 원망(願望)과 그에 대한 만족 간의 괴리는 실제로 더 커질지도 모른다. "Suicide et natalité, étude de statistique morale," RP, vol.26, 1888, pp.446, 447.
33) 퍼슨스는 이 측면만을 탁월하게 다룬다. Parsons, pp.308~317을 보라.
34) Gouldner, pp.28, 29 참조.

이와는 반대로 계약의 존재는 그 자신은 계약관계의 산물이 아니면서 이 계약관계의 형성이 질서정연하게 진행되도록 하는 데 필수불가결한 일반적인 도덕적 신봉들을 만들어내는 규범들을 전제조건으로 한다. 뒤르켕이 르누비에로부터 이어받은 '개인예찬'(cult of the individual)이라는 개념 — 인간 개인의 존엄성과 가치에 관한 기본적으로 합의된 믿음으로서 18세기의 백과전서파가 정립했고 프랑스 대혁명의 이념적 토대가 되었던 — 은 분업 확대의 산물인 개인화(individualization)의 대응물이고, 또 분업의 기초가 되는 도덕적 지주다.[35]

뒤르켕이 『분업론』에서 자신의 관심사에 접근할 때의 관점은 그가 독일 사회사상가들에 관해서 논의할 때의 관점과 같다. 뒤르켕은 서두에서 "이 책에서 무엇보다도 우선 도덕생활에 관한 사실들을 실증과학의 방법에 따라 다루고자 한다"[36]고 쓰고 있다. 이런 방법은 윤리철학의 방법과는 뚜렷하게 구별되어야 한다. 도덕철학자들은 인간의 본성에 관한 어떤 선험적인 가정이나 심리학으로부터 받아들인 명제들로부터 출발하여 일련의 논리적 연역의 과정을 거쳐서 윤리의 도식을 짜낸다. 한편 뒤르켕은 "과학으로부터 윤리를 추출하는 것이 아니라, 도덕성에 관한 과학을 확립하려 하는데, 이 둘은 전혀 다른 것"이다.[37] 도덕률들은 사회 속에서 발전되며 주어진 시간과 장소에서 사회생활의 조건들과 불가분의 관계를 맺는다. 그리하여 도덕적 현상에 관한 과학은 사회형태의 변화가 도덕적 규범들의 성격 변화에 어떤 영향을 미치는가를 분석하고, 이 변화들을 "관찰하고, 기술하고, 분류하는" 일에 임한다.

『분업론』에서 뒤르켕의 관심의 밑바닥에 자리잡고 있는 문제는 현대 세계에서 개인과 사회의 관계를 바라보는 도덕적 입장이 매우 애매하다는 사실에서 생겨난다. 한편으로는 근대적인 사회형태의 출현이 '개

---

35) *DL*, pp.399~402.
36) *DL*, p.32; *DTS*, p.xxxvii; J.A. Barnes, "Durkheim's Division of Labor in Society," *Man*(New Series), vol.1, 1966, pp.158 이하를 보라.
37) *DL*, p.32; *DTS*, p.xxxvii.

인주의'의 확산과 연결된다. 이것은 분명히 분업의 확대와 관련된 현상인데, 분업은 직업적 기능의 전문화를 낳으며, 사회구성원 전원이 공유하는 것이 아니라 특정 집단들만 소유하게 되는 특수한 재능, 능력, 태도들이 개발되도록 촉진한다. 뒤르켕은 오늘날 개인은 그가 가지고 있는 특수한 자질에 맞게 계발되어야 하며, 따라서 모든 사람이 획일적인 교육을 받아서는 안 된다는 견해를 표명하는 도덕적 이상이 크게 유행하고 있다는 점을 밝히기는 어렵지 않다고 주장한다.[38] 다른 한편으로는 이와 상충되는 도덕적 경향들이 있는데, 이들 역시 강력하며, "보편적으로 계발된 개인"을 찬양한다. "일반적으로 우리에게 전문화되도록 명하는 가르침은 우리에게 동일한 이상을 따르도록 명하는 가르침과 도처에서 충돌을 일으키고 있는 것으로 보인다."[39]

뒤르켕에 의하면 이 명백하게 상충되는 도덕적 이상들의 근원을 이해하는 것은 분업 확산의 원인과 결과에 관한 역사적·사회학적 분석을 통해서만 가능하다. 뒤르켕은 분업이 전적으로 근대적인 현상인 것은 아니지만, 좀더 전통적인 사회에서 분업은 초보적이고, 보통 성별 분업으로 국한되어 있다고 지적한다. 분업에 따른 고도의 전문화는 특히 근대적 공업생산의 결과다. 그러나 많은 경제학자들이 범하기 쉬운 것처럼, 분업이 점점 더 다양하게 전개되어가는 것이 엄밀하게 '경제적인' 영역뿐이라고 가정하거나, 이 다양화가 산업주의라는 한 가지 요인만의 결과라고 가정하는 것은 잘못이다. 정부, 법, 과학, 예술 등 현대사회의 모든 영역에서 똑같은 과정을 살펴볼 수 있다. 이들 사회생활의 모든 영역에서 전문화는 점점 더 뚜렷이 나타나고 있다. 학문의 예를 보면 이 점을 잘 알 수 있다. 한때는 자연과 사회를 모두 통틀어 자신의 연구대상으로 삼던 '철학'이라는 하나의 일반학문만 존재했지만, 이것은 오랫동안에 걸쳐 수많은 별개의 전공학문들로 쪼개졌다.

---

38) 뒤르켕은 Secrétant을 인용한다. "자기완성이란 자신의 역할을 배우는 것이요, 자신의 기능을 완수할 역량을 갖추는 것이다." *DL*, pp.42, 43.
39) *DL*, p.44; *DTS*, p.6.

전통사회로부터 근대사회로 발전하는 과정의 특징인 사회적 분화의 심화는 특정의 생물학적 원리들에 비유될 수 있다. 진화의 정도를 두고 볼 때 가장 먼저 나타나는 유기체는 그 구조가 단순하다. 그러나 이 유기체는 더 고도의 내적인 기능적 전문화를 보이는 유기체들에게 자리를 넘겨준다. "유기체의 기능들이 전문화될수록 진화의 수준이 높다."[40] 분업의 진전, 그리고 그것과 도덕적 질서의 관계에 관한 뒤르켐의 분석에서도 같은 논리가 적용된다. 분업의 진전 정도가 갖는 의의를 분석하려면 우리는 발전 정도가 낮은 사회의 조직 원리들을 '선진'사회의 조직을 지배하는 원리들과 비교·대조해야 한다.

이는 사회적 연대(social solidarity)의 성격 변화를 측정하고자 하는 시도로 이어진다.[41] 뒤르켐에 의하면 사회적 연대를—모든 도덕적 현상이 그렇듯이—직접 측정할 수는 없는 만큼, 변화해가는 도덕적 연대의 형상을 그려내기 위해서는 "포착할 수 없는 내적 사실을 이를 상징하는 외적 지표로 대체해야만"[42] 한다. 그런 지표는 법조문에서 찾아볼 수 있다. 안정된 형태의 사회생활이 존재하면 도덕률은 결국 법률의 모양으로 조문화된다. 때로는 관습적인 행동양식과 법률 사이에 갈등이 있을 수도 있지만, 이는 뒤르켐에 의하면 예외적인 일로서 법률이 "사회 현실에 조응하지 못하고, 정당한 이유 없이 습관이라는 힘에 의해 자신을 유지시키는"[43] 경우에만 발생한다.

법률적 명령은 제재 대상이 되는 행위에 관한 규칙이라고 정의할 수 있다. 그리고 제재는 두 가지 유형으로 대별된다. '억압적'(repressive) 제재는 형법의 특징이며, 범법에 대한 징벌로서 개인에 대하여 모종의 고통을 감당하게 한다. 이런 제재에는 자유의 박탈, 육체적 고통의 부

---

40) *DL*, p.41; *DTS*, p.3.
41) J.E.S. Hayward, "Solidarist syndicalism: Durkheim and Duguit," *Sociological Review*, vol.8, 1960, parts 1, 2, pp.17~36, 185~202를 보라.
42) *DL*, p.64.
43) *DL*, p.65.

과, 명예훼손 등이 포함된다. 한편, '복원적'(restitutive) 제재는 원상회복, 즉 법률이 위반되기 이전의 관계로 재정립하는 것을 의미한다. 그러므로 어떤 사람이 다른 사람으로 인해 피해를 당했다고 주장할 경우 법 절차의 목적은 그렇게 주장하는 이가 한 개인으로서 입은 손해를, 그의 주장이 사실임이 인정될 경우에 배상해주는 것이다. 이런 종류의 소송에서 진 개인에게는 사회적 불명예가 거의 또는 전혀 따르지 않는다. 민법, 상법, 그리고 헌법의 대부분의 영역에서 이것은 전형적이다.

억압적 법률은 그것의 위반이 '범죄'가 된다는 점을 그 특징으로 한다. 범죄는 사회 구성원들이 '보편적으로 지지하는' 감정을 침해하는 행위다. 형법의 도덕적 토대가 폭넓다는 사실은 형법의 일반화된 특성에 의해 입증된다. 복원적 법률의 경우에는 준수 의무의 부과와 위반 시의 처벌이라는 법률적 약속의 두 측면이 모두 정밀하게 규정되는 것이 보통이다.

> 이와는 대조적으로, 형법은 제재만을 제시할 뿐, 그 제재가 어떤 의무들을 위반할 때 가해지는지는 말하지 않는다. 형법은 살인자를 처형할 뿐, 타인의 생명을 존중하라고 명하지는 않는다. 민법의 법조문은 '이런 의무가 있다'는 말로 시작되지만, 형법의 법조문은 그 보다는 '이런 처벌이 있다'는 말로 시작된다.[44]

뒤르켕은 도덕적 의무의 성격이 억압적 법률 속에 자세히 밝혀져야 할 필요가 없는 이유는 명백하다고 말한다. 누구나 그것이 무엇인지 알고, 또 받아들인다는 것이다.

따라서 어떤 사회의 법률체계에서 형법이 우세하려면 강력하게 정의된 집합의식, 사회 구성원들이 공유하는 신념들과 감정들의 존재가 반

---

44) *DL*, p.75 ; *DTS*, p.41.

드시 필요하다. 처벌은 무엇보다도 범법행위에 대한 감정적 반응을 내용으로 삼는다. 이는 처벌이 언제나 죄인에게만 한정되지는 않는다는 사실을 보면 알 수 있다. 종종 죄인과 가까운 관계에 있는 사람—친척이나 친구 같은—들이 자기 자신은 아무 죄도 없으면서도 죄인과의 교제로 인하여 '물들었다'는 이유로 함께 처벌을 받는다. 특히 원시사회에서 처벌은 맹목적이고 반사적인 특징을 보이는 경향이 있다. 그러나 형법의 바탕에 깔려 있는 원리는 더 발전된 사회에도 그대로 남아있다. 현대사회에서 강압적 제재의 존속을 합리화하기 위해 흔히 제시되는 논리들에서는 처벌이 단지 방지책으로서만 이해되고 있다. 그러나 사실이 정말 그렇다면 법률은 범죄 자체의 경중이 아니라 범죄자에게 범죄를 저지르게 한 '동기'의 강약에 따라서 처벌을 하려 할 것이라고 뒤르켕은 항변한다. "강도들은 살인자들이 살인에 마음이 쏠리는 것에 못지않게 강도질에 마음이 쏠린다……. 그럼에도 불구하고 살인행위는 강도행위보다 더 가혹한 제재를 받는다."[45] 그리하여 처벌은 속죄적 성격(범죄행위를 저지른 자의 입장에서)을 보유하며, 보복행위(사회의 입장에서)로서의 성격을 유지한다. "우리가 보복하는 것, 범죄자가 속죄하는 것은 도덕성을 능멸한 부분에 대해서다."[46]

그러므로 처벌의 주된 기능은 집합의식을 그것의 신성함을 의심하는 행위들에 맞서 보호하고 재확인하는 것이다. 보다 단순한 사회들에는 집합의식 속의 공통의 신념들과 감정들의 으뜸가는 구체적 표현체인 단일한 종교체계가 있다. 종교는 "모든 것을 포괄하며 모든 것에 미친

---

45) *DL*, p.89. 그러나 뒤르켕은 자기의 주논조에 하나의 중요한 단서를 붙인다. 어떤 사회들에는 형법에 반영되어 있는 것들에 못지않게 깊이 뿌리박고 있는 도덕적 감정들이 있다—뒤르켕은 효도의 예를 든다. 그러므로 집합체적 감정이 강해야 한다는 것은 '범죄'가 존재하기 위한 전적으로 충분한 조건이 아니다. "그것들은 또한—매우 잘 정의된 행위와 관련하여—정밀하게 규정되어야만 하고 순수하게 도덕적인 규칙들이 일반적으로 얼마간 애매한 데 반해서 형법은 깔끔함과 정밀함이 그 특징이다"(p.79).

46) *DL*, p.89.

다." 그리고 순수한 종교적 현상들뿐만 아니라 '윤리, 법, 정치적 조직의 원리, 심지어는 과학……' 등도 함께 규제하는 복잡하게 뒤섞인 신념들과 관례들을 갖고 있다.[47] 모든 형법은 탄생 순간부터 하나의 종교적 틀 속에 담긴다. 뒤집어서 말하자면, 가장 원시적인 형태의 사회들에서는 모든 법률이 억압적이다.[48]

사회를 결속시키는 주된 접착제가 '기계적 연대'에 토대를 두는 사회들은 집성체적 구조 또는 환절적(環節的)인 구조를 가진다. 즉 이 사회들은 내부적 조직이 서로 매우 비슷한 병렬적인 정치-가족 집단들(씨족집단들)로 구성되어 있다. 부족은 전체로서 하나의 문화적 통일체를 이룬다. 여러 씨족집단의 구성원은 모두 같은 신념들과 감정들을 고수하기 때문에, 하나의 '사회'를 형성한다. 그러므로 그런 사회를 구성하는 부분들은 그것이 어떤 부분이든 다른 부분들에게 그다지 큰 손실을 입히지 않고 떨어져나갈 수 있다. 이는 마치 간단한 생물유기체가 분할한 후에도 각기 단일성과 자가충족성을 갖는 몇 개의 몸으로 분할될 수 있는 것과 같은 이치다.

원시적·환절적인 사회에서 재산 소유권은 공동체에 귀속되는데, 이는 개인화의 수준이 전반적으로 낮은 단계에서 볼 수 있는 특수한 측면에 지나지 않는 현상이다. 기계적 연대 속에서는 공동체의 모든 구성원이 공유하는 강력한 감정들과 신념들에 의해 사회가 압도되기 때문에, 결과적으로 개인들 사이의 분화의 여지가 아주 좁아지게 된다. 각 개인이 모두 전체사회의 축소판이다. "사실 재산이란 인격을 사물로까지 확장한 것일 뿐이다. 그러므로 집합체적 인격이 유일한 인격으로 존재하는 곳에서는 어디에서나 재산 역시 집합체적인 것이 될 수밖에 없다."[49]

---

47) *DL*, p.135 ; *DTS*, p.105.
48) *DL*, p.138.
49) *DL*. p.179 ; *DTS*, pp.154~155. 뒤르켕은 뒤이어 출판된 한 글에서 국가의 발전이 사회의 전반적인 진화의 수준과 반드시 보조를 같이하는 것은 아니라고 강조한다. 비교적 원시적인 사회가 상당히 고도로 발전한 국가를 가질 수도 있다.

유기적 연대의 성장

억압적 법률이 점차 복원적 법률로 대체되어가는 것은 사회발전의 정도와 밀접한 상관관계를 갖는 하나의 역사적인 추세다. 사회발전 수준이 높을수록 법률 구조 속에서 복원적 법률들이 차지하는 비중이 크다. 이제 복원적인 법률에서는 억압적 법률 속에서 발견되던 근본적인 요소―즉 처벌을 통한 속죄라는 개념―가 사라지고 없다. 따라서 복원적 법률의 존재가 뜻하는 사회적 연대의 형태는 형법에 의해 표현되는 그것과 확연하게 다르다. 복원적 법률은 사유재산에 대해서나 사회적 지위를 달리하는 타인들에 대해서 개인들이 갖는 권리를 다루는 것인 만큼, 상당히 세분화된 분업의 존재를 전제조건으로 한다.

사회는 각각의 경우 서로 다른 모습을 보인다. 첫 번째의 경우[기계적 연대]에 우리가 사회라는 이름으로 부르는 것은 집단의 모든 구성원이 공유하는 얼마간 조직화된 신념들과 감정들의 총체다. 이것은 집합체적 유형이다. 한편, 두 번째 경우에 우리들이 묶여 있는 사회[*dont nous sommes solidaires*]는 분화된 전문적 기능들이 한정적인 관계로 결합되어 있는 체계다.[50]

이 두 번째 유형의 사회적 결합이 '유기적 연대'다. 이 연대는 단순히 공통의 신념과 감정을 받아들이는 데서가 아니라, 분업 속에서 이루어지는 기능적 상호의존성에서 생겨난다. 기계적 연대가 결속을 뒷받

이 대목에서 뒤르켐의 분석은 '동양적 전제정치'(oriental despotism)에 관한 마르크스의 논의와 비슷하다. 뒤르켐은 그런 사회들에서는 "공동체가 사물들에 대해 일괄적으로 행사하는 소유권이 자신이 우월한 존재임을 알게 된 우월한 인격체에게 고스란히 양도된다"(*DL*, p.180)고 말한다. 뒤르켐은 "Deux lois de l'évolution pénale," *AS*, vol.4, 1899~1900, pp.65~95에서 이 문제를 자세히 분석하고 이를 형법적 제재의 강도(强度) 및 질의 변이와 관련짓고 있다.

50) *DL*, p.129; *DTS*, p.99. 〔 〕는 필자가 친 것이다.

침하는 사회에서 집합의식은 개인의식을 '완전히 한계지으며', 따라서 개인들 사이의 동일성이 기대된다. 이와는 대조적으로, 유기적 연대는 개인들 사이의 신념과 행위의 동일성이 아니라 '차이'를 전제한다. 그러므로 유기적 연대의 성장과 분업의 확산은 개인주의의 강화와 관련된다.

유기적 연대의 성장은 필연적으로 집합의식이 갖는 중요성의 감소와 밀접하게 관련된다. 그러나 복잡한 사회들에서도 공통의 신념들과 감정들이 완전히 사라져버리는 것은 아니며, 계약관계의 형성이 도덕과는 전혀 무관해지거나, 단순히 개인들의 '자기이익 극대화' 추구의 결과로서 이루어지게 되는 것도 아니다. 여기서 뒤르켐은 과거 자신의 최초의 글들에서 전개했던, 그리고 특히 퇴니에스의 이익사회(Gesellschaft) 개념에 대한 그의 비판에서 적용했던 견해로 되돌아간다. 『분업론』에서 뒤르켐은 허버트 스펜서를 공격의 표적으로 삼지만, 그의 논쟁의 실질적인 내용은 똑같다. 모든 개인들이 오로지 자기의 이익만을 추구하는 사회는 짧은 시간 안에 해체될 것이다. "이해관계처럼 쉽게 변하는 것은 없다. 오늘은 그것이 너와 나를 결속시키더라도, 내일은 나를 너의 적으로 만들 것이다."[51] 뒤르켐은 분업이 확대됨에 따라 계약관계가 일반적으로 늘어나는 것은 사실이라고 인정한다. 그러나 계약관계의 확대는 계약을 관할하는 규범의 발달을 전제조건으로 한다. 모든 계약은 일정한 규정에 의해 규제된다. 아무리 분업이 복잡하게 발전된다고 하더라도 사회는 무수히 많은 단기적 계약 관계만 난무하는 혼돈으로 빠져들지는 않는다. 여기서 뒤르켐은 퇴니에스를 비판할 때 처음으로 내세웠던 논지를 거듭 강조한다. "따라서 신념 공동체를 모체로 하는 사회와 협동을 바탕으로 하는 사회를 상정한 후, 도덕적인 성격은 전자에만 있는 것이라고 보고, 후자에게서는 경제적 이익에 따른 이합집산에만 주목하면서 양자를 정반대로 보는 것은 잘못이다. 실제로는 협동도

---

51) *DL*, p.204.

그 자체의 내재적 도덕성을 갖는다."[52]

공리주의적 이론으로는 현대사회의 도덕적 연대의 기초를 설명할 수 없다. 또한 이 이론은 분업 발전의 원인에 관한 이론으로서도 틀렸다. 공리주의적 이론은 분업의 발전을 설명할 때 다양화와 교환을 통해 가능해진 물질적 부의 증대 때문에 전문화가 진전되었다고 본다. 이 견해에 의하면, 생산이 증대될수록 인간의 욕구가 더 충족되고 인간의 행복도 크게 신장된다. 뒤르켕은 이 입장에 맞서서 다양한 논쟁을 펼친다. 그 중 가장 중요한 것은 이 논지가 긴 이야기를 할 필요 없이 경험적인 수준에서 엉터리라는 점이다. 현대인이 과거에는 알려지지 않았던 여러 가지 쾌락을 추구할 수 있게 된 것이 사실이기는 하지만, 이 쾌락들은 이전 형태의 사회들에서는 존재하지 않던 고난의 원천들에 의해 상쇄되고도 남는다.[53] 현대사회의 높은 자살률이 이 사실을 보여준다. 우울증으로 인한 자살은 덜 발전된 사회들에서는 거의 찾아볼 수 없는 것이다. 현대사회에서 그런 자살이 중요한 문제가 된다는 사실은 사회의 분화가 반드시 전반적인 행복 수준의 향상을 가져다주지는 않는다는 사실을 뚜렷하게 보여준다.[54]

그러므로 분업의 성장에 대한 설명은 다른 곳에서 탐색되어야 한다. 우리는 분업의 발달이 환절형 사회구조의 해체와 보조를 같이하여 진행된다는 사실을 안다. 이런 일이 일어나려면 전에는 아무런 관계가 존재하지 않던 곳에 많은 관계들이 형성되어 서로 분리되어 있던 집단들이 접촉하게 해야 한다. 이 사회들의 서로 다른 생활양식과 신념은 일단 서로 접촉하게 되면 각 집단이 고립 상태에서 가지고 있던 내적 동질성을 깨뜨리고 경제적·문화적 교류가 일어나도록 자극한다. 이와

---

52) *DL*, p.228; *DTS*, p.208.
53) 여기에서 뒤르켕은 그가 이전에 자살에 관하여 쓴 논문에서 펼친 논지를 되풀이한다. 이 책 p.164에 있는 주 32)를 보라.
54) *DL*, p.249. 원시사회에서는 "사람들은 생활이 나쁘다고 판단해서가 아니라 그들을 얽어매고 있는 이상(理想)이 희생을 요구하기 때문에 자살을 한다"(p.246). 물론 이것은 뒤르켕이 나중에 가서 이타적 자살이라고 부르는 종류의 자살이다.

같이 분업은 "더 많은 개인이 서로 상대방에 대하여 행위하고 반응할 수 있을 만큼 충분히 접촉하게 됨에 따라서" 진전된다.[55] 뒤르켕은 그런 접촉의 빈도를 도덕적 밀도(moral density) 또는 '역동적' 밀도(dynamic density) 라고 부른다.

개인들 사이의 다양한 접촉의 증대가 모종의 지속적인 물리적 관계에서 발생할 수밖에 없다는 것은 분명하다. 다른 말로 표현한다면, 역동적 밀도의 상승은 주로 물리적인 인구밀도 상승의 부수적 현상이라는 것이다. 그렇다면 우리는 다음과 같은 일반명제를 만들 수 있다. "분업은 사회들의 규모와 밀도에 정비례하여 진전되며, 사회의 발전과 더불어 분업이 점진적으로 발전해간다면 그것은 사회들의 밀도가 높아지고 일반적으로 규모가 커져가기 때문이다."[56]

여기서 뒤르켕이 내세운 해석은 『사회학적 방법의 규칙』에 개진되어 있는 원리, 즉 사회현상들은 환원론적으로 설명되어서는 안 된다는 원리로부터 후퇴를 보여준다는 지적이 여러 학자로부터 제기되어왔다. 뒤르켕 자신도 이 문제로 고심했던 것으로 보이며, 나중에 가서 물리적 밀도와 역동적 밀도의 관계에 대해 자신이 처음에 내렸던 평가를 얼마간 수정했다.[57] 그러나 실제로 『분업론』에 나타난 뒤르켕의 진술을 보면 그가 제시하는 설명이 사회학적이라는 점이 분명하게 드러난다. 물리적 밀도는 그것이 도덕적 밀도 혹은 역동적 밀도로 변형되는 한에서만 중요성을 가지며, 설명 요인(explanatory factor)으로 취급되는 것이 사회적 접촉의 빈도인 것이다. 뒤르켕이 일종의 '생물학적'인 설명을 채택하여 하나의 유사-다윈주의적인 틀 속에서 '갈등'을 분업 촉진

---

55) *DL*, p.257.
56) *DL*, p.262; *DTS*, p.244. 뒤르켕은 여기에는 부분적인 예외들이 있음을 인정한다. 예컨대, 전통 중국사회나 러시아 사회가 그렇다. 여기에서는 "분업이 사회의 부피에 비례해서 발전하지 않았다. 사실 부피의 증가는 그것과 동시에, 그리고 같은 정도로, 밀도가 높아지지 않는다면 반드시 우월성을 보여주는 신호가 되는 것이 아니다……." (*DL*, p.261; *DTS*, p.243).
57) *RSM*, p.115를 보라.

의 메커니즘으로 분석하려고 했다는 주장은 좀더 그럴듯해 보일 수 있다. 뒤르켕에 의하면, 다윈과 그 밖의 생물학자들은 생존경쟁이 동종 유기체들 사이에서 가장 치열하게 나타난다는 사실을 밝혔다. 그런 갈등의 존재는 유기체들이 서로 상대방의 생존을 방해함이 없이 공존할 수 있게끔 상호보완적인 전문화를 낳는 경향이 있다. 기능의 분화는 여러 종류의 유기체들이 생존할 수 있도록 해준다. 뒤르켕은 비슷한 원리가 인간사회에도 적용될 수 있다고 결론짓는다.

인간들도 같은 법칙의 지배를 받는다. 한 도시 속에서 서로 다른 직업들이 서로가 서로를 파괴해야 할 운명에 빠지지 않고 공존할 수 있다. 이는 그것들이 서로 다른 목표들을 추구하기 때문이다. 병사는 군인으로서의 영예를 추구하며, 성직자는 도덕적 권위를, 정치인은 권력을, 사업가는 부를, 학자는 학문적 명성을 추구한다.[58]

개인주의와 아노미

분업에 대한 기능적 분석과 인과적 분석을 모두 해냄으로써 뒤르켕은 이제 원래 자신의 저작을 자극했던 바로 그 질문에 답할 수 있는 입장이 되었다. 우리는 분업의 확대가 필연적으로 사회에서 집합의식의 확산 정도를 떨어뜨리게 될 것이라는 점을 확신할 수 있다. 개인주의의 성장은 분업 확대의 필연적인 부수현상이며, 그것은 공동의 신념과 감정의 강도를 약화시킴으로써만 신장될 수 있다. 그리하여 집합의식은 "점점 더 고도로 일반화되고 불명확한 사고양식 및 감정양식의 혼성물로 변모해가고, 그것은 개인들 사이의 차이가 점점 더 커질 수 있는 여지를 남기게 된다."[59] 그러나 그로 인해 현대사회들이, 강력하게 규정된 도덕적

---

58) *DL*, p.267.
59) *DL*, p.172; *DTS*, pp.146, 147.

합의가 사회적 응집의 필수조건이라고 여기는 이들의 추론처럼 무질서 상태로 붕괴하지는 않는다. 실제로 현대사회에서 이런 형태의 결속(기계적 연대)은 점점 새로운 형태의 결속(유기적 연대)으로 대체되어가고 있다. 그러나 유기적 연대의 기능방식은 공리주의 이론식으로 설명될 수 없다. 현대사회 역시 여전히 도덕적 질서체인 것이다. 오히려 집합의식이 '강화되고 정밀해진' 영역도 하나 있다. '개인예찬'과 관계되는 영역이 바로 그것이다.[60] '개인예찬'의 성장은 사회생활의 대부분의 영역이 세속화됨으로써 비로소 가능해진다. 전통적 형태의 집합의식이 공동의 신념과 감정들로 이루어지는 데 비해, 이것은 집합체보다는 개인의 가치와 존엄성에 초점을 맞춘다는 점에서 양자는 대조적이다. '개인예찬'은 분업 확대 현상의 도덕 영역의 상응물이기는 하지만, 전통적 형태의 도덕 공동체와는 그 내용이 전혀 다르며, 본질적으로 현대사회에서 연대의 '유일한'(sole) 토대가 되지 못한다.

이것은 분명히 하나의 공동의 신념이라고 할 만하다. 그러나 이것은 우선 다른 것들의 와해를 통해서만 가능하며, 따라서 소멸해버린 그 많은 신념과 똑같은 효과를 낳을 수는 없다. 무엇도 그것들을 보상할 수는 없다. 더욱이, 공동체에 의해서 공유된다는 의미에서는 이것도 공동의 것이라고 할 수 있겠지만, 그 대상에서 이것은 개인적이다.[61]

이 지점에서 뒤르켕의 분석은 한 가지 명백한 어려움에 부딪치게 된다. 분업의 확대가 사회적 결속의 교란과 반드시 연결되는 것이 아니라면 현대의 경제 세계에서 그토록 명백하게 드러나는 갈등들을 설명하는 것은 도대체 무엇이란 말인가? 뒤르켕은 자본과 임금노동 사이에서

---

60) DL, p.172.
61) DL, p.172; DTS, p.147.

생겨나는 계급갈등이 산업화로 인한 분업의 팽창과 보조를 같이하는 것임을 인정한다. 그러나 이 갈등이 분업의 직접적인 결과라고 생각하는 것은 잘못이다. 실제로 이것은 경제적 기능들의 분화가 적절한 도덕적 규제의 발전을 일시적으로 앞지름에 따라서 필연적으로 생겨나게 되는 결과다. 분업이 모든 곳에서 결속을 낳는 것은 아닌데, 이는 그것이 일종의 아노미적 상태에 있기 때문이다.[62] 즉, 자본과 임금노동 사이의 관계는 공리주의적 이론에서 윤리적으로 이상적이라고 생각하는 조건—계약 체결에 대한 통제가 거의 없거나 전혀 없는 상황—에 실제로 접근 '한다'. 그러나 이것이 낳는 결과는 만성적인 계급갈등 상황이다. 또한 필수적인 도덕적 규제 대신 강제 권력에 의하여 계약관계 체결이 결정되는 경향이 있다. 뒤르켕은 이것을 '강제된 분업'이라고 부른다. 유기적 연대가 기능하다 보면 서로 다른 직업들 사이의 관계를 조정하는 규범적 규칙들이 발전되게 마련이지만, 한 계급이 다른 한 계급에게 규칙들을 일방적으로 강제할 경우에는 그런 바람직한 결과가 생겨나지 않는다. 이 갈등은 분업이 재능과 능력에 따라 이루어져야만, 그리고 좋은 직업들을 한 특권계급이 독점하지 않아야만 방지될 수 있다. "사회 속의 한 계급은 자기의 봉사의 대가가 아무리 형편없다 하더라도 생존을 위해서 봉사를 해야만 하도록 강제되고, 다른 한 계급은 반드시 어떤 사회적 우월성 덕분에 갖게 된 것도 아닌 가처분 자원들 덕분에 그런 일을 하지 않아도 된다면, 후자는 전자에 비하여 법률에 따라서 정의롭지 못한 우대를 받는 것이다."[63]

현재의 상황에서도 이런 사정은 여전히 발견되지만 이는 과도기적인 것이다. 기회의 불평등('외적 불평등')이 점진적으로 감소하는 것은 분

---

62) 뒤르켕은 '아노미'라는 용어를 귀요로부터 받아들인 것으로 보인다(p.162의 주 26)을 보라). 귀요는 그러나 뒤르켕의 '개인예찬'에 근접하는 의미로 '종교적 아노미'라는 용어를 쓴다.
63) DL, p.384. 이 문제에 대한 뒤르켕의 견해에 관해 더 많은 논의가 필요하면 이 책 pp.420~422를 보라.

업의 확대에 수반되는 뚜렷한 역사적 추세다. 뒤르켕에 의하면 왜 그럴 수밖에 없는지를 알아내는 것은 쉬운 일이다. 연대성이 주로 신념과 감정의 공동체에 바탕을 두고 있는 원시사회에서는 재능과 기회를 평등화할 수단도 없고 그럴 필요도 없다. 그러나 분업의 개인화 효과는 종전에는 잠재된 채로 머물러 있던 인간의 독특한 재능들이 점점 더 실현될 수 있게 되고, 그리하여 개인적 자아실현을 향한 압력을 낳게 됨을 의미한다.

따라서 우리는 분업은 자생적인 경우에만, 그리고 자생적인 정도만큼만 연대를 낳는다고 말할 수 있다. 여기서 자생성이라는 말은 단순히 명시적인 외부적 폭력의 부재를 뜻하는 것으로 그쳐서는 안 된다. 거기서 더 나아가 각 개인이 내재적으로 지니고 있는 사회적 힘의 자유로운 발휘를 간접적으로라도 방해할지 모르는 그 어떤 것도 존재하지 않음을 의미하는 것이어야 한다. 이것은 개인들이 강제에 의하여 특정 기능을 떠맡게 되지 않는 것뿐만 아니라, 어떤 종류의 장애물도 그들이 사회 속에서 자신의 역량에 부합되는 지위를 맡는 것을 막지 않는다는 것을 상정한다.[64]

---

64) *DL*, p.377; *DTS*, p.370.

제6장 사회학적 방법에 관한 뒤르켕의 견해

『분업론』에 나와 있는 생각들은 뒤르켕 사회학의 기초를 이루고 있으며, 뒤이어 나온 뒤르켕의 거의 모든 저작들은 『분업론』에서 처음 다루어지기 시작한 주제들을 가공하고 있다. 세기가 바뀌기 직전에 출판된 뒤르켕의 두 주저인 『사회학적 방법의 규칙』(Les règles de la méthode sociologique, 1895)과 『자살론』(Le Suicide, 1897)을 보면 이 사실을 가장 잘 알 수 있다. 『사회학적 방법의 규칙』에서 뒤르켕은 『분업론』에서 이미 적용되었던 방법론적 견해들을 자세히 설명하고 있다. 『자살론』의 주제는 얼핏 보면 『분업론』에서 다루었던 주제들과 완전히 달라 보이지만, 뒤르켕 자신의 사고의 맥락 속에서나, 더 일반적으로는 사회적 윤리에 관한 질문들을 다룬 19세기 저작들의 틀 속에서나, 전자는 후자와 긴밀하게 얽혀 있다.

18세기 말 이래 여러 저술가들이 자살을 더 일반적인 도덕적 쟁점들의 분석을 위한 맥락을 제공해주는 특수한 문제로 보고, 이에 관한 연구를 이용해왔다. 『자살론』에 나타난 뒤르켕의 분석은 이런 저술가들의 연구에 바탕을 두고 있지만, 서로 다른 사회들의 도덕적 질서에 관해 『분업론』에서 정립했던 일반적 결론 중의 일부도 그 출발점으로 삼고 있다.

자살문제

뒤르켐이 자살에 흥미를 품고 이 문제에 관한 방대한 문헌을 섭렵한 것은 1897년 이전의 어떤 시기에 있었던 일이다. 그는 이미 1888년에 "자살 사례들의 지속적인 증가가 어디에서나 사회의 유기체적 조건들에 심각한 변동이 일어나고 있다는 것을 보여주는 증거가 된다는 점은 너무도 분명하다"[1]고 쓰고 있다. 한 특정 현상을 정밀하게 분석함으로써 당대 사회들에서 나타났던 이 도덕적 '균열'의 성격을 상세히 파헤쳐보고자 했던 것이 아마도 뒤르켐의 가장 기본적인 관심사였을 것이다. 그러나 거기에는 하나의 방법론적 목적도 있었음이 틀림없는데, 첫눈에는 전적으로 '개인적인' 것으로 보일 수도 있는 현상을 설명하는 데 사회학적 방법을 적용하는 것이 바로 그것이다.

뒤르켐은 전대의 많은 저술가들이 세워놓은 자살에 관한 하나의 기본적인 입장을 받아들인다. 그것은 자살 '률'의 분포를 설명하는 것과 개별적인 자살 사례의 원인을 밝히는 것은 분석적으로 엄격하게 구별되어야 한다는 것이다. 앞서 19세기의 통계학자들은 보통 한 사회의 자살률은, 간혹 특별히 눈길을 끄는 등락 현상이 섞이기는 하지만, 매년 안정적인 분포를 보여준다는 사실을 밝혀놓았다. 그들은 자살률의 유형들이 안정적으로 분포되어 있는 지리적이거나, 생물학적이거나, 또는 사회적인 성격의 현상들에 의해서 좌우되는 것이 분명하다고 결론지었다.[2] 뒤르켐은 『자살론』에서 전자의 두 가지 현상을 얼마간 상세히 다루면서, 이 둘은 모두 자살률의 분포에 대한 설명으로는 적절하지 못하다며 배척한다.[3] 따라서 우리가 자살률 패턴들을 설명하기 위하여

---

1) "Suicide et natalité, étude de statistique morale," p.447.
2) 뒤르켐이 『자살론』에서 이용하고 있는 자살과 사회현상 간의 통계적 관계는 사실상 모두 이전의 저술가들에 의해서 이미 확립된 것들이다. 내 논문 "The Suicide Problem in French Sociology," *British Journal of Sociology*, vol.16, 1965, pp.3~18을 보라.

주목해야 할 것은 세 번째 종류, 즉 사회적 요인이다.

서유럽 나라들의 자살 분포를 살펴보면, 자살률과 종교 교파 사이에 밀접한 관계가 있음을 알 수 있다. 가톨릭이 압도적인 나라들은 하나같이 프로테스탄트가 지배적인 나라들보다 낮은 자살률을 보인다. 이 일관성 있는 자살률의 차이는 두 교파의 '교리'가 자살을 비난하는 정도의 차이에 의해서는 도저히 설명될 수 없다. 두 교파는 똑같이 엄하게 자살을 금한다. 이에 대한 설명은 두 교파의 사회적 조직 속에 보다 일반적으로 뿌리박고 있는 차이들에서 찾아야 한다.

뒤르켕에 의하면, 양자의 가장 뚜렷한 차이는 프로테스탄티즘이 자유로운 탐구정신의 증진이라는 바탕 위에 서 있다는 점이다. 가톨릭교회는 전통적인 사제들의 위계를 중심으로 형성되어 있고, 사제의 권위는 종교적 교의 문제에 관해서 구속력을 갖는다. 그러나 프로테스탄트 신도는 홀로 신 앞에 서며, "사제 또한 평신도들과 마찬가지로 자기 자신과 자신의 양심 외에는 다른 어떤 자산도 갖고 있지 않다."[4] 뒤르켕의 표현을 빌리자면, 프로테스탄티즘은 가톨릭보다 '덜 강력하게 통합된' 교파다.

이 사실로부터 가톨릭교의 '보호 효과'를 설명하기 위해 어떤 특수하게 종교적인 요인을 끌어들일 필요는 없다는 추론을 끌어낼 수 있다. 다시 말해서, 사회의 다른 영역들에서도 종교 영역과 마찬가지로 통합의 정도가 자살률과 관련된다는 것이다. 뒤르켕은 이것이 사실임을 확인한다. 일반적으로 미혼자는 동년배의 기혼자보다 높은 자살률을 보이며, 자살과 핵가족의 크기 사이에는 반비례 관계가 있어서 아이들이 많은 가족일수록 자살률이 낮다. 이것은 자살-종교 교파 관계와 비슷한 사례로서, 이 경우는 가족구조를 자살과 통합 정도의 관계를 측정할 한 척도로 제시한다. 자살률과 사회적 통합 수준 사이의 이런 관계는

---

3) *Su*, pp.57~142.
4) *Su*, pp.160~161. 여기에서 성공회는 부분적인 예외가 된다고 뒤르켕은 인정한다. 그러나 잉글랜드는 다른 프로테스탄트 나라들에 비해서 자살률이 낮다.

또 하나의 전혀 다른 제도적 맥락 속에서도 찾아볼 수 있다. 나라가 정치적 위기에 처한 때나 전시(戰時)에는 자살률이 떨어지는데, 후자의 경우에는 군인들뿐만 아니라 민간인들 사이에서도 남녀 모두 자살률이 떨어진다.[5] 그 이유는 정치적 위기와 전쟁이 특정 사건들에 대한 연루의 수준이 높아지도록 자극함으로써 "적어도 잠시 동안은 더 강력한 사회적 통합을 낳는다"는 점이다.[6]

따라서 사회적 통합과 자살 사이에는 사회의 어떤 제도적 영역에서 분석하든 항상 성립되는 하나의 관계가 있다고 할 수 있다. 즉 "자살은 개인을 부분으로 하는 사회집단들의 통합의 정도에 반비례하여 늘어난다"[7]는 명제가 성립된다. 그러므로 이 유형은 '이기적'(egoistic) 자살이라고 불릴 수 있으며, "개인적 자아(individual self)가 사회적 자아(social self)에 아랑곳없이 사회적 자아를 짓밟으면서 과도하게 스스로를 드러내는"[8] 상황에서 나오는 결과다. 이기적 자살은 현대사회들에서 특징적으로 나타난다. 그러나 이것이 현대사회들에서 볼 수 있는 유일한 자살 유형은 아니다.

두 번째 유형의 자살은 뒤르켐이 『분업론』에서 제법 많은 지면을 할애하여 다루고 있는 현상, 즉 경제적 관계들을 특징짓는 도덕적 탈규제라는 아노미적 상태로부터 생겨난다. 자살률과 직업구조 사이에서 볼 수 있는 상관관계는 아노미적 자살의 지표가 된다. 뒤르켐은 농업보다는 공업과 상업에 속하는 직업들에서 자살률이 높게 나타난다고 지적한다. 또한 비농업 부문에서도 자살률은 오랫동안 가난하게 살아온 사람들 사이에서 가장 낮게, 부자와 자유직 종사자 중에서 가장 높게 나타남으로써, 사회경제적 수준과 반비례 관계를 보여준다. 이것은 원래

---

5) 뒤르켐에 의하면, 이 중 어떤 경우에도 자살률 저하가 전시 중 자살에 대한 공식 기록의 부정확성 때문이라고 할 수 없다(*Su*, pp.206~208).
6) *Su*, p.208; *LS*, p.222.
7) *Su*, p.209; *LS*, p.223.
8) *Su*, p.209; *LS*, p.223

빈곤 그 자체가 도덕적 구속의 원천이기 때문이다. 안정적인 도덕적 규제로부터 가장 많이 해방되는 것은 최하위 수준 위의 직업들이다.

뒤르켐이 『분업론』에서 산업에서의 아노미 상태의 한 결과로서 다루고 있는 다른 한 현상, 즉 경제 위기들의 발생을 살펴보아도 아노미와 자살의 관계를 볼 수 있다. 불황기에는 자살률이 현저히 높아진다. 그러나 경제가 한창 번창할 때도 자살률은 똑같이 높아지기 때문에, 이것은 단순히 불황기의 경제적 박탈만으로는 설명될 수 없다. 경기순환에서의 상승국면과 하강국면의 공통점은 둘 다 익숙해진 생활양식을 교란한다는 점이다. 물질적 조건이 급작스럽게 좋아지거나 나빠지는 사태를 겪는 사람들은 그들의 습관적인 기대가 긴장을 겪게 되는 상황에 놓이게 된다. 그 결과 도덕적 규제의 해체라는 아노미적 상태가 생겨난다.

이와 같이 아노미는 이기주의가 그렇듯이 "우리의 근대사회들에서 나타나는 자살의 항구적이고 특수한 한 요인이며, 매년 발생하는 자살 사건들의 근원 가운데 하나"다.[9] 이기적 자살과 아노미적 자살의 차이에 관한 뒤르켐의 논의가 언제나 명쾌한 것은 아니며, 이 때문에 일부 논평가들은 뒤르켐의 실제 분석 내용을 봐서는 사실상 두 유형이 의미 있게 구별될 수 없다고 생각하게 되었다.[10] 그러나 『분업론』의 보다 거시적인 배경에 관한 뒤르켐의 설명을 자세히 읽어보면, 이 입장을 지키기가 어려워진다. 뒤르켐은 이기적 자살을 현대세계에서 나타나는 '개인예찬'의 확산과 분명하게 연결시킨다. 프로테스탄티즘은 사회생활의 다른 영역들에서는 완전히 세속화되어버린 근대적인 도덕적 개인주의의 종교계에서의 선구자이자 그 으뜸가는 근원이다.[11] 그러므로 이기

---

9) *Su*, p.258; *LS*, p.288. 심리학 이론과의 관련 속에서 이 아이디어들을 발전시키고 있는 글로는 나의 "A typology of suicide," *Archives européennes de sociologie*, vol.7, 1966, pp.276~295를 보라.
10) Barclay Johnson, "Durkheim's one cause of suicide," *American Sociological Review*, vol.30, 1965, pp.875~886.
11) 뒤르켐은 소홀히 취급되고 있는, 그러나 자신의 중요한 저술인 *L'évolution Pédagogique en France*(Paris, 1969)에서 이 점을 명백히 하고 있다.

적 자살은 '인격예찬'(cult of the personality)의 확산이 낳은 한 파생물이다. '인간이 인류의 신'인 곳에서 이기주의가 어느 정도 신장세를 보이는 것은 불가피한 일이다. "개인주의가 반드시 이기주의인 것은 아니라는 점은 의심할 여지가 없는 사실이지만, 그것은 이기주의에 가까워진다. 둘 중 하나가 고취되면 다른 하나도 확산될 수밖에 없다. 그리하여 이기적 자살이 증가한다."[12]

한편 아노미적 자살은 특히 근대 산업의 주요 부문들에서 특징적으로 나타나는 도덕적 규제의 결핍에서 비롯된다. 뒤르켐에 의하면, 아노미가 일종의 '병리적'(pathological) 현상인 한, 아노미적 자살 또한 병리적이며, 따라서 현대사회들이 불가피하게 가질 수밖에 없는 특징인 것은 아니다.[13] 그럼에도 불구하고 이기적 자살과 아노미적 자살은 서로 밀접하게 관련되며, 개인적 자살의 수준에서 특히 그렇다. "이기주의자가 얼마간 규제 이완의 성향을 갖는 것은 불가피한 일임이 분명하다. 이는 그가 사회로부터 떨어져 있어서 사회가 그를 규제하기에 충분한 영향력을 갖지 못하기 때문이다."[14]

전통적 사회에서 자살은 이기적 유형 및 아노미적 유형과는 다른 모습을 보인다. 이 사실은 『분업론』에 상론되어 있는 근대적 형태의 사회들과는 다른 이 사회들의 조직의 특징에서 원인을 찾을 수 있다. 전통적 사회들에서는 특정 상황에 처했을 때 개인이 반드시 스스로 목숨을 끊는 것이 의무가 되는 그런 종류의 자살도 있다. 개인은 그렇게 해야 할 의무를 갖고 있기 때문에 자살한다. 이것이 '의무적인 이타적 자살'(obligatory altruistic suicide)이다. 의무로 정해져 있는 것은 아니지만, 자살행위가 모종의 신사도(紳士道) 같은 것을 지키는 것과 관련되

---

12) *Su*, p.364; *LS*, p.416.
13) 뒤르켐은 진보적인 변동을 겪고 있는 사회들에서는 어떤 최저 수준의 아노미는 불가피하게 나타난다고 주장한다. "이처럼 개선과 진보의 도덕성은 모두 일정 수준의 아노미를 전제한다." *Su*, p.364; *LS*, p.417.
14) *Su*, p.288; *LS*, p.325.

는 다른 종류의 이타적 자살들도 있다('선택적인' 이타적 자살). 그러나 두 종류의 이타적 자살은 모두 강력한 집합의식의 존재에 바탕을 둔다. 두 경우 모두에서 개인의 행위에 대한 집합의식의 지배력이 워낙 압도적이어서 개인은 집합체적 가치를 드높이기 위해 자신의 생명을 희생시키려 하게 된다.

외재성과 강제성

『자살론』에 제시되어 있는 아이디어들은 사회학적 방법에 관한 뒤르켕의 생각이 유용하다는 사실을 특히 호소력 있게 증언한다. 뒤르켕은 『자살론』의 바탕에 깔려 있는 기본입장을 다음과 같이 표현한다.

> 사회의 도덕률은 어떤 상황에서는 자발적으로 죽는 것이 옳다고 가르친다. 그러므로 각 개인들에게는 일정량의 에너지를 가지고 사람들에게 자기 파멸을 재촉하는 집합체의 힘이 미치고 있는 셈이다. 첫눈에 보아서는 단지 희생자의 개인적 기분을 표현할 뿐인 것처럼 보이는 행위가 실제로는 그것이 외적으로 표현하고 있는 사회적 조건의 부수물이자 결과물일 뿐이다.[15]

이 말이 심리학은 자살의 설명에 아무 도움도 되지 않는다는 것을 뜻하는 것은 아니라고 뒤르켕은 덧붙인다. 심리학자들이 고유하게 기여할 사항은 특정 개인들이 자살을 낳기 쉬운 사회적 상황(예, 아노미적 상황)에 처했을 때 그들이 실제로 자살을 하도록 몰아가는 특수한 동기들과 사정들을 연구하는 것이다. 뒤르켕의 방법론적인 생각들이 『사회학적 방법의 규칙』에 가장 체계적으로 상술되어 있기는 하지만, 그는 그 책에 적혀 있는 접근법이 『분업론』과 『자살론』으로 대표되는 실질적

---

15) *Su*, p.299.

인 연구들에 직접 근원을 두고 있다고 본다. "우리가 적어놓은 방법은 우리가 실제로 적용했던 것을 요약한 것에 지나지 않는다."16)

『사회학적 방법의 규칙』의 주요 주제 가운데 하나는 사회학의 연구대상이 명쾌하게 밝혀지고, 조사분야의 범위가 정해져야만 한다는 것이다. 뒤르켕은 그의 저작들에서 사회학이 대체로 체계적인 경험적 연구보다는 선험적 관념들로부터 비롯된 논리적 추론에 더 의존하는 잡다한 포괄적 일반화들로 이루어진 일종의 '철학적' 학문으로 남아 있다고 거듭 강조한다. 『자살론』 첫머리에 나오는 뒤르켕의 언급에 의하면, 사회학은 "아직도 시스템 세우기와 철학적 종합의 단계에 있다. 사회학은 사회의 한정된 부분을 자세히 밝혀내려고 하기보다는 화려한 일반론을 선호한다."17) 이 학문이 어떤 방식으로든 사회 속의 인간에 대해 관심을 기울인다는 것은 분명하다. 그러나 '사회적'이라는 범주는 흔히 매우 느슨한 방식으로 쓰이고 있다. '사회적'이라고 한정될 수 있고, 그리하여 '생물학적'인 것이거나 '심리학적'인 것 등 다른 범주들에 속하는 현상과 구별될 수 있는 것이 갖는 고유한 특징들은 무엇인가?18)

뒤르켕은 '외재성'(exteriority)과 '강제성'(constraint, *contrainte*)이라는 유명한 기준들을 근거로 사회적인 것의 고유한 특성을 정의하려고 시도한다. 이 대목에 드러난 뒤르켕의 주장에 대해서는 여러 가지 다른 해석이 있지만, 뒤르켕이 가진 입장의 실질적 내용은 별 어려움 없이 밝혀질 수 있다. 사회적 사실은 서로 관련되는 두 가지 의미에서 개인에 대하여 '외재적'이다. 첫째, 모든 사람은 이미 존재하고 있는 사회 속에서 태어나는데, 이 사회는 이미 특정의 조직이나 구조를 가지고 있고,

---

16) "La sociologie en France au XIXe siècle," *Revue bleue*, vol.13, 1900, p.649. 뒤르켕은 또한 『사회학적 방법의 규칙』에서 그 책에 적혀 있는 방법이 "물론 우리가 최근에 『분업론』이라는 제목으로 출판한 책에도 함축되어 있다"고 말한다. *RSM*, p.ix.
17) *Su*, p.35.
18) 파슨스는 뒤르켕이 사회적 '사실'이라는 말을 사회적 '현상'이라는 말과 동의어로 쓰는 데 들어 있는 인식론적 혼동을 지적했다(Parsons, pp.41, 42).

사람들의 퍼스낼리티를 제약한다. "교회의 신도는 자기의 신앙생활에서의 신념들과 관례들이 자신의 출생 당시에 이미 만들어져 있었음을 깨닫는다. 그것들이 자기보다 먼저 존재해왔다는 사실은 그것들이 자기에 대해서 외재함을 뜻한다."[19] 둘째, 어떤 개인도 사회를 구성하는 관계들의 총체 속에서는 하나의 단일요소에 불과하다는 의미에서 사회적 사실은 개인에 대하여 '외재적'이다. 이 관계들은 어떤 단일 개인의 소산이 아니라, 개인들 사이의 복잡한 상호작용들로 구성된다. "내가 나의 생각을 표현하기 위해 사용하는 신호체계, 빚을 갚기 위해 쓰는 통화체계, 상업관계에서 이용하는 신용수단, 직무상의 관례 등은 내가 그것들을 이용하는지 안 하는지와는 아무 상관없이 기능한다."[20]

뒤르켕이 여기서 '개인'이라는 용어를 한 가지 의미로만 사용하는 것이 아니라는 점은 자주 지적되어왔다. 어떤 때는 문맥상 그가 공리주의 이론의 출발점이 되는 몰사회적 존재인 (가설적인) '고립된 개인'(isolated individual)을 이야기하고 있음이 분명하다. 다른 곳에서는 주어진 '특수한' 개인, 즉, 실제로 존재하는 사회 속에서 살아가는 피와 살로 만들어진 개인 구성원을 가리키는 데 쓴다.[21] 그러나 부분적으로는 논쟁적이기도 했던 뒤르켕의 목적에 비추어본다면, '개인'이라는 용어의 다양한 의미를 두고 생각해볼 수도 있을 구별은 실제로는 중요한 것이 아니다. 뒤르켕이 힘들여서 하고자 했던 가장 중요한 이야기는 무엇이 되었든 '개인'에서부터 출발해서는 '어떠한' 이론이나 분석도 '사회적' 현상의 고유한 속성들을 성공적으로 파악할 수 없다는 것이다.

달리 표현해보자면, 여기서 뒤르켕의 핵심논지는 개념적이다. 뒤르

---

19) *RSM*, p.2.
20) *RSM*, p.2.
21) Harry Alpert, *Emile Durkheim and his Sociology*(New York, 1939), pp.135~137; Parsons, pp.367~368; Guy Aimard, *Durkheim et la science économique*(Paris, 1962), pp.26~31 참조.

켕이 집요하게 사회적 '사실들'에 관해서 말하기 때문에 이 점이 어느 정도 애매해지는 것은 사실이지만, '외재성'의 기준이 경험적인 것이 아니라는 점은 명백해 보인다. 만일 그 기준이 경험적인 것이라면, 그것은 사회가 '모든' 개인에 대해 외재한다는 우스꽝스러운 결론으로 직접 이어지게 될 것이다. 뒤르켕은 이것은 '굳이 우리가 붙잡고 씨름할 필요가 없는 명백한 불합리'[22]라고 말한다. 여러 번에 걸쳐서 뒤르켕은 "사회는 오직 개인들로만 구성된다"[23]고 강조한다. 그러나 화학적 원소들과 그것들의 결합에 의해 구성된 물질의 관계를 두고도 이와 비슷한 말을 할 수 있다.

사회적 사실들과 관련해서는 그처럼 손쉽게 인정될 수 없다고 판단되어버리는 것이 자연계의 다른 영역들에서는 문제없이 인정된다. 어떤 원소들이 결합하고, 바로 그 사실에 의해서 새로운 현상들을 만들어낼 경우, 이 새로운 현상들이 원래의 원소들에 귀속되는 것이 아니라 그것들의 결합에 의해 형성된 총체에 귀속된다는 것은 평범한 사실이다. 사회가 개인들 외에 아무것도 함유하고 있지 않듯이, 생물체의 세포는 광물입자들 외에 아무것도 함유하고 있지 않다. 그럼에도 불구하고, 생명의 특징적인 현상들이 수소, 산소, 탄소, 질소 원자들의 성질을 갖는다는 것은 명백히 불가능하다……. 이 원리를 사회학에 적용시켜보자. 각 사회가 만들어내는 이 독특한 종합물(synthesis *sui generis*)—이렇게 부를 수도 있을 것이다—이 개인들의 마음속에서 일어나는 것과는 다른 새로운 현상들을 낳는다면, 정말이지 우리는 이 사실들이 그것들을 탄생시킨 사회 그 자체에 귀속되는 것이지, 그것의 부분들, 즉, 사회 구성원들에게 귀속되는 것

---

22) *Su*, p.320.
23) 말하자면, 개인들과 그들이 고안하는 인공물들이다. 그러나 물리적인 사물들은 그것들에게 모종의 의미를 부여하는 사람들이 사회에 존재할 때만 사회적 유관성을 가진다. *RSM.*, pp.1 이하.

이 아니라는 점을 인정해야만 한다.[24]

사회적 사실의 성질을 설명할 때 뒤르켕이 적용하는 두 번째 기준은 '일종의 경험적 기준'인 도덕적 '강제'(moral 'constraint')의 존재다. 여기서는 뒤르켕 자신이 제시하는 '부성'(父性)의 예를 들어 이야기를 풀어나가는 것이 최선이다. 부권(父權)은 어떤 의미에서는 일종의 생물학적인 관계다. 한 남자가 생식활동을 통해서 한 아이의 '아버지가 된다'. 그러나 부권은 또한 사회적 현상이기도 하다. 한 아버지는 자식과의 관계에서(물론 다른 가족구성원과의 관계에서도) 이리저리 하도록 관습과 법에 의해 정해져 있는 방식대로 행위하도록 의무를 진다. 이 행위양식들은 당사자 개인이 만들어낸 것이 아니라, 그와 다른 사람들을 모두 얽어매는 도덕적 의무체계의 일부다. 개인이 이런 의무들을 무시해버릴 수 없는 것은 아니지만, 그는 그것들의 힘을 느끼며, 그리하여 그 강제성을 확인한다. "심지어 내가 이 규칙들로부터 스스로를 해방시키고 그것들을 성공적으로 위반했을 때에도 나는 항상 그것들과 싸우지 않을 수 없다. 결국 극복했을 경우에도 그것들은 저항을 통해 자신의 구속력이 충분히 감지되게 만든다."[25] 물론 이것은 경찰, 법원 등의 강제력 행사기관이 제재를 담당하게 되는 법률적 의무의 경우에 가장 뚜렷이 드러난다. 그러나 법률에 적혀 있지 않은 의무들이 잘 준수되도록 고취하는 매우 다양한 제재도 있다.

뒤르켕은 그러나 의무에 순종하는 것이 위반시에 가해지는 제재에 대한 두려움 때문인 경우는 매우 드물다는 점을 자주 강조한다. 대부분의 상황에서 개인들은 의무의 정당성을 받아들이며, 따라서 그 강제성

---

24) *RSM*, pp.xlvii, xlviii; *RMS*, pp.xvi, xvii.
25) *RSM*, p.3. 이 기준을 적용하면 뒤르켕은 베버가 말하는 '관례'(usage)—습관적이지만, 규범적으로 용인되거나 비난받지 않는 행동(behaviour)—를 사회학의 경계선으로 삼으며, 그리하여 실제로는 오히려 베버와 비슷한 결론에 도달한다. 이 책 pp.296~298을 보라.

을 의식적으로 느끼지는 않는다. "내가 그것에 진심으로 동조할 때는 이 강제성은 느껴진다고 하더라도 아주 미약할 정도인데, 이는 그것을 반드시 느껴야 할 이유가 없기 때문이다. 그럼에도 불구하고, 강제성은 이 사실들의 본질적인 특성인데, 내가 저항하려 들면 곧바로 자신을 드러낸다는 점이 그 증거다."[26] 강제의 중요성에 대한 뒤르켐의 강조는 주로 공리주의를 겨냥한 것임이 분명하다. 그러나 도덕적 의무는 언제나 두 측면을 띠는데, 또 다른 한 측면은 그 의무의 바탕에 깔려 있는 이상(ideal)이 수용(아무리 불완전한 수용이라고 하더라도)된다는 점이다. 나중에 뒤르켐은 이 점에 관해 사람들이 자신을 계속 오해해왔다고 말했다.

우리가 강제성이 사회적 사실들을 가장 쉽게 식별시켜 주고 또 그것을 개인 심리와 관련되는 사실들과 가장 잘 구별시켜 주는 '외적 징표'(outward sign)라고 주장해온 이래 우리의 견해대로라면 물리적 강제가 사회생활에 필수적일 것이라는 추측이 있어왔다. 실제로는 우리가 강제성에서 보는 것은 하나의 내면적이고 뿌리 깊은 사실의 확고한 표현일 뿐이다. 그 사실이란 전적으로 이상적인 것으로, '도덕적 권위'가 바로 그것이다.[27]

설명을 위한 일반화의 논리

『사회학적 방법의 규칙』 제2판의 서문에서 뒤르켐은 그 책의 내용 가운데 아마도 가장 유명한 부분이라 할 수 있는 "사회적 사실을 사물로 간주하라"[28]는 명제에 대해 제기된 반론들에 응수한다. 이것은 존재론

---

26) *RSM*, p.2; *RMS*, p.4.
27) *EF*, p.239; *FE*., p.298(각주); Raymond Aron, *Main Currents in Sociological Thought*(London, 1967), vol.2, pp.63, 64 참조.
28) *RSM*, p.14.

적인 원리라기보다는 명백히 방법론적인 원리며, 뒤르켕이 콩트로부터 물려받은 학문의 발전 양식에 관한 견해의 맥락 속에서 이해되어야 한다. 모든 학문은 그것이 개념적으로 정밀하고 경험적으로 엄격한 분과학문으로서 출현하기 이전에는 종교에서 기원된 조잡하고 고도로 일반화된 관념들의 덩어리일 뿐이다. "……사유와 성찰이 단지 그것들을 체계적으로 이용할 뿐인 과학에 앞서 나타난다."

그러나 이 생각들은 어떤 체계적인 방식으로도 결코 검증되지 않는다. "사실들(facts)은 예로서, 또는 그 생각들이 옳다는 것을 보여주는 증거로서, 단지 부차적으로만 끼어들게 될 뿐이다."[29] 이 전(前) 과학적 단계는 개념적 논의만으로는 극복되지 않으며, 경험적 방법을 도입함으로써 극복된다. 이 점은 아마 자연과학보다는 사회과학에서 더욱 중요할 것이다. 이는 사회과학에서는 연구대상이 인간 활동 그 자체와 관련되어 있고, 따라서 사회현상들을 주목할 만한 실체성이 없는 것으로(개인 의지의 소산인 것으로) 보거나, 또는 그 반대로 이미 완전히 알려져 있는 것으로 취급하는 경향이 강하기 때문이다.

그런 식으로 '민주주의', '코뮌주의' 등의 용어들이 마치 정밀하게 알려져 있는 사실들을 의미하고 있는 듯이 아무 거리낌 없이 쓰이고 있지만 진실은 "그것들이 우리들에게 촉발하는 것이라고는 혼란한 관념들, 한덩어리로 뒤엉킨 흐릿한 인상들, 편견들 및 감정들밖에 없다"[30]는 것이다. 사회적 사실이 '사물'(things)로 취급되어야 한다는 명제는 바로 이 경향들에 맞서 제시된 것이다. 그리하여 뒤르켕은 사회적 사실들은 자연계의 물체들이 그렇듯이 직감(direct intuition)을 통해서 즉각 그 속성을 알아낼 수도 없고, 개별 인간의 의지에 따라 어떻게 되는 것도 아니라는 의미에서만 그것들을 자연계의 사물들과 동일시한다. "사실 '사물'의 가장 중요한 특징은 단순히 의지만으로는 변형시킬 수 없다는

---

29) *RSM*, pp.14, 15.
30) *RSM*, p.22.

점이다. 사물이 어떠한 변형도 겪지 않는다는 것이 아니라 단순히 의지의 작용만으로는 그것에 변동을 일으키기에 충분하지 않다는 말이다……. 우리는 사회적 사실들이 이 같은 특징을 가진다는 점을 이미 살펴보았다."[31]

사회적 사실을 사물로 취급해야 한다는 원칙, 객관성 원칙을 지키려면 사회 현실을 연구하는 사람은 철저히 초연해져야 한다. 이것은 연구자가 완전하게 '열린 마음'으로 주어진 연구 분야에 접근해야 한다는 것을 의미하는 것은 아니며, 그보다는 연구하기로 한 대상에 대해 감정 중립적인 태도를 취해야 한다는 뜻이다.[32] 여기서 관건이 되는 것은 통속적인 사고에서 볼 수 있는 혼란스럽고 일관성 없는 용어들을 피할 수 있게끔 정밀하게 정의된 개념들을 확립하는 것이다. 그러나 연구의 시작 단계에서는 우리는 분명히 문제가 되고 있는 현상에 관해 체계적으로 도출된 지식이 거의 없는 경우가 많다. 그러므로 우리는 우리의 연구대상을 '즉각적으로 감지하기에 충분할 만큼 외적인' 속성들로써 개념화하는 것에서부터 시작해야 한다.[33]

예컨대 『분업론』에서 뒤르켐은 범죄가 되는 행위를 형벌 성격을 갖는 제재의 존재라고 하는 '외적 특성'을 충족시키는 행위들로 국한시키려고 한다. 즉 범죄는 처벌을 초래하는 모든 행위다. 그러나 이것은 좀더 만족스러운 범죄 개념, 즉, 범죄는 집합체적으로 숭상되는 신념들과 감정들을 위반하는 행위라는 개념을 만들어내기 위한 한 수단이다.[34] 이 접근은 한 현상의 바탕에 깔려 있는 보다 근본적인 특징들을 무시하고, 그것의 표피적인 특징들에 부당하게 큰 중요성을 부여한다는 비판을

---

31) *RSM*, pp.28, 29.
32) 뒤르켐은 "검증 중인 명제들에 대한 지나친 초연함은 노력과 사고(思考)의 지속을 방해하는 심각한 결점을 가지고 있다"고 경고한다. "Sur le totémisme," *AS*, vol.5, 1900~1901, p.89.
33) *RSM*, p.35: Roger Lacombe, *La méthode sociologique de Durkheim*(Paris, 1926), pp.67 이하의 통찰력 있는 분석을 보라.
34) *RSM*, pp.35, 36.

받을 수도 있을 것이다. 뒤르켕은 '외적' 특징들에 근거를 두는 정의는 '사물들과의 접촉점을 얻기' 위하여 마련된 것으로 예비적 용도를 가질 뿐이라고 강조하는 것으로 이 비판에 대응한다.35) 그런 개념은 관찰 가능한 현상들에서부터 연구를 시작할 수 있게 함으로써 연구 분야로 들어설 입구를 제공한다.

사회학에서 펼치는 설명과 증명의 논리에 관한 뒤르켕의 관찰은 사회적 사실들의 주요 특징들에 대한 그의 분석과 긴밀하게 관련되어 있다. 사회적 현상들의 설명에 이용될 수 있을 접근으로는 기능적인 것과 역사적인 것 두 가지가 있다. 사회적 현상의 기능적 분석에는 "연구 중인 사실과 사회 유기체의 일반적 요구들 사이의 상응 여부와 이 상응의 근거……"를 밝혀내는 작업이 포함된다. "사회적 현상들은 일반적으로 그것들이 산출하는 유용한 결과들을 위해서 존재하는 것이 아니기 때문에" '기능'은 심리학적인 '목표'나 '의도'와는 구별되어야 한다.36) 개인들에게 사회적 활동에 참여하도록 이끄는 동기나 감정들은 대부분의 경우 그 활동의 기능과는 일치하지 않는다. 사회는 단순한 개인적 동기들의 집합체가 아니라, '그 자체의 특성을 가진 하나의 독특한 실체'다. 여기서 사회적 사실들은 그런 동기들을 통해서 설명될 수 없다고 하는 결론이 나오게 된다.

뒤르켕에 의하면 사회적 기능을 밝혀낸다고 해서 문제가 되고 있는 사회현상이 '왜' 존재하는지가 설명되는 것은 아니다. 사회적 사실을 산출하는 원인들은 그 사회적 사실이 사회 속에서 가지는 기능과는 구별될 수 있다. 뒤르켕은 기능과 원인 사이에서 설명을 끝내려고 하는 모든 시도들은 사회발전을 최종적 원인들을 통해 목적론적으로 설명하게 될 뿐이라고 지적한다. 최종적 원인들에 입각한 '설명'은 『분업론』과 『자살론』 모두에서 뒤르켕이 비판하는 것과 같은 잘못된 추론을

---

35) *RSM*, p.42.
36) *RSM*, p.95.

야기한다.

그리하여 콩트는 인류의 진보적인 힘이 전적으로 "인간에게 어떤 환경에서든지 언제나 자신의 처지를, 그것이 무엇이든 간에, 개선해 가도록 직접 재촉하는" 이 궁극적인 경향에 있다고 본다. 그리고 스펜서는 이 힘을 더 큰 행복에 대한 욕구와 관련시킨다. ……그러나 이 방법은 매우 다른 두 가지 질문을 혼동하고 있다……. 우리가 사물을 필요로 한다는 사실이 그 사물들에게 존재를 부여할 수는 없으며, 그것들의 독특한 성질을 부여할 수도 없다.[37]

그러므로 주어진 사회적 사실을 낳는 원인들은 그 사실이 어떤 사회적 기능들을 수행하든 그것과는 별도로 밝혀져야 한다. 나아가서, 기능들을 밝히려 하기에 앞서서 원인들을 먼저 밝혀내는 것이 적절한 방법론적 절차다. 이는 한 현상을 불러온 원인들에 관한 지식이 어떤 상황에서는 그 현상이 낳을 수도 있을 기능들에 관한 통찰을 얻을 수 있게 해주기 때문이다. 뒤르켐에 의하면 원인과 기능이 별개의 성질을 가진다고 해서 양자간에 상호관계가 존재할 수 없는 것은 아니다. "원인 없이 결과가 존재할 수 없다는 것은 분명하다. 그러나 원인은 원인대로 그 결과를 필요로 한다. 결과가 에너지를 끌어오는 것은 원인으로부터다. 그러나 때로는 결과가 원인에 에너지를 되돌려주기도 하며, 따라서 결과가 소멸하면 원인은 반드시 그것으로부터 영향을 받도록 되어 있다."[38] 『분업론』에서 제시하는 예에서는 이런 식으로 '처벌'의 존재가 강력하게 지지되는 집합체적 감정의 확산과 인과적으로 결부된다. 처벌의 기능은 이 감정들을 동일한 강도로 유지시키는 데에 있다. 위반행위가 처벌되지 않는다면 사회적 통합에 꼭 필요할 정도의 감정의 강도

---

37) *RSM*, pp.89, 90.
38) *RSM*, pp.95, 96.

가 보존되지 않을 것이다.

정상태와 병리태

『사회학적 방법의 규칙』의 한 장은 사회병리학의 과학적 기준을 확립하려는 시도에 할애되고 있다. 여기에서 뒤르켕의 논의는 그가 초기의 논문들에서 품은 관심들로부터 직접 발전된 것으로, 그의 전 사상에 걸쳐 실로 중추적인 중요성을 갖는다. 뒤르켕은 대부분의 사회이론가들이 과학적 명제들(사실에 관한 진술들)과 가치에 관한 진술들 사이에는 절대적인 논리적 간극이 있다는 견해를 가지고 있다고 지적한다. 이런 생각에 의하면 과학적 자료들이 목표들의 달성을 촉진하기 위한 하나의 기술적인 '수단'으로 쓰일 수는 있지만, 목표들 자체가 과학적 절차를 통해서 정당화될 수는 없다. 뒤르켕은 이런 생각이 전제하고 있는 '수단'과 '목표'의 구별이 실제로는 성립될 수 없다는 입장을 바탕으로 이 칸트식 이원론(Kantian dualism)을 거부한다. 뒤르켕이 보기에는 수단과 목표를 양분법적으로 나누는 것은 일반철학 영역에서의 오류들을 수반하는데, 그것들은 공리주의적 사회 모델—즉, 인간들이 추구하는 '수단'과 '목표' 양자 모두(both the 'means' and the 'ends')가 경험적으로 볼 때 그 인간들을 구성원으로 하는 사회형태의 소산이라고 보는 모델—로 더 구체적으로 드러나는 오류들과 닮은꼴이다.

모든 수단은 다른 관점에서 보면 그 자체가 하나의 목표다. 수단이 가동되게 하기 위해서는 수단 또한 그것이 실현시키고자 하는 목표만큼이나 강력하게 추구되어야 한다. 주어진 목표로 이어지는 길은 언제나 여러 갈래이며, 따라서 그 사이에서 선택이 있어야 한다. 과학이 최선의 목표를 선택하려는 우리를 도울 수 없다면 어떻게 그것에 도달할 수 있는 최선의 수단을 알려줄 수 있다는 말인가? 왜 과학이 가장 경제적인 수단보다는 가장 빠른 수단을, 가장 간단한 수단보다는 가장 확실한 수단을(또는 그 반대를) 권고해야만 하는가? 만일 과학이 궁극적인 목표를 결정하는 데서 우리의 안내자가 될 수 없다면, 그것은 우리가 수단이라고 부르는 이차적이고 종속적인 목표를 결정하는 경우에도 마찬가지로 무력하다.[39]

뒤르켐의 견해로는 수단과 방법의 이분법적 구분은 생물학에서 '정상태'와 '병리태'의 구별에 적용하는 것과 비슷한 원리들을 적용함으로써 극복될 수 있다. 뒤르켐은 사회학에서 병리태를 식별하는 데는 독특한 어려움이 있다는 점을 인정한다. 그래서 그는 이전에 이미 적용한 적이 있는 방법론적 교훈을 적용하려고 한다. 사회적 영역에서 정상적인 것은 보편성이라는 '외적이고 감지 가능한 특성들'에 의해서 식별될 수 있다는 것이다. 다른 말로 표현한다면, 일종의 예비적인 방편으로서 하나의 사회적 사실이 주어진 유형(type)의 사회들 속에 확산되어 있는 정도를 살펴봄으로써 정상적인지 아닌지를 판정할 수 있다. 한 사회적 현상이 동일 유형의 모든 사회, 또는 대다수의 사회에서 발견된다면, 더 자세한 연구에 의해 보편성의 기준이 잘못 적용되었음이 밝혀지는 경우를 제외하고 그 현상은 '정상적'이라고 간주될 수 있다. 그렇다면 주어진 유형의 사회에서 '일반적'(general)인 하나의 사회적 사실은 이 일반성이 그 사회 유형이 기능하는 상황 속에서 발견된다는 점이 밝혀질 경우에 '정상적'이다. 『분업론』의 주된 논지를 참조함으로써 이 점을 자세히 밝힐 수 있다.

뒤르켐은 거기서 강력하게 규정된 집합의식의 존재는 분업이 발전되어 있는 사회의 기능(functioning)과는 양립되지 않는다는 점을 보여준다. 유기적 연대의 비중이 점점 커지면 전통적인 형태의 신념들은 약화되지만, 정확히 말하자면 사회적 연대가 분업체계 속의 기능적 상호

---

[39] *RSM*, p.48; *RMS*, p.48. 여기에는 이 문제에 대한 베버의 견해에 대한 비판이 함축되어 있는데, 논지는 스트라우스와 비슷하다. Leo Strauss, *Natural Right and History*(Chicago, 1953), p.41.

의존성에 점점 더 의존하게 되기 때문에 집합체적 신념들의 약화는 근대적 사회 유형의 정상적인 특징이다. 그렇지만 이 특수한 경우에는 일반성이라는 예비적 기준이 정상성의 판정에 적용될 수 없다. 근대사회들은 여전히 과도기를 거치고 있는 중이고, 전통적인 신념들은 어떤 논자들이 그것의 쇠퇴를 병리적인 현상이라고 주장할 정도로 여전히 중요하다. 그러므로 이 경우에는 이 신념들이 아직껏 보여주고 있는 일반성이 정상적인 것과 병리적인 것의 정확한 지표가 아니다.

이처럼 급격한 사회변동의 시기, "유형 전체(entire type)가 아직 새로운 모습으로 안정되지 못한 채 진화의 과정을 겪고 있을 때"는 대체되어가고 있는 유형에서 정상적이었던 요소들이 여전히 존재한다. '과거에 이 일반성을 있게 했던 조건들'을 분석하고, '이 조건들이 현재도 여전히 주어져 있는지를 탐구'하는 것이 필수적이다.[40] 만일 이 조건들이 사라지고 없다면, 문제가 되고 있는 현상은 비록 '일반적'일지라도 '정상적'이라고 불릴 수 없다.

뒤르켕에 의하면, 특정 사회 유형들에서 정상성의 기준을 숙고함으로써 우리는 역사를 일련의 독특하고 반복 불가능한 사건들의 연속이라고 보는 사람들과 초역사적인 윤리적 원리들을 세우려고 하는 사람들 사이에서 윤리학 이론의 방향을 잡아나갈 수 있게 된다. 첫 번째 견해에서 일체의 일반윤리학의 가능성은 배제된다. 두 번째 견해에서는 '모든 인류에게 영원히 적용될' 윤리 규정들이 만들어진다. 뒤르켕 자신이 여러 경우에 쓰고 있는 한 가지 예를 들어볼 수 있겠다. 고대 그리스의 '도시국가'(polis)에 적합했던 도덕적 관념들은 종교적인 사유들, 그리고 노예제에 바탕을 두는 특수한 계급구조에 뿌리를 두었다. 따라서 이 시기의 많은 윤리 관념은 이제는 낡아서 쓸모없게 되었고, 근대 세계에서 그것들을 소생시켜보려는 노력은 아무 성과도 거둘 수 없다. 예컨대 그리스에서는 과학과 문학의 모든 분야를 교육받은 원숙한 '교

---

40) *RSM*, p.61.

양인'이라는 이상이 그 사회에 절대로 필요했다. 그러나 이 이상은 고도로 세분화된 분업에 바탕을 두는 질서가 요구하는 것들과는 어울리지 않는다.

이 문제에 관한 뒤르켕의 입장에 대해 즉각 제기될 수도 있을 한 가지 비판은 이 입장이 도덕적으로 바람직한 것을 현존 사정——그것이 어떻든 간에——과 동일시하는 것처럼 보임으로써 현상(現狀)에 순응하라고 유혹한다는 것이다.[41] 뒤르켕은 그럴 가능성을 부인한다. 이와는 정반대로, 사회변동을 추진하려는 능동적인 개입이 조금이라도 성공을 거두려면 사회 현실 속에서 출현할 잠재력을 가진 경향들에 관한 명확한 지식이 있어야만 한다. "미래는 그것을 읽을 줄 아는 사람에게는 이미 씌어 있다……."[42]

우리는 도덕성에 대한 과학적 연구를 통해서 형성 중이기는 하지만 아직도 대중의 의식으로부터는 전반적으로 가려져 있는 이상들(ideals)을 식별해낼 수 있게 된다. 이 이상들이 단순히 일탈적인 것으로 그치는 것이 아님을 밝힘으로써, 그리고 그것들의 밑바닥에서 그것들의 성장을 촉진하는 변동하는 사회적 조건들을 분석함으로써, 우리는 어떤 경향들이 육성되고 어떤 경향들이 낡아버려서 배척되어야 할 것인지를 알 수 있다.[43] 물론 과학이 완전하게 발전해서 우리가 어느 경우에나 그것의 안내를 받아 완벽하게 행동할 수 있게 되는 상황은 결코 오지 않을 것이다. "우리는 살아야만 하고, 종종 과학보다 앞질러 가야만 한다. 그럴 때 우리는 우리가 할 수 있는 대로 해야 하고, 우리에게 주어져 있는 만큼 과학적 관찰들을 이용해야만 한다……."[44]

뒤르켕은 자신의 입장이 논리적 일관성을 가진 윤리학을 만들어내려

---

41) 책이 나오자 오래지 않아 비판가들이 그런 주장을 펼쳤다. 뒤르켕은 AS, vol.10, 1905~1906, pp.352~369에서 초기의 비판가들 중 세 명에 대해 답했다.
42) Ibid, p.368.
43) "The determination of moral facts," Sociology and Philosophy(London, 1965), pp.60 이하.
44) Ibid, p.67.

는 모든 추상적인 '철학적' 시도들을 완전히 무용지물로 취급하는 것은 아니라고 주장한다. '도덕은 만들어지고 기능하기 위해서 철학자들의 이론을 기다리지는 않았다'는 말이 진실이기는 하지만, 이 말은 도덕률을 품고 있는 사회적 틀에 대한 경험적 지식이 주어졌을 때에도 철학적 성찰이 기존의 도덕률을 변동시키는 데 아무런 역할도 할 수 없다는 것을 의미하는 것은 아니다. 실제로 철학자들은 역사 속에서 흔히—보통 의식적으로 깨닫지는 못하는 가운데—그런 역할을 해왔다. 그런 인물들은 보편적인 도덕적 원리들을 선포하고자 애썼지만, 사실은 자기 사회에 임박해 있던 변동들의 선각자이자 산파로서 활동했다.[45]

---

45) *RSM*, p.71. 마르크스도 범죄적 활동의 혁신적(innovative) 성격을 논하면서 이에 비교될 만한 논지를 편다. *Theories of Surplus Value*(ed. Bonner & Burns), p.376.

제7장 개인주의 · 사회주의 · 직업집단

사회주의와의 대결

『분업론』에서 펼쳐진 이론과, 거기서 처음 등장한 주제들을 계속 추구하고자 했던 뒤르켕의 뒤이은 시도들은 필연적으로 사회주의 교의들과의 직접적인 대결을 불러왔다. 모스(Marcel Mauss)의 증언에 의하면, 뒤르켕은 학생 시절에 벌써 '개인주의와 사회주의의 관계'에 관한 연구에 몰두하기로 마음먹었다.[1] 뒤르켕은 이 시기에 생시몽과 프루동의 학설에 친숙해져 있었고, 마르크스의 저술들도 처음으로 알게 되었다. 그러나 『분업론』을 쓸 당시, 그의 사회주의 이론에 관한 지식은 상당히 얄팍했다. 뒤르켕이 지적 활동의 초기에 가장 큰 관심을 가졌던 사회주의 이론은 셰플레와 강단 사회주의자들이 내세운 것과 같은 개량주의적인 사회민주주의 이론이었다.[2]

『분업론』과 『자살론』, 그리고 다른 많은 저작에서 뒤르켕은 당시 사회들이 겪고 있던 위기에 관해 언급한다. 『분업론』에서 분명히 해두었

---

[1] Marcel Mauss, Soc 제1판의 "Introduction," p.32.
[2] 뒤르켕은 "Le programme économique de M. Schäffle," *Revue d'économie politique*, vol.2, 1888, pp.3~7에서 셰플레의 *Der Sozialismus*에 대한 서평을 쓰고 있다.

던 것처럼, 이것은 대체로 경제에 뿌리를 두고 있는 위기도 아니고, 경제적인 조치로 해결할 수 있는 위기도 아니다. 따라서 뒤르켕이 보기에 대부분의 사회주의자들이 제시하는 강령들—중앙집중적 경제통제를 통한 부의 재분배를 위주로 하는—은 현대가 당면하고 있는 가장 심각한 문제들을 잘못 파악하고 있다. 사회주의는 현대사회에 번져 있는 '막연한 불안감'(malaise)의 한 표현이지만, 그 자체가 이의 극복에 필수적인 사회적 재건의 적절한 기초가 될 수는 없다.

  사회주의에 대한 뒤르켕의 태도는 사회주의가 다른 관념체계들에 대해서 가하는 것과 똑같은 식의 분석을 사회주의 학설들 자체에 대해서도 적용해야 된다는 생각에 바탕을 둔다. 즉 사회주의 이론들도 그것들을 낳은 사회적 맥락과의 관련 속에서 연구되어야 한다는 것이다. 그런 분석을 시도하는 뒤르켕은 먼저 '사회주의'와 '공산주의'를 초보적으로 구별한다.[3] 공산주의적 아이디어들은 뒤르켕이 알고 있는 의미로는 역사상 여러 시대에 존재해왔던 반면, 사회주의는 최근의 역사가 낳은 하나의 특이한 산물이다. 공산주의적인 저술들은 보통 허구적인 유토피아 형태를 취하는데, 플라톤, 토머스 모어, 그리고 캄파넬라의 글들에서 그 다양한 예들을 볼 수 있다. 이 유토피아적인 생각들을 뒷받침하는 주된 관념은 사유재산이 모든 사회악의 궁극적인 원천이라는 것이다. 결과적으로 공산주의적 저술가들은 물질적 부를 도덕적 위험물로 취급하고, 엄격한 제한을 가하여 그것의 축적을 견제해야 한다고 보았다. 공산주의 이론에서 경제생활은 정치적 영역과 분리된다. 예컨대, 플라톤의 이상적인 공동체에서 통치자는 노동자들이나 장인들의 생산활동에 간섭할 권리가 전혀 없고, 후자의 집단들 역시 정부의 운영에 영향력을 행사할 아무런 권리가 없다.

---

[3] 뒤르켕은 이 구별을 뒷받침하는 몇몇 명백한 언어학적인 근거가 있음을 지적한다. '사회주의'라는 단어는 '공산주의'와는 달리 최근에 생겨난 것으로, 19세기 초기에서부터 쓰이기 시작했다. Soc, p.65. 마르크스도 물론 이 사실을 알고 있었지만, 그는 용어법상 두 단어를 전혀 일관성 있게 구별하지 않는다.

플라톤에 의하면, 이 분리의 이유는 부와 그것에 관련된 모든 것이 공중 타락의 주된 원천이라는 점이다. 이것은 개인적 이기심을 고취시킴으로써 시민들을 다투게 하고 국가들을 망하게 하는 내부적 갈등의 고삐를 풀어버린다······. 그러므로 이것을 공적 생활의 바깥에, 그것이 단지 타락시킬 수 있을 뿐인 국가로부터 가급적이면 먼 곳에 두는 것이 반드시 필요하다.[4]

사회주의는 18세기 후반과 19세기에 유럽 사회들의 모습을 바꾼 사회변동의 산물이다. 공산주의는 정치와 경제가 분리되어야 한다는 생각에 바탕을 두고 있는 반면, 사회주의는 뒤르켕이 보기에는 그 두 가지가 융합되어야 한다고 보는 점이 바로 그 요체다. 사회주의의 으뜸가는 교의는 단순히 생산이 국가의 수중에 집중되어야 한다는 것으로 그치는 것이 아니라 국가의 역할이 전적으로 경제적이어야 한다는 것이다—사회주의 사회에서 경제의 경영 또는 관리는 국가의 기본 업무다. 가능한 한 부를 피하려고 하는 공산주의가 보통 금욕주의적인 특성을 띠는 한편, 사회주의의 교의들은 근대적 공업 생산은 모든 사람이 풍요한 부를 누리게 될 가능성을 제공한다는 전제 위에 세워져 있고, 보편적인 풍요를 성취하는 것을 으뜸 목표로 삼는다. 사회주의는 '현재 흩어져 있는 모든, 또는 일부 특정의 경제적 기능을 의식적으로 감독업무를 수행하는 사회의 중심들과 연결시킬 것'을 주장한다.[5]

그러므로 사회주의의 목표는 사회구성원 모두의 이익에 부합되도록 생산을 규제하고 통제하는 것이다. 그러나 뒤르켕이 보기에는 '소비'가 중앙집중적으로 규제되어야 한다고 보는 사회주의 교의는 하나도 없다. 그와는 반대로, 사회주의자들은 각 개인은 생산의 열매를 자신의 개인적 성취를 위해 자유롭게 이용할 수 있어야 한다고 주장한다. 이와

---

4) Soc, p.68; Le socialisme(Paris, 1928), p.44.
5) Soc, pp.54, 55; Le socialisme, p.25.

는 대조적으로 공산주의에서는 "공동체적인 것은 소비이고, 사적인 것으로 남는 것은 생산이다." 뒤르켕은 덧붙여서 말한다. "의심할 여지없이—오해하기 쉽도록 되어 있기는 하지만—양자 모두에서 규제가 이루어지도록 되어 있지만, 양자의 규제는 상반되는 방향으로 이루어진다는 점을 주목해야 한다. 하나는 산업을 국가에다 묶어둠으로써 산업을 교화하려 하고, 다른 하나는 국가를 산업으로부터 배제시킴으로써 국가를 교화하려 한다."[6)

이제 이 분석과 『분업론』에 나타난 분석의 연결이 뚜렷해진다. 공산주의는 분업의 발전 단계가 낮은 사회들에 어울리고, 또 원래 그런 사회들에서부터 출현한 신조다. 공산주의 이론은 각 개인이나 각 가족을 보편적인 생산자로 이해하는 모습을 보인다. 사람들이 모두 비슷한 규모의 소농지에서 생산을 하고, 그들이 하는 노동도 모두 비슷하기 때문에, 거기에는 생산에서 일반적인 협력적 의존—어떤 종류의 것이든—이 전혀 없다. 이것은 직업적 전문화가 그다지 진전되지 않은 부류의 사회다.

유토피아에서는 각자가 자기 방식으로, 자기가 적합하다고 생각하는 대로 일하며, 그에게 부과되는 의무는 그저 게으름을 피워서는 안 된다는 것뿐이다……. 각자가 똑같은 일—또는 거의 같은 일—을 하기 때문에 어떻게 협력할지를 두고 조정할 일이 아예 없다. 다만 각자가 생산한 것이 그에게 속하지 않을 뿐이다. 그는 그것을 마음대로 처분할 수 없다. 그는 그것을 공동체로 가져가며, 사회가 집합체적으로 그것을 사용할 때만 그것을 소비한다.[7)

한편 사회주의는 분업이 고도로 발달된 사회에서만 발생될 수 있었

---

6) *Soc*, pp.70, 71; *Le socialisme*, pp.47, 48.
7) *Soc*, p.71.

던 이론 가운데 하나다. 이것은 현대사회의 병리적인 분업 상황에 대한 하나의 반응이며, 집합체의 생산 활동을 재조직할 경제적 규제의 도입을 촉구한다. 우리는 사회주의 이론이 경제가 국가에 '종속'되어야만 한다는 생각을 내세우지는 않는다는 점을 이해해야 한다고 뒤르켐은 강조한다. 뒤르켐이 보기에 사회주의 이론은 경제와 국가가 합병되고, 이 통합이 국가의 특수하게 '정치적'인 성격을 제거하리라고 본다.

예컨대 마르크스의 학설 속에서는 현재와 같은 모습의 국가—즉 어떤 특정한 역할을 가지며, 상·공업, 역사적 전통, 종교적이거나 비종교적인 공통의 신념들 등이 갖는 이해관계보다 우월하고 독자적인 이해관계들을 대표하는 국가—는 더 이상 존재하지 않을 것으로 되어 있다. 오늘날 국가의 전문 영역이 되어 있는 순수한 정치적 기능들은 더 이상 존재이유를 가지지 못하고, 오직 경제적인 기능들만 존재하도록 되어 있다.[8]

뒤르켐에 의하면, 계급갈등은 사회주의의 근본 교의들에 본질적으로 내재하는 것이 아니다. 물론 뒤르켐은 대부분의 사회주의자들—특히 마르크스—이 자기네들의 목표 달성과 노동계급의 운명이 불가분의 관계에 있다고 본다는 점을 알고 있다. 그러나 부르주아지의 이익에 반대되는 노동계급의 이익 옹호는 중앙집중적인 생산 규제를 실현하고자 하는 사회주의의 주된 관심사에 비해서는 사실상 부차적인 것이라고 뒤르켐은 주장한다. 사회주의자들에 의하면, 노동계급의 처지에 영향을 미치는 가장 중요한 요인은 그들의 생산 활동이 사회 전체가 아니라 자본가계급의 필요에 맞춰진다는 점이다. 따라서 사회주의자들의 관점에서 보면, 자본주의 사회의 착취적 성격을 극복하기 위한 유일한 길은 계급들을 완전히 철폐하는 데 있다는 결론이 나오게 된다. 그러나 계급

---

8) Soc, p.57.

갈등은 단지 더 기본적인 목표들이 달성되도록 해줄 역사적 매개물일 뿐이다. "그러므로 노동자들의 운명의 개선은 어떤 특별한 목표가 아니다. 사회 관리 기구들이 경제 활동들을 규제할 때 필연적으로 생겨나게 되는 여러 결과 가운데 하나일 뿐이다."[9]

그렇다면 공산주의와 사회주의는 대부분의 측면에서 뚜렷한 대조를 보이는 셈이다. 그러나 양자가 수렴하고 있는 한 가지 중요한 측면도 있다. 즉 양자는 모두 개인의 이익이 집합체의 이익을 압도하게 되어가고 있는 상황들을 치유하는 데 관심을 가지고 있다. "양자는 모두 자유로운 이기주의의 발휘는 자동적으로 사회질서를 산출해내기에 충분하지 못하고, 집합체적 필요들이 개인의 편의보다 중시되어야 한다는 이중적인 감각에 의해 추진된다."[10] 그러나 여기서조차도 양자의 일치는 완벽하다고 하기에는 매우 거리가 멀다. 공산주의는 이기주의를 철저히 말살하려 하는 반면, 사회주의는 '역사의 특정 계기에 설립된 대기업들이 개인적으로 전유(專有)되는 것만을 위험시한다.'[11]

역사적으로 볼 때, 18세기에 있었던 공산주의적 아이디어들의 고조는 뒤이어 펼쳐질 사회주의 이론들의 전조였고, 부분적으로는 그 속으로 섞여 들어가게 되었다. "그리하여 사회주의는 공산주의에 노출되었다. 사회주의는 그 자체의 강령들을 추진해 나가는 동시에, 공산주의 속에서도 하나의 역할을 수행했다. 이런 의미에서 사회주의는 사실상 공산주의의 상속자였고, 공산주의로부터 파생되지 않음으로써 독자성을 유지하면서 공산주의를 흡수했다."[12] 뒤르켐은 사회주의자에게 종종 '부차적인 것을 본질적인 것으로' 오해하게 하는 것은 바로 이 혼동이라고 말한다. 다시 말해서, 사회주의자들은 '공산주의의 근저에 깔려 있는 관대한 성향들에 대해서만 반응'하고, '노동자들의 짐을 덜어주

---

9) *Soc*, p.60; *Le socialisme*, p.33.
10) *Soc*, p.75.
11) *Soc*, p.75.
12) *Soc*, p.91.

고, 자비와 법적인 조치로써 그들의 어려운 상황을 '보상'하고자 하는 데 대부분의 노력을 기울인다. 물론 이것은 완전히 바람직하지 못한 노력인 것은 아니다. 그러나 그들은 '우리가 계속 주시해야 할 목표로부터 벗어나 있다…….'[13]

그들이 문제를 제기하는 방식을 보면 관련 쟁점들의 진정한 성격이 간과된다.[14] 그러나 뒤르켕이 보기에는 사회주의는 근대세계에서 가장 중요한 운동이다. 이는 사회주의자들—또는 최소한 생시몽과 마르크스 같은 인물 가운데 보다 정교한 이론가들—이 현대사회가 전통적인 종류의 사회들과 뚜렷하게 다르다는 것을 의식하고 있을 뿐만 아니라, 구사회로부터 신사회로의 이행이 가져온 위기를 극복하기 위해 꼭 필요한 사회의 재조직을 위한 종합적인 강령들도 마련했기 때문이다. 그러나 사회주의자들이 제시한 정책들은 그들이 부분적으로는 정확하게 진단했던 상황을 치유하는 데는 부적합하다.

국가의 역할

뒤르켕은 계급혁명을 통해서 현대사회를 재조직해야 할 필수성을 분명하게 거부하지만, 한편으로는 계급분할의 소멸을 향해서 펼쳐지는 하나의 뚜렷한 추세를 예견한다.[15] 상속권 존속은 '사회의 양대 계급', 즉 노동과 자본의 계급분할을 지탱해주는 기본요인 가운데 하나다. 부의 상속으로 자본이 소수의 수중에 집중되어 있는 상태는 지속될 수 있다.[16] 뒤르켕은 가난한 이들의 물질적 생활조건들을 개선하기 위한 복지 프로그램과 기타 조치들의 필요성도 받아들인다. 뒤르켕은 이 모든 것이 오직 경제의 규제(regulation)라는 바탕 위에서만 가능하다는 점

---

13) *Soc*, p.92.
14) *Soc*, pp.104, 105.
15) 아래 pp.377~379를 보라.
16) *PECM*, p.213

을 시인한다(그러나 뒤르켕의 견해로는 경제의 규제는 전적으로 국가에게만 맡겨져서는 안 된다).[17]

그러나 현대 세계가 당면하고 있는 위기는 경제적인 성격의 것이라기보다는 도덕적인 성격이기 때문에, 경제 재조직만으로는 이 위기를 해결하기보다 오히려 악화시킬 것이다. 옛 사회 형태들의 도덕적 배경이었던 전통적 종교제도들이 파괴된 데 따른 필연적인 결과로 경제적 관계의 지배력이 지속적으로 강화되었는데, 그것은 정확히 현대사회에서 아노미의 주요 원천이다. 이 점을 이해하지 못함으로써, 사회주의는 현대의 위기에 대해 정통 정치경제학과 마찬가지로 적절한 해결책을 제시하지 못한다. 대부분의 쟁점들에서 대립하면서도, 사회주의자들과 경제이론가들은 몇 가지 특성을 공유한다. 둘 다 경제적 조치들이 현대사회가 안고 있는 지금의 난제들을 극복할 수 있는 해결책이라고 본다. 둘 다 정부의 역할을 최소한으로 줄이는 것이 가능하고 또 바람직하다고 믿는다. 경제학자들은 시장의 자유로운 작동이 완전하게 보장되어 정부의 역할은 계약관계를 보호하는 것으로 한정되어야 한다고 제안한다. 사회주의자들은 중앙집중적인 생산 통제를 경유하여 시장질서에 영향을 미치는 것으로 정부의 역할을 한정하기를 원한다. "그러나 둘 다 정부에게 다른 사회적 기관들을 자신에게 복속시키고, 그것들이 자신들을 넘어서는 하나의 목표로 수렴하도록 만들 권능을 주어서는 안 된다고 본다."[18]

뒤르켕의 생각으로는 국가는 경제적 역할뿐만 아니라 도덕적 역할도 맡아야 한다. 그리고 현대세계의 '막연한 불안'을 완화할 방법은 일반적으로 경제적이라기보다는 도덕적인 조치들에서 찾아야 한다. 전통사회에서는 압도적 권위를 갖는 종교 당국이 빈자에게는 운명을 감수하라고 조언하고 부자에게는 자기보다 처지가 나쁜 이들을 돌보아야 한

---

17) "La famille conjugale," *RP*, vol.91, 1921, pp.10 이하.
18) *Su*, p.255; *LS*, p.284.

다고 가르침으로써 모든 계층에 대하여 소망의 한계를 제시해주었다. 이 질서는 인간의 행위와 잠재력을 좁은 울타리 안에 가두어두는 억압적인 성격을 띠었지만, 그럼에도 불구하고 사회에 확고한 도덕적 통합을 가져다주었다. 현대가 당면하고 있는 특징적인 문제는 전통사회가 해체되면서 분출된 개인의 자유와 사회 존립 자체의 기반이 되는 도덕적 통제의 유지를 조화시키는 것이다.

국가와 민주적 정체에서 정치적 참여의 성격에 대한 뒤르켕의 분석은 현대사회들의 발전 과정에서 나타날 수 있는 추세에 관한 견해에서 핵심을 이룬다. '정치적'이라는 개념은 정부와 피통치자의 분할을 전제하며, 따라서 일차적으로 더 발전된 사회들의 특징이라고 뒤르켕은 지적한다. 단순한 사회들에서 전문화된 행정기관들은 거의 존재하지 않는다는 것이다. 그러나 권위의 존재 그 자체가 정치적 조직의 존재를 알려주는 유일한 기준으로 취급될 수는 없다. 예컨대 친족집단은 추장이나 노인회 같은 권위 있는 개인이나 집단을 가질 수도 있지만, 그것으로써 정치사회(political society)가 되는 것은 아니다. 뒤르켕은 또한 고정된 영토를 지속적으로 점거하는 것이 국가 존재의 한 필수적인 특징이라는 견해(베버는 이 입장을 탁월하게 다듬었다)도 거부한다. 고정되고 뚜렷하게 구획된 영토가 생겨난 것은 역사적으로 나중에 일어난 일이다. 그것은 선진사회들의 특징이기는 하지만, 한 사회가 정치사회인지 아닌지를 정의하는 데 본질적으로 중요하다고 볼 수는 없다. 영토를 중시할 경우, '때로는 매우 세련된 구조를 가지기도 했던 거대한 유목사회들이 아무런 정치적 성격도 지니지 않았다고 보게 되는' 어리석음을 범하게 될 것이다.[19] 이와는 반대로, 가족들은 흔히 엄격하게 구획된 그들 자신의 영토를 가져왔다.

어떤 정치사상가들은 인구의 크기를 정치사회 존재의 한 지표로 확립하려고 노력했다. 뒤르켕은 이것이 받아들일 수 없는 것이기는 하지

---

19) *PECM*, p.43.

만 정치사회의 불가결한 특징 중의 하나인 그 무엇, 즉 문제의 사회가 하나의 단일한 친족 단위로 그치는 것이 아니라 다수의 가족 또는 이차적 집단들이 합쳐져서 구성된 사회라는 사실을 함축하고 있다고 말한다. "그렇다면 우리는 정치사회를 그 자체는 다른 어떤 상위 권위―적법하게 구성된―에도 종속되지 않는 하나의 동일한 권위의 지배를 받는 이차적인 사회집단들―그 수는 많을 수도 있겠고 적을 수도 있겠다―의 연합에 의해 형성된 사회라고 정의해야 할 것이다."[20] '국가'라는 용어는 정치사회 전체와 동의어가 되어서는 안 되고, 정부 권위가 집중되어 있는 기구인 관리(official)들의 조직체를 가리키기 위한 말로서 남겨져야 한다고 뒤르켕은 제안한다.

이와 같이 뒤르켕의 분석이 갖는 세 가지 구성요소는 행정당국(constituted authority)이 존재할 것, 행정당국의 권위가 적어도 어느 정도의 구조적 분화가 이루어진 사회에서 행사될 것, 특정의 관리 집단이 이 권위를 행사할 것 등이다. 뒤르켕은 이 특징들을 언급함으로써 그가 보기에 국가와 사회에 관해 대조적인 이론들을 제시하고 있는 주류 사상들―하나는 헤겔의 관념론이고, 다른 하나는 공리주의와 사회주의다―로부터 자신의 입장을 분리시키려고 한다. 순수하게 경제적인 관계들 이상의 무엇을 규제한다면, 국가는 사회보다 '우월'한 것도 아니고, 사회에 기생하는 두통거리에 불과한 것도 아니다. 뒤르켕에 의하면, 국가는 도덕적 기능을 수행하며 또 그래야만 하지만(그가 사회주의와도 공리주의와도 구별된다고 보는 생각임), 이것이 다른 한편으로 헤겔이 내세우는(뒤르켕이 보기에 그렇다) 국가에 대한 개인의 예속을 초래하는 것은 아니다.

---

20) *PECM*, p.45; *Leçons de sociologie*(Paris, 1950), p.55.

민주주의와 직업집단들

뒤르켕이 『분업론』에서 밝히고 있듯이, 사회가 점점 복잡해지면서 나타나게 되는 주된 추세는 개인이 집합의식에 속박되어 있던 상태로부터 점진적으로 해방되는 것이다. 이 과정과 결부되어 있는 것은 인간 개인의 권리와 존엄성을 강조하는 도덕적 이상들의 출현이다. 이것은 첫눈에는 국가 활동의 팽창에 대하여 참을 수 없는 반대를 낳을 것처럼 보인다. 뒤르켕은 분업이 점점 더 진전됨에 따라서 국가의 중요성이 커지는 경향이 보이는 것은 평범한 진리라고 말한다. 국가의 성장은 사회 발전의 한 정상적인 특징이라는 것이다.[21] 그러나 이 외견상의 모순은 현대사회들에서는 개인들의 권리를 인정하고 보호할 일차적 책임을 지는 제도가 바로 국가라는 사실을 생각해보면 해소된다. 이와 같이 국가의 팽창은 도덕적 개인주의의 발달 및 분업의 성장과 밀접하게 관련되어 있다. 그러나 어떠한 현대국가도 전적으로 시민적 권리들의 보증인이자 관리자로서만 행위하지는 않는다. 국제경쟁의 영속화는 민족을 하나의 집합체로 바라보는 것과 관련된 공통의 신념들(애국심, 민족적 자부심)이 생겨나도록 자극해왔다.

뒤르켕이 보기에 민족주의는 현대사회들에서 단지 부차적인 중요성을 가질 따름이지만,[22] 그럼에도 불구하고 이것은 민족적 이상들에 대한 동참과 범인류주의(pan-humanism)—개인들 사이의 평등과 자유

---

21) 그러나 뒤르켕은 앞에서 (p.170, 각주 49) 언급한 것처럼, 사회와 국가 간에 어떤 보편적인 관계가 없다고 강조한다. "사회의 종류들이 국가의 상이한 종류들과 혼동되어서는 안된다. ……한 민족의 정부체계에서 일어나는 변동이 반드시 사회의 지배적인 형태에서 변동을 의미하는 것은 아니다." 이것은 몽테스키외에 대한 뒤르켕의 비판의 한 요소를 이룬다. *Montesquieu and Rousseau*(Ann Arbor, 1965), p.33과 그 밖의 여러 곳을 보라.
22) 이것은 독일 군국주의의 경우에서처럼 병리적인 형태를 취할 수도 있다. *L'Allemagne au-dessus de tout*(Paris, 1915)에 실려 있는 트라이츠케의 Politik 에 대한 뒤르켕의 분석을 참조하라.

라고 하는, 오늘날 그처럼 강고하게 뿌리내리게 된 생각에 본질적으로 내재하는—사이에서 갈등을 생겨나게 하는 경향이 있다. 한편 민족적 자부심이 미래에 가서는 인류애(humanity)라는 일반적 이상을 진전시키는 데 기여하게 될 가능성도 생각해볼 수 없는 일은 아니다.[23]

이런 분석과는 별도로, 국가 활동의 지속적인 팽창이 결국은 국가가 하나의 관료독재가 되어버리는 지경에까지 이르게 될 가능성은 없을 것인가? 뒤르켕은 이것을 하나의 가능성으로 인정한다. 국가는 시민사회의 개인 대중의 이익과는 무관하게 하나의 억압기관이 될 수 있다. 개인과 국가 사이에서 조정 역할을 담당하는 이차적 집단들이 강력하게 발전되어 있지 않으면 그런 일이 일어날 수 있다. 이 집단들이 국가에 대한 균형추가 되기에 충분할 정도로 강력할 경우에만 개인의 권리들이 보호될 수 있다. 뒤르켕의 국가이론과 민주주의 개념, 그리고 나아가서 직업적 결사체들을 부활시키자는 요구를 연결시켜 주는 것은 바로 이 다원주의의 필요성을 강조하는 것이다.

뒤르켕은 전통적인 민주주의 관념이 주민 대중이 직접 통치에 참여할 것을 주장하는 한 그것을 거부한다.

> 발전단계가 가장 낮은 소부족들을 제외하고 모든 구성원의 직접적인 공동참여에 의해 통치되는 사회는 하나도 없다. 통치권은 언제나 출생이나 선거에 의해 선택된 소수의 수중에 있다. 사정에 따라서 넓거나 좁을 수 있지만, 그것은 언제나 제한된 범위의 개인들로만 구성된다.[24]

뒤르켕의 용어법에 의하면, 한 사회가 얼마나 민주적인지는 국가와

---

23) *PECM*, pp.73~75. 또한 뒤르켕이 민족은 '인류애(humanity)라는 관념의 부분적인 구현체의 하나로서 이해될' 수도 있을 것이라고 말하고 있는 *Moral Education*(New York, 1961), pp.80, 81도 참조하라.
24) *PECM*, p.85; *Leçons de sociologie*, p.103.

사회의 여타 수준 사이에 쌍방향 커뮤니케이션이 얼마나 잘 발달되어 있는가에 따라 달라진다. 뒤르켕에 의하면, 민주적 체제는 하나의 극도로 중요한 의미를 가지는 결과를 낳는데, 그것은 사회생활의 지도(指導, conduct)에 일종의 의식적이고 규제적인 특성이 배게 된다는 점이다. 전에는 별 생각 없이 받아들여지는 관습이나 습관에 의해 지배되던 사회생활의 많은 측면이 국가 개입의 대상이 된다. 국가는 경제생활과 법률의 집행에 개입하고, 교육에 개입하여, 심지어는 학문의 조직에까지 지도 개입한다.

그러므로 민주주의 사회에서 국가의 역할은 단순히 대중이 산만하고 비성찰적인 방식으로 떠받들고 있는 의견들과 감정들을 요약하고 표현하는 것이 아니다. 뒤르켕은 하나의 전체로서 집합의식을 사회적 '심성'(습관적이고 반사적인 사고방식을 많이 포함한다)이라고 보는 반면, 국가를 사회적 자아(즉, '의식')라고 부른다. 그리하여 국가는 흔히 기발한 아이디어들을 내고, 사회에 의하여 이끌리는 것 못지않게 사회를 이끌어나간다. 국가가 이 지도 역할을 맡지 않는 사회들은 전통의 멍에를 벗지 못한 사회들 못지않게 정체를 겪을 수 있다. 억압적인 전통의 영향이 대부분 사라져 버린 현대사회들에서는 비판정신이 마음껏 발휘될 수 있는 통로가 많이 마련되어 있고, 대중들 사이에서 의견과 분위기의 변동이 자주 일어난다. 만일 정부가 이것들을 너무 쉽게 받아들이게 되면 정치영역에서 끊임없는 불확실과 망설임을 낳을 것이고, 이는 어떤 구체적인 개선으로도 이어지지 못하게 될 것이다. 많은 피상적인 변동이 일어나지만, 서로가 서로를 소멸시켜버린다. "표면에서 그처럼 폭풍우가 몰아치는 것 같은 사회들이 실상은 일상 그대로인 경우가 흔하다."[25] 개인과 국가 사이에서 조정 역할을 하는 이차적 집단들이 부족한 환경에서 이런 상황이 잘 나타난다. 강력한 국가가 주어질 경우

---

25) *PECM*, p.94. 뒤르켕은 흔히 주장되고 있는 것처럼 사회적 갈등의 존재에 대해서 그처럼 거의 완전히 무감각하지는 않았다. 예컨대 "모든 사회는 단지 그것이 과거의 형태로부터 서서히 출현해왔고 미래의 형태로 나아가고 있다는 이유만으로

폭압적 전제로 이어질 수 있는 바로 그 동일한 조건이 국가가 허약한 곳에서는 변덕스러운 불안정을 낳을 수도 있다.

뒤르켕은 『분업론』 출판 이전에 이미 현대사회들에서 직업적 결사체들이 현재보다 더 큰 역할을 수행해야 한다는 결론에 도달했다.[26] 『분업론』에서 이 주제가 길게 다루어지고 있지는 않지만, 거기에 체계적으로 제시되어 있는 아노미적 분업에 대한 분석과 이 주제의 관계를 감지하기는 어렵지 않다.[27] 분업의 '결절점들'(nodal points) — 서로 다른 직업계층들(occupational strata) 사이의 접합과 교환이 이루어지는 점들 — 에 도덕적 통합이 결여되어 있는 한, 직업체계 속에 아노미는 존재한다. 직업 결사체들의 주된 기능의 하나는 이 결절점들에서 도덕적 규제를 보강하고, 그리하여 유기적 연대를 증진시키는 일일 것이다.

가족의 기능은 점점 줄어들고 있기 때문에, 현대사회들에서 이 일이 가족에 의해서 완수될 수는 없다. 직업집단은 유일하게 '개인이 직접적으로 의지할 수 있기에 충분할 만큼 개인으로부터 가깝고, 그에게 어떤 전망을 줄 수 있기에 충분할 만큼 지속적으로 존재하는' 집단이다.[28] 뒤르켕은 중세에 존재했던 구식의 동직조합(occupational guild)은 완전히 사라졌음이 분명하다고 인정한다. 오늘날의 노동조합들은 일반적으로 보다 느슨하게 조직되어 있고, 고용주들과 언제나 갈등상태에 놓여 있어서 사회의 필수적인 요구들을 충족시키지 못한다.

갈등 요인들을 안고 있다"는 사실을 보지 못한 몽테스키외에 대한 뒤르켕의 비판을 참조하라. *Montesquieu and Rousseau*, p.59.

26) 뒤르켕은 "La famille conjugale"에서 직업적 결사체들의 역할에 관해서 논의한다. 이것은 원래는 1892년에 강의로 먼저 발표되었던 것이다. 이 강의는 1921년이 되어서야 출판되었다(*RP*, vol.91, pp.1~14).

27) 뒤르켕은 직업적 결사체들의 중요성을 특히 자세하게 다루는 한 연구를 계획하고, 이를 『분업론』 다음으로 집필하려고 하였으나 이 계획은 결국 실현되지 못하고 말았다. *The Division of Labour* 제2판의 "Preface," p.1을 참조하라.

28) "La famille conjugale," p.18.

고용주들과 노동자들은 서로에 대하여 각기 자치권을 가진, 그러나 그 힘에서 차이가 나는 두 국가와 같은 상황에 있다. 민족들이 정부의 중재를 통해 그렇게 하듯이, 그들은 자기네들 사이에서 계약을 맺을 수 있다. 그러나 두 교전 당사국 간에 체결된 조약들이 양국의 군사력 사정을 표현할 뿐인 것과 마찬가지로, 이 계약들은 그들 쌍방의 경제적 권력의 사정을 표현할 뿐이다. 이 계약들은 실제의 사정을 규제하지만, 합법성을 부여하지는 못한다.[29]

따라서 직업 결사체들을 "특수이익의 다양한 조합들(combinations)만을 표현하는 것이 아니라 일종의 사회적 역할을 수행하는" 일종의 법정 단체로 재설립하는 것이 필수적이다.

뒤르켕은 직업집단들의 구조가 어떠해야 할지에 관해서 상세하게 설명하기를 피한다. 그러나 그것들은 단지 중세 길드의 부활형이 되지는 않을 것이다. 그것들은 고도의 내부적 자치권을 갖는 한편, 국가의 전반적인 합법적 감독권 안으로 들어가게 될 것이다. 그것들은 자체 구성원들 사이의 갈등과 타 직업집단들과의 관계에서 생겨나는 대외적 갈등을 모두 해결할 권한을 가질 것이다. 그리고 그것들은 다양한 교육 및 오락 활동들의 중심무대가 될 것이다.[30] 또한 직접적인 의미의 정치체계 속에서도 하나의 중요한 역할을 수행할 것이다. 일부 현대사회들이 표면상 쉽게 이리저리 급변하는 모습을 보이게 되는 이유 가운데 하나는 선거를 통한 의원 선출에서 찾아볼 수 있는데, 그것은 선출된 의원들을 유권자들의 변덕에 꽁꽁 얽매이게 한다. 이것은 직업집단들이 주된 중간 선거단위들로서 봉사하는 2단계 혹은 다단계 선거제도의 도입에 의해서 극복될 수 있을 것이다.

뒤르켕에 의하면, 이 제안들은 단순한 희망사항으로 그치는 것이 아

---

[29] *DL*, p.6; *DTS*, pp.vii, viii.
[30] *PECM*, pp.28 이하와 pp.103, 104; *Su*, pp.378~382; *DL*, pp.24~27.

니라, 『사회학적 방법의 규칙』에 제시되어 있는 '정상적' 사회형태의 구체적 판단기준에 관한 상세한 설명과 일치한다. 말하자면 직업집단들의 발전은 분업이 복잡하게 진전되면서 출현하는 하나의 원리다.

그렇다면 협조주의적 제도가 전무하다는 사실은 우리 국민과 같은 한 국민을 조직하는 데 말할 수 없이 중요한 공백을 만들어낸다. 필요한 것은 공동생활이 정상적으로 기능하도록 하는 데 필수적인 기관 전체를 아우르는 하나의 체계다……. 국가가 사람들이 공동체적 생활을 할 수 있는 유일한 환경인 곳에서 사람들은 불가피하게 접촉의 기회를 상실하고 격리되며, 그리하여 사회가 해체된다. 한 민족은 국가와 개인 사이에 일련의 이차적 집단들이 모두 자리를 잡고 있어야만 유지될 수 있는데, 이 이차적 집단들은 개인들을 그것들의 활동 영역 속으로 강력하게 끌어들이고 그리하여 그들을 사회생활의 전반적인 흐름 속으로 끌어들이기에 충분할 정도로 그들로부터 가까이 있어야 한다. 우리는 방금 어째서 직업집단들이 이 역할을 수행하기에 어울리는지를 밝혔는데, 이 역할이 그들의 숙명이다.[31]

---

31) *DL*, pp.28, 29; Erik Allardt, "Emile Durkheim: sein Beitrag zur politischen Soziologie," *Kölner Zeitschrift für Soziologie und Sozialpsychologie*, vol.20, 1968, pp.1~16 참조.

제8장 종교와 도덕률

뒤르켕은 최초의 저작들에서 종교의 사회적 중요성에 관해 언급하는 가운데 종교를 그것에 뒤이어 전개된 모든 도덕적, 철학적, 과학적 관념들 및 법률적 관념들의 원천이라고 본다. 비록 장차 더 연구할 필요가 있는 '매우 개연성이 큰 추측'일 뿐인 것으로 제시하기는 하지만, 그는 『분업론』에서 집합의식을 구성하는 모든 신념은 일종의 종교적 성격을 띠게 되는 경향이 있다는 논지를 개괄적으로 제시한다.[1] 그러나 사회에서 집합의식의 영향력과 관련하여 종교가 가질 수도 있는 중요성에 대한 뒤르켕의 인식은 근대적 사회유형의 출현과 함께 매우 근본적인 변동들이 일어났다고 하는 사실의 인식과 균형을 이룬다.

뒤르켕은 지적 경력 초기의 어느 시점에 내리게 되었던 결론, 즉 "낡은 경제이론의 옹호자들은 오늘날 규제가 반드시 필요하지는 않다고 생각하는 점이 잘못"이고 "종교제도의 대변인들은 어제의 규제가 오늘도 유용할 수 있다고 믿는 점이 잘못"이라는 결론을 일관되게 유지한다.[2] 현대사회에서 종교의 중요성이 점점 줄어드는 것은 기계적 연대의 중요성이 점점 줄어드는 데서 오는 필수적인 결과다.

---

1) *DL*, p.169.
2) *DL*, p.383.

우리가 이처럼 종교사회학에 대해 중요성을 부여한다고 해서 이것이 종교가 오늘날의 사회에서도 다른 시기에 수행하던 것과 똑같은 역할을 수행하고 있다는 것을 의미하는 것은 절대 아니다. 어떤 의미에서는 그 반대의 결론이 더 건전할 것이다. 엄밀히 말해서, 종교는 원시적인 현상이기 때문에 자신이 낳은 새로운 사회형태들에 점점 뒤지게 될 수밖에 없다.[3]

뒤르켕은 자신이 1895년에 가서야 비로소 사회현상의 하나로서 종교의 중요성을 완전하게 인식하게 되었음을 인정한다. 종교의 중요성에 대한 이 인식은 대체로 영국 인류학자들의 저작을 읽으면서 생긴 것으로 보이는데, 그 자신의 증언에 의하면 그는 이 인식을 얻음으로써 자신의 초기 저작들을 재평가하고 거기에 함축되어 있는 이 새로운 통찰들의 싹을 끌어내리려 하게 되었다.[4] 이 점에 대한 관례적인 해석은 뒤르켕이 『분업론』에서 취했던 것으로 추측되는 비교적 '유물론적'인 입장으로부터 '관념론'에 훨씬 가까운 입장으로 이행해갔다고 하는 것이다. 그러나 이것은, 전적으로 틀린 것은 아니라고 하더라도 오해를 불러일으키기 쉬운 해석이다. 그리고 이것은, 부분적으로는 이차적 저술가들이 뒤르켕의 기능적·역사적 분석을 실제로는 뒤르켕의 사상과 별 관계없는 방식으로 이리저리 끼워 맞추는 경향을 자주 보이는 데서 기인하는, 뒤르켕의 견해에 대한 잘못된 해석이다.[5]

---

3) Preface to the *AS*, vol.2, 1897~98, in Kurt H. Wolff, *Emile Durkheim et al., Essays on Sociology and Philosophy*(New York, 1964), pp.352, 353.
4) Letter to the Editor of the *Revue néo-scolastique*, p.613.
5) 파슨스는 뒤르켕의 모든 저작이 한결같이 '질서의 문제'(problem of order)를 다루고 있는 것처럼 취급하고 있지만(Parsons, 특히 pp.306, 309, 315, 316), 뒤르켕 연구의 주된 흐름은 사회발전의 과정에서 나타나는 사회적 연대의 '변동하는 유형들'의 분석에 관한 것이다. 더욱이 뒤르켕은 자기의 연구가 '사회학을 전반적으로 다루고자 하는 것'이 아니라 주로 '명백하게 한정된 사실들'에 국한되어 있다고 강조하는데, '도덕률 혹은 법률'이 곧 그것들이다. "La sociologie en France au XIXe siècle," *Revue bleue*, vol.13, 1900, part 2, p.648.

뒤르켐은 마르크스 못지않을 정도로 자주 인간의 역사성을 강조하며, 역사발전의 인과적 분석이 사회학에 꼭 필요하다고 강조한다. "역사는 인간 생활의 줄거리로 그치는 것이 아니다. 인간은 역사의 산물이다. 인간을 역사로부터 분리시킨다면, 시대를 초월하는 고정불변의 존재로서 인간을 파악하려고 한다면, 이는 인간에게서 그 본성을 빼앗아 버리는 일이다."[6] 『종교생활의 기본형태』(*Les formes élémentaires de la vie religieuse*)의 바탕에 깔려 있는 가장 중요한 이론은 그 성격이 기능론적이다. 즉 사회에서 종교의 기능적 역할에 관한 것이다. 그러나 『종교생활의 기본형태』는 또한 현대사회들을 그 형태에서 그 전의 사회들과 매우 달라지게 한 일련의 심대한 변동들과의 관련 속에서 발생론적으로 읽혀야 한다. 학계에 갓 입문했을 무렵, 뒤르켐은 퇴니에스를 비판하는 가운데 기계적 연대와 유기적 연대 사이에 어떤 절대적인 간극이 있는 것은 아니라고 강조하고 있다. 유기적 연대에도, 비록 그 규제가 전통적인 종류일 수는 없다고 하더라도, 기계적 연대에 못지않게 도덕적 규제의 존재가 전제된다.

『종교생활의 기본형태』에 전개되고 있는 종교에 관한 뒤르켐의 이 참신한 이해가 갖는 중요성은 그것이 전통적인 사회형태와 근대적인 사회형태 사이의 연속성의 본질을 밝혀내는 데 도움이 된다는 점에 있다. "이 새로운 형태들을 이해하기 위해서는 그것들을 그 종교적 기원과 연결시켜야 한다. 그러나 그렇게 함으로써 그것들을 순수한 종교적 현상들 그 자체와 혼동해서는 안 된다."[7]

---

6) "Introduction à la morale," *RP*, vol.89, 1930, p.89. 역사와 사회학의 관계에 관한 뒤르켐의 견해를 알고 싶으면 역사의 성격에 관한 세 편의 논문(그 중 두 편은 크로체와 소렐의 것이다)에 대한 그의 논평을 보라. *AS*, vol.6, 1901~1902, pp.123~125. 또한 Robert Bellah, "Durkheim and history," in Nisbet, *Emile Durkheim*, pp.153~176을 참조하라. 또한 이 책 pp.411~418을 보라.
7) Preface to the *AS*, 1897~98, p.v. Gehlke의 초기 연구 참조: Charles Elmer Gehlke, *Emile Durkheim's Contributions to Sociological Theory*(New York, 1915), pp.48 이하.

동시에 이것이 뒤르켕에게 그의 근대사회 분석에서 볼 수 있는 특정 주제들을 명료화할 수 있는 길을 직접적으로 열어준다는 점도 의심할 여지가 없는 사실이다. 그 중 중요한 한 요소는 뒤르켕의 후기저작들에서는 사회 현상의 강제성에 대한 강조 대신 이상들에 대한 '긍정적' 애착을 매개하는 상징들이 가지는 독특한 중요성에 대한 강조가 강하게 나타난다는 점이다. 그러나 이것은 관념론으로의 갑작스런 전향은 아니다. 뒤르켕의 초기 저작들에 나타나는 구속성과 강제성에 대한 두드러진 강조는 상당 정도는 그것이 일익을 담당했던 비판적인 논쟁 방식의 소산이다. 그리고 뒤르켕은 그의 모든 저작을 통해서 사회는 인간적 이상들의 원천인 동시에 그 진열창이라는 점을 증언한다.[8]

성(聖)의 본질

『종교생활의 기본형태』는 뒤르켕이 '오늘날 알려져 있는 가장 단순하고 가장 원시적인 종교'라고 말하는 호주의 토테미즘에 대한 면밀한 검토에 바탕을 두는 저작이다.[9] 종교의 개념을 정립하면서 뒤르켕은 퓌스텔 드 쿨랑주의 성(聖, the sacred)과 속(俗, the profane)이라는 분류를 따른다. 뒤르켕은 종교가 존재하기 위해서는 초자연적인 신격의 존재가 꼭 필요할 것이라는 추측은 틀렸다고 주장한다. 신과 성령이 전혀 개입되어 있지 않거나 또는 그 중요성이 매우 보잘것없지만 우리가 너무나 당연히 '종교적'이라고 불러야 할 신념과 관행의 체계들이 있다. '종교적' 신앙은 관념들의 실질적인 내용에 따라 정의될 수는 없다.

종교적 신앙의 두드러진 특징은 "그것이 현실적인 것이든 관념상의 것이든 간에 인간에게 알려져 있는 모든 것이 두 부류, 두 개의 뚜렷이

---

8) 위 pp.157~162를 보라.
9) *EF*, p.13; *FE*, p.1.

구별되는 종류로 분류된다는 점을 전제한다……"는 점이다.[10] 종교적 사상의 특징은 세계가 두 부류의 완전히 격리된 물체와 상징들, 즉 성(聖)과 속(俗)으로 분리되어 있다고 하는 이 이분법적 관념 그 자체의 맥락을 떠나서는 파악될 수 없는 그 무엇이다. "이것은 절대적이다. 인간의 사상사에서 그렇게나 심오하게 구별되는, 또는 근본적으로 대립되는 사물들의 두 범주는 그 유례를 찾아볼 수 없다."[11]

성(聖)의 독특한 특징은 세속적인 것과의 이 근본적인 격리를 강요하는 의식(儀式)상의 규정과 금제(禁制)들에 둘러싸여 있다는 사실에서 분명하게 드러난다. 종교는 결코 신념들의 덩어리에 불과한 것이 아니다. 그것은 언제나 잘 규정된 의식 관행들과 제도적 형식들도 함께 갖춘다. 형태는 매우 다양하다고 하더라도, 무엇이 되었든 교회(church)를 갖지 않는 종교는 없다. 뒤르켐이 말하는 '교회'는 일정한 숭배자 집단이 참여하는 정례화된 의식 조직으로서, 반드시 전문 사제직이 있어야 하는 것은 아니다. 그리하여 뒤르켐은 종교는 '신성한 사물들에 관한 신념들과 관행들이 잘 통일되어 있는 하나의 체계……신봉자들을 교회라고 불리는 하나의 단일한 도덕공동체로 결속시키는 신념들과 관행들'이라고 하는 그의 유명한 종교 정의에 도달한다.[12]

이 정의를 따른다면 토테미즘은 의인화된 성령이나 신을 전혀 가지고 있지 않음에도 불구하고 종교의 한 형태가 된다. 이것은 분명히 우리가 오늘날 알고 있는 가장 원시적인 형태일 것이다.[13] 따라서 토테미즘의 바탕이 되는 요인들을 밝혀내는 것은 "동시에 인간성 내부에 종교적 감정을 불러일으키는 원인들을 찾아내는 것이다."[14]

토테미즘은 호주 사회들의 특징인 씨족적인 조직 시스템과 불가분의

---

10) *EF*, p.52 ; *FE*, p.50.
11) *EF*, p.53 ; *FE*, p.53.
12) *EF*, p.62 ; *FE*, p.65.
13) *EF*, p.195.
14) *EF*, p.195. 뒤르켐은 토테미즘 자체가 그것보다 먼저 생긴 어떤 유형의 종교로부터 파생된 것이라고 보는 다양한 이론들을 거부한다(pp.195~214).

관계를 가지고 있다. 토템 씨족의 한 독특한 특징은 씨족집단의 정체성을 나타내는 이름이 매우 특별한 성질을 가진 것으로 믿어지는 어떤 물체—토템—의 이름이라는 점이다. 동일 부족 내에서는 어떤 두 씨족도 같은 토템을 가지지 않는다. 씨족 구성원들이 자기들의 토템이 가지고 있다고 믿는 성질들을 살펴보면 토템이 성과 속을 양분하는 축이라는 점이 밝혀진다. 토템은 '신성한 사물들의 원형 그 자체이다.'[15] 토템의 신성함은 토템을 실리적인 목적들에 사용될 만한 일상적인 사물들과 격리시키는 의식적인 제전들에서 뚜렷이 드러난다. 다양한 의식상의 규정과 금제들은 토템 문장(紋章)—물건들에 부착되거나 사람의 장신구로 쓰이는 토템의 표상—과 관련해서도 존재한다. 이것들은 종종 토템의 대상 그 자체와 관련되는 규정이나 금제보다도 더 엄격하게 시행된다.

그러나 여기에 덧붙여서 씨족 구성원 자신들도 신성성(神聖性)을 가진다. 더 발전된 종교들에서는 신도가 세속적인 존재지만 토테미즘에서는 그렇지 않다. 모든 사람의 이름에 자기네 토템의 이름이 포함되는데 이것은 그가 토템 자체에 대한 깊은 신심(信心)을 가지고 있음을 드러낸다. 또, 개인과 그의 토템 사이에 혈연적 연결이 있는 것으로 믿어지기도 한다. 토테미즘은 이처럼 세 가지 종류의 대상을 신성한 것으로 여기는데, 토템과 토템 문장과 씨족 구성원 자신이다. 이 세 종류의 신성한 것은 다시 하나의 우주철학의 일부를 이룬다.

"호주인들에게는 사물들 자체, 우주에 존재하는 삼라만상이 모두 씨족의 일부이다. 그것들은 부족의 구성요소이며, 말하자면 부족의 영원한 구성원들이다. 인간과 꼭 마찬가지로 그것들도 사회의 조직 안에서 정해진 자리를 가진다."[16] 그리하여 예컨대 구름은 어떤 한 토템에 속하고 태양은 다른 한 토템에 속한다. 자연계의 모든 사물이 토템 씨족

---

15) *EF*, p.140; *FE*, p.167.
16) *EF*, p.166; *FE*, p.201.

조직을 바탕으로 질서정연하게 분류된다. 어떤 주어진 씨족이나 씨족 결합체(phratry, 한 그룹인 씨족들의 결합체)로 귀속된 모든 대상은 그 성질들이 같다고 취급되며, 씨족 구성원들은 이 대상들이 자기들의 일원이라고 믿는다—사람들은 '그것을 자기들의 친구라고 부르며 그것이 자기네들과 같은 살(肉)로 이루어져 있다고 생각한다.'[17] 이것은 종교의 범위가 처음 짐작됨직한 것보다 훨씬 멀리까지 확장된다는 점을 보여준다. 그것은 토템이 되는 동물들과 씨족의 인간 구성원들만을 포함하는 것이 아니다. 어떤 씨족으로, 그리고 어떤 토템 아래로 분류되지 않는 것이라고는 아무것도 없기 때문에, 정도야 다르겠지만 모종의 종교적 속성을 부여받지 않는 것이라고는 아무것도 없다.[18]

앞에서 밝힌 세 종류의 신성한 대상은 이처럼 모두 하나의 공통된 종교성을 공유하는 만큼, 그것들 중 어느 것도 자신의 신성성을 나머지 둘 중의 어떤 것으로부터 끌어오지 않는다. 따라서 그것들의 신성성은 그것들 모두를 포괄하는 하나의 원천, 그것들 모두가 부분적으로 관여하는, 그럼에도 불구하고 그것들로부터는 격리된, 하나의 힘으로부터 비롯되는 것임이 분명하다. 호주의 토테미즘에서는 이 신성한 에너지가 그것을 체현하는 대상들로부터 뚜렷하게 분화되어 있지 않다. 그러나 다른 곳에서는 분화되어 있다. 예컨대, 북미 인디언들과 멜라네시아에서 그런데, 거기에서 이것은 '마나'(mana)라고 불린다.[19] 호주의 토테미즘에서 막연하고 모든 것을 포괄하는 형태로 발견되는 종교적 에너지는 나중 보다 특정화된 구현체로서 나타나는 모든 것의 근원이다. 보다 복잡한 종교들에서 이 구현체들은 신, 성령, 다이몬 등으로 드러난다.

---

17) *EF*, p.174. 이러한 분류체계에 대한 자세한 설명은 Durkheim and Mauss, *Primitive Classification*(London, 1963)을 참조하라.
18) *EF*, p.179; *FE*, p.219.
19) 뒤르켕에 의하면, 하나의 보편적인 힘으로서 '마나'(mana)라는 추상적인 개념의 발전은 오직 토템 씨족 시스템이 무너질 때에만 일어난다. Henri Hubert and Marcel Mauss, "Théorie générale de la magie," *AS*, vol.7, 1902~1903, pp.1~146에 '마나'에 관한 제법 긴 논의가 있다.

그러므로 우리는 종교의 존재를 설명하기 위해 모든 성스러운 것의 원천인 그 막연한 에너지의 근거를 찾아내야 한다. 토템이 어째서 성스러운 힘을 부여받게 되는지를 설명해주는 것이 물리적 실체로서 토템이 유발하는 즉각적인 감각작용이 아니라는 것은 분명하다. 종종 하찮은 동물이나 식물이 토템이 되는데, 이것들은 이것들에서 기원한다고 주장되는 강력한 내적인 종교적 감정을 불러일으킬 수 없는 것들이다. 더욱이 보통 토템 자체보다 토템의 '표상'이 더욱 신성한 것으로 취급된다. 이것은 '토템은 기본적으로 자신과는 다른 어떤 것의 상징이요, 물적인 표현'이라는 사실을 증명한다. 이처럼 토템은 신성한 에너지와 씨족집단의 정체성을 상징한다. "그것이 신의 상징인 동시에 사회의 상징이라면, 이는 신과 사회가 하나이기 때문이 아닐까"라고 뒤르켐은 수사적으로 질문한다. 토템의 본질은 "상상력을 통해서 토템이 되는 식물이나 동물 따위의 감지 가능한 형태로서 실체화되고 대표된" 씨족집단 그 자체다.[20] 사회는 성(聖)의 쌍둥이 특성인 의무와 존경을 모두 관할한다. 막연한 비인간적 힘으로서 존재하든 의인화되어 있든, 신성한 것들은 우월한 실체들로 여겨지는데 이것은 사실은 개인에 대한 사회의 우월성을 상징한다.

일반적으로 한 사회는 그것이 인간들에게 행사하는 영향력만으로도 인간의 마음에 신성하다는 느낌을 불러일으키는 데 필요한 모든 것을 갖추고 있음이 분명하다. 이는 사회와 구성원의 관계가 신과 신도의 관계와 같기 때문이다. 사실 신은 인간들이 자기들보다 어떤 식으로든 우월하다고 생각하는 으뜸가는 존재며, 자기들이 의지한다고 믿는 존재다. 그것이 제우스나 여호와와 같은 의식적인 인격체든 또는 토테미즘에서 볼 수 있는 추상적인 힘에 불과하든, 두 경우 모두에서 신도는 자기가 함께 하고 있다고 느끼는 신성한 원리에 의해 자

---

20) *EF*, p.236; *FE*, p.295.

기에게 부과된 일정한 행위양식을 좇는다고 믿는다. …… 이제 사회가 그 구성원들에게 지키도록 강요할 정도로 강하게 애착을 가지는 행위양식들은, 바로 그러하다는 사실에 의하여 존경심을 유발하는 독특한 기호로 표시된다.[21]

여기서 뒤르켕이 '사회'와 '성'(聖)을 동일시하는 것과 관련해서 오해가 있어서는 안 된다. 뒤르켕은 "종교가 사회를 창조한다"고 주장하지 '않는다'.[22] 뒤르켕이 『종교생활의 기본형태』에서 '관념론적'인 입장을 취한다는 견해를 뒷받침하는 것은 바로 이 그릇된 해석이다. 이와는 반대로, 뒤르켕이 제시하고자 하는 것은 종교가 인간사회의 '자기창조', 자율적 발전의 표현이라는 점이다. 이것은 관념론적인 이론이 아니며, 사회적 사실들은 다른 사회적 사실들을 통해서 설명되어야 한다는 방법론적 원리에 부합되는 것이다.[23]

뒤르켕은 종교적 상징이 어떻게 의식(儀式) 속에서 창조되고 재창조되는지를 구체적으로 보여주려 한다. 호주 사회들에서는 두 가지의 생활이 주기적으로 교체되는데, 그 중 하나에서는 사람들이 친족집단별로 흩어져서 전적으로 경제적 목표들을 추구하는 활동을 하면서 살아가고, 다른 하나에서는 씨족(clan)이나 씨족결합체(phratry)의 전 구성원들이 일정 기간(며칠 또는 몇 달이 될 수도 있다) 함께 생활한다. 후자의 국면은 공공의식(公共儀式)의 경우에 나타나는데, 매우 일사불란하고 감정적이라는 특성을 띤다. 뒤르켕에 의하면 사람들은 이 의식에서 자기네들보다 우월한 어떤 힘에 압도당함을 느끼는데, 이 힘은 이 때의 집합체적 감격에서 나온 것이다. 개인은 자기 생활의 대부분을 차지하는 매일의 실리적인 활동과는 근본적으로 다른 것처럼 보이는 어

---

21) *EF*, pp.236~238; FE, pp.295~297.
22) 이 구절은 H. Stuart Hughes, *Consciousness and Society*(New York, 1958), p.285에서 따온 것이다.
23) *RSM*, p.110.

떤 세계로 인도된다. 따라서 우리는 여기에서 '맹아상태'의 성(聖)의 개념을 발견한다. 이 집합체적인 감정적 고조상태에서부터 신성함에 대한 인식이 탄생되며, 그것이 일상적인 속(俗)의 세계로부터 격리된 것이고 그보다 우월한 것이라는 생각도 여기에서부터 생겨 나온다.

의식(儀式)

그러나 왜 이 종교적인 힘은 토템이라는 독특한 형식을 취해야만 할까? 이는 토템이 씨족의 상징이기 때문이다. 집합체와의 대면에 의해 고취된 감정은 가장 손쉽게 식별할 수 있는 집단의 상징인 토템에 새겨지게 된다. 이것은 왜 토템의 표현물이 토템 자체보다도 더 신성시되는지를 설명해준다. 물론 그렇더라도 왜 씨족이 맨 처음에 토템을 취했어야만 했던가 하는 문제는 여전히 해결되지 않은 채 남아 있는 셈이다. 뒤르켕은 토템이 단지 사람들이 늘 접촉하는 사물들일 뿐이며, 각 씨족 집단은 의식을 위한 회합의 장소에서 가장 흔하게 발견되는 동물이나 식물을 자기들의 토템으로 삼는다고 말한다. 토템 대상물에서부터 시작하여, 그것을 발육시키는 것들, 그것과 닮은 것과 닮지 않은 것들에까지 종교적 감정이 붙게 되며, 그리하여 토템과의 관련을 기준으로 삼는 하나의 일반적인 자연 분류가 생겨나게 된다. 또한 종교적 힘은 집합체의 회합에서부터 퍼져 나오기 때문에, 이 힘은 "개인들에 대해 외재성과 초월성을 가지는 것처럼" 보이는 동시에 "개인들 속에서만, 그리고 개인들을 통해서만 실감될 수 있다. 그런 의미에서 그것은 개인들 속에 내재하며, 개인들은 필연적으로 그것을 대표한다."[24] 여기서부터 토테미즘의 세 번째 성격이 도출되는데, 집합체의 개인 구성원들이 토템의 신성성을 나누어 받게 된다는 점이 그것이다.

---

24) *EF*, p.253. 이 점에 관한 뒤르켕의 분석에 대한 비판적 평가로서 P.M. Worsley, "Emile Durkheim's theory of knowledge," *Sociological Review*, vol.4, 1956, pp.47~62를 보라.

이 설명은 왜 종교를 신앙의 소재적 내용을 통해서 정의하고자 하는 시도가 무익한지를 보여준다. 주어진 어떤 물체나 상징이 신성시되는가 아닌가는 그것의 고유한 속성들에 달려 있는 것이 아니다. 아무리 평범한 물체라도 종교적인 힘만 부여받으면 신성시될 수 있다. "이런 식으로 넝마조각 하나가 존엄성을 획득하고, 종잇조각 하나가 극단적으로 귀중한 것이 될 수 있다."[25] 또한 이것은 왜 어떤 하나의 성물(聖物)이 그 신성성을 상실함이 없이 쪼개질 수도 있는지를 설명해준다. 예수가 걸쳤던 성의(聖衣)의 한 조각은 온전한 성의보다 조금도 신성성이 부족하지 않다.

이제 종교의 두 번째 근본적인 측면— 모든 종교에서 발견되는 의식(儀式)—을 살펴보자. 밀접하게 상호 관련된 두 종류의 의식이 있다. 신성한 현상들이 세속적인 것들과 격리되는 것은 당연한 일이다. 한 부류의 의식은 이 격리를 유지시키는 기능을 한다. 소극적 의식 또는 금기(taboo)가 곧 그것인데, 이것은 성(聖)과 속(俗)의 접촉을 제한하는 금제(禁制)들이다. 이러한 금제에는 신성한 것들과 관련되는 행동은 물론이요, 말(言)에 관한 사항까지도 포함된다. 정상적인 상황에서는 속세의 어떤 것도 그 모습 그대로는 성(聖)의 영역으로 들어서면 안 된다. 따라서 의식 때는 특별히 성(聖)을 상징하는 겉옷을 입게 되고, 속계의 정상적인 직업 활동은 일체 중단된다. 소극적 의식들은 한 가지 적극적인 측면을 갖는다. 그것을 따르는 사람이 스스로를 축성(祝聖)함으로써 성(聖)의 영역으로 들어설 준비를 마치게 된다는 점이 그것이다. 엄밀한 의미의 적극적 의식들은 신앙인들과 좀더 충만한 영적 교섭을 갖게 하는 것들로서, 종교의식 그 자체의 핵심을 이룬다. 두 가지 종류의 의식의 기능은 쉽게 열거할 수 있는데, 이 기능은 앞에서 개괄적으로 밝힌 종교적 신념의 기원에 관한 설명의 필수적인 보조물이다.[26] 소극적 의식은 성(聖)의 존재 자체를 좌우하는 성(聖)과 속(俗)

---

25) *Sociology and Philosophy*, p.94.

의 필수적인 격리를 유지시키는 기능을 한다. 이 의식은 두 영역이 서로 상대방을 침입하지 않도록 지킨다. 적극적인 의식의 기능은 그냥 내버려두면 순전히 실리만을 추구하는 세상에서 약화되어갈 종교적 이상들에 대한 신봉을 쇄신시키는 것이다.

여기에서 이 분석과 『분업론』에서 분석의 관계가 간략하게 재서술될 수 있을 것이다. 소규모의 전통사회에서는 강력한 집합의식의 존재가 통합의 기초가 된다. 그런 사회를 '사회'로 만드는 것은 그 구성원들이 공동의 신념과 감정을 갖는다는 사실이다. 따라서 종교적 신념으로 표현되는 이상(理想)들은 사회의 통합의 기초가 되는 도덕적 이상들이다. 개인들이 종교적 의식에 함께 참여할 때 거기에서 기계적 연대의 바탕이 되는 도덕적 질서에 대한 그들의 신념을 재확인한다. 종교의식에 수반되는 적극적 의식은 이처럼 집단에 정례적인 도덕적 재공고화를 가져다주는데, 이것은 개인들이 속세에서 행하는 일상적인 활동에서 자기 자신의 이기적인 이익을 추구하고, 그리하여 결과적으로 사회의 연대성의 근거인 도덕적 가치들로부터 멀어져가기 쉽기 때문에 꼭 필요하다.

신성한 것에 관한 집합표상을 쇄신하는 유일한 방법은 종교생활의 원천 바로 거기, 즉 운집한 군중 속에서……그것을 다시 단련하는 것이다. 사람들은 자기들이 보다 강하다고 느끼기 때문에 보다 자신감을 가진다. 그리고 실제로 그들은 보다 강하다. 왜냐하면, 이제 시들어가던 힘이 의식(意識) 속에 다시 일깨워지기 때문이다.[27]

---

26) 종교의식과 유희 사이에도 의심할 여지없이 밀접한 연관이 있다. 뒤르켕은 게임들이 종교의식에 기원을 두고 있다고 말한다. 여기에 관해서는 Roger Caillois, *Man, Play and Games*(London, 1962)를 참조하라. 물론 종교의식은 뒤르켕에게는 말뜻 그대로의 '재창조'(re-creation)를 의미한다.
27) *EF*, p.387; Mauss, "Essai sur les variations saisonnières des sociétés

또 한 종류의 의식이 존재하는데, '속죄적'(piacular, expiatory) 의식이 그것이며, 그 가장 중요한 예는 장례식 때 찾아볼 수 있다. 의식에서 야기된 집합체적 흥분 속에서 종교적 희열의 감정이 열광의 경지에 도달하는 것과 꼭 마찬가지고, 상중(喪中)의 의식에서는 '충격적 슬픔'이 펼쳐진다.[28] 이것의 효과는 구성원 중의 하나를 잃음으로써 연대성이 약화될 위기에 처한 집단의 구성원을 한자리에 모으는 것이다. "함께 눈물을 흘림으로써 그들은 서로 의지하며 엄습한 충격에도 불구하고 집단이 약화되지 않는다. ……집단은 그 힘이 점점 소생해옴을 느낀다. 집단은 다시 희망을 갖기 시작하며 생활을 시작한다."[29]

이것은 사악한 종교적 성령의 존재를 설명하는 데 도움이 된다. 어디서나 종교적인 힘은 두 종류가 있어서 자비로운 힘이 있는 한편, 질병과 죽음과 파괴를 가져오는 사악한 힘이 있다. 지배적인 기분이 슬픔이라는 점을 제외하고는, 속죄적 의식에서 나타나는 집합체적 활동은 자비로운 힘에 대해 감사할 때와 비슷한 모습을 보여준다. "이것은 사람이 자기의 바깥에 사악한 존재들이 있고, 그 존재들이 가진 적개심은, 체질적인 것이든 일시적인 것이든 간에, 인간의 재난에 의해서만 진정될 수 있다고 상상할 때 겪게 되는 체험이다."[30]

지식의 범주

토테미즘에서는 보다 복잡한 형태의 사회들의 경우에 비해 종교적 원리가 훨씬 더 포괄적이다. 우리가 호주 사회에서 발견하는 관념들은 어느 사회에서나 있었을 것이 틀림없으며, 이것들은 뒤이어 분화되어

---

eskimos," AS, vol.9, 1904~1905, pp.39~130에 집합체적 생활의 '리듬'이 자세히 분석되어 있다.
28) EF, p.446.
29) EF, pp.447, 448.
30) EF., p.459, p.590.

나간 모든 관념체계의 발상지였음이 분명하다. 토템에 따라 자연을 분류함으로써 최초로 논리적 범주(logical categories)나 종류(classes)가 나타날 수 있으며, 이것을 통해서 지식이 정리된다. 사회가 여러 토템 씨족의 구역들로 분리됨을 기초로 하여 자연 속의 물체와 성질들이 분류된다. "이 최초의 논리 체계의 단일성은 단지 사회의 단일성의 반영일 뿐이다."[31] 이 말은 사회가 자연에 대한 인식의 골격을 전적으로 결정한다는 뜻은 아니다. 뒤르켕은 생물학적으로 주어지는 지각 차이가 전혀 없다고 주장하는 것이 아니라, 그 반대로 가장 조악한 분류조차도 감각상의 닮음과 다름의 식별을 전제한다는 점을 지적하고 있다. 뒤르켕이 말하고자 하는 것은 이 자연적 차이들은 분류체계에서 중추적인 역할을 하는 것이 아니라 단지 이차적인 역할밖에 하지 못한다는 점이다.[32] "닮았다는 느낌과 종류라는 아이디어는 별개의 것이다. 종류라는 아이디어는 외재적인 틀로서, 비슷한 형태를 띠고 있다고 지각되는 대상들이 부분적으로 그 내용물을 이룬다."

논리적 종류들(logical classes)이 존재한다는 것은 명료한 이분법들이 형성됨을 의미한다. 그러나 자연 자체는 공간적·시간적으로 연속성을 보여주며, 우리가 감각을 통해서 외부로부터 받아들이는 정보는 불연속적인 양상으로 정리되는 것이 아니라 "경계가 분명하지 않고 변하기 쉬운 이미지들"로 구성된다.[33] 그러므로 논리적 종류라는 관념 자체의 형성과 범주들 사이 여러 관계의 위계적 분포는 씨족과 씨족결합체(phratry)들로의 사회의 분할에서 연유하는 것이다. 그러나 대상들을 여러 범주로 소속시키는 방식은 감각상의 구별로부터 직접적인 영향을 받는다. 예컨대 태양이 한 범주에 속한다면 달과 별은 보통 그 반대 범주에 속하게 마련이며, 검은 앵무새는 흰 앵무새와는 다른 범주에

---

31) *EF*, p.170.
32) 그러나 이것은 뒤르켕의 이론에 내재하는 순환론적 난관을 보여준다. Parsons, p.447 참조.
33) *EF*, pp.171, 172; *FE*, pp.208, 209.

속한다.

추상적 사고(思考)를 정리하는 문맥을 제공하는 원리적인 범주들이 사회로부터 연유하듯이, 힘, 공간, 그리고 시간이라는 기본적인 차원 역시 사회로부터 연유한다. 힘의 개념은 원래 절대적인 종교적 힘이라는 모델로부터 파생되어 나왔으며 나중에 철학과 자연과학으로 편입되었다.[34] 아리스토텔레스의 다른 범주들에 관해서도 똑같은 말을 할 수 있다. 시간이라는 관념은 사회생활의 주기성에서, 공간 관념은 사회가 점유하는 물리적 영토에서 각각 그 원형을 찾아볼 수 있다. 시간과 공간은 칸트가 주장하는 것처럼 인간의 심성에 본래부터 존재하는 범주가 아니다. 각 개인이 과거와 뚜렷이 구별되는 현재에 산다는 것을 의식한다는 점은 의심할 여지가 없다. 그러나 '시간'이라는 '개념'은 개인의 것이 아니다. 그것은 집단의 모든 성원이 공유하는 하나의 추상적인 범주를 의미한다. "그렇게 해서 정해지는 시간은 '나의 시간'이 아니다. 그것은 일반적인 시간이다……."[35] 이것은 집합체의 경험에서부터 기원한 것임에 틀림없다.

연(年), 주(週), 날(日) 등의 시간 구획은 공적인 제전(祭典), 의식(儀式), 성일(聖日) 등의 주기적인 분포에서 연유한다. 이와 비슷하게 공간이라는 관념도 최초의 어떤 고정된 지점을 전제로 한다. '북쪽' 또는 '남쪽', '오른쪽' 또는 '왼쪽' 등은 그것들을 판단할 어떤 공동의 기준이 없이는 있을 수 없다. 사회가 점유하는 영토가 이 기준을 제공한다. 이 점은 직접 예를 들어서 설명할 수 있다. 호주의 몇몇 사회에서는 공간이 하나의 원의 형태로 느껴지는데, 이것은 원형을 이루는 주둔지의 모양을 반영한다. 그리고 이 원형의 공간은 주둔지 내 각 부족의 위치에 따라서 다시 세분된다.

---

34) 뒤르켕은 이 점이 콩트에 의해서 이미 지적되었다고 말한다. 그러나 콩트는 결국 힘의 개념이 과학으로부터 제거될 것이라고 잘못 추론하였다. "힘의 신화적 기원 때문에 그는 그것에 어떠한 객관적인 가치도 부여하지 않았다." *EF*, p.234.
35) *EF*, p.23.

뒤르켕은 여기에서 단순한 형태의 '기계적 유물론'을 내세우는 것이 아닌데, 이것은 『종교생활의 기본형태』의 다른 부분들에서 그가 관념론으로 후퇴한다고 종종 비판받지만 실제로는 전혀 그렇지 않은 것과 마찬가지다. 사실 그는 이 입장이 기본 전제로 삼고 있는 것이 사회의 '토대'와 집합체적으로 진화되어온 관념들 사이의 역동적 상호작용이라는 점을 애써서 강조한다.

우리는 개인의 정신생활이 신경체계에, 그리고 사실상은 유기체 전체에 의존하는 것과 꼭 마찬가지로, 사회생활이 그것의 토대에 의존하고 이 토대를 반영한다는 점은 명백하다고 생각한다. 그러나 개인의 의식이 단순한 신경체계의 부수현상과는 다른 그 무엇이듯이, 집합의식은 그 형태학적 기초의 단순한 부수현상과는 다른 그 무엇이다.[36]

하나의 인식론으로서 『종교생활의 기본형태』에 개진된 논지는 그 성격이 우선 발생론적(genetic)이다. 이것은 종종 오해되고 있는 것처럼 사회조직과 집합체적 관념 간에 불변의 관련이 존재한다고 상정하는 이론이 아니다. 실로 사회의 발전과정에 관한 뒤르켕의 전반적 이해의 한 기본적인 측면은 현대사회들에서 발견되는 관념체계들의 내용의 변화해가는 성질, 그리고 그것의 바탕에 깔려 있는 사회과정들의 점증하는 다양화에 관한 것이다. 여기서 특히 중요한 것은 근대의 합리주의와 세속화된 도덕성의 관계다. 『종교생활의 기본형태』가 뒤르켕의 사상에서 차지하는 중요성은 '신성성'을 갖지 않는 집합체적인 도덕적 신념이란 있을 수 없다는 점을 결론적으로 밝힌다는 점에 있다. 그리하여 현대사회에서 발견되는 도덕적 질서는 전통사회에서 볼 수 있는 그것과 비교해볼 때 내용과 형식 모두에서 근본적으로 변했지만, 전통적 형태의 연대성과 근대적 형태의 연대성 간에는 어떠한 '연속성의 붕괴'도 없다.

---

36) *EF*, p.471. 또한 이 책 pp.402~403을 보라.

근대세계에서 합리주의가 점점 더 번져가고 있는데, 뒤르켕은 이것을 도덕적 개인주의의 '지적(知的) 측면'이라고 말한다. 이것이 낳는 한 결과로서 '합리적 도덕성'이 요구된다. 이제 도덕적 권위의 유지를 위해서는 "종교적 영역이 속(俗)의 범접으로부터 보호되는 것과 마찬가지로", 도덕적 관념들도 "마치 침해자들의 범접을 막는 신비로운 장애물에 둘러싸여 있는 것처럼" 만들 것이 요구된다.[37] 종교와 도덕성이 일치할 때는 도덕의 신성성이 쉽게 보존되는데 그것은 종교의 상징과 장식물들이 존경심을 불러일으키기 때문이다. 반면, 도덕성으로부터 종교의 흔적을 완전히 지우려는 노력은 모든 도덕률이 배척당하게 하는 결과를 낳을 수 있는데, 이는 그런 도덕률이란 존중될 뿐 아니라 그것들이 적용되는 상황에서 침해될 수 없는 것으로 여겨져야만 살아남을 수 있기 때문이다. 이것이 바로 도덕률들이 신의 율법 속에 있는 그것들의 원래의 기초로부터 떨어지게 되는 경우에조차도 일말의 신성성을 지니게 되는 이유이다.[38]

합리주의 · 윤리 · 개인예찬

이런 분석은 다시 종교와 도덕의 원시적 혼융에 관한 이론과 연결될 수 있다. 어디에서나 인간은 종교적인 사고 속에서 자기 자신을 육신과 영혼이라는 두 존재로 분리시켜 인식한다. 육신은 물질세계에, 영혼은 불연속적인 영역인 성(聖)의 세계에 머무르고 있는 것으로 믿는다. 보편성을 갖는 어떤 믿음이 우연한 것이거나 전적으로 환상적인 것일 수는 없다. 그것은 사회 속의 인간생활에 내재하는 어떤 이원성에서 비롯되는 것임에 틀림없다. 이 이원성은 감각적 느낌(sensation)을 한편으

---

37) *Moral Education*, p.10.
38) *Ibid*, pp.9~11. "도덕 생활은 그것이 종교와 공유하고 있는 특성들을 모두 벗어던질 수는 없었으며, 앞으로도 결코 모두 벗어던질 수는 없을 것이다." *Sociology and Philosophy*, p.48.

로 하고 개념적 사유 및 도덕적 신념을 다른 한편으로 하는 구별에 근원을 두고 있다고 볼 수 있다. 이 양자는 매우 중요한 의미에서 서로 격리된다. 감각적 느낌, 그리고 굶주림이나 목마름과 같은 감각적 욕구들은 개별 유기체의 욕구에만 관계될 뿐 다른 사람들과는 무관하다는 점에서 '필연적으로 이기적'이다.[39] 이와는 대조적으로, 개념적 사유와 도덕적 신념들은 그것들이 보편화된다는 점에서 '비인격적'이다. 즉 이것들은 특정 개인에게 귀속되지 않는다.

사람은 누구나 이기적 존재로서 삶을 시작한다(비록, 말할 필요도 없는 것이지만, 아노미적이지는 않다고 하더라도). 이기적 존재란 감각밖에 모르며, 또 그 행위도 감각적 욕구에 의해 지배되는 존재다. 그러나 어린애가 사회화되어감에 따라서 그의 이기적 본성은 사회로부터 학습받은 것들에 의해 부분적으로 가려진다. 따라서 각 개인은 사회적 존재인 동시에 이기적인 측면들도 가지고 있다. 사회생활 속에서 도덕적 요구들이 이기적 성향과 완전히 병존할 수는 없다. "우리가 영속적이고 값비싼 희생을 치르도록 요구받음이 없이는 사회는 형성될 수도, 유지될 수도 없다."[40] 그러나 이 점 역시 역사적 차원에서 해석되어야 한다. 감각적 욕구들이 '특히 이기적 경향을 보이는 욕구들'임은 분명하지만, 감각적 욕구로부터 직접 도출되지 않는 이기적 원망(願望)들도 다양하게 존재한다. "우리의 이기주의 그 자체가 크게 보자면 사회의 산물이다."[41]

뒤르켐은 다른 곳에서 역사적 분석을 통해 이 점을 명쾌하게 밝힌다.[42] 기독교, 특히 프로테스탄티즘은 근대적인 도덕적 개인주의의 직접적 원천이다.

---

39) "The dualism of haman nature and its social conditions," in Wolff, p.327.
40) *Ibid*, p.338.
41) *Su*, p.360.
42) *L'évolution pédagogique*, pp.326, 327, 332~334.

기독교도에게서 덕과 신앙은 물리적 절차가 아니라 영혼의 내면적 상태 속에 있는 것이기 때문에 그는 끊임없이 스스로를 감독해야 한다……. 그리하여 모든 사유의 중심축이 될 잠재력을 갖고 있는 자연과 인간 둘 중에서 기독교 사회들은 필연적으로 인간을 중심축으로 삼는 사유를 하게 되었다……[43]

기독교 윤리는 '개인예찬'의 근거가 될 도덕적 원리를 제공했지만, 이제 기독교는 점차 새로운 종류의 신성한 상징들과 대상들에 의해 대체되어가고 있다. 뒤르켐은 프랑스 혁명의 사건들에 이것이 가장 뚜렷하게 예시되어 있다고 말한다. 거기에서는 자유와 이성이 찬양되고, 공중(公衆)의 의식(儀式)을 통하여 고도의 집합체적 열정이 고취되었다. 그것이 오늘날 우리들의 생활을 지배하고 있는 이상들을 탄생시키는 데 도움이 되었지만, 당시의 집합체적 열정은 이내 식어버리고 말았다. 그 결과 근대세계는 도덕적 단절의 상태에 처해 있다.

한마디로 낡은 신들은 늙거나 죽어가고 있으며 다른 신들은 아직 태어나지 않고 있다. 이 때문에 콩트는 낡은 역사적 추억들을 작위적으로 소생시키려는 부질없는 시도를 하게 되었다. 생명력 있는 교파를 탄생시킬 수 있는 것은 죽어버린 과거가 아니라 생활 그 자체다. 그러나 이 불확실한 상태와 혼란이 언제까지나 계속될 수는 없다. 우리 사회가 다시 가슴 벅찬 창조의 시대를 보게 될 날이, 새로운 아이디어가 샘솟고 새로운 이론이 발견되어 한동안 인간성을 이끌어가는 데 기여하게 될 날이 올 것이다……[44]

프랑스 혁명은 근대의 도덕적 개인주의의 신장에 가장 결정적인 촉

---

43) *Ibid*, p.323.
44) *EF*, p.475; *EF*, pp.610, 611.

진제가 되었다. 그러나 개인주의의 진척은 서양 역사의 여러 시기에 불규칙하게 이루어진 것으로, 어떤 특정 시기의 특수한 산물이 아니다. 개인주의의 진척은 '역사를 통해 끊임없이'[45] 일어났던 일이다. 이처럼 개인의 가치를 으뜸으로 보는 감정은 사회의 소산이며, 이 사실이야말로 개인예찬과 이기주의의 결정적 차이를 보여준다. '개인예찬'은 이기주의에 토대를 두는 것이 아니라, 그것과는 정반대되는 감정인 인간들의 고통에 대한 동정과 사회정의에 대한 소망의 신장에 토대를 둔다. 개인주의가 기계적 연대에 의해 지배되는 사회에 비해 이기주의의 강화를 낳을 수밖에 없음은 사실이지만, 이기주의에서 유래하는 것은 결코 아니며, 따라서 개인주의 자체는 '어떠한 연대도 불가능하게 만드는 도덕적 이기주의'[46]를 낳는 성질을 갖지 않는다. 그 예로서 과학 활동을 들 수 있다. 도덕적 개인주의는 지적인 분야에서는 과학에 체현되는 자유로운 탐구정신으로 나타난다. 그러나 과학적 탐구의 추구는 아이디어들의 영역에 무정부적 혼란 상태를 가져다주기는커녕, 오직 타인의 의견을 존중하고, 연구의 결과를 공표하고, 정보를 교환하도록 요구하는 도덕률의 틀 속에서만 이루어질 수 있다.

개인주의 신장의 추세는 돌이킬 수 없다. 이는 그것이 『분업론』에 자세히 설명되어 있는 심원한 사회적 변동들의 결과이기 때문이다. 이것이 뒤르켕의 자유 개념 및 자유와 도덕적 질서의 관계에 관한 이해의 밑바탕을 이루고 있다. 자유란 모든 구속으로부터의 해방과 동일시될 수 없다. 그것은 자유가 아니라 아노미며, 그런 상태에서는 개인은 자신의 끝없는 욕망의 포로가 됨으로써 자유롭지 못하다.

권리와 자유는 인간 자체 속에 내재하는 것이 아니다……. 사회가

---

45) *DL*, p.171; *DTS*, p.146.
46) "L'individualisme et les intellectuels," pp.7~13. "그러므로 개인의 권리를 옹호하는 개인주의자는 동시에 사회의 사활적 이익도 옹호하는 셈이다……." (p.12).

개인을 소중한 존재로 만들고, 그에게 으뜸가는 존엄성을 부여했다. 개인의 점진적 해방은 사회적 유대의 약화를 뜻하는 것이 아니라 변형을 뜻한다……. 개인은 사회에 복종하며, 이 복종이 개인 해방의 조건이다. 인간에게 자유란 맹목적이고 생각 없는 물리적 힘들로부터 구원되는 것이다. 그는 사회라고 하는 위대하고 지적인 힘을 그런 힘들에 맞세움으로써만 구원을 얻을 수 있다. 사회의 보호 아래서만 인간은 안식할 수 있다. 사회의 품안에 안김으로써 인간은 어느 정도는 사회에 의존하게 된다. 그러나 이 의존은 해방적이다.[47]

따라서 도덕적 권위와 자유가 서로 배타적인 대립물들이라고 믿는 것은 근본적인 오류다. 인간이 누리는 모든 자유는 오직 그가 사회의 구성원이기 때문에 얻어지는 것인 만큼, 그는 사회 존립의 전제가 되는 도덕적 권위에 복종해야 한다. 뒤르켕은 이것이 전혀 역설이 아니라고 본다. "자유롭다는 것은 하고 싶은 대로 하는 것이 아니라 스스로의 주인이 되는 것……"이기 때문이다.[48]

규율이 충동에 대한 내적 통제라고 했을 때, 그것은 모든 도덕률들의 필수적 구성요소다. 그러나 위에서 설명한 것과 같은 입장에서 보면, 이 규율이 '본질적으로' 인간의 자유 및 자기실현의 제약과 같다고 보는 견해는 잘못된 것이다. 뒤르켕은 특정의 규칙적 원리들에 따라서 기능하지 않는 생명유기체란 존재하지 않으며, 이 점은 사회생활의 경우에도 마찬가지라고 지적한다. 사회는 사회관계의 조직이며, 바로 이 사실 때문에 확립된 원리들에 따라서 행동을 규제하게 되는데, 사회에서는 그 원리들이란 도덕률일 수밖에 없다. 사회생활을 가능케 하는 도덕적 규제들을 수용함으로써만 인간은 사회가 제공해주는 이점들을 누릴 수 있다. 이 쟁점에 대한 뒤르켕의 분석에 역사적 요소를 삽입하는 데

---

[47] *Sociology and philosophy*, p.72.
[48] *Education and Sociology*(Glencoe, 1956), p.90.

실패함으로써, 많은 비판가들은 그의 견해가 일종의 권위주의적인 정치적 교의를 은근히 합리화해준다고 여기게 되었다.[49] 그러나 사실은 모든 형태의 도덕적 규제가 동일하지는 '않다'고 하는 것이 뒤르켕의 논지의 핵심이다. 다시 말해서 '규제'(사회, 사회적 강제)는 '규제의 결여'(아노미)와 추상적이고 보편적인 의미로 단순 병치될 수 없다.[50]

이기주의와 아노미 두 개념 '모두' 『분업론』에 제시된 사회발전에 관한 일반적 이해의 시야 속에서 이해되어야 한다. 이 맥락에서 볼 때 이기주의와 아노미는 단순히 모든 사회에서 대등한 정도로 나타나고 있는 기능적 문제들에 불과한 것이 아니다. 그것들은 사회 진화의 결과인 도덕적 개인주의 바로 그 자체에 의해 고취된다. 뒤르켕은 근대적 형태의 사회가 안고 있는 딜레마들을 전통사회에서 볼 수 있었던 전제적 규율로의 복귀를 통해서 해결할 수는 없다고 주장한다. 그는 오직 고도로 진전된 분업의 도덕적 결속을 통해서만 그것들을 해결할 수 있고, 그것은 과거의 사회유형에서 특징적으로 나타났던 것과는 전혀 다른 형태의 권위를 요청한다고 주장한다.

---

49) 예컨대 John Horton, "The de-humanization of anomie and alienation," *British Journal of Sociology*, vol.15, 1964, pp.283~300.
50) 이 점에 대한 뒤르켕의 언급에 주목하라. "원칙의 필요에 대한 믿음이 있다고 해서 그 원칙이 맹목적이고 저돌적인 복종을 수반해야만 한다는 결론이 나오는 것은 아니다." *Moral Education*, p.52.

3 막스 베버

제9장 프로테스탄티즘과 자본주의

　막스 베버는 뒤르켐과 거의 동시대의 사람이었으나 두 사람이 살았던 지적 환경은 여러 가지 중요한 측면에서 서로 달랐다. 뒤르켐은 젊은 시절 독일에서 잠깐 공부할 기회가 있었는데, 이것은 그에게 독일 사회사상의 주류들을 접할 기회를 제공했다. 그는 이후에도 독일 사회과학자들의 저작에 대한 관심을 늦추지 않았다. 뒤르켐은 막스 베버는 물론 그의 동생인 알프레드 베버(Alfred Weber)의 저작도 잘 알고 있었다. 뒤르켐과 베버를 직결시켜주는 독일 저작들로는 적어도 두 가지를 들 수 있다. 하나는 슈몰러(Schmoller) 및 사회정책협회(Verein für Sozialpolitik) 회원들의 저작이고, 다른 하나는 지멜(Georg Simmel)의 저작이다.[1]

　그러나 이 상당히 직접적인 지적 연관성조차도 주변적인 중요성밖에는 갖지 못한다. 지멜의 사상이 베버의 관점 형성에 얼마간 중요성을 띠고 있음은 의심할 바 없으나, 뒤르켐은 지멜에 대해 몹시 비판적이었으며 중요한 측면에서 그의 영향을 받은 바가 전혀 없다. 또 슈몰러와

---

[1] 뒤르켐은 AS, vol.5, 1900~1901, pp.140~145에서 지멜의 *Philosophie des Geldes*를, 그리고 AS, vol.7, 1902~1903, pp.646~649에서 지멜의 두 논문을 검토하고 있다. 그리고 Wolff, pp.354~375(1900년 초판 발행)에서 "Sociology and its scientific field"라는 제목으로 지멜의 형식사회학을 논하고 있다.

강단사회주의자들(Kathedersozialisten)의 글은 뒤르켕의 초기 저작의 출발점이 되었지만, 그들의 견해 가운데 뒤르켕이 가장 공감했던 것은 정확히 베버가 거부하고 나아가 맞서 싸우기까지 했던 것들이다.[2]

나중의 저술가들은 뒤르켕과 베버가 각기 상대방으로부터 의미 있는 영향을 전혀 받지 않았다는 사실에 종종 놀라워했다.[3] 그러나 이 점은 처음에 느껴지는 것처럼 그렇게 두드러진 것은 아니며 그 이유는 앞에서 말한 바 있다. 뒤르켕이 프랑스의 지적 영향에 물들어 있듯이 베버의 저작들은 독일의 지적 영향에 마찬가지로 깊이 물들어 있다. 더욱이 뒤르켕의 초기 연구들은 다소 추상적이고 철학적인 성격을 띠고 있었다. 뒤르켕은 "출발점이 철학이었기 때문에 나는 철학으로 돌아가려는 경향이 있다. 아니 그보다는, 내가 직면했던 문제들의 성격을 고려해볼 때 그것이 나를 철학으로 돌아가게 만든 것은 지극히 자연스런 일이었다"[4]고 말한 바 있다. 반면 베버의 초기 저작들은 치밀한 역사적 연구들이었고, 그는 저작의 범위를 점점 넓혀가서 독일 역사학파가 처음으로 부각시켰던 특수한 문제들로부터 일반적인 이론적 문제들까지를 포괄할 수 있게 되었다. 역사학, 법학, 경제학, 사회학, 철학 등의 분야들에서 볼 수 있는 상쟁적(相爭的) 전통들로부터 베버는 결국 다양한 배경을 가진 자기 입장을 형성해냈다.

---

2) 앞의 pp.155~160을 참조하라.
3) 예컨대 Edward A. Tiryakian, "A problem for the sociology of knowledge," *Archives européennes de sociologie*, vol.7, 1966, pp.330~336. 티리아키안은 뒤르켕과 베버 간에는 서로 타인의 저작을 인용하지 않고 있다고 잘못 말하고 있다. 사실은 독일 사회학회(1911)의 경과에 대한 보고에서 뒤르켕은 베버에 관해 언급하고 있다. *AS*, vol.12, 1909~1912, p.26(이 회의에서 베버가 기고한 논문에 관해서는 *GASS*, pp.431~483을 보라).
4) 이 인용문은 뒤르켕이 데이비에게 보낸 한 편지에 나오는 부분인데, 데이비가 자신의 한 논문에 이 편지를 실었다. Davy Georges, "Emil Durkheim," *Revue française de sociologie*, vol.1, 1960, p.10.

초기 저작들

1889년 베버의 박사학위논문은 중세의 무역업을 규제했던 법규정들을 다루는 테크니컬한 성격을 띠고 있다.[5] 이 논문에서 베버는 제노아(Genoa)나 피사(Pisa)와 같은 이탈리아의 상업도시들에 특히 주목하면서, 그곳에서 발전했던 상업자본주의가 한 사업체 내의 동업자들 사이에서 위험과 이윤을 분배할 방식을 규제하는 법 원리들의 형성을 가져왔음을 보여준다. 비록 이렇게 제한적인 측면이기는 하지만, 이미 이 시기에 베버는 나중의 저작들에서 중요한 역할을 하도록 되어 있었던 한 가지 쟁점에 관심을 두고 있었으니, 중세 및 그 이후 유럽의 법체계의 발전에 대한 로마법의 영향이 바로 그것이다. 그러나 베버는 이 논문을 쓰기 위해 선택했던 준거틀 내에서는 이 문제를 만족스럽게 다룰 수 없음을 깨달았다.[6] 약 2년 후에 완성된 베버의 두 번째 저작은 몸젠(Mommsen)의 후원 아래 쓰여졌는데, 로마 사회 자체를 다루고 있다.[7] 이것 역시 성격상 매우 테크니컬한 글로서, 당시에 한창 진행 중이던 학문적 논쟁을 겨냥하여 로마의 토지 보유의 진화에 관한 치밀한 분석을 제공하고 이를 법적·정치적 변동과 연결짓는다.[8] 로마의 농업이 취했던 형태를 두고 볼 때 로마의 농업경제사가 매우 특이하다고 주장하는 다른 학자들과는 대조적으로, 베버는 그것 역시 다른 경제적 맥락들로부터 도출된 개념들로 설명될 수 있음을 보여주려고 시도한다.

---

5) "Zur Geschichte der Handelsgesellschaften im Mittelalter," *Gesammelte Aufsätze zur Sozial und Wirtschaftsgeschichte*(Tübingen, 1924), pp.312~443. 이 논문의 원래 제목에 관해서는 René König & Johannes Winckelmann, *Max Weber zum Gedächtnis*(Cologne and Opladen, 1963)에 있는 Johannes Winckelman, "Max Weber's Dissertation"을 보라.
6) *Jugendbriefe*, Tübingen, p.274.
7) *Die römische Agrargeschichte in ihrer Bedeutung für des Staats und Privatrecht*(Stuttgart, 1891).
8) 이 저작의 배경에 대한 논의로서는 Günther Roth, "Introduction," *ES*, vol.1, pp.xxxvi~xl을 참조하라.

아마도 이 논문들이 중요한 것은 그것들의 실제 내용보다는 그것들이 향후 베버의 지적 발달의 노선을 시사해주기 때문일 것이다. 거기에 이미 베버의 차후 저작들의 핵심적 주제인 자본주의적 기업의 본질, 서구 자본주의 고유의 특성 같은 문제들에 대한 관심이 뚜렷하게 나타나 있다. 로마 농업사에 대한 초기의 분석은 고대세계의 사회경제적 구조를 탐구하는 그의 차후 저작들 중 단지 첫 번째 것일 뿐이다.[9] 마르크스가 그보다 앞서서 그랬듯이, 베버 역시 고대 로마에서 근대 자본주의 형성에 많은 영향을 미친 일정한 중요 요소들을 감지한다. 마르크스와 마찬가지로, 베버는 "고대문명이 어떤 측면들에서 중세문명과 다르"[10] 기는 하지만, 맹렬한 팽창주의, 대규모의 상업적 이해관계의 형성, 화폐경제의 발전 등에서 로마는 탈중세(post-mediaeval) 유럽의 초기에 비견할 만한 수준의 경제적 발전에 도달했다고 본다. 로마의 몰락에 관한 그의 설명은 마르크스의 개괄적 설명과 실제로 많은 공통점을 가지고 있다.[11]

로마 역사에 관한 베버의 초기 저작은 경제구조와 사회조직의 여타 측면 관계가 복잡함을 그가 일찍부터 인식하고 있었음을 보여주며, 더욱 중요한 것으로서 모든 형태의 조야(粗野)한 경제결정론이 거부되어야 한다는 확신을 보여준다.[12] 이 최초의 역사학적 글들과 곧이어 출간된 연구들 사이에는 뚜렷한 연속성이 있다. 후자의 연구들은 근대 독일 경제의 두 가지 서로 다른 측면을 다루는 것으로, 첫째는 엘베 강 동쪽

---

9) "Agrarverhältnisse im Altertum," *Gesammelte Aufsätze zur Sozial und Wirtschaftsgeschichte*, pp.1~288과 "Die sozialen Gründe der Untergangs der antiken Kultur," *ibid*, pp.289~311을 참조하라.
10) "Agrarverhältnisse im Altertum," p.4.
11) 로마 제국의 해체에 대한 마르크스가 덧붙인 설명의 핵심은 *Grundrisse* 속에 있다. 물론 베버는 이것을 참조할 수 없었다. 이 책의 pp.91~94와 본인의 논문 "Marx, Weber and the development of capitalism," *Sociology*, vol.4, 1979, pp.300~301을 참조하라.
12) "Zur Geschichte der Handelsgesellschaften," p.322도 역시 참조하라.

농민의 상황에 관한 탐구이며, 둘째는 독일에서 금융자본의 활동에 관한 것이다. 나중의 이 두 연구는 모두 근대적 상업의 성격 및 그 영향의 측면들을 분석하는 것으로, 이 글들을 쓰는 과정에서 베버는 그의 연구에 지속적으로 영향을 미친 수많은 결론에 도달했고, 그것들은 『프로테스탄트 윤리와 자본주의 정신』에서 탐구된 주제들로 직접 이어진다.

1894년과 97년 사이에 베버는 증권시장의 작동 및 그것과 자본 조달의 관계에 관한 많은 논문을 썼다.[13] 베버는 증권시장을 단지 '사회에 해로운 공모(共謀)' 정도로 생각하고 무시해버리는, 그의 생각으로는 근대경제의 움직임이 갖는 특성에 대한 나이브한 이해에서 생겨난 견해를 반박한다.[14] 증권시장이 소수 자본가의 이윤창출 수단에 지나지 않는다고 보는 생각은 이 제도가 경제에서 수행하는 매개적 기능을 모조리 간과하는 것이다. 증권시장은 기업가가 합리적 계획을 통해 자기 사업을 쉽게 발전시킬 수 있는 메커니즘을 제공해준다. 증권시장이 전적으로 무책임한 투기행위에 의해 움직인다고 생각하는 것은 잘못이다. 물론 투기행위도 있겠지만 증권시장의 주된 효과는 투기꾼들에게 기회를 마련해주는 것보다는 시장의 합리적 운영을 촉진하는 것이다. 베버는 신용거래의 예를 들어서 이 점을 설명한다. 사업경영자가 미래의 어느 정해진 시점에 가서 정산할 수 있게 하는 식으로 정기거래가 이루어질 때, 결과적으로 상거래가 이루어질 수 있는 영역이 확장된다. 그러나 근대경제에서 거래의 규모와 양이 증권시장에 대한 규범적 규제를 어렵게 해왔음에 베버는 주목하고 있다. 상업의 확장은 이처럼 교환의 기능에 필수적인 윤리적 통제들을 무력화하는 경향이 있다는 것이다.

1892년에 출간된 동부 독일의 농업노동에 관한 긴 연구에서는 시장

---

13) 가장 일반적인 것으로서는 "Die Börse," *GASS*, pp.256~322를 보라. Reinhard Bendix, *Max Weber, an Intellectual Portrait*(London, 1966), pp.23~30 참조.
14) "Die Börse," pp.256~257.

관계의 확산이 미치는 영향이 다른 맥락에서 분석된다.[15] 19세기 독일의 농업 경영 구조는 엘베 강을 기점으로 양쪽이 크게 구분된다. 강 서쪽에서는 대부분의 농민들이 독립 소농민이었던 반면, 강 동쪽에서는 융커(Junker)들이 여러 모로 반봉건적(半封建的) 구조를 보존하고 있는 대규모 장원(莊園)을 유지하고 있었다. 따라서 엘베 강 동쪽에서 농업노동자는 구별되는 두 가지 유형으로 구성되어 있었다. 한편으로는 연례적인 계약에 의해 고용주에게 예속된 채 중세의 농업노동자들과 유사한 조건 속에서 살고 있는 노동자들이 있었고, 다른 한편으로는 일고(日雇) 임금노동자가 있었는데, 이들의 고용조건은 산업노동자와 거의 비슷했다.

이런 환경 속에서 전통적인 노동관계와 근대적인 노동관계는 매우 불안한 방식으로 결합되어 있었다고 베버는 지적한다. 일고(日雇)노동자가 예속노동자(隸民, Instleute)를 점차 대체해갈 것은 틀림없으며 이 대체 과정은 장원의 전반적인 구조를 변형시킬 것이라고 베버는 보고 있다. 예속노동자들이 경제적 관계에 의해서 고용주들에게 묶여 있을 뿐만 아니라 권리와 의무의 모든 끈에 의해 고용주들에게 속박되어 있는 반면, 일고노동자들은 임금계약에 근거하여 고용된다. 그 결과 일고노동자들은 전통적 노동자가 살고 있는 사회체제와는 아무런 유기적 관련을 맺지 않는다. 따라서 그들의 이해관계는 거의 전적으로 가능한 한 높은 임금을 보장받는 문제와 결부된다. 따라서 임금노동의 사용을 조장하는 농업의 지속적인 상업화는 노동자와 고용주 사이의 경제적 갈등을 악화시킨다.

그럼에도 불구하고 농업의 상업화는 노동자의 생활수준을 향상시키는 결과로 이어지지 않으며, 오히려 그들을 압박하는 경향이 있다.[16]

---

15) *Die Verhältnisse der Landarbeiter im ostelbischen Deutschland*(Leipzig, 1892). "Capitalism and rural society in Germany," *FMW*, pp.364~385도 역시 참조하라.
16) *Verhältnisse der Landarbeiter*, pp.774 이하.

베버는 일고노동자의 생활조건을 상세히 묘사하면서 예속노동자들과는 달리 부차적인 수입이 없어서 더욱더 열악한 경제적 위치로 전락하는 경우가 잦았다는 점을 보여준다. 단기적으로는 일고노동자의 임금이 더 높을지 모르지만 장기적으로는 그 반대다. 그럼에도 불구하고 예속노동자들은 연례적 계약의 의무에 따르는 종속적 지위로부터 탈피하고자 애쓰는 경향이 뚜렷하다는 점을 베버는 지적한다. 예속노동자들이 안정을 일고노동자의 불확실한 생활과 바꾸고자 하는 경향에서 독립에 대한 추구를 찾아볼 수 있다. 베버에 따르면 이것은 단순한 경제적 논리로 설명될 수 없다. 부분적으로는 가부장제적인 '사적 종속관계'로부터 벗어나 사적 '자유'를 찾고자 하는 노력의 결과다.[17] 따라서 자기 자신의 소규모 경지를 가진 노동자는 그의 '독립'을 보호하기 위해서는 아무리 극심한 곤궁도, 아무리 무거운 고리대(高利貸)도 기꺼이 감내하려 한다.

이렇게 하여 획득된 '자유'는 대개 하나의 환상일 수도 있다. 그러나 베버는 그런 환상들은 인간의 활동을 이해하는 데 기본적이라고 결론짓는다. 농장노동자들의 행동을 '경제 논리만으로'(by bread alone) 이해할 수는 없다는 것이다. 그러나 농업노동자들의 행동을 이끄는 관념들은 경제적 이익의 표현에 불과한 것이 아니기는 하지만, 허공에서 저절로 생겨나는 것도 아니다. 그것들은 다시 중세적 형태의 공동체와 노동을 변형시킨 사회경제적 변동과 관련된다. 관념들과 물질적 이익들 사이의 관계를 하나의 '수준'으로부터 다른 하나를 도출하는 식의 단선적 인과관계로 설명할 수 있는 경우는 거의 없다. 여기서 베버는 무엇보다도 역사적 발전을 관념의 내용과 관련시켜 분석하는 문화사(cultural history)에 대해 반대 입장을 표명한다. 근본적인 사회경제적 변화가 특정계층이나 특정사회의 성원들이 가진 가치의 성격에 대해

---

17) *Ibid*. pp.797 이하. 베버의 설명은 카우츠키의 견해와 비교해보아야 할 것이다. *Die Agrarfrage*(Stuttgart, 1899).

미친 가능한 영향들을 연구하는 것이 항상 필요하다.[18]

이 견해가 베버의 사상 속에서 발전된 것이 순전히 마르크스주의와의 대면이라는 배경 때문이었을 것이라고 생각한다면 베버의 지적 배경을 지나치게 단순화하는 셈이 된다. 첫 저작을 쓸 무렵 베버는 독일 경제사와 법학의 주류를 지배하고 있던 당시의 문제들을 자기의 출발점으로 삼았다. 로마에 대한 초기의 관심은 로마의 경제적 몰락의 원인에 관한 당시의 논쟁을 반영한다. 동부 독일의 농업노동자에 관한 연구는 사회정책협회(Verein für Sozialpolitik)의 회원들이 수행했던 방대한 조사연구의 일부로 이루어진 것이고, 실제 정치적 중요성을 가진 문제에 대한 관심에서 나온 것으로 주로 독일 사회에서 융커 '귀족'의 역할에 관심을 둔 것이다.[19] 그럼에도 불구하고 이 초기 연구들에서 베버가 도달한 결론들이 그의 관심을 점점 더 그를 마르크스주의 사상이 집중적으로 관심을 기울였던 분야들과 직접 연결시켜 줄 통로 쪽으로 기울게 했던 것은 사실이다. 그의 관심은 특히 근대 자본주의의 특징들과 그것들을 낳고 발전시켰던 조건들을 향하게 되었다.

자본주의 정신의 기원

『프로테스탄트 윤리와 자본주의 정신』은 1904년과 1905년에 베버가 두 개의 긴 논문 형식으로 출간한 것으로, 이 쟁점들을 일반적인 수준에서 다룬 첫 작품이다.[20] 이 책에서 베버의 관심을 사로잡고 있는 시

---

18) "Sozialen Gründe des Untergangs der antiken Kultur," pp.291~296 참조.
19) Dieter Lindenlaub, *Richtungskämpfe im Verein für Sozialpolitik* (Wiesbaden, 1967) 참조. 그리고 프라이브루크 대학 취임강연에 나타난 1895년 독일에 대한 베버의 정치적 평가에 대해서는 이 책의 pp.357~360 이하를 보라.
20) 『프로테스탄트 윤리와 자본주의 정신』은 *Archiv für Sozialwissenschaft und Sozialpolitik*, vol.20~21, 1905에 처음 실렸으며 *Gesammelte Aufsätze zur Religionssoziologie*(Tübingen, 1920~21)의 서문 부분으로 다시 출간되었다. 나중의 것에서 베버는 약간의 수정을 가하고 있으며 그간의 일부 비판들에 대해

대적 사조의 일부 주요 특성들은 농업노동자들에 관한 연구에 이미 나타나 있다. 생활조건과 세계관에서 예속노동자와 일고노동자의 차이는 크게 봐서 한쪽은 전통적 방식의 복종과 시혜를 받아들이는 데 반해 다른 한쪽은 경제적 개인주의의 태도를 보인다는 점에 있다. 그러나 경제적 개인주의는 단순히 일고노동자의 경제적 상황에서 나온 결과로 그치는 것이 아니라 그 자체 지주귀족이라는 낡은 전통적 구조를 파괴하는 데 도움이 되는 윤리의 한 부분이기도 함이 분명하다.

『프로테스탄트 윤리와 자본주의 정신』 서두에서 베버는 설명을 위한 통계적 사실을 제시한다. 그것은 근대 유럽에서 "기업 경영자, 자본 소유자, 고급 숙련노동자, 특히 기술적·상업적 훈련을 받은 근대기업의 고위 요원들이 압도적으로 프로테스탄트"[21]라는 사실이다. 이것은 당시의 사실일 뿐만 아니라 역사적인 사실이기도 하다. 자세히 추적해보면 16세기 초반 자본주의 발전 초기의 중심지 중 일부에서는 프로테스탄트 교세가 매우 강했음을 알 수 있다. 이런 현상을 두고 이 중심지들에서 발생했던 경제적 전통주의와의 단절이 전통 일반을 벗어 던지게 했고, 특히 낡은 종교제도들을 벗어던지게 했다는 식의 설명이 손쉽게 나올 수 있을 것이다. 그러나 이 해석은 엄밀하게 살펴보면 오류임이 드러난다. 종교개혁을 교회의 통제로부터의 탈출이라고 보는 것은 매우 잘못된 일이다. 사실상 가톨릭 교회의 일상생활에 대한 감독은 느슨했으며, 프로테스탄트로의 개종은 가톨릭이 요구했던 것보다 훨씬 심한 행동의 규제를 받아들여야만 하는 것이었다. 프로테스탄트는 휴식이나 도락에 대해서 단호하게 엄격한 태도를 취했는데, 칼뱅교가 특히 더 그랬다. 따라서 만일 우리가 프로테스탄티즘과 경제적 합리성 사이

서도 논급하고 있다. 이 점에 대해서는 "Antikritisches Schlusswort zum 'Geist des Kapitalismus'," in *Archiv*, vol.31, 1910, pp.554~599를 참조하라. 라하팔과의 논쟁에 대해서는 J.A. Prades, *La sociologie de la religion chez Max Weber*(Louvain, 1969), pp.87~95.

21) *PE*, p.35.

의 관계를 설명하고자 한다면 프로테스탄트 신앙 특유의 성격을 살펴봐야만 한다는 결론에 도달하게 된다.

물론 베버의 해석이 갖는 참신함은 그것이 종교개혁과 근대 자본주의 사이에 어떤 관계가 있음을 밝히는 데 있는 것이 아니다. 베버의 저작이 나오기 이전에 많은 학자들이 이미 그런 관계가 있을 것으로 상정했다. 주로 엥겔스의 저작에서 유래한 전형적인 마르크스주의적 해석은 프로테스탄티즘이 자본주의의 초기 발전 과정에서 나타난 경제적 변동의 이데올로기적 반영이라고 보았다.[22] 베버는 이 관점이 부적절하다고 보면서 명백히 드러나는 하나의 변칙적인 현상으로부터 논의를 시작하는데, 이 변칙적 현상이 무엇인지를 밝히고 그것을 해석하는 것이야말로『프로테스탄트 윤리와 자본주의 정신』의 독창성을 이룬다.

경제 활동 및 이익 추구와 결부된 삶을 살아가는 사람들의 경우 자신들의 행위는 '물질적' 세계를 지향하는 반면 종교는 '비물질적' 세계에 관심을 두기 때문에 종교에는 무관심하거나 적극적으로 적대적인 태도를 보이는 것이 보통이다. 그러나 프로테스탄티즘은 일상적 활동들에 대한 교회의 통제를 완화하기보다는 자신의 신도들에게 가톨릭보다 훨씬 '더' 엄격한 규율을 요구했고, 그럼으로써 신도들의 모든 생활영역 속에 종교적 요인을 주입했다. 프로테스탄티즘과 근대 자본주의 사이에는 전자를 후자의 '결과'로 보는 것만으로는 완전히 설명될 수 없는 관계가 있다. 그러나 행동에 관한 프로테스탄트교의 믿음들과 계율들의 특징은 경제 활동을 고무시킬 것처럼 보임직한 첫인상과는 전혀 다르다.

이 변칙적 현상을 설명하기 위해서는 프로테스탄트 신앙의 내용 분석과 그것이 신도들의 행위에 미치는 영향의 평가는 물론, 경제활동의 한 형태로서 근대 서구 자본주의의 특정 특징들을 적시해서 밝히는 것도 필요하다. 프로테스탄티즘만 그 이전의 종교 형태와 중요한 측면들에서 서로 다른 것이 아니라 근대 자본주의 역시 그 이전의 자본주의들과는

---

[22] 이 책 pp.356~357과 pp.389~390을 참조할 것.

다른 근본적 특징들을 보여준다. 베버가 구분했던 다양한 형태의 다른 자본주의들은 모두 '경제적 전통주의'가 특징인 사회들 속에서 발견된다. 현재와 같은 생산방식이 알려지지 않았던 공동체들(communities)에 그것을 소개했던 근대 자본가적 고용주들은 노동에 대한 전통주의적 태도가 어떤 것인지를 여실히 체험했다.

예컨대 고용주가 가능한 한 고도의 집약적 노동을 확보하기 위해서 능률급(piece-rate) 제도를 도입할 경우 그것이 노동자들에게 수입을 늘려줄 가능성이 있음에도 불구하고 결과는 흔히 작업량이 늘어나는 것이 아니라 오히려 줄어드는 것으로 나타난다. 전통주의적인 노동자는 자기 일급(日給)을 극대화한다는 관점에서 생각하는 것이 아니라 자기의 일상적 욕구를 충족시키기 위해서는 얼마만큼 일해야 할 것인가를 고려한다. "사람이란 '본래' 더욱더 많은 돈을 벌고 싶어 하는 것이 아니다. 그는 단지 평상시처럼 살고 싶어 하고 습관대로 살려고 하며, 그러기 위해 필요한 만큼만 벌고자 한다."[23]

전통주의가 부(富)에 대한 탐욕과 양립할 수 없는 것은 결코 아니다. "절대적이고 의식적인 냉혹한 취득욕은 종종 전통에 대한 엄격한 복속과 직접적이고 밀접한 관계에 있어왔다."[24] 이기적인 탐욕은 어느 사회에서나 발견되며, 실제로 자본주의 사회보다는 그 이전의 사회에서 특징적으로 나타났던 것이다. 따라서 예를 들면 군사적 정복이나 해적질을 통한 이득의 추구를 그 내용으로 하는 모험자본주의(abventurers' capitalism)는 역사상 어떤 시기에도 존재했다. 그러나 이것은 몰(沒)도덕적 사익(私益) 추구가 아니라 열심히 일하는 것을 의무로 받아들이도록 하는 엄한 계율에 바탕을 두는 근대 자본주의와는 판이하게 다르다. 베버는 근대 자본주의 '정신'의 주요 측면들이 다음과 같다고 본다.

---

23) *PE*, p.60; *GAR*, vol.1, p.44.
24) *PE*, p.58; *GAR*, vol.1, p.43.

모든 자연스런 향락 욕구를 엄격하게 억제하면서 많은 돈을 벌기 위해 끝없이 노력하는 것 자체가 워낙 순수한 목적으로 여겨지고 있어서 특정 개인의 행복이나 그에 대한 효용을 두고 본다면 매우 초월적이고 전적으로 비합리적인 듯이 보인다. 돈벌이는 더 이상 인간의 물질적 욕구를 만족시키기 위한 수단이 아니며, 그것 자체가 인생의 목적이 되어서 인간을 지배한다. 우리가 '자연스럽다'고 여김직한 상황의 이와 같은 전도는 편견 없이 바라볼 경우 정말 터무니없는 것이다. 그것은 자본주의의 영향 아래 있지 않은 사람들에게 틀림없이 매우 낯설겠지만, 또 그만큼이나 틀림없이 자본주의를 이끄는 원리이기도 하다.[25]

따라서 정당한 경제 활동을 통해 돈을 벌고자 하는 노력이 그 소득을 개인적 향락에 사용하지 않으려는 태도와 특이하게 결합되어 근대 자본주의의 정신을 특징짓고 있다. 이것은 선택된 직업을 효율적으로 수행하는 것을 의무와 미덕으로 여기는 가치에 대한 믿음에 뿌리를 둔다.

전통주의적 세계관이 근대적 형태의 경제적 기업경영과 전적으로 양립될 수 없는 것은 아니라고 베버는 강조한다. 예를 들면 많은 소규모 기업이 전통적으로 고정된 절차, 전통적인 환율과 이윤율 등에 따라 경영되어왔다. "어느 시점에선가 갑자기 이 한가로움이 파괴되었다"[26]고 베버는 말한다. 그리고 그런 일은 종종 기업 내부에서 아무런 기술적인 변화가 일어남이 없이도 일어났다. 그런 기업들이 재구조화를 겪은 곳에서는 생산효율성의 극대화를 지향하는 '생산의 합리적 재조직'이 일어났다. 대부분의 경우 그런 변화는 해당 산업으로 갑자기 자본이 유입되었다는 사실에 의해 설명될 수 없다. 그보다는 새로운 전문경영인적인 기업경영 정신—자본주의 정신—이 도입된 결과다. 따라서 근대

---

25) *PE*, p.53; *GAR*, vol.1, p.36.
26) *PE*, p.67.

자본주의 경제의 가장 두드러진 특징은 다음과 같다.

(근대 자본주의 경제는-옮긴이) 경제적 성공을 위해 신중하게 이루어지는 엄밀한 계산에 기초하여 합리화되어 있다. 농민들의 하루살이 생활과는 현격히 대조적이며, 길드 수공업자의 특권적 전통주의, 그리고 정치적 기회를 독점하려 하고 비합리적 투기를 지향하는 모험적 자본주의와도 마찬가지로 대조되는 특징이다.[27]

자본주의 정신은 단순히 서구사회에서 있었던 합리주의의 전반적 성장으로부터 추론될 수는 없다. 문제를 그렇게 분석하는 것은 합리주의가 진보적, 단선적으로 발전했을 것이라고 상정하는 경향을 띤다. 실제로 서구사회들에서 서로 다른 제도들의 합리화는 불균등하게 진전되었다. 예컨대 경제 측면에서는 더 합리화된 나라들이 법의 합리화라는 측면에서는 경제적으로는 낙후한 일부 나라들에 비해 뒤떨어진 경우도 있다(영국이 가장 유명한 예다). 합리화란 하나의 복합적인 현상으로, 구체적으로는 다양한 형태를 띠며, 사회생활의 상이한 영역들에서 서로 다르게 진전된다. 『프로테스탄트 윤리와 자본주의 정신』이 오로지 관심 갖는 것은 "합리적 사고의 이 특수하고 구체적인 형태는 누구의 지적 후손인가, 천직(天職, calling)이라는 관념과 그 속에 들어 있는 노동에 대한 헌신이라는 관념은 무엇으로부터 파생되었는가"[28]를 밝히는 것이다.

베버는 천직 개념이 종교개혁 당시에야 비로소 나타난 것임을 보여준다. 가톨릭교에도 고대의 정신세계에도 천직 개념은 물론 그것 비슷한 개념도 없다. 천직이라는 개념 및 그것이 프로테스탄트 신앙에서 취급되는 방식이 중요한 것은 일상생활의 세속적인 일들을 포괄적인 종

---

27) *PE*, p.76.
28) *PE*, p.78.

교의 영향 속으로 끌어들이는 작용을 하기 때문이다. 개인의 천직은 그의 일상생활을 도덕적으로 이끌어감으로써 신에 대한 자신의 의무를 이행하는 것이다. 이것은 프로테스탄티즘이, 현세적인 것에 거부감을 갖는 가톨릭의 은둔적 고립이라는 이상에서 벗어나 세속적인 일들에 강조점을 두게 했다.

금욕적 프로테스탄티즘의 영향

그러나 루터교가 자본주의 정신의 주요 원천으로 간주되어서는 안 된다. 종교개혁은 천직 개념을 도입하는 데 핵심적 역할을 했고, 그럼으로써 세속적 활동들을 추구할 의무를 중심적 위치에 두도록 했다. 그러나 루터의 천직 개념은 몇 가지 점에서 여전히 매우 전통주의적이었다.[29] 천직 개념을 더욱더 세련되게 만든 것은 프로테스탄트 중에서도 후기에 나타난 종파들이었다. 베버는 이 다양한 종파들을 '금욕적 프로테스탄티즘'이라고 부른다.

베버는 금욕적 프로테스탄티즘의 주류를 넷으로 구분한다. 칼뱅교(Calvinism), 감리교(Methodism), 경건파(Pietism), 침례교(Baptist)의 네 종파다. 물론 이들은 모두 서로 밀접한 관계가 있으며, 항상 명확히 구분되지는 않는다.[30] 금욕적 프로테스탄티즘에 관한 베버의 논의는 그것들의 종교적 강령들을 통사적(統史的)으로 서술하는 데 관심을 두는 것이 아니라, 단지 그 교리들 중에서 경제활동에서 개인의 실제행위에 영향을 미친 가장 중요한 요소들만을 다룬다. 이 분석의 가장 중요한 부분은 칼뱅교에 집중되어 있다. 그러나 칼뱅의 교리 자체만을 분석하는 것은 아니고, 그보다는 오히려 16세기 말부터 17세기에 걸친 칼

---

29) *PE*, p.85. 베버는 가톨릭과 칼뱅교 간의 대조에만 관심이 있었던 것이 아니라 루터교와 칼뱅교 간의 차이에 대해서도 큰 비중을 두고 있었다.
30) 베버는 침례교가 "칼뱅교 외에도 프로테스탄트 금욕주의의 또 다른 독립적 원천"이었던 반면에 감리교와 경건파는 파생적 신앙운동들이었다고 말하고 있다.

뱅교도들의 가르침 속에 구현되어 있는 요소들을 분석하는 것이다.

이 예비 작업을 거친 다음, 베버는 칼뱅교에서 가장 중요한 세 가지 원리를 밝혀낸다. 첫째로, 우주가 창조된 것은 신의 영광을 드높이기 위한 것이며, 신의 목적에 관련되는 한에서만 비로소 의미를 지닌다는 교의가 있다. "신이 인간을 위해 존재하는 것이 아니라 인간이 신의 목적을 위해 존재한다."[31] 둘째로, 전능하신 신의 의도는 인간이 이해할 수 없다고 하는 원리가 있다. 인간은 신의 진리 가운데 신이 그에게 드러내 보이고자 하는 아주 작은 단편들밖에는 알 수가 없다. 셋째로, 예정설(predestination)을 믿는다. 즉 단지 소수의 인간만이 영원한 은총을 입도록 선택받았다는 것이다. 이것은 태어나는 순간부터 주어진 돌이킬 수 없는 운명이며, 인간의 행위에 의해 달라질 수도 없다. 인간행위가 그 운명을 바꿀 수 있다고 한다면, 그것은 인간행위가 신의 판단에 영향을 줄 수 있다고 생각하는 셈이 되기 때문이다.

이러한 교의는 신자들에게 '유례없는 내부적 고립감'을 주었음이 틀림없다고 베버는 주장한다. "종교개혁시대의 인간에게 가장 결정적인 일생의 관심이었던 영원한 구원이라는 점에서, 그는 홀로 자기의 길을 걸어가서 천상(天上)으로부터 그에게 내려진 운명을 만나야만 했다."[32] 이 결정적인 측면에서 각자는 홀로였다. 성직자건 평신도건, 신에게 자기의 구원을 호소할 수 있는 사람은 아무도 없었다. 교회와 세례를 통한 구원의 가능성이 송두리째 없어졌다는 것이 루터교 및 가톨릭으로부터 칼뱅교를 구분시켜주는 가장 결정적인 차이라고 베버는 본다. 그렇게 함으로써 칼뱅교는 베버가 다른 곳에서 상세히 논의하고 있는 위대한 역사적 과정 — 즉 세계의 각성(覺醒, Entzauberung)[33]이라는 점진적 과정 — 을 최종적으로 매듭지었다.

---

31) *PE*, pp.102~103.
32) *PE*, p.104; *GAR*, vol.1, p.94.
33) 이 책의 pp.395~400을 보라.

신에게 은총을 거부당한 자가 은총을 얻는다는 것은 주술적(呪術的) 방법뿐 아니라 어떤 방법으로도 불가능했다. 개인의 이러한 내부적 고립감은, 신은 절대적으로 초월적인 존재이며, 육체적(인간적)인 모든 것은 타락한 것이라는 엄격한 교의와 결부되어……문화 및 종교의 모든 감각적·감정적 요소에 대한 청교도의 부정적 태도를 설명해주는 이유가 된다. 그런 요소들은 구원에는 아무 쓸모가 없으며 감각적 환상과 우상숭배적 미신을 조장한다고 보기 때문이다. 따라서 모든 종류의 감각적 문화에 대한 근본적인 반감의 토대가 되는 것이 이 내부적 고립감이다.[34]

이것이 칼뱅교도에게 엄청난 긴장을 가져다주었을 것임은 불을 보듯 명확하다. 모든 신자들이 궁극적으로 자문해보지 않을 수 없는 결정적인 질문—나는 과연 선택받은 존재일까?—은 답변이 있을 수 없다. 칼뱅 자신에게는 이것이 근심거리가 아니었다. 그는 자기가 신의 사명을 수행하도록 선택되었다고 믿고 있었으므로 자기의 구원을 확신하고 있었다. 그러나 그의 추종자들마저 그런 확신을 가질 수는 없었다. 그 결과 선택받은 자와 저주받은 자 사이에 외형적인 차이가 없다는 칼뱅의 교리는 곧바로 종교지도자의 조언이 중요해지는 상황을 낳았는데, 두 가지의 상호 관련된 반응이 나타났다. 첫째는 각 개인은 자기 자신을 선택받은 사람으로 간주해야 할 의무를 지닌다는 것, 따라서 선택의 확실성에 대한 어떠한 의심도 신앙이 불완전하여 은총을 받을 수 없다는 증거가 된다는 것이다. 둘째는 '열심히 세속적 활동을 하는 것'이야말로 필요한 자기 확신을 발전시키고 유지시켜주는 가장 적절한 수단이라는 것이다. 그렇게 해서 '훌륭한 일'을 수행하는 것이 선택의 '표시'로 간주되었다—결코 어떤 식으로도 구원을 '얻는' 수단은 아니고, 구원에 관한 의혹을 없애주는 수단이 된 것이다.

---

34) *PE*, p.105.

베버는 영국의 청교도인 박스터(Richard Baxter)의 저작을 검토하면서 이 점을 예증한다. 박스터는 부(富)의 유혹에 대해 경고하고 있지만, 베버가 보기에는 이 경고는 게으르고 이완된 생활을 위해 부를 사용하는 것만을 겨냥한 것이다. 게으름과 시간낭비는 가장 나쁜 죄다. 이 교의는 그러나 "시간은 돈이다"라고 했던 프랭클린의 말과는 다르다. 이 교의는 얼마간 정신적인 의미를 나타낸다. 시간이 무한한 가치를 갖는 것은 그것의 손실이 신의 영광을 위한 노동의 손실이기 때문이다."[35] 칼뱅교는 신도들에게 시종일관 엄격한 규율을 요구하며, 그리하여 가톨릭의 고해성사와 같이 회개하고 속죄할 가능성을 아예 없애버린다. 가톨릭은 인생을 되는 대로 살겠다는 태도를 사실상 허락한다. 가톨릭 신자는 사제의 개입을 통해 도덕적 잘못에 따르게 될 엄중한 결과로부터 구제받을 수 있다는 생각에 의지할 수 있기 때문이다.

따라서 칼뱅교도는 현실 세계에서 갖는 노동을 윤리적으로 가장 높이 평가하게 된다. 재산을 가지고 있다고 해서 자기 천직에서 헌신적으로 노동할 신성한 의무가 면제되는 것은 아니다. 청교도의 천직 개념은 루터교와는 달리, 개인이 신의 도구로서 성실하게 천직을 수행할 의무를 좀더 강조한다. 부의 축적은 나태한 사치의 유혹이 되는 경우에만 도덕적으로 비난받는다. 물질적 이익이 천직을 금욕적으로 추구한 결과라면, 그것은 용인될 뿐 아니라 도덕적으로 권장되기까지 한다. "가난하기를 바라는 것은 건강하지 않기를 바라는 것과 같다는 말이 있어 왔다. 그것은 일을 찬미하는 데 반대하는 것이고 신의 영광을 훼손하는 것이다."[36]

이 특징들은 칼뱅이 원래 주창한 예정조화설의 '논리적' 귀결이 아니라 '심리적' 귀결이라는 점이 베버의 분석에서 결정적으로 중요하다. 칼뱅 이후 청교도 교의에서 이 사태가 전개됨은 신도들이 겪는 비상한

---

35) *PE*, p.158; GAR, vol.1, pp.167~168.
36) *PE*, p.163.

고립감과 그것이 낳은 근심에서 유래된 것이다. 예정설은 칼뱅교만의 특징은 아니다. 그것이 인간행위에 미치는 영향은 그것과 결합되어 있는 다른 신념들과 그것이 생겨난 사회적 배경에 따라서 달라진다. 예컨대 이슬람교의 예정설은 칼뱅교와 같은 세속적 금욕주의를 낳은 것이 아니라 "세계의 정복을 위한 성전(聖戰)이라는 종교적 계명의 수행을 위해서 자아를 완전히 망각"[37]하도록 했다.

따라서 자본주의 정신의 기원은 칼뱅교에서 가장 정밀하게 발전된 바로 그 종교윤리 속에서 찾아야 한다. 이전 대부분의 자본 취득 형태들의 특징은 규범과는 무관했다. 이들과 근대 자본주의적 활동의 배경이 되고 있는 태도들을 구분시켜주는 독특한 특성을 추적하면 바로 이러한 윤리에 도달하게 될 것이다. "천직 개념에 토대를 둔 합리적인 생활의 영위라고 하는, 근대 자본주의 정신뿐만 아니라 근대 문화의 빠뜨릴 수 없는 특징 가운데 하나가 기독교 금욕주의의 정신으로부터 탄생했다. 바로 이것이 이 설명이 보여주려고 해온 것이다."[38] 일반적으로 여타의 프로테스탄트 금욕주의는 베버가 '철의 일관성'을 갖고 있다고 말하는 칼뱅교에 비해 종교적 규율이 덜 엄격하다. 베버는 그러나 자본주의 정신의 기원에서 자본주의 경제의 상이한 수준들에서 금욕적 프로테스탄티즘의 형태들과 사회계층들 사이에 역사적 관련이 있을 것이라고 주장한다. 예컨대 칼뱅교가 기업가들 사이에서 더 직접적인 영향을 미친 데 반해서, 칼뱅교도의 지속적 에너지보다는 겸손과 극기의 태도로 이끄는 경향을 가진 경건파는 산업체제에서 하위서열에 속하는 피고용인들 사이에서 가장 널리 퍼져 있었을지도 모른다.[39]

청교도에게는 섭리의 추종이었던 것이 현대의 자본주의 세계에서는 점점 더 산업생산의 경제적·조직적 사정에 대한 기계적인 순응으로 바뀌어가고 있다. 그런 사정은 분업 위계상의 모든 수준에서 펼쳐지고 있

---

37) *ES*, vol.2, p.573.
38) *PE*, p.180; *GAR*, vol.1, p.202.
39) *PE*, p.139.

다. 베버는 근대 자본주의가 일단 폭넓게 기반을 다진 다음에도 청교도적 에토스가 그것의 기능에 필수적일 것이라는 주장을 받아들이지 않을 정도로 면밀하다. 이와는 반대로, 청도교가 종교적 신앙 때문에 천직을 갖고 일하기를 스스로 선택한 데 반해, 고도의 전문화를 특징으로 하는 자본주의적 분업은 근대인들이 그렇게 하지 않을 수 없도록 강제한다는 것이『프로테스탄트 윤리와 자본주의 정신』의 독특한 결론이다.[40]

금욕주의가 세계를 개조하고 세계 속에서 스스로를 드러내기 시작한 이래, 현세의 외형적 재화들은 점점 더 인간 생활에 대한 영향력을 더해 와서 드디어는 역사상 유래를 찾아볼 수 없을 정도로 걷잡을 수 없는 힘이 되었다. 이제 이 금욕주의의 정신은 그 둥지를 떠났다—영원히 떠나버린 것일지도 모를 일이다. 그러나 어쨌든 양양하게 성장해가는 자본주의는 기계의 기초 위에서 움직이는 만큼 더 이상 금욕주의 정신의 지원을 요구하지 않는다. ……천직에 성실해야 한다는 의무 관념은 죽은 종교적 신념들의 유령과도 같이 우리 생활 속을 배회하고 있다.[41]

베버는『프로테스탄트 윤리와 자본주의 정신』을 일종의 표제작으로 삼을 작정이었다. 그는 이것을 한 무리의 복잡한 쟁점들에 관한 예비적 탐구라고 생각했고, 그가 생각한 적용 범위는 그다지 넓지 않았다. 베버 자신에 의하면『프로테스탄트 윤리와 자본주의 정신』의 주요 업적은

---

40) 청교도는 천직인(天職人)이 되고자 한다. 우리는 그렇게 되어야만 한다(Der Puritaner wollte Berufsmensch sein, wir müssen es sein)(*GAR*, vol.1, p.203). 베버는 변할 수 없는 천직의 중요성에 대한 청교도의 강조가 전문화된 분업에 대해서 원초적인 도덕적 정당화를 제공해주었다고 강조한다(*PE*, p.163). 이 점에 대해서는 미국 기업계의 '교회적 심성'의 몰락현상에 대한 베버의 논의도 참조하라. "The Protestant sects and the spirit of capitalism," *FMW*, pp.302~322.

41) *PE*, pp.181~182; *GAR*, vol.1, pp.203~204.

자본주의 정신을 뒷받침했던 도덕은 칼뱅교 종교 윤리의 비의도적인 파생물이라는 점, 더 일반적으로는 프로테스탄티즘이 가톨릭의 은둔주의적 이상을 타파할 수 있게 했던 세속적 천직 개념의 파생물이라는 점을 밝힌 데 있다.[42] 그럼에도 불구하고 금욕적 프로테스탄티즘은 부분적으로는 기독교 역사 전체를 두고 봤을 때 먼 과거로부터 계속되어왔던 경향들이 그 절정에 다다른 것일 뿐이다. 가톨릭의 금욕주의는 이미 합리적인 성격을 띠고 있었고, 수도사의 은둔 생활과 청교도의 이상들은 발전사적으로 볼 때 직접 연결되어 있다. 종교개혁과 뒤이어 생겨난 프로테스탄트 종파들의 역사가 가져온 가장 중요한 영향은 이 금욕주의를 수도원으로부터 일상생활 속으로 옮겨놓은 것이다.

『프로테스탄트 윤리와 자본주의 정신』은 칼뱅교와—또는 더 엄밀히 말해서 칼뱅교 신앙의 특정 요소들과—근대 자본주의적 활동의 경제 윤리 사이에 일종의 선택적 친화성이 있음을 보여준다. 이 책의 두드러진 특징은 근대 자본주의의 특징인 경제생활의 합리화가 '비합리적인' 가치신봉(value-commitment)과 관련되어 있음을 보여주려고 한다는 점이다. 이는 인과관계들의 평가를 위한 첫 단계의 작업이지만, 그 자체로서는 원인들을 가려내기에 충분한 작업이 아니다.[43] 원인들을 식별하기 위해서는 두 가지의 폭넓은 작업이 수행되어야 한다고 베버는 분명하게 말한다. 첫째는 경제적 영역 외의 영역들(예컨대 정치, 법, 과학, 예술)에서 합리주의의 기원과 확산을 분석하는 것이고, 둘째는 프로테스탄트 금욕주의 그 자체가 어떤 식으로 사회적 및 경제적 힘으로부터 영향 받았는가를 탐구하는 것이다. 그럼에도 불구하고 베버는 『프로테스탄트 윤리와 자본주의 정신』에서 분석된 자료들이 칼뱅교 교리에 포함되어 있는 것과 같은 관념들을 단순한 경제적 조건들의 '반영'으로 간주하는 '나이브한 사적 유물론의 교의'를 적절하게 폐기시킨다

---

42) "Antikritisches Schlusswort," pp.556~557.
43) *PE*, p.54, pp.90~91 & p.183.

고 힘주어 강조한다.[44] 베버는 "우리는 종교개혁을 역사적으로 필연적인 사태전개라고 보면서 그것을 경제적 변동들로부터 연역해낼 수 있다고 보는 견해로부터 벗어나지 않으면 안 된다"[45]고 주장한다. 그러나 베버는 그가 거부하는 이 사적 유물론의 견해를 다른 어떤 대안적 '이론'으로도 대체하려 하지 않는다. 베버가 대부분 『프로테스탄트 윤리와 자본주의 정신』과 같은 시기에 씌어진 자신의 방법론과 관련된 글들에서 보여주려고 애썼던 것처럼, 그런 이론을 만들기는 불가능하다.

---

44) *PE*, p.55; *GAR*, vol.1, p.37.
45) *PE*, pp.90~91; *GAR*, vol.1, p.83.

제10장 베버의 방법론 저작

『프로테스탄트 윤리와 자본주의 정신』은 모든 것을 포괄하는 이론적 도식으로서의 유물론적 역사 해석과 관념론적 역사 해석 양자를 모두 거부하라고 하는 호소로 마무리되고 있다. "연구의 준비단계에서 연구를 안내할 시각으로서가 아니라 연구의 결론으로서 쓰이게 된다면, 양자 모두 역사적 진리의 획득에는 거의 아무런 도움이 되지 못할 것"[1]이라고 베버는 말한다. 베버의 방법론 논문들은 이 입장을 매우 깊이 있게 상론하고 있다.[2]

그러나 베버의 방법론 논문들은 복잡한 계통을 가지고 있으며, 그것 역시 당시에 유행하던 논쟁, 즉 자연과학과 '인간'과학 또는 사회과학의 관계에 관한 논쟁 속에서 그 의미를 확인해봐야 할 성질을 띤다. 뒤

---

1) *PE*, p.183.
2) 특히 관념론과의 관련 속에서 적절한 배경을 밝히고 있는 것으로서는 Alexander von Schelting, *Max Webers Wissenschaftslehre*(Tübingen, 1934), pp.178~247을 참조하라. 베버의 방법론 논문들은 베버가 다루려 했던 문제들의 일부에 지나지 않는다. Marianne Weber, *Max Weber: ein Lebensbild* (Heidelberg, 1950), pp.347~348을 보라. 베버의 방법론 논문의 '부분적' 성격에 관해서는 F. Tenbruck, "Die Genesis der Methodologie Max Webers," *Kölner Zeitschrift für Soziologie und Sozialpsychologie*, vol.11, 1959, pp.573~630에 잘 나타나 있다.

르켓은 콩트 훨씬 이전까지 거슬러 올라갈 수 있는 실증주의의 전통에 깊이 빠져 있었던 반면, 독일의 사회사상에는 이에 직접 비견할 만한 전통이 존재하지 않았다. 인간과학의 지위에 관해 독일에서 전개되었던 길고도 복잡한 논란은 그 결과 프랑스 역사학과 사회철학에서는 거의 다루지 않았던 쟁점들을 탐구했다. 베버는 대다수의 당시 독일 학자들과 마찬가지로 여러 과학이 경험적·논리적 위계의 형태로 순서가 매겨지고, 각 과학은 이 위계 속에서 자기보다 아래에 놓여 있는 과학이 역사적으로 먼저 출현해야 그것을 바탕으로 삼아서 출현하게 된다고 하는 콩트의 생각을 단호히 거부했다.

이런 형태의 실증주의 정통에 의하면, 사회과학은 자연과학의 전제와 방법을 인간에 관한 연구에까지 단순히 확장시키는 것을 내용으로 삼는 것으로 취급된다. 이 생각을 거부하면서 베버는 리케르트(Rickert)와 빈델반트(Windelband) 같은 학자들의 견해, 즉, 학문을 '자연'과학과 '문화'과학, 또는 '일반법칙적'(nomothetic) 과학과 '특수'(ideographic) 과학과 같이 근본적으로 서로 다른 두 가지로 구별하는 견해를 전적으로 추종하지는 않았다. 베버는 이들이 제시하는 일반화 진술 논리와 특수성에 대한 설명 사이의 구분을 받아들이는 한편, 이것을 그들과는 다른 방식으로 적용한다.

주관성과 객관성

베버의 첫 번째의 방법론적인 글인 로셔(Roscher)와 크니스(Knies)에 대한 비판은 자연과학과 사회과학이 다르다고 여기는 것이 허구적인 직관주의를 지지하는 데 쓰일 수 있다는 점에 초점을 맞춘다.[3] 베버에 의하면, 예컨대 로셔의 저작은 자신의 분석에다 반(半)신비적인 관념론의 가장 중요한 요소를 끌어들이는 식으로 이 구별을 이용한다. 인

---

3) *GAW*, pp.9 이하

간 행위의 세계는 자연과학적 방법이 적용될 수 없는 세계인 것으로 취급되며, 따라서 부정확하고 직관적인 절차들이 채택되어야 할 것으로 보고 있다. 따라서 인간 세계는 '비합리적'이며, '민족정신'이나 '민족영혼'에 의해 요약될 수 있는 세계인 셈이다. 베버는 이 개념들을 쓰는 것을 엄밀한 역사적 연구는 그 자체가 추구되어야 할 목적이라고 하는 로서 자신의 주장과 양립시키기는 불가능하다고 지적한다.

베버는 사회과학은 필연적으로 '정신적인' 현상들 또는 '이념적인' 현상들에 관심을 가지며, 그것들은 자연과학이 다루는 주제들 속에는 존재하지 않는 특이하게 인간적인 특성들이라는 점을 인정한다. 그러나 '주체'와 '객체'의 이 필연적인 분화는 사회과학에서 '객관성'을 희생시킬 필요도 없고 희생시켜서도 안 되며, 또한 검증 가능한 인과분석을 직관으로 대체하는 결과를 초래하지도 않는다. 「사회과학과 사회정책에서의 '객관성'」이라는 제목의 베버 논문은 이것이 어떻게 가능한지를 보여주려 한다.[4]

베버는 사회과학은 실제 문제들에 대한 관심에서 기원되었고, 원하는 사회 변동을 일으켜보려는 인간의 관심에 의해 고무되었다고 지적한다. 인간의 사회적·문화적 현실에 관한 '객관적' 진술에 관심을 갖는 학문을 만들고자 하는 충동은 그런 맥락으로부터 나왔다. 그러나 이 발전은 한편의 사실적 또는 분석적 진술과 다른 한편의, '존재'가 아닌 '당위'에 관심을 갖는, 규범적 명제들 사이의 본질적인 논리적 불연속성이 갖는 중요성에 관한 분명한 이해가 동반되지 않는 가운데 진전되어왔다. 대부분의 사회사상들은 두 개의 상호 관련된 가정 중 하나를 바탕으로 사실적 명제들과 규범적 명제들의 중간 어디쯤에서 타협점을 찾아보려고 했다. 하나의 가정은 이상적인 것은 '불변적으로 존재하는 것', 사회·경제적 제도들의 작동을 지배하는 불변의 법칙들과 동일시

---

[4] MSS, pp.50~112. 베버의 논문은 멩거와 그의 '과학적' 경제학파의 관점과도 대조해보아야 한다. Marianne Weber, pp.352~353을 참조하라. 좀더 자세한 설명으로는 Lindenlaub, pp.96~141.

될 수 있다. 다른 하나의 가정은 이상적인 것과 현실적인 것의 동화는 진화적 발전의 일반원리들 속에서, 불변적으로 존재하는 것이 아니라 불가피하게 생성되는 것 속에서 이루어진다는 것이다.

이 두 가지 생각은 모두 거부되어야만 한다. 경험과학이 무엇이 '당위'인지를 정해주는 이상들을 과학적으로 밝혀낸다는 것은 논리적으로 불가능하다. 이 입장은 베버가 채택했던 신칸트학파 인식론의 근본적 전제를 이루는 것으로, 베버의 모든 저작의 특징이 되고 있다. 그러나 가치판단이 과학적 분석을 통해 타당성을 인정받을 수는 없다고 하는 주장이 가치판단이 과학적 논의의 영역으로부터 완전히 추방되어야 한다는 것을 의미하는 것은 절대로 아니다. 특정의 행동노선이 채택되어야 할 것인가 아닌가 하는 '당위'에 관한 모든 판단은 어떤 특수한 목적이나 일반적 '목적'을 달성하기 위해 채택되는 '수단'의 측면으로 분해해볼 수 있다. "우리가 구체적으로 무엇인가를 원한다는 것은 그 자체의 목적을 위해서일 수도 있고 그보다 더 높은 가치를 지닌 다른 무엇을 얻기 위한 수단으로서일 수도 있다."[5]

과학적 분석은 특정의 목적을 달성하기 위한 기존의 수단들이 적합한 것인지 여부를 결정할 수 있도록 해준다. 그러나 과학적 지식이 아무리 풍부하다고 하더라도 그것이 주어진 목적을 가치로서 받아들이지 않으면 안 된다는 논리적 설득이 될 수는 없다. 사회과학자는 목표가 설정된 후 그 달성을 위해 채택되는 수단이 다른 수단에 비해 상대적으로 어떤 이점이 있으며 얼마만한 대가를 요하는 것인지를 보여줄 수 있다. 주어진 목적을 위해 특정 수단을 채택함에 따라 치러야 할 대가로는 다음과 같은 두 가지가 있을 수 있다. (1) 바라는 목적의 완전한 실현이 아닌 부분적인 실현, (2) 개인이 품고 있는 여타의 목적에 해를 끼치는 부수적인 결과들을 야기하는 것. 주어진 특정의 역사적 환경 속에서 추구되는 목적 그 자체를 실현가능성의 측면에서 평가해보는 것도

---

[5] *MSS*, p.52.

경험적 분석을 통해서 어느 정도 가능할 것이다.

베버는 이러한 점들을 혁명적 사회주의의 원망(願望)들에 대한 언급을 통해 자주 보여준다. 왜냐하면 사회주의 사회를 수립하려는 목적 달성을 위한 추구 속에서 제기된 딜레마가 그러한 쟁점들을 아주 첨예하게 해주기 때문이다. 혁명적 수단을 통한 사회주의 사회의 실현은 바라는 사회 변동을 확보하기 위해 강제력(force)을 사용할 것을 요구한다. 그러나 강제력을 적용한다는 것은 반드시 혁명 후의 정치적 억압을 수반하며, 사회주의의 이념 자체 속에 구현되어 있는 몇몇 자유들을 부정하게 될 것이다. 둘째, 사회주의 경제의 건설은, 특히 다른 나라들이 자본주의로 남아 있는 세계에서는, 사회주의자들이 예상하지도 못했고 바라지도 않았던 일련의 경제적 난관을 수반하기 쉽다.[6] 셋째, 어떤 수단을 통해 사회주의 사회를 실현시키든 간에 나타난 결과는 거의 확실하게 원래의 목적과는 상치된다. 관료주의 국가를 창출해내기 때문이다.

과학적 분석이 실제적인 목적의 추구를 촉진시킬 수 있다는 의미가 추가될 수 있겠으나, 이것은 앞에서 언급했던 것들과는 다소 성질이 다르다. 그것은 경험적 연구를 수반하는 것이 아니라, 그보다는 한 인간이 품고 있는 이념들 간에 내포된 관계의 내적 일관성(internal consistency)을 평가하는 것이다. 인간은 흔히 자신이 추구하는 특정 목표들이 함축하는 가치를 명료하게 인식하지 못하는 경우들이 있다. 그리고 부분적으로 또는 전체적으로 서로 논리에 어긋나는 목표들을 취하는 경우도 흔하다. 만일 한 개인이 자신의 특정 목표들이 근거로 하고 있는 이념들을 '통해서 생각하지' 못한다면, 우리는 "그가 무의식적으로 출발점으로 삼고 있는, 또는 그가 전제하지 않으면 안 되는 궁극적인 이치(axioms)를 인식하도록 도와줄 수 있다."[7]

---

6) 이 점에 관해서는 *ES*, vol.1. pp.65~68 & pp.100~107을 보라.
7) *MSS*, p.54; *GAW*, p.151.

그러나 그 이상은 우리가 할 수 있는 일이 아니다. 경험과학과 논리적 분석의 효용은 한 개인에게 그가 성취할 수 있는 것이 무엇이며 그러한 성취의 결과는 어떻게 나타날 것인가를 보여주고 나아가서 그의 이념들의 본질이 무엇인지를 명확히 해주는 데 있다. 과학 자체로서는 택해야 할 결정이 무엇인지까지를 보여줄 수는 없다.

대부분의 경우 '선한' 목적의 성취가 도덕적으로 미심쩍거나 적어도 위험한 수단을 사용하게 되는—그리고 악한 파생효과가 생겨날 가능성 또는 심지어 상당히 높은 확률조차도 감수하게 되는—대가를 치를 용의를 가져야만 하도록 되어 있다는 사실로부터 자유로운 윤리란 세상에 존재하지 않는다. 윤리적으로 선한 목적이 언제, 그리고 어느 정도나, 윤리적으로 위험한 수단과 파생효과들을 '정당화'해주는가 하는 문제는 이 세상 어떤 윤리에 의해서도 결론지어질 수 없다.[8]

베버가 취하고 있는 이 입장의 논리적 결과이자 이 입장의 필수적인 지주가 되는 것은 인간 세계란 '화해의 여지없이 상쟁(相爭)하는 이상들'로 특징지어진다고 하는 생각이다. 역사의 그 어느 시점에서도 과학적 분석에 의해 '옳다'거나 '그르다'고 판별될 수 있는 단일한 이상이나 한 세트의 이상들은 존재하지 않기 때문에 보편적 윤리란 있을 수 없다. 이 방법론적 입장과 짝을 이루는 베버의 경험세계에 관한 주된 저작들은 역사상 나타났던 상이한 이상들의 기원을 추적하고 있는 종교사회학 저작들이다. 그러나 이상들과 의미들은 종교적·정치적 투쟁 속에서 창조되는 것이지 결코 과학 그 자체로부터 도출될 수는 없다.

우리가 세계를 분석한 결과—그것이 아무리 완전하다고 하더라도—로부터 세계의 의미를 배울 수는 없다는 사실을 알아야만 한다

---

8) *FMW*, p.121.

는 것, 이것이 선악과를 따먹은 시대의 숙명이다. 시대는 오히려 이 의미 자체를 창조해야 할 처지에 있다. 시대는 인생과 우주를 바라보는 일반적 관점들은 결코 늘어나는 경험적 지식들의 산물이 아니며, 우리를 가장 강력하게 움직이도록 만드는 가장 고귀한 이상들은 우리의 이상들이 우리에게 신성한 것과 마찬가지로 다른 사람들에게 신성한 다른 이상들과의 투쟁 속에서만 생겨난다는 점을 깨달아야만 한다.[9]

정치 및 정치적 동기부여의 논리에 관한 베버의 분석은 이런 생각들을 기반으로 하고 있다. 정치적 행동은 '궁극적 목적윤리'(ethic of ultimate ends, Gesinnungsethik)에 의해 지향될 수도 있고 '책임윤리'(ethic of responsibility, Verantwortungsethik)에 의해 지향될 수도 있다.[10] 궁극적 목적윤리를 추구하는 사람은 자신의 모든 정치적 행동이 이상의 수호를 향하게 하며, 수단에 관한 합리적 계산은 안중에 두지 않는다.

궁극적 목적윤리를 신봉하는 확신에 찬 신디컬리스트에게 그의 행위가 결국 반동의 기회를 키우는 결과를 가져올 것이라는 점, 자기 계급에 대한 억압을 가중시키고 그 계급의 처지 개선을 방해할 것이라는 점을 설득력 있게 설명해보라. 결국 당신은 그에게 아무런 영향도 주지 못할 것이다. 선한 의도를 가진 행위가 나쁜 결과로 이어진다면 그 행위자가 보기에는 자기 자신이 아니라 세상이, 또는 다른 사람들의 우둔함이, 또는 그들을 그런 모양으로 창조한 신의 뜻이, 그 악에 대해 책임이 있다.

---

9) *MSS*, p.57; *FMW*, pp.143~146도 참조하라.
10) *FMW*, p.120.

그런 행위는 결국 성격상 '종교적'이거나 아니면 적어도 종교적 행동과 일부 속성들을 공유한다. 궁극적 목적윤리 지향적인 행위를 하는 사람은 자신의 유일한 의무는 자기 의도의 순수성을 지키는 것일 뿐이라고 믿는다. "항상 새로이 불길을 일으키는 것, 그것이 그의 몹시도 비합리적인 행위들의 목적이다……."[11]

반면 책임윤리는 베버가 간혹 '결과의 역설'이라고 부르는 것을 의식하는 것과 관계가 있다. 개인 편에서 어떤 행위의 실제 결과는 흔히 그 행위를 저지를 때 자신이 의도했던 것과는 매우 다를 수도 있다. 이 점을 아는 정치적 행위자는 자신의 행위가 전적으로 자신의 동기의 순수성에 의해서 통제되게 하지 않으며, 오히려 자기가 성취하고자 하는 목표에 비추어 자기의 행위가 가져올 수 있는 결과들에 관한 합리적 계산에 의해서 통제되게 한다. 따라서 앞에서 자세히 설명했던 사회과학의 다양한 용도들은 책임정치에서는 중요성을 갖지만 궁극적 목적윤리의 추구와는 아무런 상관이 없다.[12]

베버의 사상에 관한 이차적 해석들에서 흔히 혼동되어왔지만, 책임윤리의 추구와 실용주의를 구별하는 것은 중요하다. 철학으로서 실용주의는 특정 시점에서 실행 가능한 것을 진리로 파악한다. 그러나 베버는 실행 가능성을 '진리'의 척도로 취급하지 않는다. 베버의 분석에서는 사실적 진리와 윤리적 진리 사이에는 메워질 수 없는 절대적인 논리적 틈이 있다는 점, 그리고 경험적 지식이 아무리 많이 축적되어도 그것으로써 특정 윤리의 추구를 정당화할 수는 없다는 점에 모든 초점이 맞추어져 있다.

개별 사례에 임한 현실 정치가의 편에서 주관적으로 볼 때 상충되는 견해들을 중재하는 것이 그것들 중 어느 하나를 편드는 것만큼이

---

11) *FMW*, p.121.
12) 논리적 분석이 이상들을 밝혀내는 데 도움을 줄 수 있는 경우는 예외다. 그러나 이미 살펴보았듯이, 이것은 경험과학 자체의 결과는 아니다.

나 어쩔 수 없는 선택이 되는 경우가 있음이 사실이다. 그러나 이것은 과학적 '객관성'과는 어떤 식으로도 전혀 관계가 없다. 과학적으로 "중간노선"이란 좌파나 우파의 가장 극단적인 당파적 이상들에 비해서 심지어 머리카락 한 올 굵기만큼도 진실에 가깝지 않다.[13]

'객관성'의 본질에 관한 베버의 논의의 본체는 자신이 보기에 흔히 과학적 판단과 가치판단의 논리적 관계를 흐리게 만드는 혼동을 추방하려는 시도에 있다. 앞에서 언급했듯이, 베버에게 이것이 과학적 논의에서 이상들을 제거해야 한다는 것을 의미하는 것이 아니었음은 너무나도 분명하다. 사실은 오히려 자기 자신의 이상들에 관해 가능한 한 분명해지려고 하는 것이 사회과학자의 의무이다. 이 의무가 엄격하게 준수된다면, 사회과학자가 추구하는 가치들이 그의 연구와 관련되지 못하게 하는 것으로 나타나지는 않을 것이다. "도덕적 가치중립의 태도(Gesinnungslosigkeit)는 과학적 '객관성'과는 전혀 별개의 문제다."[14]

사실판단과 가치판단

사실적 명제와 가치명제의 절대적인 논리적 분리—즉, 과학 그 자체는 타당성이 입증된 문화적 이상들의 원천일 수 없다는 것—는 과학의 존재 바로 그것이 과학적 분석 그 자체가 왜 '바람직'하거나 '가치 있는' 활동인지를 정리해주는 가치들의 존재를 전제로 한다는 의미와

---

13) MSS, p.57. 이 책에서 다루고 있는 세 가지 현상은 각기 때때로 비판가들에 의해 실용주의 철학과 연결되곤 했던 견해들을 발전시킨 것이었다. 뒤르켐은 강의 한 강좌를 모두 바칠 정도로 이 문제를 중요하게 생각했다. *Pragmatisme et sociologie*(Paris, 1955)를 참조하라. 다소 과도하게 단순화시켜 보면, 세 가지 모두가 똑같은 이유로, 즉 실용주의는 행위하는 주체가 합리적으로 세계의 변동에 영향을 줄 능력이 없다고 본다는 이유로 실용주의와는 대립된다고 할 수 있을 것이다.

14) MSS, p.60; GAW, p.157.

는 구별되어야만 한다. 과학 자체는 과학적으로 타당성을 입증할 수 없는 이상들에 토대를 두고 있고, 이 점에서 다른 가치들과 조금도 다를 것이 없다. 따라서 베버에 의하면 사회과학의 주된 목표는 "우리가 살아가고 있는 현실세계의 특이성을 이해하는 것"이다. 다시 말해서, 사회과학의 주된 목표는 왜 특정의 역사적 현상들이 그런 모습으로 생겨나게 되었는지를 파악하는 것이다. 그러나 이것은 경험세계의 무한한 복잡성을 사상(捨象)할 것을 전제한다. 베버는 현실의 완벽한 과학적 기술(記述)이란 있을 수 없다고 본다는 점에서 리케르트와 빈델반트의 신칸트주의를 받아들인다. 현실은 끝없이 분류해갈 수 있는 엄청난 양의 현상들로 이루어져 있다. 현실 중의 한 특정 요소에 초점을 맞춘다고 하더라도 우리는 그것이 이 무한한 현상들과 관련되어 있음을 발견한다. 자연과학에서든 사회과학에서든 모든 형태의 과학적 분석, 모든 종류의 과학적 지식은 예외 없이 현실의 무한성으로부터 선택을 수반한다.

방금 지적했듯이, 사회과학은 "한편으로는 현재의 모습대로 개별 사건들 사이의 관계들과 그것들의 문화적 의미를 알아내는 것에, 그리고 다른 한편으로는 그 사건들이 역사적으로 '다른 어떤 모습으로'가 아닌 '바로 그런 모습으로' 된 배경을 알아내는 것에"[15] 으뜸가는 관심을 둔다. 현실은 외연적으로나 내포적으로나 무한하고, 이에 따라서 사회과학자에게는 '관심을 끄는 문제들'을 가려내는 모종의 선택이 불가피하기 때문에(그가 이 점을 자각하든 아니든), 우리는 '우리가 알고자 원하는 것'을 결정하는 가치 기준이 무엇인지를 물어야만 한다. 베버의 견해로는 사회과학에서 우리가 탐구해야 하는 것은 자연과학에서 보는 것과 같은 제일적(齊一的)으로 발생하는 관계들 또는 법칙들이라고 간단히 선언하는 것은 이 질문에 대한 답이 될 수 없다. 법칙을 세우는 것은 복잡한 현실을 특정 방식으로 추상화하는 것을 수반하는 일로서, 그

---

15) *MSS*, p.72; *GAW*, pp.170~171.

렇게 함으로써 그 법칙에 포괄되지 않는 모든 사건은 '우연적'이고, 따라서 과학적으로 중요하지 않은 것으로 간주되게 한다. 그러나 이것은 한마디로 사회과학에서 우리들의 관심의 핵심을 이루는 문제들을 이해하는 데 부적절하다.

베버의 일생에 걸친 저작의 주된 초점은 이 점을 예증하는 데에 맞춰져 있다고 볼 수 있다. 서구 자본주의의 형성 및 그것과 결부된 합리주의는 이 역사적 사건들(의 특정 측면들)이 일반적인 원리들, 법칙 비슷한 원리들로 그럴듯하게 포괄될 수 있기 때문에 우리들의 관심을 끄는 것이 아니다. 이 사건들이 우리에게 중요해지게 만드는 것은 바로 그것들의 독특성이다.

더욱이 자연과학이 법칙의 발견에만 관심을 두고 있다고 생각하는 것도 오류다. 예컨대 천문학에서는 법칙 속에 포괄되지도 않으며 일반적 관계를 정립하는 데 적절하지도 않은 특별한 계기적 발전 현상들이 흔히 관심의 대상이 되곤 한다. 베버는 이 점을 예를 들어 설명하고 있지 않지만, 리케르트가 예로 들고 있는 태양계의 기원을 상세히 연구할 때 천문학자의 관심은 이점을 보여주는 좋은 예이다. 우주의 속성들의 일반화라는 관점에서 보자면 우리 자신이 몸담고 있는 태양계는 전혀 중요할 것이 없다. 태양계의 특수한 발전과정에 대한 우리 자신의 관심은 우주의 바로 그 부분에 지구가 자리잡고 있다는 사실로부터 비롯된다.

이 사실은 법칙적(nomothetic) 지식과 표의적(ideographic) 지식의 분화라는 관점에서 보자면 자연과학과 사회과학의 구별이 절대적인 것이 아님을 보여준다. 자연과학은 주로는 일반원리의 수립에 집중하고 있지만 때로는 특수성에 관한 지식도 추구한다. 인과적 '설명'은 일반법칙 아래서 사건들을 분류하는 것을 통해서만 가능하다고 하는 주장도 타당하지 않다. 주어진 법칙의 관점에서는 '우연적'인 것으로 보이는 사건을 두고도 그 사건과 선행사건들과의 인과적 연결을 마찬가지로 훌륭하게 캐볼 수 있다. 그러나 역사적 개별 현상의 '완벽한' 설명을 가능케 하는 단일 원인, 또는 명확하게 식별될 수 있는 제한된 수의 원인들이 있을 것이라는 상상을 해서는 안 된다. '알 만한 가치가 있는' 것이 단지 현실 중의 특정 측면들만을 포괄하는 것이 진실이라면, 인과적 설명 자체에서도 사정은 똑같다. 어디에서 연구를 종결짓고, 어디에서 이제는 주어진 현상에 관한 우리의 이해가 적절하다고 선언할 것인지를 결정하는 것은 어디에서 연구를 시작할 것인지를 결정하는 것과 마찬가지로 선별(selection)의 문제이다.

결과(effect)로부터 인과적인 회귀를 통해 거슬러 올라가 도달하게 되는 모든 조건의 총체(totality)는 다른 방식으로가 아니라 그 구체적 결과를 낳은 바로 그 특정의 방식으로 '공동으로 작용'했음이 분명하다. 다시 말해서, 인과관계를 다루는 모든 경험과학에서 한 결과의 출현은 어떤 하나의 특정 계기로부터가 아니라 '영원으로부터'(from eternity) 결정된다.[16]

이것이 사회과학에서 법칙적 명제들이 불가능하다는 것을 뜻하지는 않는다고 베버는 강조한다. 그러나 일반적 설명 원리들의 정립은 그 자체 목적이라기보다는 설명되어야 할 특정 현상들의 분석을 도와주는 데 쓰일 수 있는 수단이다. "'법칙적' 지식 —즉, 반복적인 인과적 연쇄에 관한 지식—의 적용이 없이 어떤 개별적 결과를 타당하게 인과귀속(imputation)시킨다는 것은 일반적으로 불가능하다."[17] 다시 말하자면, 연구자가 원인들을 밝혀내려고 할 때 주어진 요소가 어느 정도나 원인으로서 지적될 수 있는가 하는 점은 사건 종류들 사이에 붙어 다니는 것으로 여겨지는 타당한 관계에 관한 가정(이 가정이 미심쩍을 경우에는 정당화가 필요하다)에 의해 좌우될 것이라는 것이다.

연구자가 "사적인 체험에 의해 다듬어지고, 분석 방법들 속에서 단련

---

16) *MSS*, p.187 ; *GAW*, p.289.
17) *MSS*, p.79.

된 상상력을 가지고" 어느 정도나 타당한 인과적 귀속에 다다를 수 있을지, 또 그가 어느 정도나 구체적으로 수립된 일반화의 도움을 구해야만 할 것인지는 문제가 되고 있는 특수한 사례에 달려 있다. 그러나 적절한 일반원리들에 관한 우리의 지식이 정확하고 믿을 만한 것일수록 우리가 해낼 수 있는 인과귀속도 더욱 믿을 만한 것이 되리라는 점은 항상 진리이다.

그러나 좀더 구체적으로, 우리는 어떻게 어떤 인과관계의 존재를 확증하는가? 인과귀속의 절차에 관한 유명한 설명 속에서, 베버는 마라톤 전쟁의 결과가 그 후 서구문화의 발전에 대해서 갖는 의의에 관한 에두아르트 마이어(Eduard Meyer)의 설명을 예로 든다. 마라톤 전쟁은 그 자체로서는 소규모 군사적 충돌에 불과했다. 그럼에도 불구하고 역사가들이 이 전쟁에 관심을 가지는 것은 그 결과가 나중 전 유럽으로 확산된 헬레니즘 문화의 생존과 그 독립적 발전에 대하여 결정적인 인과적 중요성을 가졌기 때문이다. 그러나 마라톤 전쟁이 이런 식으로 중요했음을 보여주기 위해서는 우리는 있을 수 있었던 두 가지 별개의 사정들(차후 유럽의 문화 발전에 대한 헬레니즘의 영향 대 페르시아 신정(神政)의 영향)을 고려해보아야 한다. 존재론적으로 볼 때 양자는 '현실적'인 가능성은 아니다. 한 세트의 사건들만이 가능했고, 그것은 실제로 발생했던 바로 그 사건들이다. 이 절차는 '사고실험'(thought-experiment)을 수반하는 사회과학자에 의한 추상화의 하나일 수밖에 없는데, 이 사고실험을 통해서 그는 어떤 사건들이 발생하지 않았거나 다른 방식으로 발생했더라면 어떤 일이 일어났을지를 상상해본다.[18]

한 역사적 사실의 인과적 중요성에 대한 평가는 다음과 같은 질문을 제기하는 것으로 시작될 것이다. 상호규정적인 것으로 간주되는 복잡한 요인들로부터 그 사실을 빼낼 경우, 또는 어떤 방향으로 그

---

18) *MSS*, pp.82 이하.

사실을 수정할 경우, 일반 경험 법칙에 비추어볼 때 사건의 경로가 우리의 **결정적 관심**을 불러일으킬 만큼 어떤 양상으로든 어떤 다른 방향을 따르게 되었을 것인가?[19]

마라톤 전쟁의 중요성을 예로 들 경우, 이 점은 다음과 같이 정리될 수 있을 것이다. 페르시아가 승리했다고 상상해보고 그럼으로써 초래되었을 결과들을 평가해본다면, 그런 결과들은 확실히 그 후의 헬레니즘 문화의 발전과 나아가서는 유럽 문화의 발전에 커다란 영향을 미쳤을 것이라고 생각할 수 있다. 베버는 이것을 '적합한'(adequate) 인과분석의 한 예라고 부른다. 이 경우에 우리는 마라톤 전쟁의 결과가 달라졌더라면 그것이 그 후 유럽의 문화 발전에 변동들을 낳기에 충분하거나 '적합'(adequate)했을 것이라고 자신 있게 말할 수 있다.
그렇다면 사회과학의 관심사들을 선택하고 정의하는 것이 불가피하게 '주관적'이라는 사실 — 즉, 어떤 특정의 문화적 의미를 갖는다는 점 때문에 흥미를 끌게 되는 문제들의 선별을 수반한다는 사실 — 은 객관적으로 타당한 인과분석이 이루어질 수 없다는 결론으로 이어지지 않는다. 그와는 반대로, 인과적 설명은 다른 사람들에 의해 검증될 수 있고, 특정 개인에 대해서만 '타당한' 것이 아니다. 그러나 탐구할 쟁점들을 선별하는 것과 무한한 인과의 망 속으로 얼마나 멀리 파고들어야 할 것인지를 판단하는 것은 둘 다 가치판단의 지배를 받는다. 관심의 주된 초점이 사건들의 독특한 배치(unique configuration)에 있다는 베버의 전제를 받아들인다면, 사회과학의 대상은 항상 유동적이라는 결론에 도달한다.

측량할 길 없는 사건들의 흐름은 끝없이 영원을 향해 흘러간다. 인간들을 움직이는 문화적 문제들은 그 자체 항상 새로워지고 달라진

---

19) *MSS*, p.180.

색조로 나타나며, 구체적 사건들의 무한한 흐름 속에서 우리에게 의미와 중요성을 갖는 영역, 즉, '역사적 개별자'로 등장하게 되는 영역의 경계선들은 끊임없이 변동을 겪도록 되어 있다.[20]

이념형의 정립

'이념형'적 개념들의 성격과 사회과학에서의 그것들의 용도에 관한 베버의 자세한 서술은 이 일반적인 인식론적 입장에 논리적 근거를 두고 있다. 사회과학에서 사용되는 개념들은 가치전제의 개입이 없이 현실로부터 직접 도출될 수는 없다. 이는 관심의 대상을 정해주는 문제들 자체가 그런 가치전제에 따라서 정해지기 때문이다. 따라서 한 역사적 현상에 대한 이해와 설명은 그것을 위해서 특별히 마련된 개념들을 구성할 것을 요구한다. 그런 개념들은 분석 자체를 목적으로 삼을 때 요구되는 것 같은 현실의 보편적으로 '본질적인'(essential) 속성들을 반영하는 개념들이 아니다. 이념형적 개념들의 형식적 특징들을 제시하면서, 베버는 자신이 새로운 종류의 개념 구성 방법을 세우고 있다고 생각하지는 않았고, 이미 실제로 이루어지고 있는 것을 명시하는 작업을 하고 있다고 생각했다. 그러나 대부분의 연구자들이 자기가 사용하고 있는 개념들의 성질을 충분히 깨우치지 못하고 있기 때문에 그들의 주장은 흔히 애매하고 부정확해지는 경향이 있다. "역사가들이 사용하는 언어에는 적절한 표현이 필요하다는 무의식적인 느낌에 따라서 만들어진, 그 의미가 분명히 느껴지기는 하지만 깊은 생각 끝에 명쾌하게

---

20) MSS, p.84. 베버는 사회과학자가 '역사적 개인'에 관심을 가지게 되는 의미를 두 가지로 나누어 보아야 한다고 자주 강조한다. 첫째는 "역사적으로 '위대한' '독특한' 개인에 대해서 가능한 한 가장 포괄적인 지식을 얻으려는 경우"이며, 둘째는 "구체적인 역사적 관계 속에서 특정 개인들이(우리가 실제로 그들을 '중요하다'거나 '중요하지 않다'고 하는 것과는 상관없이)의 행위가 가지는 인과적 힘에 대해서 부여해야 할 중요성(significance)을 분석하고자 하는 경우"이다. GAW, p.47.

정의되어 나온 것은 아닌, 애매한 구성물들인 숱하게 많은 단어들이 포함되어 있다."[21]

이념형은 현실로부터 일정치 않은 수의 요소들을 추출해내서 조합함으로써 구성되는데, 이 요소들은 비록 현실 속에서 발견되기는 하지만, 이념형에서 제시되는 것과 같은 모습으로 발견되는 일은 거의 또는 전혀 없다. 그런 식으로 베버가 『프로테스탄트 윤리와 자본주의 정신』에서 분석하고 있는 '칼뱅교 윤리'의 특징들은 여러 역사적 인물이 남긴 글들로부터 추출된 것으로, 칼뱅교 교리들 중에서 베버가 자본주의 정신의 형성과 특별히 중요한 관련이 있다고 판정한 요소들을 포함하고 있다. 베버에 의하면 그런 이념형은 현실의 어떤 측면에 대한 '기술'(記述)도 아니고, 하나의 가설도 아니다. 그렇지만 그것은 기술과 설명 모두에 도움이 될 수 있다. 물론 이념형은 규범적인 의미에서 이상적인 것도 아니다. 그것은 그 실현이 바람직하다는 것을 함축하지 않는다. 살인이나 매매춘의 이념형을 구성하는 것은 다른 모든 현상의 이념형을 구성하는 것과 마찬가지로 정당한 일이다. "이 심적 구성물은 개념 그대로의 순수한 모습으로는 현실 어디에서도 경험적으로 찾아볼 수 없다."[22]

이념형의 창조는 결코 그 자체로서 목적이 아니다. 주어진 한 이념형의 효용성은 오직 하나의 구체적인 문제 또는 일정 범위의 문제들과의 관계 속에서만 평가될 수 있으며, 이념형을 구성하는 유일한 목적은 경험적 문제들의 분석에 도움을 주는 데 있다. 그러므로 합리적 자본주의 같은 현상의 이념형을 만들 때 사회과학자는 자본주의의 구체적 형태들에 대한 경험적 연구를 통해 합리적 자본주의가 그 특징을 드러내는 가장 중요한 측면들(자기 자신이 설정한 관심들에 비추어볼 때)을 그려내려고 한다. 이념형은 순수하게 개념적인 사고에 의해서 형성되는

---

21) *MSS*, pp.92~93; *GAW*, p.193.
22) *MSS*, p.90.

것이 아니다. 구체적 문제들의 경험적 분석을 통해서 만들어지고, 수정되고, 다듬어지며, 그리하여 다시 그 분석의 정밀성을 높여준다.

따라서 이념형은 범위와 용도에서 유개념(類槪念, Gattungsbegriffe)과는 차이가 있다. 유개념은 사회과학의 많은 분야에서 중요하고도 필수적인 역할을 한다. 그것들은 단지 경험적 현상군(現象群)들의 공통 측면들을 요약한다. 이념형이 "하나 이상의 관점들의 일방적 강조"를 수반하는 반면, 유개념은 "수많은 구체적 현상들에서 공통으로 나타나는 특성들의 추상적 종합"을 수반한다.[23] 베버는 '교회' 개념과 '종파' 개념의 예를 제시한다. 이 개념들은 분류상의 구별을 위한 토대로서 도움이 될 수도 있다. 종교 집단들은 이런저런 범주에 속한다고 설명될 수 있다. 그러나 만일 우리가 근대 서구문화의 합리화에 대한 종파 운동의 중요성을 분석하기 위하여 그 구별을 적용하려고 한다면, 우리는 이 특정의 측면에서 영향력이 강했던 종파주의의 구체적 요소들을 강조하기 위하여 '종파' 개념을 재정립해야만 한다. 그렇게 되면 그 개념은 이념형적 개념이 된다. 어떠한 기술적 개념도 특정 요소들의 추출과 재조합을 통해서 이념형으로 변형될 수 있다. 베버는 이런 일은 실제로는 흔히 일어나고 있는 일이라고 말한다.

베버는 특정 역사적 상황들의 설명과 관계되는 이념형들의 정립에 자신의 논의를 집중시키는데, 이는 그것이 유개념과 이념형 사이의 가장 뚜렷한 차이를 보여주기 때문이다. 그러나 이념형적 개념들에 그런 목적을 갖는 것들만 있는 것은 아니며, 단순한 유개념이 아니면서도 그 성격에서는 총칭적인(generic) 다양한 종류의 이념형도 있다. 유개념으로부터 이념형적 개념으로의 전환은 우리가 현상들의 기술적(記述的) 분류로부터 그 현상들의 설명적인, 또는 이론적인 분석으로 나아갈 때 일어난다.

'교환'(exchange) 개념을 살펴봄으로써 이 점을 잘 알 수 있다. 우

---

23) *MSS*, pp.90, 92.

리가 불특정한 수의 인간 행위들이 교환 거래들로 분류될 수 있을 것이라고 관찰하는 것으로만 만족하고 있는 한, 교환 개념은 유개념이다. 그러나 그 개념을 경제학의 한계효용이론 속의 한 요소로 삼으려고 한다면 우리는 순수하게 합리적인 구성에 바탕을 두는 '교환'의 이념형을 구성한다.[24]

사회과학과 가치판단의 관계는 1904~1905년간 출간된 방법론 저작들에서 베버가 중심적으로 논의한 문제다. 10년 후에 씌어진 베버의 '가치중립'(Wertfreiheit)에 관한 논문에서 이 관계는 다른 각도에서 다루어지고 있다.[25] 이 후자의 논문에서 베버는 한 가지 질문을 다루는데, 그 질문은 사회과학과 사회정책의 관계에 대해 기본적인 중요성을 갖기는 하되, 가치판단의 논리적 지위를 다루는 질문이 아니라 학자가 자신이 지지하는 이상들을 전파하기 위해서 자신의 학문적 프레스티지나 지위를 이용해도 되는가 하는 실제적 쟁점을 다루는 질문이다. 이 문제는 그 자체 궁극적으로 가치들에 의존하는 문제이고, 따라서 과학적 논증에 의해 해결될 수 없다. "최종적으로는 오직 개인이 스스로의 가치체계에 따라 대학이 수행해야 한다고 여기는 과제들이 어떤 것들인가에 따라서 결정되어야만 할 문제다."[26]

만일 교육의 임무가 극히 포괄적인 것으로 받아들여진다면, 그래서 교육자의 역할이 학생들을 미적·윤리적 문화의 폭넓은 세계로 인도하는 것에까지 이르는 것으로 보인다면, 교사가 자기가 가르치는 내용에서 자신의 이상들을 뺀다는 것은 어려운 일이 될 것이다. 베버가 전하고자 하는 견해는 교육에서 직업적 전문화, 특히 어느 정도 과학으로

---

24) '일반적' 이념형에 대해서 '개별적' 이념형이 차지하는 위치에 대한 분석으로는 Schelting, pp.329 이하와 Parsons, pp.601 이하를 참조하라.
25) *MSS*, pp.1~47. 베버가 이러한 견해를 발전시키게 된 정치적 배경에 대한 분석으로는 Wolfgang J. Mommsen, *Max Weber und die deutsche Politik, 1890~1920*(Tübingen, 1959)을 참조하라.
26) *MSS*, pp.2~3.

자임하는 분야들에서 직업적 전문화가 근대의 대학교가 마땅히 갖춰야 할 조직원리라고 하는 것이다. 이런 환경은 교사가 자기 자신의 세계관을 마음대로 표명하는 것을 어렵게 만든다. 사회과학이 다루는 문제들은 그것들이 '문제'로서 관심을 끌게 되는 것은 문화적 가치 때문이지만, 전문적(technical) 분석에 의하지 않고는 해결될 수 없다. 그리고 강단에 선 교사의 유일한 책임은 바로 이 후자, 즉 전문적 분석을 가르치는 것이다.

그러나 오늘날 학생들이 강의실에서 교사로부터 배워야 할 것은 무엇보다도 다음과 같은 것들이다. (1) 주어진 과제를 능숙하게 수행할 능력, (2) 개인적으로는 불편할지도 모르는 사실들조차도 명확히 인지해내고, 그것을 자신의 평가와 구별할 능력, (3) 자신이 맡은 과제에 몰입하고, 불필요하게 개인적 취향이나 기타의 감정들을 드러내려는 충동을 억제할 수 있는 능력.[27]

대학의 교사는 정치적 행위를 통해 자기의 이상들을 실현시키기 위해 다른 모든 시민이 가지는 모든 기회들을 가지며, 그것을 넘어서는 자신만의 특권을 요구해서는 안 된다. 교수직은 '개인적 예언을 할 수 있는 전문 자격'은 아니다. 그런 식으로 자기 지위를 이용하려는 교수는 자신의 이익을 위해서 자신의 지위를 악용할 수 있다. 그것도 감수성이 특히 예민하고 아직 성숙한 자신감을 갖고 있지 못한 청중을 상대로 해서 말이다. 이 입장을 취하면서 베버는 개인적인 신념을 표명한다. 대학이 가치들이 논의되는 공개토론장이 되기 위해서는 "모든 입장의 가치들로부터 제기되는 근본적 질문들을 논의할 제한 없는 자유"가 전제되어야만 한다는 것이다. 그러나 이것은 기본적인 정치적·윤리적 쟁점들이 공개적으로 토론될 수 없는 독일의 대학과는 전혀 어울리지

---

27) *MSS*, p.5; *GAW*, p.493.

않는 이야기다. 그리고 사정이 그런 한, "내가 보기에는 다루도록 허용된 가치문제들에 관해서조차도 차라리 '침묵을 지키는 편'이 그나마 학계를 대표하는 한 사람으로서 위엄을 지킬 수 있는 길인 것 같다."[28]

물론 이런 말을 하면서 베버가 대학 교수는 대학 자체의 영역을 벗어나는 정치적 및 도덕적 판단을 표명하기를 거부해야 한다는 것을 의미하는 것은 아니다. 이와는 정반대로, 베버는 학계 외부에서 '윤리적 중립성'을 겉치레로 걸치려 드는 행위를 통렬하게 비난한다. 베버가 보기에는 정치 분야에서의 가치 표명에다 위조된 학문적 '중립성'의 겉옷을 입히려 드는 것은 대학 안에서 공공연히 당파적 입장을 설교하는 것만큼이나 부당한 일이다.

베버는 한 개인이 자기 강의를 통해서 자신의 특정 가치 입장을 밝혀야 하는가 하는 문제가 사회과학에서의 사실명제와 가치명제 간의 논리적 관계와는 별개의 문제임을 아는 것이 어떤 경우에나 본질적으로 중요하다고 본다.

경험적 학문들이 다루는 문제들은 물론 '평가를 수반하지 않는 방식으로'(non-evaluatively) 해결되어야 한다. 그것들은 평가를 수반하는 문제들이 아니다. 그러나 사회과학의 문제들은 다루어지는 현상들의 가치관련성(value-relevance)에 의해 선택된다……. 이 엄격히 논리적인 사실에 의해 경험적 탐구에서는 어떤 '실제적 평가'(practical evaluations)도 정당화되지 않는다.[29]

---

28) *MSS*, p.8.
29) *MSS*, pp.21~22.

제11장 사회학의 기초개념

이해의 사회학

　베버의 방법론 논문들은 대개가 그의 초기 경험적 저작의 내용을 이루고 있었던 특정 문제들을 배경으로 하여 저술된 것이다. 그것은 베버가 원초적인 지적 훈련을 받았던 법사상, 경제사상, 그리고 역사사상의 제반 전통이 가진 지적 한계를 깨뜨리려고 애쓰는 모습을 보여준다. 그의 방법론 논문들 속에서 사회학은 역사학에 종속된 학문으로 다루어지고 있다. 사회과학의 주된 관심은 특정한 문화적 의미를 가진 문제들이 될 수밖에 없다. 베버는 사회과학에서 일반화란 불가능하다고 보는 견해를 거부한다. 그러나 그는 일반원칙의 정립을 주로 목적을 위한 수단으로서 다루고 있다.

　베버 자신의 경험적 저작들, 특히 『경제와 사회』(*Economy and Society*)라는 방대한 책에서 뚜렷이 드러나는 방향을 이 관점에서 살펴보면 어떤 강조점의 변화가 나타나고 있음을 볼 수 있다. 베버는 사실판단과 가치판단 간의 절대적인 논리적 구분에 대한 자신의 근본적 입장을 철회하지도 않았으며, 이와 관련하여 독특한 역사적 현상들에 대한 분석은 단지 입문적인 중요성만을 갖는 일반 원칙들만 가지고 해낼 수 없는 작업이라는 명제도 철회하지 않았다. 그러나 『경제와 사회』에서 베버의 관심은 사회적 조직과 경제적 조직의 제일성(齊一性)을 정립하려는 직접적인 관심을 더욱 깊이 드러내고 있다. 즉 이것은 사회학으로의 이행인 셈이다.

베버의 말에 의하면 사회학은 인간의 사회적 행위에 관련된 일반 원칙들과 일반적인 형태의 개념들을 정립하고자 하는 학문이다. 이에 비해서 역사학은 "특수한, 그리고 문화적인 의미를 띤 행위·구조·퍼스낼리티들을 인과적으로 분석하고 설명하려는"[1] 학문이다. 이것은 방법론 저작에서 정립되었던 기본 입장의 반복에 지나지 않으며, 일반적으로 베버의 관심이 사회학 쪽으로 옮겨간 것은 기본적인 방법론적 견해가 수정된 것이 아니라 개인적 관심이 달라진 것일 뿐이라고 보는 것이 물론 타당할 것이다. 『경제와 사회』에 나타난 베버 사상의 새로운 출발은 베버에 대한 2차적 논술들 속에서 종종 과장되곤 했다. 『경제와 사회』는 정치경제학의 여러 가지 측면에 대한 대규모 협동작업의 일부다. 베버는 자신의 저술이 동료 저작자들의 더욱 전문적인 저작들에 하나의 서문(序文) 역할을 하기를 의도하고 있다.[2] 베버는 『경제와 사회』를 저술하는 목표를 서술하면서 그 책에 포함된 사회학적 분석이 특정한 역사 현상들을 연구하는 데 필수적인 '매우 기본적인 예비작업'의 역할을 하리라 시사하고 있다. "이 특수한 특징들을 인과적으로 설명하는 것이 역사학의 관심사다."[3]

'객관성'의 문제를 다루고 있는 논문에서 베버는 "사회과학에서 우리는 정신적 현상들에 관심을 두고 있다. 이 정신적 현상들에 대한 정신

---

1) *ES*, vol.1, p.19; *WuG*, vol.1. p.9.
2) 이 책들은 한 전집으로 묶여져서 *Grundriss der Sozialökonomik*으로 제목이 붙여졌다. 저자들 중에는 좀바르트, 미헬스, 알프레드 베버, 슘페터 등이 있다. 첫째 권은 1914년에 출판되었고 나머지는 1930년까지 모두 출판되었다. Johannes Winckelmann, "Max Webers Opus Posthumum," *Zeitschrift für die gesamten Staatswissenschaften*, vol.105, 1949, pp.368~387을 보라.
3) 벨로에게 보낸 편지, 1914년 6월, von Below, *Der deutsche Staat des Mittelalters*(Leipzig, 1925), p.xxiv.

적인 '이해'는 자연히 엄밀한 자연과학 일반이 해결해낼 수 있거나 해결하려 애쓰는 것과는 판이한 특성을 지닌 작업이다"라고 강조한다.[4] 따라서 사회적 현상에 대한 분석의 중요한 과정 가운데 하나가 그 분석이 토대로 하는 주관적 기초를 알 수 있게 만드는 것(rendering intelligible)이다. 물론 이 글에서는 사회적·역사적 현상에 대한 '객관적' 분석의 가능성이 "인간 활동은 '주관적'인 특성을 띠고 있다"는 사실에 의해 배제되지 않는다는 점이 주된 주제가 되고 있다. 그리고 한편으로 이 주관성은 자연과학과 사회과학을 접합시킴으로써 간단히 고려의 대상에서 제외될 수 있는 것도 아니다. 『경제와 사회』에서 '이해사회학'에 대한 자신의 생각을 개괄하면서, 베버는 사회학적 분석을 하는 데 주관적인 요소의 중요성을 계속 강조하고 있다.[5]

"사회학은(매우 다양하게 사용되는 이 용어가 여기서 쓰이는 의미에서는) 사회적 행위를 해석적으로 이해하고 그럼으로써 그 행위의 경과와 결과를 인과적으로 설명하고자 하는 하나의 과학이라고 할 수 있겠다"[6]라고 베버는 말한다. 사회적 행위(soziales Handeln) 속에서는 그 행위에 포함된 주관적 의미가 다른 개인이나 집단과 관련을 맺게 된다. 행위의 의미는 두 가지로 분석될 수 있을 것이다. 즉 특정의 개별 행위자에 대해 그 행위자가 지니는 구체적 의미와 맺는 관련 속에서 분석하거나, 아니면 가설적인 행위자에 대한 이념형적인 주관적 의미와 맺는 관련 속에서 분석될 수 있을 것이다.

현실 속에서는 정의된 바의 행위(action)와 순수하게 무사고적(無思考的)인, 즉 자동적인 것으로서 갖는 행동(behavior)은 그리 명확히 구분되지 않는다. 사회학의 목적에 비추어 중요한 의미를 갖는 인간의

---

4) MSS, p.74; GAW, p.173.
5) ES 제1권에서 제시되고 있는 설명은 이전의 논문인 "Über einige Kategorien der verstehenden Soziologie," GAW, pp.427~474(1913년 처음 출간됨)를 수정한 것이다.
6) ES, vol.1, p.4; WuG, vol.1, p.1; Julien Freund, The Sociology of Max Weber(London, 1968), pp.90~91 참조.

활동 중 대부분은 의미 있는 행위의 경계점에 놓여 있다. 특히 전통적인 유형의 행동에서 이 점은 사실이다. 더욱이 동일한 경험적 활동이 이해 가능한 요소와 이해 불가능한 요소를 함께 갖는 수도 있다. 예컨대 어떤 형태의 종교적 활동들은 신비적인 체험을 수반하게 되는데 그것을 경험하지 못하는 사회과학자에게는 단지 부분적인 이해밖에는 있을 수 없는 경우가 있다. 물론 한 경험을 분석적으로 이해 가능하게 하기 위해서 그 경험을 되풀이한다는 것은 불필요한 일이다. 베버는 다음과 같이 말하고 있다. "카이사르를 이해하기 위하여 카이사르가 되어보아야 할 필요는 없는 것이다."[7]

여기서 베버가 펼치는 논지의 주조(主潮)를 파악해보는 것이 중요하다. 베버는 주관적 의미가 인간 행위의 많은 부분에 기본적인 구성요소가 됨을 인정했지만, 그의 요점은 직관주의(intuitionism)가 그 연구의 가능성을 제공해주는 유일한 교의는 아니라고 하는 데 있다. 오히려 이해사회학은 의미를 해석하는 반복 가능한 테크닉들을 기초로 할 수 있으며, 또 그래야만 한다. 따라서 전통적인 과학적 방법의 규범에 의해서 검증될 수가 있는 것이다. 베버에 의하면 이것은 행위자의 주관적 행위구조의 일부를 구성하는 논리적 관계들에 대한 합리적 이해에 의해 성취될 수 있거나, 아니면 더욱더 감정이입적인 이해방식을 통해 성취될 수 있다. 합리적 이해는 행위자가 수학적 이론이나 형식논리를 사용하는 경우 가장 완전하고도 정확해진다. "추론이나 주장을 할 때 $2 \times 2 = 4$라는 명제나 또는 피타고라스의 정리를 사용한다면, 또는 우리가 받아들이고 있는 사고양식에 따라서 논리적인 추론 과정을 정확히 밟는다면, 우리는 그 사람이 의도하는 바를 완전히 명확하게 이해할 수 있다."[8]

그러나 이러한 엄격한 의미에서 논리적 명제를 이해한다는 것과, 어

---

7) *ES*, vol.1, p.5 Carlo Antoni, *From History to Sociology*(London, 1962), p.170.
8) *ES*, vol.1, p.5.

떤 실제적 목적을 달성하기 위한 특정 수단을 합리적으로 선택·사용하는 사람의 행위를 이해하는 방식은 그렇게 절대적으로 구분되지 않는다. 정서적인 맥락에서 발생되는 행위를 이해하는 데 감정이입(empathy)은 중요한 수단이 되긴 하지만, 감정이입을 바로 이해(understanding)로 동일시하는 것은 잘못이다. 이해란 사회학자에게 정서적 공감을 느낄 뿐만 아니라 행위의 주관적 이해 가능성(intelligibility)을 포착할 것까지 요구한다. 그러나 일반적으로 인간 활동이 지향하는 이념들이 우리 자신의 행위를 지배하는 것과 거리가 멀면 멀수록 그 이념들이 그것을 품고 있는 사람들에 대해 가지는 의미를 이해하기는 더욱 힘들어진다. 이러한 상황 속에서 우리는 단지 부분적인 이해만이 가능하다는 점을 인정해야 하며, 이것조차 불가능할 때에는 '주어진 자료로서' 다루는 데 만족할 수밖에 없다.

물론 사회학은 인간활동에 영향을 미치면서도 주관적 의미는 결여된 대상 및 사건들도 고려해야 한다. 그러한 현상들(예를 들면 기후적, 지리적, 생물학적 요소들이 여기에 포함될 것이다)은 인간 행동의 '조건들'이긴 하지만 어떠한 인간적 목적과도 필수적인 관련을 가지고 있지는 않은 것이다. 그러나 그러한 현상들이 인간의 주관적 목적들과 관계되는 한, 그것은 의미를 가지며 사회적 행위 속의 요소가 된다. 기계 등과 같은 인공물은 "그것을 생산하고 사용할 때 나타났던, 또는 의도되었던 의미와 맺는 관계 속에서만 비로소 이해 가능하다……."[9)]

사회적 행위에 대한 과학적 분석은 그것이 단순한 기술(記述)을 넘어서는 것인 한, 이념형의 구성을 통해 진척된다. 그리고 많은 형태의 가치지향적인 또는 심정적인 영향을 받는 행위들을 이해하는 과정의 난점들 속에서, 이념형은 합리적 유형들을 구성하도록 해줄 수 있다. 합리적 행위를 구성하는 요소들이 이념형을 통해 파악된다면, 그러한 합리적 행위로부터의 변형은 비합리적 요소의 영향력과 관련시켜 연구

---

9) *ES*, vol.1, p.7; *WuG*, vol.1, p.3.

될 수 있을 것이다. 베버는 합리적 이념형의 커다란 장점이 경제학의 경우에 이미 잘 나타나 있다고 보았다. 경제학은 정치(精緻)하게 정립되어 있으며 명쾌하게 적용되고 있다. 베버는 이 점을 절차의 문제로서 더욱 강조하고 있다. 그것은 방법론적인 도구이며 이를 사용한다는 것은 어떤 의미에서도 '합리주의자의 편견'(bias)이 존재함을 뜻하지 않는다.

베버는 해석적 이해를 두 개의 기본적인 종류로 구분하는데, 둘은 각기 합리적 행위를 이해하려는 것인가 심정적 행위를 이해하려는 것인가에 따라 다시 세분된다. 첫 번째 종류는 '직접적 이해'(direct understanding)인데, 이 경우에 한 행위의 의미는 직접적인 관찰을 통해 이해된다. 합리적인 행위에 대한 직접적 이해를 잘 보여주는 것은 앞에서 들었던 수학적 명제의 이해의 예다. $2 \times 2 = 4$라는 수식 전체의 의미를 우리는 그 수식이 거론되거나 씌어지자마자 바로 이해한다. 반면에 비합리적 행위에 대한 직접적 이해는, 예컨대 우리가 "표정이나 고함, 또는 비합리적인 감정적 반응으로 분노를 폭발시키는 것을 이해"하는 경우에 나타난다.

두 번째 종류는 '설명적 이해'(explanatory understanding, erklärendes Verstehen)다. 관찰된 활동과 그것이 행위자에게 주는 의미 사이에 개입되어 있는 동기를 밝히는 것을 포함한다는 점에서 직접적 이해와 다르다. 여기에도 마찬가지로 두 가지의 하위 형태들이 있다. 어떤 개인이 특정 목적의 실현을 위해서 주어진 수단을 사용하고 있을 때 그 행위를 이해하는 것은 합리적 형태의 이해다. 베버가 예를 들듯이, 만일 한 관찰자가 도끼로 나무를 쓰러뜨리는 사람을 보고, 또 그가 불을 지필 장작을 구하고 있다는 사실을 안다면, 그는 별 어려움 없이 타인 행위의 합리적 내용을 파악할 수 있다. 비합리적 행위에서도 동기를 고려한 같은 종류의 간접적인 추론 절차가 가능하다. 예컨대 만일 누군가가 방금 혹심한 실망을 맛보았다는 사실을 안다면, 그가 울음을 터뜨리는 반응을 보이는 것을 설명적으로 이해할 수 있다.

설명적 이해에서 관심의 대상이 되는 특정 행위는 "이해 가능한 일련의 동기 속에 놓이며, 이 동기를 이해한다는 것은 행동의 실제 경로에 대한 하나의 설명으로 취급될 수 있다. 그러므로 행위의 주관적 의미에 관심을 둔 과학에서는 설명은 그와 같이 해석된 이해 가능한 행위의 실제 경로가 자리잡는 의미연관(Sinnzusammenhang)을 파악할 것을 요구한다."[10] 이해사회학을 경험적 분석에 적용할 때 이것은 지극히 중요한 점이라고 베버는 보고 있다. '동기'를 이해하려면 특정 행위를 그 행위를 하는 개인이 준거하고 있는 포괄적인 규범적 잣대와 관련짓는 것이 항상 필요하다. 인과적 설명의 수준에까지 도달하려면 '주관적' 타당성과 '인과적' 타당성을 구분해야 한다. 특정 행위 경로의 이해는 그 행위에 따르는 동기가 인식된 규범유형 또는 습관적 규범유형과 조화된다면 주관적으로 타당하다('의미의 수준'에서 타당하다는 뜻이다)고 할 수 있다. 다른 말로 하면 관심 대상인 행위는 그것이 수용된 규범과의 관련 속에서 '사리에 맞다'는 점에서 의미를 가진다.

그러나 그것만으로는 특정 행위에 관한 쓸 만한 설명을 제공하기에는 부족하다. 주관적 타당성과 인과적 타당성을 동일시하는 것이야말로 관념철학의 근본적 오류다. 관념철학이 본질적으로 놓치고 있는 것은 의미연관과 동기, 그리고 행위 사이의 관계가 결코 직접적이고 단순하지 않다는 점이다. 몇몇 개인의 유사한 행위들은 각기 다양한 동기의 결과일 수 있으며, 역으로 동일한 동기가 서로 다른 구체적 행동으로 연결될 수도 있다. 베버는 인간의 동기가 복합적인 성격을 띤다는 것을 부정하지 않는다. 인간은 종종 동기들 사이의 갈등을 겪는다. 그리고 인간이 의식적으로 인식하는 동기들이 대개는 그가 의식 못하는 더 깊은 동기들의 합리화인 경우도 있다. 사회학자는 이 가능성들을 인지해야 하며 그것을 경험적 차원에서 다루어내야 한다―물론 무의식적인

---

10) *ES*, vol.1, p.9. 이 점의 이론적 의미에 대한 분석으로는 Parsons, pp.635 이하를 보라.

충동의 결과로 생겨난 활동일수록 의미 해석의 대상으로서는 주변적인 현상이 된다고는 하더라도 말이다.

이런 이유들 때문에 '인과적' 타당성은 주어진 "하나의 관찰 가능한 사건(외적인 것이든 내적인 것이든)에 다른 하나의 사건이 뒤따르거나 동반될 개연성 — 계량화한다는 것은 드물거나 가능한 이상적인 경우라고 하더라도, 어떤 의미에서든 계산 가능해야 한다 — 이 있다는 판단"[11]이 가능할 것을 요구한다. 따라서 설명이 적절하다는 것을 보여주기 위해서는 행위의 주관적 의미를 있을 수 있는 특정 범위의 결과들과 관련짓는 잘 구성된 경험적 일반화가 있어야 한다. 물론 베버의 방법에 내재하는 가정들로부터 나오는 결론에 따르면, 그런 일반화는 아무리 엄밀하게 검증된 것이라고 하더라도 의미의 수준에서 타당성을 갖지 못하는 한 이해사회학의 영역에 속하지 않는 통계적 상관관계로 그치게 된다.

따라서 그런 통계적 규칙성만이 사회학적 일반화라고 할 수 있는데, 그것은 사회적 행위의 경과에 게재된 이해 가능한 공통의 의미에 상응하고, 여기에서 말하는 의미에서 이해 가능한 행위 유형들을 만들어내는 일반화다. 주관적으로 이해 가능한 행위에 관한 유형화 가운데 현실 속에서 적어도 어느 정도는 비슷하게 관찰될 수 있는 것들로 유형화한 것만이 합리적이다. 어떤 행위가 실제로 일어날 가능성이 언제나 주관적 해석의 명료성에 비례하는 것은 결코 아니다.[12]

인간 행동에 영향을 미친다고 여겨질 만한 현상들과 관련되면서도,

---

11) *ES*, vol.1, pp.11~12. 그러한 조건이 충족된다면, 로셔와 크니스에 대한 비판에서 베버가 명확히 하고 있듯이, "역사가의 '해석적' 동기연구는 자연의 모든 개별적 과정에 대한 인과적 해석과 똑같은 의미에서 인과적 귀인(歸因)이다……." *GAW*, p.134.
12) *ES*, vol.1, p.12; *WuG*, vol.1. p.6.

베버 식으로 보자면 의미가 없는 부류의 통계적 자료들이 많다. 그러나 유의미한 행위가 통계적으로 다루어질 수 없는 것은 아니다. 이런 의미의 사회학적 통계에는 예컨대 범죄율이나 직업분포 통계 같은 것들이 포함된다.

베버는 이해사회학의 방법에 따라 분석될 수 있는 정보만이 인간의 사회적 행위를 연구하는 데 가치 있는 것이라고 보지는 않는다. 사회적 생활과 인과적 적합성을 갖는 절차 및 영향들 가운데 '이해'될 수는 없지만 베버가 결코 그 중요성을 과소평가하지 않는 것들이 많다. 이 점은 강조될 필요가 있다. 왜냐하면 베버가 이해사회학을 인간의 사회적 행위와 관련된 일반화의 유일한 토대로 보고 있다는 것이 일반적인 견해가 되고 있기 때문이다. 베버는 자신이 '사회학'이라는 용어를 '주관적으로 의미 있는 행위의 분석'에 국한시키는 것이 사회학의 범위와 관련해서 흔히 적용되는 다른 견해들과 엇갈린다는 점을 의식하고 있다. "우리가 말하는 사회학은……'이해사회학'(verstehende Soziologie)에 국한된다——그 누구도 이 용법을 따르도록 강요되어서도 안 되고 강요될 수도 없다."[13]

여기에서는 예컨대 셰플레(Schäffle)의 『사회유기체의 구조와 삶』 (*Bau und Leben des Sozialen Körpers*)——베버는 이것을 '탁월한 저작'이라고 말한다——에서 제시된 것과 같은 유기체론적 사회학에 관한 베버의 각별한 언급을 살펴보는 것이 적절하다. 베버는 기능주의가 사회생활에 관한 연구에서 한 가지 분명한 용도가 있다고 본다. '실제적 예시와 잠정적 방향정립'의 수단으로서 "이것은 유용할 뿐만 아니라 불가결하다."[14] 유기체 연구와 마찬가지로 사회과학에서도 기능적 분석은 '전체'(즉 사회) 속에서 중요한 연구 대상이 어떤 단위들(units)인지를 확인할 수 있게 해준다. 그러나 사회 분석에서는 단순히 불변의

---

13) *ES*, vol.1, pp.12~13; *WuG*, vol.1, p.6.
14) *ES*, vol.1, p.15.

기능들을 확정짓는 것을 뛰어넘는 것이 가능하고 또 필수적이기 때문에, 사회와 유기체 사이의 유추는 어느 지점에 이르면 더 이상 유지될 수 없다. 그러나 해석적 이해에 도달하는 것은 과학적 지식에 대한 장애라기보다는 오히려 자연과학에서는 찾아볼 수 없는 설명의 가능성들을 제공하는 것으로 간주되어야 한다. 그러나 그렇게 되기 위해서는 치러야 할 대가가 있는데, 사회과학에 특징적인 발견들은 정밀성과 확실성에서 수준이 떨어진다는 점이 그것이다.

베버는 통전론적(統全論的, holistic) 개념들의 논리적 지위라는 쟁점을 두고 셰플레와 첨예한 차이를 보인다. '전체'를 출발점으로 하여 거기서부터 개별 행동에 대한 분석으로 접근하는 사회학자들은 개념의 실체화로 쉽사리 빠져든다. 이에 따라 특정 환경 속에서 개인들 사이의 다양한 상호작용에 지나지 않는 '사회'가 마치 자기 특유의 의식을 가지고 행위하는 단위인 양 스스로의 물화(物化)된(reified) 정체성(identity)을 취한다. 물론 베버는, 국가나 회사 같은, 집합체들을 가리키는 개념들을 사용하는 것이 사회과학에서 필요하다는 점을 인정한다. 그러나 이 집합체들은 "전적으로 '개별' 인간들의 특정 행위들의 결과물이자 이 행위들의 조직양식일 뿐"이라는 점을 잊어서는 안 된다. 그것은 "우리가 보기에는 이 개인들만이 주관적으로 이해 가능한 행위를 수행하는 주체이기 때문이다."[15] 그러나 그들 집합체적 기관들이 이해사회학에서 결정적 중요성을 띠는 다른 한 측면이 있다. 즉 개별 행위자들의 주관적 관점에서 봤을 때 실재(realities)로서 드러나고, 그들에 의해서 흔히 자율적인 단위들로 여겨진다. 그렇게 여겨진다는 사실은 사회적 행위에 대해 중요한 인과적 영향을 미칠 수 있다.

베버에 따르면 이해의 사회학은 사회적 현상들이 심리학적 술어들을 통해 환원론적으로 설명될 수 있음을 뜻하지 않는다.[16] 심리학에서 발

---

15) *ES*, vol.1, p.13; *WuG*, vol.1, p.6. 이 점과 기타 베버 이해사회학의 여러 측면에 관한 포괄적인 비판으로서는 Alfred Schutz, *The Phenomenology of the Social World*(Evanston, 1967).

견된 사실들은 확실히 모든 사회과학에 대해 유관성을 갖지만, 다른 인접 학문들도 모두 그 정도의 유관성은 갖는다. 사회학자는 개인 그 자체의 심리적 기질에 관심을 두는 것이 아니라 사회적 행위의 해석적 분석에 관심을 둔다. 베버는 사회 제도들을 심리학적 일반화들로부터 설명의 논리에 맞게 '도출'할 수 있다는 생각을 분명하게 거부한다. 인간의 삶은 일차적으로 사회문화적 영향들에 의해 규정되므로 실제로는 심리학이 사회학에 도움을 주는 것보다는 사회학이 심리학에 도움을 줄 수 있는 것이 더 많아 보인다.

  심리학적 특성의 분석에서 시작해서 사회제도의 분석으로 나아가는 것이 아니다⋯⋯. 그와는 반대로, 사회제도의 심리학적 전제조건들과 결과들에 대한 통찰은 사회제도에 대한 정확한 지식과 그것의 구조에 대한 분석을 전제로 한다⋯⋯. 그러나 우리는 제도들을 심리학적 법칙들로부터 연역해내지도 않을 것이며 기초적인 심리학적 현상들을 통해서 설명하지도 않을 것이다.[17]

사회적 관계, 그리고 사회적 행위의 정향

사회적 행위는 "타인들의 과거, 현재, 또는 예측되는 미래의 행동에 지향된"[18] 모든 종류의 유의미한 인간 행위들을 망라한다. 각자가 자기 행위를 타인들의 행위(또는 예상되는 행위)와 관련시키는 두 명 이상의 개인들 사이에 상호관계가 존재할 때 언제나 사회적 '관계'가 존재한다. 그렇다고 해서 그 관계에 수반되는 의미가 반드시 공유된다는 것을 뜻하는 것은 '아니다'. "사랑을 하는 자와 사랑을 받기만 하는 자가 있다" (*il y a un qui aime et un qui se laisse aimer*)라는 격언이 어울리는

---

16) *ES*, vol.1, p.19.
17) *MSS*, pp.88~89.
18) *ES*, vol.1, p.22.

'애정' 관계의 예처럼, 대개의 경우에 한쪽의 태도와 상대방의 태도가 전혀 다를 수 있다. 그럼에도 불구하고 그런 관계들 속에는, 오래 지속될 경우, 각 개인에게 그가 어떤 '기대'를 받고 있는지를 정의해주는 상호 보족적인 의미들이 있다.

지멜과 마찬가지로 베버도 사회(Gesellschaft, society)라는 용어보다는 사회화(Vergesellschaftung. 여기서 '사회화'란 말은 역시 사회화로 번역되는 영어의 socialization과는 다르다. socialization은 개인에게 사회의 규범, 가치관 등을 주로 교육을 통해 내면화시킴으로써 그를 그 사회의 성원으로 만든다는 의미를 갖지만, Vergesellschaftung(societalisation)은 사회 그 자체를 형성하는 관계들을 이루어간다고 하는 의미를 담고 있어서 다이내믹한 사회관을 보여주는 개념이다-옮긴이)라는 용어를 사용한다. 이는 관계를 형성한다는 의미를 지닌 말이며, 말 그대로 사회로 만듦(societalisation)을 뜻하는 말이다. 사회적 삶을 구성하는 많은 관계들이 과도적인 성격을 띠며 끊임없이 형성되고 또 해체되는 과정을 겪는다. 물론 사회적 관계의 존재가 그 관계에 결부된 사람들 사이의 협동을 전제로 하는 것도 아니다. 베버가 세심하게 지적하고 있듯이, 가장 지속적인 관계조차도 갈등(conflict)을 특징으로 한다.

개인들 사이의 접촉이 형태를 불문하고 모두 베버가 말하는 사회적 관계가 되는 것은 아니다. 길거리를 걷는 두 사람이 상대방을 발견하지 못한 상태에서 서로 충돌했을 때, 두 사람 사이의 상호작용을 사회적 행위라고 할 수는 없다. 그러나 두 사람이 충돌 후에 누가 잘못했는지 따지며 다툴 경우 사회적 행위라고 할 수 있다. 베버는 군중 속에서 겪는 상호작용도 예로 들고 있다. 만일 르봉(Le Bon, 1841~1931. 『군중심리학』을 저술한 프랑스의 사회학자, 사회심리학자-옮긴이)의 견해가 옳다면, 군중집단에 대한 소속은 개인적 통제가 거의 불가능한 잠재의식적 영향에 의해 자극되는 집단적 분위기를 낳을 수 있다. 이때 개인의 행동은 다른 사람의 행동에 의해 인과적인 영향을 받지만, 의미의 수준에서 볼 때에는 타자를 지향하는 행위가 아니며 따라서 베버가 말하는 '사회적 행위'에는 해당되지 않는다.

베버는 사회적 행위의 지향을 네 가지 유형으로 나눈다. 첫 번째 유형은 '목적합리적' 행위인데, 이 경우 개인은 목표-수단 계산의 맥락에서 어떤 행위가 낳을 수 있는 결과들을 합리적으로 평가한다. 주어진 목표의 달성으로 이어질 수 있는 대안적 수단은 보통 여럿이다. 이 대안들에 직면한 개인은 목표 달성을 위해 택할 수 있는 수단 각각의 상대적 효율성을 저울질하며, 그 수단이 자기의 또 다른 목적들에 대해서는 어떤 결과를 가져올지를 따져본다. 여기에서 베버는 사회과학적 지식의 합리적 적용에 관해 이야기하면서 이미 정립해두었던 도식을 사회적 행위 일반의 이 패러다임에 적용하고 있다.

이와는 대조적으로, 두 번째 유형인 '가치합리적' 행위는 하나의 최우선적인 이상을 지향하며, 다른 어떤 것도 고려할 가치가 없다고 여긴다. "기독교인은 올바르게 행할 뿐이며 결과는 신의 뜻에 맡긴다."[19] 그럼에도 불구하고 이것은 합리적 행위인데, 이는 행위자가 일관된 목적들을 갖고 자신의 행위를 거기에 맞추기 때문이다. 의무, 명예 또는 '대의'(大義)에 대한 헌신 같은 지고의 이상들만을 지향하는 행위들은 모두 이 유형에 가깝다.

가치합리적 행위와 세 번째 유형인 '정서적' 행위의 가장 중요한 차이는 전자가 개인이 자기 활동을 지배하는 분명하게 정의된 이상을 가진다는 사실을 전제로 하는 반면, 후자의 경우에는 이 특징이 없다는 데 있다. 정서적 행위는 감정 상태의 지배를 받아서 취해지며, 그런 의미에서 의미 있는 행위와 무의미한 행위의 중간에 있다. 목적합리적 행위에서처럼 목적 달성을 위한 수단이라는 관점에서 행위에 의미를 부여하는 것이 아니라, 행위 자체를 위한 행위에 의미를 부여한다는 점에서 정서적 행위는 가치합리적 행위와 같은 특성을 갖는다.

---

19) *FMW*, p.120.

네 번째 유형의 행위지향은 '전통적' 행위인데 이것 역시 의미 있는 행위의 언저리와 무의미한 행위의 언저리가 중첩되는 곳에 있다. 전통적 행위는 관습과 습관의 영향 아래 행해진다. 이는 "사람들이 습관적으로 익숙해져 있는 모든 일상적인 행위에"[20] 해당한다. 이 유형에서는 행위의 의미가 가치합리성 속에서 추구되는 것들처럼 응집력 있고 잘 정의된 형태를 갖추지 못한 이상들이나 상징들로부터 도출된다. 전통적 가치들이 합리화되어가면 전통적 행위도 점차 가치합리적 행위로 변모해간다.

베버가 제시하는 이 네 가지 유형의 분류는 『경제와 사회』에 실려 있는 경험세계에 관한 서술들의 바탕에 깔려 있지만, 사회적 행위의 전반적인 분류로서 의도되었던 것은 아니다. 사회적 행위를 가장 잘 분석할 수 있는 길은 합리적 행위 유형들을 정의해두고 비합리적인 일탈적 유형들을 그것들에 비추어서 평가할 수 있게 하는 것이라고 했던 베버의 언명이 적용된 한 양식을 보여주는 일종의 이념형적 도식이다. 그런 식으로 인간 행위의 특정한 경험적 사례는 네 가지 유형의 행위 중 어느 것에 가장 가까운가에 따라서 해석될 수 있다. 그러나 실제로는 두 가지 이상 유형이 갖는 요소들이 다양하게 복합되어 있는 경우가 태반이다.

이해사회학에서 검증의 문제와 관련해서 야기되는 난점들을 논의하면서, 베버는 인과적 타당성은 항상 정도 또는 확률의 문제라고 강조한다. 인간 행동이 '예측 불가능하다'고 하는 주장이 틀렸음은 분명하다. "'계산 불가능성'이라는 특징은……정신이상자의 특권이다."[21]

그러나 인간행위 속에서 발견되는 제일성들(uniformities)은 특정의 행위나 환경이 행위자로부터 특정의 반응이 나타나도록 할 개연성이 어느 정도인가 하는 식으로만 표현할 수 있다. 따라서 모든 사회적

---

20) *ES*, vol.1, p.25.
21) *MSS*, p.124; *GAW*, pp.65 이하도 보라. 그곳에서 베버는 '비합리성'과 '예측 불가능성', 그리고 '의지의 자유' 사이의 관계를 상세히 논하고 있다.

관계들은 한 행위자 또는 여러 행위자들이 그들의 행위를 특정 방식으로 지향시킬 '개연성'(probability, '우연적'이라는 의미를 가진 '기회'(chance)라는 용어와는 구별되어야 한다)에 그 기초를 둔다고 할 수 있다. 베버는 인간 행위의 우연적 요소를 긍정한다고 해서 그것이 그 규칙성과 예측 가능성을 부정하는 것은 아니라고 본다. 그것은 유의미한 행위와, 예컨대 고통스런 자극에 대한 무의식적인 퇴행반응 같은 것의 특징인, 불변의 반응 사이의 대조적인 차이를 다시 한 번 강조하기 위한 것이다.

그리하여 베버는 사회적 관계의 주요 유형들과 좀더 포괄적인 사회조직 형태들을 개념적으로 분류하면서 개연성의 맥락에서 이를 서술한다. 지속성을 갖는 모든 사회적 관계들은 가장 기본적인 수준에서는 베버가 말하는 관행(usage; Brauch)과 관습(custom; Sitte)을 이루는 행위의 제일성(uniformity)을 전제한다. 사회적 행위에서 제일성이 "한 집단 내에서 그것이 존재할 개연성이 단지 실제로 행해진다는 사실에 토대를 둘 경우"[22] 그것은 하나의 관행이다. 관습은 간단히 말해서 오랫동안 있어온 관행이다. 관행이나 관습은, 다른 사람들에 의해 명확하게 인정되거나 거부되지 않지만, 한 개인 또는 여러 개인이 습관적으로 따르는 모든 형태의 '일상적' 행위다. 그것을 따르는 것은 무엇이 되었든 제재에 의해 뒷받침되는 것은 아니며, 행위자가 자발적으로 동조할 문제다. "오늘날 매일 아침 어느 정도는 어떤 유형에 맞는 아침 식사를 한다는 것은 관습적인 일이 되어 있다. 그러나 의무적으로 그렇게 하도록 강제되는 것은 아니다(호텔 손님의 경우는 예외겠지만). 그것이 항상 관습이었던 것도 아니다."[23] 관행과 관습의 사회적 중요성이 과소평가되어서는 안 된다. 예컨대 보통 관습적인 것이라고 볼 수 있는 소비습관(habit)은 경제적으로 큰 의미를 갖는다. 관행이나 관습에 기

---

22) *ES*, vol.1, p.29.
23) *ES*, vol.1, p.29; *WuG*, vol.1, p.15.

초한 행위의 제일성은 개인들이 주관적으로 자기 이익을 추구할 때 보여주는 이념형적인 합리적 행위에서 볼 수 있는 제일성과는 대조적이다. 자유시장에서 자본주의 기업가의 태도는 후자의 전형적인 경우다.[24] 행위의 제일성이 자기이익이라는 동기와 결합되어 있는 경우— 달리 말해서, 이념형적인 합리적 행위에 가까운 경우—의 사회적 관계는 보통 관습에 기초한 사회적 관계에 비해 훨씬 더 불안정하다.

정당성 · 지배 · 권위

가장 안정적인 형태의 사회적 관계는 참여하고 있는 개인들의 주관적 태도가 '정당한 질서'에 대한 믿음을 지향하고 있을 때 생겨난다. 그것의 특징을 설명하기 위해서 베버는 다음과 같은 예를 든다.

> 만일 가구 운송업자들이 숱한 임대계약 기간들이 만료될 때마다 정규적으로 광고를 하곤 한다면, 이때의 제일성은 자기이익에 의해 규정되는 것이다. 외판원이 특정한 날짜나 요일에 특정 고객을 방문한다면, 관습적인 행동이거나 또는 자기이익적 경향의 산물이다. 그러나 한 공무원이 매일 일정한 시각 사무실에 나타난다면, 그는 자기가 원하기만 한다면 무시할 수도 있는 관습이나 자기이익을 기초로 해서만 행위하는 것이 아니다. 통례적으로 볼 때, 그의 행위는 질서(즉 공무원 법규)의 타당성에 의해 규정되는 것이기도 하다. 그가 질서를 따르는 것은 부분적으로는 그것을 따르지 않는 것이 자기에게 이롭지 못할 것이기 때문이기도 하지만, 그것을 어기는 것이 자신의 의무감과 어긋나기 때문이기도 하다(물론 그 정도는 각기 다르다).[25]

---

24) 여기서 베버는 목적합리적 행위에 가까운 경험적 경우들에 관해 말하고 있다고 지적할 수도 있다. 물론 이것은 뒤르켐의 '이기주의'와는 구분되어야 한다. 왜냐하면 베버의 경우 주관적인 자기이익 추구는 '동일한 기대를 지향'하는 것이기 때문이다(*ES*, vol.1, pp.29~30).

정당한 질서에 대한 믿음에 의해 움직여지면서도 그 질서의 교의(敎義)를 지키는 것과는 다른 방식으로 이루어지는 행위도 있을 수 있다. 법의 존재를 인지하고 거기에 맞춰 범법 수단을 선택하는 식으로 범죄 활동 계획을 세움으로써 자신의 행위를 법에 적응시키는 범죄자가 바로 그런 예다. 이 경우 범죄자의 행위는 법질서의 위반은 처벌을 수반하며 자기는 그 처벌을 피하고자 한다는 사실의 지배를 받는다. 그러나 그가 질서의 타당성을 순전히 하나의 '사실'로서 받아들이는 것은 많은 종류의 위반 가운데 한 극단에서 볼 수 있는 것으로, 이런 경우에 개인들은 자신들 행위의 합법적 정당성을 주장하기 위한 어떤 시도를 보인다. 나아가서, 동일하고 정당한 질서가 서로 다르게 해석될 수도 있다는 점을 지적하는 것이 극히 중요하다. 베버의 종교사회학에서 경험적 분석들은 이 점을 잘 보여준다. 예컨대 종교개혁 시기의 프로테스탄티즘은 가톨릭교회가 자기 정당성의 토대로서 주장했던 바로 그 기독교적 질서의 급진화(radicalization)였다.

관행 및 관습과 베버가 말하는 '인습'(convention)을 경험적으로 명쾌히 구분할 수는 없다. 인습의 경우 그것에 대한 동조가 개인의 자발적 성향의 문제는 아니다. 예컨대 고위 지위집단(status group)의 한 구성원이 인습이 규정하는 그 지위집단의 예의범절 기준을 지키지 않을 경우, 다른 구성원들로부터 비웃음을 사거나 추방당할 가능성이 있다. 그런 제재 수단을 동원하는 것은 종종 기존질서에 대한 추종을 확보하기 위한 극히 강력한 수단이 된다.

인습이 단순히 산만한 비공식적 제재로 뒷받침되는 것으로 그치지 않고 위반자에게 제재를 가할 정당한 능력과 의무를 가진 개인에 의해서나 더 일반적인 경우로 집단에 의해서 뒷받침될 때 '법'이 존재하게 된다.[26] 법을 집행하는 주체가 반드시 근대사회에서 볼 수 있는 전문화

---

25) *ES*, vol.1, p.31.
26) 베버는 '보증된(guaranteed) 법'과 '간접적으로 보증된 법'으로 법을 구분하기도 했다. 전자는 강압적 장치에 의해 직접 뒷받침되는 법이다. 후자는 위반자에

된 직업적 법원이나 경찰일 필요는 없다. 예컨대 종족들 사이에 반복되는 유형 복수극에서는 씨족집단이 제재의 담당기관으로서 똑같은 역할을 한다. 관습과 인습, 그리고 법은 경험적으로 매우 가까운 사이다. 단순한 습관의 영향력조차도 매우 강력할 수 있다. 이전에는 단순히 '일상적'이었던 행위를 법으로 규율하기 위해 법안을 만드는 이들은 그렇게 해봤자 문제의 행위에 대한 동조가 그다지 강화되지 않는다는 사실을 흔히 발견한다. 그러나 대부분의 경우 관행과 관습은 나중 법이 될 규칙들의 원천이 된다. 이것만큼 흔한 일은 아니지만, 반대의 경우도 있다. 즉 새로운 법의 도입이 결국은 새로운 양식의 습관적(habitual) 행위를 낳기도 한다. 그런 결과는 직접적일 수도 있고 간접적일 수도 있다. 예컨대 자유계약을 허용하는 법의 한 간접적인 결과로서 외판원은 구매자에게 판촉활동을 벌이고 주문을 얻어내기 위해 많은 시간을 여행해야 할지도 모른다. 이것은 계약법에 의해 강제되는 것은 아니지만, 그럼에도 불구하고 그 법의 존재에 의해 조건지어진다.

베버는 문제의 강압적 기구(coercive apparatus)가 정치적 기관인 경우에만 '법'을 말할 수 있다고 보지는 않는다. 한 집단—친족집단이나 종교단체 같은—이 범칙자를 처벌하기 위해 제재를 가할 임무를 맡고 있는 곳이라면 어디에나 법적 질서가 존재한다. 사실 법의 합리화에 대한 종교집단의 영향은 베버의 경험적 저작들의 중심 주제의 하나다. 더 일반적으로 말하자면, '법'과 '종교'와 '정치' 사이의 상호관계는 경제구조 및 경제발전에 대해 결정적 중요성을 갖는다. 베버는 '정치적' 사회를 "주어진 영토 내에서 행정요원들 편에서 행하는 물리적 강제력 행사의 위협과 적용에 의해서 그 존재와 질서가 계속 보호되는" 사회라고 정의한다. 물론 이 말이 정치적 조직은 단지 지속적인 강제력의 사용을 통해서만 존재한다거나 강제력의 위협이나 그 실제 적용은

게 법적 처벌을 가하지는 않지만 그것을 위반하는 것이 보증된 법에 해당되는 여타 규범들을 침범하는 것이 되는, 그러한 규범의 경우이다. 그러나 베버는 '법'이라는 말을 별다른 구별 없이 전자의 의미로만 대개 사용하고 있다.

다른 모든 제재 수단이 실패할 때 사용되는 궁극적 제재 수단이라는 것을 뜻하는 것은 아니다. 정치적 조직이 주어진 영토 내에서 강제력을 조직적으로 사용할 정당한 독점권을 성공적으로 행사할 수 있는 경우, 그것은 '국가'가 된다.[27]

베버는 권력(Macht)을 한 행위자가 자신과 사회적 관계를 맺고 있는 다른 사람들의 반대에도 불구하고 자신의 목적을 실현할 수 있는 개연성이라고 정의한다. 이 정의는 정말 매우 포괄적이다. 이런 의미로 보자면 모든 종류의 사회적 관계가, 어느 정도까지는 그리고 어떤 환경 아래서는 권력 관계가 된다. 지배(domination, Herrschaft)라는 개념은 좀더 특성적이다. 한 행위자가 타인의 특정 명령에 복종하는 경우의 권력 행사만을 가리키는 개념이다.[28] 지배를 받아들이는 것은 단순한 습관에서부터 냉소적인 자기이익 추구에 이르기까지 매우 다른 동기들에서 나올 수 있다. 그러나 물질적 보상을 얻을 가능성과 사회적 존경을 확보할 가능성은 지도자와 추종자를 연결하는 유대의 형태들 중에서 가장 보편적이다.[29] 하지만 어떤 안정적인 지배체제도 자동적인 습성화나 자기이익에 대한 호소에만 전적으로 의존하지는 않는다.

베버는 지배 관계의 근거가 되는 정당성의 유형에 따라서 지배를 세 가지의 이념형으로 구별하고 있는데, 전통적 지배, 카리스마적 지배, 합법적 지배가 그것이다. 전통적 권위는 '예로부터 존재해온 질서와 권력의 신성성(神聖性)'에 대한 믿음에 기초하고 있다.[30] 가장 원초적인 종류의 전통적 지배에서, 지배하는 자들은 자신의 권위를 행사할 통

---

27) 앞(p.209~210)에 서술된 뒤르켐의 견해와 비교하라. 뒤르켐의 정의에서는 확정적인 영토도, 강제력을 적용할 능력도 나타나지 않는다.
28) Herrschaft가 'domination'으로 번역되어야 할 것인가, 또는 'authority'로 번역되어야 할 것인가의 문제에 대한 논란은 ES, vol.1, pp.61~62(note 31)에서 로트가 요약해놓고 있다. 필자는 'domination'이라는 용어를 'authority'(legitime Herrschaft)보다 폭넓은 의미로 사용한다.
29) FMW, pp.80~81.
30) ES, vol.1, p.226.

로인 전문화된 행정요원들을 가지고 있지 않다. 소규모 농촌 공동체 대부분에서 권위는 부락의 연장자들이 지닌다. 가장 나이 많은 자들이 전통적 지혜를 가장 깊이 간직하고 있다고 여겨지며 따라서 권위를 장악할 자격을 부여받는다. 전통적 지배의 두 번째 형태는 가부장제로서, 실제로는 장로제적 요소를 혼합한 경우가 많다. 이런 형태는 보통 가계(家計)를 그 기초 단위로 하고 있는데, 가장이 정해진 상속 규칙에 따라 세습되는 권위를 갖는다. 지배자에 대한 사적 충성을 유대로 해서 지배자에게 복종하는 행정요원들이 있는 곳에서는 가산제(家産制)가 발전한다.

가산제는 동양의 전통적인 전제정권에서, 그리고 근동(近東)과 중세 유럽에서 특징적으로 나타났던 지배형태다. 비교적 덜 복잡한 가부장제와는 대조적으로 가산제는 통치자와 '신민'(subjects) 사이에 뚜렷한 구분이 존재한다는 특징이 있다. 단순한 가부장제의 경우 "지배는 비록 지배자가 태어나면서부터 갖게 된 전통적 권리라고 하더라도, 모든 성원의 이익을 위해 반드시 공동의 권리로서 행사되어야 하며, 통치권자가 마음대로 할 수 있는 것이 아니다."[31] 가산제적인 권위는 통치자의 가계행정(家計行政)에 그 근원을 둔 것이다. 궁정생활과 정부의 기능이 뒤섞여 있는 것이 가산제의 특징적 현상이며, 관리는 지배자의 사적 가신(家臣)이나 시종(侍從)들로부터 우선 충원된다. 그러나 가산제적 지배가 넓은 영토에 걸쳐 행사되는 곳에서는 광범위한 충원 기반이 필요해지며, 이에 따라 흔히 행정의 분산 현상이 생겨나서 통치자와 지방 가산관료나 명사(名士) 사이에 다양한 긴장과 갈등이 생긴다.

역사현실 속에서는 여러 유형이 서로 얽혀 나타날 수 있고 또 실제로도 그랬지만, 전통적 조직의 순수한 형태는 합법적 지배에 기초한 합리적 관료제의 이념형과 대조적이다. 전통적 조직들에서는 각 성원의 임

---

31) ES, vol.1, p.231 그리고 ES, vol.3, pp.1006~10에 나타나 있는 가산제에 대한 베버의 초기 설명도 사용했다.

무가 불명료하게 정의되며, 권리와 의무가 통치자의 기분에 따라 달라질 수 있게 되어 있다. 충원은 사적 연고에 따라 이루어지며 합리적인 입법(law-making) 절차도 없다. 행정 규칙상의 어떠한 혁신도 '기존' 진리들의 재발견인 것처럼 드러나도록 치장되어야 한다.

베버는 합법적 권위의 순수한 형태를 다음과 같이 설명한다.[32] 합법적 유형에서 권위의 근거가 되는 것은 전통의 유물로서 규범이 아니라, 목적합리성이나 가치합리성의 맥락 속에서 의식적으로 제정된 비인격적 규범들이다. 권위에 종속된 자가 상사에게 복종하는 것은 사적인 의존 관계 때문이 아니라 그 권위를 정의해주는 비인격적 규범들을 받아들이기 때문이다. 따라서 "합법적 권위를 장악하는 전형적인 인간, 즉 상사는 자기 자신도 비인격적 질서에 종속되어 있으며, 업무를 처리하고 명령을 낼 때 자신의 행위를 이 질서에 맞춘다."[33] 합법적 권위에 복종하는 사람은 상사에 대해 어떠한 사적 충성도 바칠 필요가 없고, 상사의 권한이 분명하게 규정되어 있는 제한된 범위 안에서만 상사의 명령을 따른다.

관료제적 조직의 순수한 형태는 다음과 같은 특징들을 보인다. 행정 요원들의 활동이 정규적으로 수행되며, 그리하여 잘 정의된 관직의 '직무'가 된다. 관리들의 권능 범위는 명확하게 구분되어 있고, 권위의 수준은 관직 위계(威階)의 모양으로 한계지어진다. 간부들의 행위, 그들의 권한과 책임을 관장하는 규칙들은 문서 형태로 기록된다. 경쟁적인 시험, 또는 적절한 자격을 갖췄음을 보여주는 졸업장이나 학위를 통해 평가되는 전문적 역량을 근거로 충원이 이루어진다. 관청의 재산은 관리들의 소유가 아니며 관청과 관리는 서로 분리되어 있어서 어떤 상황 아래서도 관청은 현직자의 소유가 아니다. 이런 유형의 조직은 관리라는 지위에 대해 독특한 의미를 부여한다.

---

[32] *ES*, vol.3, pp.956~1005 참조. 좀더 후기의 설명은 vol.1, pp.217~226에 수록되어 있다.
[33] *ES*, vol.1, p.217; *WuG*, vol.1. p.125.

(1) 관리의 경력은 직무라는 추상적인 개념의 지배를 받는다. 충실한 공무 수행은 지대 등을 통해 사적인 물적 이익을 얻기 위한 수단이라기보다는 그 자체 목적이다.

(2) 관리는 전문기술적 자격을 토대로 상급 권위자에 의해 임명됨으로써 직위를 획득한다. 관리는 선출되는 것이 아니다.

(3) 관리는 보통 정년이 보장된다.

(4) 관리는 고정된 정규적 봉급의 형태로 보수를 받는다.

(5) 관직은 권위 위계에서 승진을 포함하는 '경력'을 제공한다. 승진의 정도는 증명된 능력이나 연공(年功), 또는 양자의 조합에 의해 결정된다.

이 이념형적 형태에 가까운 조직들이 발견되는 곳은 오직 근대 자본주의뿐이다. 근대 자본주의가 출현하기 이전에 나타났던 관료제의 주요 예들은 고대 이집트와 중국, 그리고 차후의 로마 원수(元首) 정치 및 중세 가톨릭교회 등에서 볼 수 있다. 이 관료제들, 특히 이집트 · 중국 · 로마의 관료제들은 본질적으로 가산제적이었으며, 대개 관리들에게 현물로 보수를 지급했다. 화폐경제가 합리적인 근대적 관료제의 성장을 촉진하는 데 중요한 역할을 해왔다고는 하더라도, 이 점은 화폐경제가 미리 형성되어 있는 것이 관료제 조직이 출현하기 위한 필수적인 전제조건은 아니라는 점을 보여준다. 근대 세계에서 관료제화의 진전은 사회생활의 다양한 영역에서 분업의 확산과 직결되어 있다. 직업적 기능의 전문화 현상이 결코 경제 영역에만 국한되지 않는다는 인식은 근대 자본주의에 관한 베버의 사회학에서 기본이 된다. 마르크스가 근대 자본주의의 가장 두드러진 모습이라고 식별해낸 생산수단에 대한 통제력으로부터 노동자의 격리는 산업계에서만 일어나는 일이 아니라 정치체, 군대 그리고 대규모 조직이 우세해지는 다른 사회 부문 모두로 확장된다.[34] 중세 이후의 서구에서는 국가의 관료제화가 경제 분야에

---

34) *GASS*, pp.498 이하 참조. 이 점의 중요성은 마르크스의 입장과의 관련 아래서

서의 관료제화보다 먼저 진행되었다. 근대 자본주의 국가는 그 존속 여부를 전적으로 관료제적 조직에 의존한다. "국가의 규모가 클수록, 그리고 더욱 강력한 권력국가가 되면 될수록 이러한 상황은 더욱더 불가피해진다……"[35] 행정 단위의 규모가 합리적 관료제화의 확산을 결정짓는 주요 요인의 하나이기는 하지만—근대적 대중정당의 예에서 볼 수 있듯이—규모와 관료제화 사이에는 어떠한 일방적인 관계도 없다.[36] 구체적인 행정 과제들을 수행하기 위한 전문화의 필요성은 관료제적 전문화를 촉진시키는 데 규모만큼이나 중요한 요소다. 따라서 가장 오래된 관료제 국가였던 이집트의 경우, 관료제의 발전은 일차적으로 중앙집중적 행정을 통해 관개작업을 규제해야 할 필요 때문에 생겨났다. 근대 자본주의 경제에서는 지방 수준을 넘어서는 시장의 형성이 관료제 발전을 조장하는 한 주요 조건인데, 그런 시장의 형성이 재화와 용역의 정규적이고 조정된 분배를 요하기 때문이다.[37]

관료제 조직이 그런 일상화된 업무들의 수행에 효율적이라는 사실은 그것이 확산되는 주된 이유다.

충분히 발전된 관료제적 장치와 다른 조직들의 차이는 기계제 생산방식과 기계를 사용하지 않는 생산방식의 차이와 똑같다. 정밀성, 속도, 명확성, 자료에 관한 정통한 지식, 지속성, 분별력, 통일성, 엄격한 복종, 알력의 감소와 물적·인적 비용의 절감—엄격한 관료제 조

상술되고 있다. 이 책 pp.426~433을 보라.
35) *ES*, vol.3, p.971; *WuG*, vol.2, p.568.
36) 따라서 베버는 관료제 내에서 과두제(oligarchy)의 철칙이 지배한다고 하는 미헬스의 과장된 입장을 비판한다. *ES*, vol.3, pp.1003~1004.
37) 근대국가와 경제가 총체적으로 관료제화되는 것은 아님을 강조하는 것이 중요하다. '최고위자'에게는 기술적(technical)인 전문자격이 요구되지 않는다. 장관이나 대통령의 직위들은 선거과정을 통해 충원되며, 산업기업가는 그가 최고의 자리를 차지하고 있는 관료체제에 의해 임명되는 것이 아니다. "따라서 관료제적 조직의 최고위에는 순수하게 관료제적이지 않은 요소가 반드시 존재한다." *ES*, vol.1, p.222.

직에서는 이 모든 것이 최적 수준으로 제고된다.[38]

특히 신속하고 정확한 경제 운용이 요구되는 자본주의 경제에서는 다른 어느 곳에서보다도 이 특질들이 요청된다. 이 점에 관한 베버의 입장은 종종 오해되어왔다. 베버는 분명히 관료제가 '레드 테이프'(red tape. 형식에 사로잡힌 사무, 번잡한 서식과 성가신 절차들을 요구하는 사무를 가리키는 말이다—옮긴이) 및 '비능률성'과 결부되어 있다는 견해—19세기가 지나면서부터 일반화된 견해—를 인식하고 있었다.[39] 그는 또한 관료제적 조직의 실제 작동에서 공식적으로 지정된 권한 및 의무의 분배와 중첩되는 비공식적 접촉 및 관계 유형들이 갖는 중요성도 알고 있었다.[40] 관료제적 조직은 "각 경우 개별적 특성에 가장 잘 어울리는 방식으로 업무가 이행되는 것을 방해하는 명백한 장애들을"[41] 산출할 수도 있다. '레드 테이프'에 대한 관심은 바로 이 사실로부터 생겨나는데, 관료제는 합리화된 구조라는 자신의 본성상 체계화된 행위 규칙에 따라 작동하는 만큼, 전적으로 터무니없는 것은 아니다. 베버에 따르면 주어진 특정 사례들을 다루는 데서는 이전의 행정조직 형태들이 더 나을 수도 있다는 것은 얼마든지 생각해볼 수 있는 일이다. 이 점은 사법적 판결의 예를 들어서 설명할 수 있다. 전통적인 사법 관행에서는 가산적(家産的) 통치자가 마음대로 사법 업무에 개입하며, 때로는 피고에 관한 자신의 개인적인 지식을 근거로 판결을 내릴 수도 있다. 그 판결은 비슷한 사건을 두고 근대 법정이 내리는 판결보다 더 정의로울 수 있는데, 이는 후자의 경우에는 "사건 관련 사실들의 명백한 일반적 특징들만 고려"[42]되기 때문이다.

---

38) *ES*, vol.3, p.973.
39) Martin Albrow, *Bureaucracy*(London, 1970), pp.26~54를 참조하라.
40) 베버가 1909년 사회정책협회에 기고한 논문을 참조하라. *GASS*, pp.412~416.
41) *ES*, vol.3, pp.974~975.
42) *ES*, vol.2, pp.656~657.

그러나 상대적으로 더 많은 사건에서 그런 일이 일어나는 것은 분명히 아니며, 관료제적 행정을 이전의 유형들과 완전히 구별되게 만드는 것은 합리적인 법적 지배에 수반되는 '계산 가능성'이라는 요소다. 사실 관료제는 근대 자본주의에 필수적인 엄청나게 많은 조정 업무들을 감당할 수 있는 유일한 조직 형태다. 베버는 이 점을 다음과 같이 서술하고 있다.

'관료제'에 대해 아무리 많은 사람이 불평을 늘어놓는다고 하더라도, 어떤 분야에서든 지속적인 행정 작업이 집무실에서 일하는 관리들을 통하지 않고도 수행될 수 있다고 잠시라도 생각한다면 그것은 환상일 것이다. 만일 관료제적 행정이, 다른 조건들이 같을 경우, 형식적·전문기술적 관점에서 봤을 때 언제나 가장 합리적인 유형이라면, 오늘날 대규모 행정(사람에 관한 것이든 사물에 관한 것이든)에 대한 요구는 그것을 전적으로 불가결한 것으로 만든다.[43]

베버의 세 번째 지배 유형인 카리스마적 지배는 앞의 두 가지와 완전히 다르다. 전통적 지배와 합법적 지배는 모두가 일상생활의 판에 박힌 사무들을 담당하는 상설 행정체계다. 정의상 카리스마적 지배의 순수형은 매우 비범한 유형이다. 베버는 카리스마(charisma)란 "개인 퍼스낼리티의 어떤 특질로서, 그것에 의해 그 개인은 비범한 존재로 간주되고, 초자연적이고 초인적인 힘이나 자질, 또는 적어도 특수하게 예외적인 힘이나 자질을 타고난 자로 여겨진다"[44]라고 정의하고 있다. 따라서 카리스마적인 인물은 다른 사람들이 놀라우리만큼 비상한 능력을 소유하고 있다고 믿는 사람, 흔히 평상인들과는 구별되는 초자연적인 부류의 인물이라고 믿는 사람이다. 한 사람이 그의 추종자들이 그가 갖고

---

43) *ES*, vol.1, p.223; *WuG*, vol.1. p.128.
44) *ES*, vol.1, p.241.

있다고 믿는 속성의 일부 또는 전부를 '정말로' 갖고 있는지는 문제가 아니다. 중요한 것은 다른 사람들이 그가 비범한 자질을 갖고 있다고 믿어야 한다는 점이다.

카리스마적 지배자는 매우 다양한 사회적·역사적 맥락 속에서 생겨날 수 있다. 따라서 카리스마적 인물은 전체 문명의 발전 방향에 영향을 미쳐온 정치 지도자와 종교적 예언자에서부터 일시적으로 추종자들을 확보했던 갖가지 경력의 각종 군소 선동가에 이르기까지 실로 다양하다. 따라서 카리스마적 권위의 정당성 주장은 그 권위가 어떤 맥락에서 세워지는 것이든 간에 지도자와 추종자 모두가 지도자의 소명이 갖는 진정성을 믿는 데 바탕을 둔다.

카리스마적 인물은 대개 기적을 행하거나 성스러운 계시를 냄으로써 자기가 진짜임을 보여주는 '증거'를 제공한다. 그러나 이것들은 그의 권위의 타당성을 보여주는 징표들이기는 하지만, 그 자체 권위의 근거인 것은 아니다. 권위의 근거는 "오히려 카리스마적 권위가 진짜임을 인정하고 그에 맞게 행동하는 것이 카리스마적 권위에 복속된 자들의 의무라고 하는 생각 속에 있다."[45]

카리스마적 운동에서 2인자 자리들은 사적 유대를 통한 특권적인 선발에 의한 것도 아니고 전문기술적 자격의 보유에 의한 것도 아니다. 추종자들 사이에는 고정된 위계질서도 없고, 관료제적 조직에서와 같은 '경력'이 존재하는 것도 아니다. 카리스마적 지도자는 그저 자신의 카리스마를 나누어 가지거나 또는 스스로 카리스마를 소유하고 있는 불특정한 수의 친밀한 사람들을 둘 뿐이다. 상설적인 조직 형태와는 달리 카리스마 운동은 체계적으로 조직된 경제적 지원 수단이 전혀 없다. 수입은 이런저런 기부금, 또는 약탈을 통해 충당된다. 카리스마 운동은, 내용은 다르지만 전통적 지배와 법적 지배 모두에서 볼 수 있는, 일반성을 갖는 정해진 사법적 원리들을 중심으로 조직되지도 않는다. 판

---

45) *ES*, vol.1, p.242.

결은 각기의 특정 사례에 따라 그때그때 내려지며 이는 신의 계시라고 주장된다. "진정한 예언자는, 진정한 군사 지도자나 이런 의미에서 모든 진정한 지도자와 마찬가지로, '새로운' 의무들을 설교하고, 창조하고, 또는 요구한다……"[46]

이것은 카리스마적 지배의 출현이 상징하는 기존 질서와의 단절의 징후이다. "주장하는 내용에서 카리스마적 권위는 과거를 부정하며, 그런 의미에서 본질적으로 혁명적이다."[47] 카리스마는 전통적인 것이든 합법적인 것이든 간에 기존질서를 지배하는 모든 규칙을 노도처럼 휩쓸고 나아가는 추진력이며 창조력이다. 베버에 의하면 이것은 본질적으로 비합리적인 현상이다. 이 점은 실로 베버의 카리스마에 대한 정의 그 자체에서 본질적으로 중요하다. 카리스마적 권위의 유일한 토대가 지도자가 펼치는 주장의 진정성을 인정하는 것이기 때문이다. 따라서 카리스마 운동이 내세우는 이상들은 기존 지배체제의 이상들과 결부되어야 할 필요가 전혀 없다. 그러므로 카리스마는 비교적 변함없이 과거로부터 세습되어온 관례들에 따른 권위를 가지고 있는 전통적 지배체제 내에서 특히 혁명적 세력으로서 중요성을 갖는다. "합리화 이전 시대들에는 전통과 사이사이의 카리스마가 거의 전적으로 행위지향을 결정했다."[48] 그러나 합리화의 진전과 더불어 합리적으로 사회변동을 추진하는 것(예컨대 과학적 지식을 응용해서 기술 혁신을 일으킴으로써)이 점점 더 중요해진다.

거듭되는 일상에 대한 혐오 때문에, 카리스마는 얼마간이든 좀 오랫동안 존속하게 되면 필연적으로 심한 변용을 거친다. 카리스마의 '일상화'(routinization, Veralltäglichung)는 따라서 카리스마적 권위가 전통적 조직이나 합법적 조직으로 이전되는 것을 수반한다. 카리스마적

---

46) *ES*, vol.1, p.243. 회교법정(Kadi-justice)은 원칙적으로는 이렇게 운영된다. 그러나 실제로는 전통적 요소에 밀접히 얽매여 있다고 베버는 말한다.
47) *ES*, vol.1, p.244; *WuG*, vol.1, p.141.
48) *ES*, vol.1, p.245.

권위는 특정 개인의 비범한 자질들에 집약되어 있는 것이므로, 그 개인이 사망하거나 다른 방식으로 제거될 경우에는 매우 어려운 승계 문제가 생겨난다. 일상화의 결과 나타나는 권위 관계의 유형은 '승계 문제'가 어떻게 해결되는가에 따라 대강 정해진다. 베버는 몇 가지 가능한 경우를 구분한다.

승계 문제에서 역사적으로 중요한 한 가지 해결책은 카리스마적 지도자나 그의 카리스마를 나누어 받은 제자들이 그의 후계자를 지명하는 경우다. 후계자는 선출되는 것이 아니다. 그는 권위를 누리기에 어울리는 카리스마적 자질을 가지고 있다고 과시된다. 베버에 의하면 서구에서 군주나 주교의 대관식이 가졌던 원래의 의미가 이것이었다.[49] 카리스마는 또한 유전을 통해 전승되는 자질이고, 따라서 원래의 소유자와 가장 가까운 혈족이 소유하게 된다고 여겨질 수도 있다. 그러나 이것이 장자상속의 원칙과 연결되게 된 것은 주로 봉건 유럽과 일본이다. 카리스마적 지배가 일상적이고 전통적인 형태로 변질되면 권력 장악자의 지위를 신성하게 정당화해주는 원천이 되며, 이런 식으로 카리스마는 사회생활 속의 한 요소로서 존속한다. 베버는 이것이 '카리스마의 실체와는 거리가 멀다'고 하더라도 여전히 '카리스마'가 지속되고 있다고 주장할 구실은 있다고 말하는데, 일종의 신성한 힘인 카리스마가 그 비범성을 유지하기 때문이다. 그렇지만 카리스마가 일단 이렇게 비인격적인 힘이 되어버리면 더 이상 반드시 학습될 수 없는 자질로 여겨지지는 않게 되고, 카리스마의 획득은 부분적으로는 교육 과정에 맡겨지게 될 수도 있다.

카리스마의 일상화는 행정 요원들의 활동의 정규화를 요구하며, 이것은 전통적 규범들의 형성을 통해서나 법규들의 제정을 통해서 이루어질 수 있다. 카리스마가 세습적으로 전승되는 경우, 관리집단은 전통적 지위집단(status group)이 되기 쉽고, 관직의 충원 자체가 주로 상

---

49) *ES*, vol.1, pp.247~248.

속을 통해 이루어지게 된다. 다른 경우들에서는 관리 임용이 자격시험에 의해 결정되고 따라서 합리적·법적 유형이 되는 경향이 있다. 이들 중 어떤 발전 경로를 취하든 간에 일상화는 항상 정규적인 경제적 보상을 지급할 조치들을 마련할 것을 요구한다. 전통주의적 경로를 취할 경우 봉록이나 봉토 형태가 될 것이고, 합법적 유형을 지향할 경우 봉급 형태가 될 것이다.

카리스마적 운동의 출현으로 조장되는 이념의 내용은 이전의 지배체제로부터 직접 추론될 수 없는 성질을 띤다. 이것은 카리스마 운동의 주장들이 그 운동이 일어나게 만든 구질서의 상징들로부터 아무런 영향을 받지 않는다는 것을 의미하는 것은 아니며, 경제적·물질적 이해관계는 카리스마 운동의 성장에 중요한 영향을 미치지 않는다는 것을 의미하는 것도 아니다. 이것이 의미하는 것은 카리스마적 '소명'의 내용을 사회변동에 영향을 미치는 물적 과정의 관념적 '반영'이라고 설명해버려서는 안 된다는 점이다. 베버가 보기에는 혁명적 역동성을 무엇이 되었든 보편적 역사발전의 합리적 순서를 상정하는 이론에 짜맞춰서 설명할 수는 없다. 이는 발전이론들의 거부라는, 베버가 순수하게 이론적인 고려에 따라 도달하는 입장이 좀더 경험적인 수준에서 지켜지고 있음을 보여준다.

시장관계의 영향: 계급과 지위집단

보편적 역사발전 이론들에 대한 베버의 거부는 헤겔주의와 마르크스주의에도 마찬가지로 적용된다. 그러나 베버 저작의 좀더 근본적인 개념적·경험적 사유 경향은 마르크스주의의 주장들에 대해 특히 유관성(relevance)을 갖는다. 일체의 '역사이론'이 불가능하다면, 좀더 구체적인 수준에서는 역사발전을 경제적 관계 또는 계급적 관계의 보편적인 인과적 지배와 결부시키려는 어떤 이론도 실패할 수밖에 없게 되어 있다. 따라서 '계급'(class)과 '지위'(status) 그리고 '파당'(party)에 관한 베버의 논의는 이것들을 개념적으로 서로 분리되는 계층화의 세 가지 '차원들'로 확정하고, 경험적인 수준에서 각 차원이 각기 다른 두 차원에 인과적으로 영향을 미친다는 점을 설명한다.

『경제와 사회』에는 계급과 지위집단을 다루는 두 절이 있다.[50] 그러나 두 절 모두 짧고, 베버의 역사적 저작에서 그 개념들이 차지하는 중요성에 비해서 부실하다. 마르크스와 마찬가지로 베버도 계급 개념 및 계급과 다른 계층화 차원들의 관계에 관한 자세한 분석적 설명을 완결하지 않았다. 계급에 관한 베버의 생각은 시장에서 경제적 행위에 관한 그의 더 일반적인 분석을 출발점으로 삼는다. 베버의 정의에 따르면 경제적 행위는 평화적 수단을 통해 원하는 효용(utilities)에 대한 통제력을 얻고자 하는 행위다.[51] 베버의 용법에 의하면, 효용은 재화와 용역을 모두 포괄한다. 시장은 경쟁적인 상거래를 통해 이윤을 확보하려는 투기적인 경제적 행위를 수반하는 한에서 직접적인 상호 교환(물물교환)과 구분된다. '계급'은 그런 시장—구체적인 형태는 매우 다양할 수 있다—이 존재할 때만 존재할 수 있으며, 시장의 존재는 다시 화폐경제의 형성을 그 전제조건으로 한다.[52]

화폐는 여기에서 극히 중요한 역할을 하는데, 이는 그것이 교환되는 가치들을 주관적인 방식이 아니라 양적이고 정해져 있는 방식으로 측정하는 것을 가능케 하기 때문이다. 따라서 경제적 관계는 국지적인 공동체 구조에서 볼 수 있는 특수한 유대관계 및 의무로부터 해방되며, 각 개인들이 경쟁적 시장에서 행하는 교환을 위해 자기 소유의 재산과 재화와 용역을 사용할 수 있는 물적 기회들에 의해 유동적으로 규정된다. "바로 여기서 '계급갈등'이 시작된다"고 베버는 말한다.[53]

---

50) ES, vol.2, pp.926~940이 먼저 것이며, 나중의 분석은 ES, vol.1, pp.302~307에 수록된 것이다.
51) ES, vol.1, p.63. 베버가 일찍이 '경제적'이라는 개념을 어떻게 규정하고 있는지에 관해서는 MSS, p.65를 보라.
52) ES, vol.1, pp.80~82.

무엇이 되었든 교환 대상물의 '시장상황'이란 "그것을 화폐로 교환할 모든 기회들을 말하며, 이 기회들은 교환관계 참여자들에게 알려져 있고 경쟁적 가격 투쟁(price struggle)에서 그들의 행위지향을 단순화한다"[54]고 정의된다. 비슷한 교환 대상물(재화와 용역 모두)의 소유자들은 "그들의 생활기회들을 이루는 한 가지 특수한 인과적 구성요소를 공동으로"[55] 나누어 갖는다. 다시 말해서, 동일한 시장, 또는 '계급상황'을 공유하는 사람들은 모두가 유사한 경제적 사정 아래 있으며, 이것이 그들의 생활의 물질적 스탠더드와 그들이 어떤 종류의 사적인 생활경험들을 누리게 될 것인지에 인과적 영향을 미친다. '계급'이란 그와 같이 동일한 계급 상황을 공유하는 개인들의 집합체를 가리킨다. 이런 관점에서 볼 때, 재산이 없어서 단지 용역밖에는 시장에 내놓을 것이 없는 사람들은 그들이 제공할 수 있는 용역의 종류에 따라서 분류된다. 이 점은 재산을 가진 자들이 그들이 무엇을 가지고 있고 경제적 목적을 위해서 그것을 어떻게 사용하는지에 따라서 분류될 수 있는 것과 마찬가지다.

마르크스와 마찬가지로 베버도 재산 소유 여부가 경쟁적 시장에서 계급 분화의 가장 중요한 토대라는 점을 받아들인다. 그는 또한 재산 소유 계급을 금리생활자계급(또는 지주계급, rentier classes)과 사업가계급 (entrepreneurial classes)으로 분류하는 데서도 마르크스를 따르는데, 베버는 이 둘을 각기 '소유계급'(ownership classes, Besitzklassen)과 '영업계급'(commercial classes, Erwerbsklassen)이라고 부른다.

소유계급은 재산 소유자가 토지, 광산 등의 소유를 통해 지대(rent)를 받는 경우에 해당한다. 이들 금리생활자들은 '포지티브' 소유계급 ('positively advantaged' ownership classes)이다. '네거티브' 소유계급('negatively advantaged' ownership classes)은 재산도 내놓을

---

53) *ES*, vol.2, p.928.
54) *ES*, vol.1, p.82.
55) *ES*, vol.2, p.927.

기술도 없는 사람들(예를 들면, 몰락한 로마의 프롤레타리아들—로마 시대 조세집단을 구분할 때 아무런 재산도 없는 층을 가리키던 말로 마르크스의 프롤레타리아 개념과는 다르다—옮긴이)을 포괄한다.

포지티브 집단과 네거티브 집단 사이에 중간계급들이 있다. 이들은 소규모의 재산을 소유하거나 또는 매매 가능한 용역으로 제공할 수 있는 기술을 가지고 있는 사람들이다. 여기에는 관리, 기술공, 소농 등의 범주들이 포함된다. 포지티브 영업계급은 판매할 재화를 제공하는 기업가들이나 그런 활동에 필요한 자금을 조달하는 일에 종사하는 은행가 같은 사람들로 구성된 집단이다.[56] 임금노동자들은 네거티브 영업계급을 이룬다. 중간계급들에는 프띠부르주아지와 정부나 산업체의 관리직 종사자들이 포함된다.

계급에 관한 베버의 생각을 다룬 대부분의 2차적 논의들은 그의 초기의 논의들에 초점을 맞춰왔을 뿐(아래 316쪽의 주 59를 보라), 이 두 번째의 정식은 무시해왔다. 이것은 불행한 일이다. 이는 베버의 생각이 실제보다 비체계적인 것 같은 인상을 주기 때문이다. 계급 상황과 시장 상황을 동일시하는 견해에 따르면, 원칙적으로는 경제적 지위의 미세한 차이에 따라 그만큼 많은 계급 구분이 가능해진다. 그러나 베버는 그런 지위 가운데 재산의 소유 여부에 따라 조직되는 어떤 한정된 조합들(combinations)만이 역사적으로 중요하다고 본다. 후기의 논의에서는 베버는 소유계급과 영업계급 외에 그냥 '사회적 계급'이라고 부르는 것도 따로 구별한다. 개인들이 공통의 계급 상황 집락 속에서 자유로이 이동할 수 있는 한(예컨대, 관청의 사무직원은 별 어려움 없이 일반기업체의 사무직으로 옮겨갈 수 있다), 그들은 일정한 사회적 계급을 형성한다. 베버는 영업계급을 이루는 일부 하위집단들을 압축하면서 자본주의의 사회적 계급의 구성이 다음과 같다고 서술한다.

---

[56] 포지티브 영업 계급에는 때때로 전문직자나 수공업노동자들과 같이 특정 기술을 독점하고 있는 자들도 포함된다. *ES*, vol.1, p.304.

1. 육체노동계급. 기술의 차이—특히 그 기술이 독점의 대상이 되는 곳에서—가 노동계급 단결에 대한 주된 위협요소다. 그러나 산업이 점점 기계화됨에 따라서 노동자의 대다수는 반(半)숙련공 범주로 편입된다.
　　2. 프티 부르주아지.
　　3. 재산이 없는 화이트칼라 노동자, 기술자 및 지식인.
　　4. 주요 사업가 집단 및 소유자 집단. 이들은 또 교육기회에 대한 특권적 접근권도 공유하는 경향이 있다.[57]

　　역사적으로 보면 비슷한 계급이익의 존재와 계급갈등 발생 사이의 관계는 경우에 따라 다르다. 비슷한 계급 상황을 공유하면서도 그것을 인식하지 못하고 자신들의 공동의 경제적 이익을 신장시키기 위한 어떤 조직도 형성하지 않는 집단들도 있을 수 있다. 계급투쟁을 낳는 것이 언제나 재산 소유에서 가장 심한 불평등인 것도 아니다. 계급갈등은 생활 기회의 불평등한 분배가 '불가피한 사실'이 아니라는 점이 인지되는 곳에서만 생겨날 수 있다. 역사상 많은 시기에서 네거티브 계급들은 자신들의 열등한 처지를 정당한 것으로 받아들인다. 계급의식은 다음과 같은 상황 속에서 가장 쉽게 발전한다.
　　1. 적대계급이 자신들과 가시적이고 직접적인 경제적 경쟁관계에 있는 집단이다. 예컨대 근대 자본주의에서 노동계급은 멀리 떨어진 금융업자나 주주보다는 기업가나 경영자와 싸우기 위하여 더욱 쉽게 조직된다. "노동자의 악감정을 직접 겪는 것은 거의 언제나 금리생활자, 주주, 은행가가 아니라 임금투쟁에서 노동자들의 상대방이 되는 제조업자와 기업 임원들이다."[58]

---

[57] *ES*, vol.1, p.305; Paul Mombert, "Zum Wesen der sozialen Klasse," in Melchior Palyi, *Erinnerungsgabe für Max Weber*(Munich and Leipzig, 1923), pp.239~275를 참조하라.
[58] *ES*, vol.2, p.931. 가부장적 사회주의의 성장을 가능케 해준 것은 바로 이 사실이

2. 동일한 계급상황을 겪는 사람들이 매우 많다.

3. 커뮤니케이션과 회합이 쉽게 조직될 수 있다. 예컨대 근대적 공장 생산에서 노동자들은 대규모의 생산단위 속에 집중되어 있다.

4. 리더십이 형성된다. 예컨대 인텔리겐치아로부터 이 리더십이 주어질 수 있다. 리더십은 계급 활동의 분명하고 납득 가능한 목표들을 설정해준다.

'계급'이란 다수의 개인이 처한 시장 상황의 객관적 속성들을 가리키며, 그런 의미에서 사회적 행위에 대한 계급의 영향은 이 개인들이 스스로에게나 타인들에 대해 내리는 평가들과는 무관하게 작용한다. 베버는 경제현상이 이념의 성격을 직접 결정한다는 생각을 받아들이지 않기 때문에, 그런 평가들이 계급이익들과는 무관하게 이해되어야 한다는 결론이 나온다. 이에 따라 베버는 계급상황을 지위상황(status situation, ständische Lage)과 구분한다. 개인의 지위상황이란 다른 사람들이 그의 사회적 위치(position)에 대해 평가를 내리고, 그럼으로써 그에게 어떤 형태의(적극적 또는 소극적) 사회적 프레스티지나 존경을 부여하는 것을 가리킨다. 지위집단이란 같은 지위상황을 공유하는 다수의 개인을 가리킨다. 계급과는 달리 지위집단은 거의 언제나 자신들이 같은 위치에 있음을 의식한다. "계급과 관련시켜 볼 때, 지위집단은 '사회적' 계급에 가장 가까우며 '영업계급'과는 가장 거리가 멀다."[59] 그러나 지위집단과 베버가 구분하고 있는 세 가지 유형의 계급 사이에는 아무런 필연적이거나 보편적인 관련이 없다. 소유계급은 항상 그렇지는 않더라도 흔히 뚜렷한 지위집단을 이루곤 한다. 그러나 영업계급은 그렇지 않다.

지위집단은 보통 특정한 생활양식을 통해서, 그리고 다른 사람들과

없음을 베버는 지적한다. 마찬가지로 군대에서도 사병은 더 높은 명령계급보다는 하사관에게 대해 불만을 갖는다. *GASS*, p.509.

59) *ES*, vol.1, pp.306~307; *WuG*, vol.1. p.180. 'stand'라는 용어에 대한 마르크스의 용법에 관해서는 이 책 제1장의 주 22)를 보라.

갖는 접촉 방식에 일정한 제한을 두는 것을 통해서, 다른 집단들과는 다른 자신들의 특성을 드러낸다. 결혼에 대한 제약—때로는 엄격한 족내혼으로 나타난다—은 지위집단이 자신의 존재를 드러내는 방식으로서 특히 자주 볼 수 있는 것이다. 카스트 제도는 가장 대표적인 예다. 카스트 제도에서는 지위집단 고유의 특징이 인종적 요인들에 근거한 것이라고 주장되며, 법적·관습적 제재뿐만 아니라 종교적 규범들에 의해 지켜지도록 뒷받침된다. 전체 사회가 엄격한 카스트 원리들에 따라 조직되는 것은 인도의 전통사회에서만 발견되는 현상이지만, 카스트 비슷한 속성들은 '천민'(pariah. 인도 남부의 최빈민층, 부랑아 집단. 여기서는 꼭 인도의 경우만을 가리키는 것은 아니다—옮긴이) 지위의 특징이기도 하다. 이들은 인종적 소수집단들이다. 역사상 가장 두드러진 예는 유대인의 경우로, 그들의 경제활동은 한 특정 직업이나 일정 범위의 직업들로 한정되고, '주류'(host) 주민들과의 접촉도 제한되었다.

베버가 보기에 지위에 의한 계층화는 단순히 계급 위계들을 '복잡하게 만드는 것'으로 그치는 것이 아니다. 이와는 반대로, 계급들과는 구별되는 지위집단들은 역사발전의 수많은 국면에서 사활적인 중요성을 갖는다. 더욱이 지위집단은 시장의 움직임에 대해 직접적인 영향력을 행사할 수 있으며, 따라서 계급관계들에 대해 인과적 영향을 미칠 수도 있다. 시장에 의해 지배되도록 허용되는 경제생활 영역들을 제한하는 것은 이런 일이 생겨난 역사적으로 중요한 한 방식이다.

예컨대, '신분 시대'(status era)의 많은 그리스 도시들과 초기의 로마에서는 기사(knight) 신분, 농민 신분, 성직자 신분, 그리고 특히 장인(匠人) 길드와 상인 길드들의 피보호자 신분 같은 신분들(estates)이 독점되었던 것처럼 세습적 신분(estate)이 (방탕자를 보호자 아래 두는 옛 공식에서 보이듯이) 독점되었다. 시장은 제한되었으며, 계급형성에 절대적 영향을 미치는 적나라한 재산 그 자체의 권

력은 뒷전으로 밀려나버렸다.[60]

사람들이 경제적 소유(economic possession)와 지위에 따르는 특권(status privilege)을 뚜렷하게 구별하는 많은 사례들이 열거될 수 있다. 물질적 재산 소유가 언제나 주류 지위집단의 일원으로 진입하기 위한 충분한 기반이 되는 것은 결코 아니다. 기존 지위집단으로 진입하고자 하는 졸부들의 요청이 지위집단 내부의 인물들에 의해 받아들여질 가능성은 별로 없다. 물론 이 졸부들이 보통 부를 이용하여 그들의 자손들만큼은 그 지위집단에 가입하는 데 필수적인 자격기준들을 확실하게 취득할 수 있도록 해줄 수는 있다고 하더라도 말이다. 그럼에도 불구하고 베버는 비록 지위집단의 멤버십 자격이 "단순한 재산의 과시와는 첨예하게 대립되는 것이 보통"이긴 하지만, '장기적으로 보면 결국' 재산이야말로 지위 획득의 자격으로 인정되는 것이 '극히 정규적인' 현상임을 강조한다.[61] 특정의 사회 질서 내에서 지위 계층화가 얼마나 큰 중요성을 가질지는 그 사회가 얼마나 급격한 경제적 변천을 겪느냐에 따라서 달라진다. 경제적 변동이 뚜렷한 곳에서는 계급 계층화가 더욱 포괄적인 행위 결정요인이 된다. 그러나 경제적 변동이 거의 없는 상황에서는 지위 분화가 더욱더 전면에 드러난다.

계급과 지위집단 모두가 사회적 권력의 기반이 될 수 있다. 그러나 정당들(political parties)의 형성은 권력 분배에 대해 더 크고 분석적으로 독립적인 영향을 미친다. '정당'이란 한 조직체 안에서 어떤 특정의 정책들을 펼치기 위해서 그 조직의 통제권을 장악하려는 목적을 가진 자발적 결사체를 가리키는 말이다. 이 정의에 따르면 스포츠클럽에서 국가에 이르기까지 자유롭게 충원되는 집단들의 형성이 허용되는 조직이라면 어떤 형태의 조직에서도 당들이 존재할 수 있다.[62] 당 설립

---

60) *ES*, vol.2, p.937.
61) *ES*, vol.2, p.932.

의 기반은 다양한데, 심지어 근대적 정당들의 경우도 그렇다. 동일한 계급상황이나 지위상황이 정당의 유일한 충원 기반이 될 수도 있지만 매우 드문 일이다. "어떤 개별 사례들에서도 당들은 계급상황이나 지위 상황에 의해 규정되는 이익들을 대변할 수 있다……. 그러나 그것들이 순수한 계급 당이나 순수한 지위 당이 될 필요는 없다. 실제로는 그것들은 혼합된 형태들이 될 가능성이 더 크고, 때로는 그 어느 편도 아닐 수 있다."[63]

근대국가의 성장은 대중 정당의 발전 및 직업정치인의 출현과 더불어 진전되었다. 정권 장악을 위한 투쟁과 관련된 직업을 가진 사람은 정치를 '위해' 살거나 정치에 '의해' 산다. 정치활동을 주요 소득원으로 삼는 사람은 정치에 '의해' 생활하는 사람이다. 풀타임으로 정치활동에 종사하면서도 거기에서 소득을 얻지 않는 사람은 정치를 '위해' 생활하는 사람이다. 권력이 부여되는 자리들이 정치를 '위해' 사는 사람들로 충원되는 정치 질서는 필연적으로 유산 엘리트로부터 나오게 되는데, 이들은 보통 기업경영자라기보다는 금리생활자들이다. 이것은 그런 정치인들이 전적으로 자신의 출신계급이나 출신지위집단의 이익에 도움을 주기 위한 정책들을 추구한다는 것을 의미하지는 않는다.[64]

---

62) *ES*, vol.1, pp.284~286.
63) *ES*, vol.2, p.938.
64) *FMW*, pp.85~86.

제12장 합리화 · 세계종교 · 서구 자본주의

베버는 유대교와 중국 및 인도의 종교에 대한 연구들을 모아서 『세계종교의 경제윤리』[1]라는 제목을 붙이고 있다. 여기서 베버 관심의 주된 흐름이 시사되고 있으며, 칼뱅교와 서구 자본주의 정신에 대한 초기 논문의 주제가 이와 직결되고 있음도 분명히 드러난다. 그러나 실제로 이들 후기 연구에는 베버가 붙인 수수한 제목에서 시사되는 것보다 훨씬 폭넓은 영역에 걸친 사회적, 역사적 현상들이 포괄되어 있다. 종교적 신앙의 내용과 특정 사회질서를 특징짓는 경제적 활동 형태 사이의 관계는 간접적인 경우가 종종 있으며, 그것은 그 사회질서 내의 다른 제도들의 영향을 받는다.

베버가 강조한 바에 따르면, 세계 종교에 대한 그의 연구는,

> 어떤 식으로도 종교에 관한 체계적인 '유형학'이라고 할 수는 없다. 또한 순수하게 역사학적인 작업도 아니다. 이 연구들은 종교윤리들의 역사적 실현에서 전형적으로 중요한 요소들이 무엇인지에 관심을 둔다는 점에서 '유형학적'이다. 종교의 차이가 '경제적' 심성들에서의 큰 차이와 관계가 있다는 점에서 이 점은 중요하다. 다른 측면

---

[1] *GAR*, vol.1, p.237.

들은 무시될 것이다. 이런 묘사는 세계 여러 종교의 균형잡힌 전체상을 제시하는 것이 아니다.[2]

구체적으로 말하자면, 종교윤리가 경제조직에 미친 영향을 하나의 특정 관점, 즉 서구의 경제생활을 지배한 합리주의를 촉진하거나 저해하는 데 종교윤리가 어떤 역할을 했는가 하는 관점에서 살펴봐야 한다고 베버는 말한다.

베버는 '경제윤리'라는 용어를 쓰면서 자신이 분석하는 각 종교의 종교적 신념들이 어떤 종류의 경제활동이 허용될 수 있거나 바람직한 지에 관해서 분명하게 정리된 지침을 가지고 있다고 내비치지는 않는다. 종교가 경제생활에 미친 영향의 직접성과 성격은 다양하다. 『프로테스탄트 윤리와 자본주의 정신』에서 나타나듯이, 베버는 특정 종교윤리의 내적 '논리'가 아니라 개인들의 행위에 대해 종교윤리가 심리적·사회적으로 어떤 영향을 미쳤는가 하는 점에 관심의 초점을 맞추고 있다. 베버는 유물론이나 관념론이 종교 현상의 기원이나 그 결과에 관해 적절한 일반적 해석을 제시한다고 보지 않으면서 그것들과 계속 거리를 둔다. "외견상 유사한 경제조직들이 각기 매우 다른 경제윤리들과 공존할 수 있고, 각각의 특수한 특성들에 따라서 매우 다른 역사적 결과들을 산출할 수도 있다. 경제윤리는 경제적 조직형태의 단순한 '기능'이 아니다. 마찬가지로 경제적 조직형태도 경제윤리의 단순한 '기능'이 아니다."[3] 물론 종교적 신념은 경제윤리 형성의 조건이 되는 다양한 영향 요소들 가운데 하나에 지나지 않으며, 종교 그 자체도 여타의 사회적, 정치적, 경제적 현상들에 의해 크게 영향을 받는다.

---

2) *FMW*, p.292.
3) *FMW*, 267~268; *GAR*, vol.1, p.238.

종교와 주술

세계 종교에 관한 베버의 논문들은 『경제와 사회』에서 제시된 종교사회학의 폭넓은 내용들에 비추어 살펴봐야 한다.[4] 종교 및 주술에 참여할 때, 인간들은 보통 특수한 성격을 가진 대상 및 존재들과 '일상적' 세계에 속하는 것들을 구분한다.[5] 오직 특정한 대상들만이 종교적 속성을 가지며 특정의 개인들만이 종교적 힘을 부여해주는 영감의 상태 또는 은총을 얻을 수 있다. 이 비상한 힘은 카리스마적인 것이며, 마나(mana, 멜라네시아의 토어. 비인격적 · 초자연적 힘으로 만물에 작용함—옮긴이)와 같은 비교적 분화되지 않은 형태들이 카리스마적 자질들의 최초의 원천이다. 주요 세계 종교들을 개화시킨 위대한 종교지도자들에게서 그러한 카리스마적 자질들이 좀더 구체적인 방식으로 드러난다. 이 점은 중요하게 강조되어야 한다. 왜냐하면 카리스마적 지배에 대한 베버의 일반적 논의 속에 제시되어 있는 설명을 인용하면서 베버가 카리스마의 개념을 사용하여 그의 저작 속에 '영웅' 사관을 도입했다고 주장하는 일이 너무도 잦기 때문이다.[6]

카리스마적 정당성이 다음 세대로 전이될 수 있는 방식에 대한 베버의 논의에서 명확히 드러나듯이, 카리스마를 전적으로 '개인적'인 속성인 것처럼 취급해서는 안 된다. 가장 원시적인 유형의 종교들(더 복잡한 종교들의 진화계열상의 선조라는 의미에서 가장 초보적인 형태들이라는 뜻은 아니다)[7]에도 신으로 인성화(人性化)되지 않았으면서도 의

---

4) ES, vol.2, pp.399~634.
5) 그러나 베버는 뒤르켕과는 달리 '성'(聖)과 '속'(俗)의 양분법이 가지는 근본적 중요성을 강조하지는 않는다. 베버는 "종교적인 또는 주술적인 행동이나 생각은 일상적인 합목적적 행위의 영역과 분리되어서는 안 된다. 왜냐하면 특히 종교적 · 주술적 행위의 목표들조차도 우선적으로 경제적인 것이기 때문이다"라고 주장한다. ES, vol.2, p.400.
6) 예컨대 Gerth and Mills, "Introduction" to FMW, pp.53~55.
7) 베버는 다음과 같이 말하고 있다. "토템 신앙의 보편성에 대한 믿음, 그리고 토템

지적 속성을 지니는, 일반화된 정신적 힘들이 존재한다.

신이 출현할 때, 그는 우선 불안정한 존재로서 나타날 뿐이다. 즉 신은 단지 하나의 특정 사건만을 지배하는 것으로 간주된다. 그러한 순간적인 신(Augenblicksgötter)은 개인적인 마나(mana)를 전혀 갖지 못하고, 단지 그가 지배하는 사건의 유형에 따라 이름을 부여받기도 한다. 신이 영원하고도 강력한 신격(神格)을 가지게 되는 조건들은 매우 복잡하며, 때로는 불확실한 역사 속에 묻혀버리기도 한다.

베버에 의하면, 유대교와 이슬람교만이 엄격한 의미에서 일신교다. 기독교에서는 최상의 신격을(이론상으로는 아닐지라도 실제로는) 삼위일체적 존재로 파악하는 경향이 있다. 특히 가톨릭의 경우가 그러하다. 그러나 세계사적으로 중요한 모든 종교에서 일신교를 향한 움직임을 찾아볼 수 있다. 이러한 경향이 종교에 따라 정도의 차이를 보이는 데는 여러 가지 이유가 있다. 그중에서도 일반적으로 중요한 요인은, 자기가 대변하고 있는 특정 신을 계속 예찬함으로써 기득이익을 보전할 수 있는 성직자 계층의 끈질긴 저항이다. 두 번째 요인으로는 전통적 사회에서 평신도들은 주술적 영향력을 쉽게 발휘해주는 신을 요구한다는 점을 들 수 있다. 신은 전능해질수록 일반대중들의 일상적 요구로부터 거리가 멀어진다. 전능한 신이 전면에 부각되는 곳에서조차도 평신도들의 실제 종교행위 속에는 주술적인 마음달래기가 계속되는 것이 보통이다.

인간이 기도와 숭배와 탄원을 통해 신성한 존재와 관계를 맺는 경우, 우리는 '주술'의 사용과 구분되는 '종교'가 존재한다고 말할 수 있다. 주술적 힘(魔力)은 숭배의 대상이 되는 것이 아니라 주문이나 신앙고백 문구를 사용하여 인간적 욕구를 만족시키려 하는 것이다. 종교와 주술의 차이는 역사적으로 매우 중요한 지위 및 권력의 분화 과정과 결부

신앙에서 파생된 것들에 대한 사실상 모든 사회 집단과 종교들의 믿음은, 확실히 방금 완전히 부정된 엄청난 과장(exaggeration)의 내용을 이루고 있다." *ES*, vol.2, p.434.

되어 있다. 즉 한편으로는 성직자가, 다른 한편으로는 주술가나 마법사가 그에 따라 분화되어 나타난 것이다. 성직은 예식의 운영을 계속 담당하는 영속적인 기능인들의 집단으로 구성된다. 확실한 성직자를 갖지 않는 예식은 있을 수 있지만, 예식을 갖지 않는 성직이란 있을 수 없다.[8] 성직자 계층의 존재는 종교적 신앙의 합리화 정도에 대해 특별한 중요성을 띤다. 대부분의 주술적 의식에서, 그리고 성직자를 갖지 않는 예식에서 일반적인 종교적 신앙체계의 발전 정도는 매우 낮은 것이 보통이다.

베버의 종교사회학에서 종교적 예언자는 성직자와 마찬가지로 중요한 존재로 다루어진다. 예언자란 "순수하게 개인적인 카리스마의 소지자이며, 자기의 사명에 따라 종교적 교의나 신의 계율을 설파한다."[9] 새로운 종교공동체가 형성되는 것이 예언가적 사명의 결과로서 나타나는 것만은 아닐지라도(개혁적 성직자들의 활동도 같은 결과를 낳을 수 있다). 베버는 예언 속에서 종교제도의 급격한 변동을 야기하는 결정적인 교의의 역사적 원천을 찾았다. 일상적 행위로부터 주술을 몰아내고자 하는 역사적 충동의 경우에 이것은 특히 사실이었다. 그러한 세계의 각성 과정은 합리적 자본주의에 이르러 그 절정에 달했다.

모든 시기에 주술의 힘을 타파하고 합리적인 생활 행위를 정립할 수 있는 수단은 오직 하나였다. 즉 위대한 합리적 예언뿐이었다. 모든 예언이 주술의 힘을 타파할 수 있는 것은 결코 아니다. 그러나 기적을 보여주는 것 등과 같은 형태로 자격을 구비한 예언자는 전통적인 신성률(神聖律)을 타파할 수 있다. 예언이 세계를 주술로부터 해방시켜왔으며, 그럼으로써 근대 과학과 기술, 그리고 자본주의의 토대를 창조해낸 것이다.[10]

---

8) *ES*, vol.2, p.426.
9) *ES*, vol.2, p.439.

성직으로부터 예언자가 출현하는 경우는 거의 없으며, 대개 예언자는 성직자 계급에 대해 공개적인 적대 관계에 서는 것이 전형적인 현상이다. '윤리적' 예언자는 신성한 사명의 전파를 토대로 가르침을 베푼다. 그것은 구체적인 계율들을 그 내용으로 하거나 또는 좀더 일반화된 윤리적 의무조항으로 구성될 수도 있으며, 그에 대한 추종은 도덕적 의무로 요구된다. 예범적(例範的) 예언자란 자기 자신의 개인생활을 통해 모범을 보임으로써 구원으로의 길을 밝혀주는 자다. 그러나 그는 결코 자기가 다른 사람들이 받아들이지 않으면 안 될 신성한 사명의 중개자라고 주장하지는 않는다. 이러한 예범적 예언은 인도의 경우 가장 잘 나타나며, 한편으로는 중국에서도 발견된다. 이에 비해서 윤리적 예언은 특히 근동(近東)에서 특징적으로 나타나는데, 유대교에서 전지전능하고 초월적 신인 야훼에까지 거슬러 올라갈 수 있는 현상이다.

두 가지 유형의 예언 모두 "의식적으로 통합되고 의미 있는 생활태도"를 고취하는 잘 구성된 세계관의 계시를 조장하는 특징이 있다. 엄격히 논리적인 의미에서 보면, 예언적 계시로서 한데 합쳐진 여러 가지 믿음은 서로 상충적일 수 있다. 예언에 통일성을 가져다주는 것은 삶에 대한 실제적 정향(定向, orientation)으로서 그것이 갖는 전형적인 일관성이다. 예언은 "항상 세계에 대한 중요한 종교적 이해를 내포하는데, 이는 어떤 식으로든 '유의미'하고 잘 정리된 총체성(totality)을 산출해야 한다는 도전에 직면한다……."[11] 물론 예언자와 성직자의 갈등은 매우 다양한 결과를 초래한다. 즉 예언자 및 그 추종자들이 승리하여 새로운 종교 질서를 수립하는가 하면, 또는 양자 간에 타협이 이루어지기도 하고, 아니면 성직자들에 의해 예언자가 굴복당하거나 제거되기도 한다.

---

10) *General Economic History*(New York, 1961), p.265.
11) *ES*, vol.2, p.451.

인도와 중국의 변신론

전통 중국에서는 이미 일찍부터 예언이 어리석은 짓으로 비쳐지게 되었다. 이와는 대조적으로 인도에서는 하나의 중요한 구원종교가 출현했다. 힌두교(그리고 불교) 예언자들이 예범적이어서 자기 자신이 신의 사명을 적극적으로 전파하도록 위임받았다고 여기지 않았음에도 불구하고 그랬다. 힌두교는 몇 가지 중요한 점에서 세계의 다른 종교들과 다르다. 힌두교는 선별적이고 관용적인 종교다. 경건한 힌두교도이면서도 "모든 종파의 기독교가 전적으로 자신만의 것이라 생각할 매우 중요하고 가장 특징적인 교의들"[12]을 받아들이는 것이 가능하다. 그러나 힌두교에도 대다수의 교도들이 공유하는 믿음이 있고, 그 믿음은 그것을 거부하는 이들이 이교도로 취급될 정도로 진리로 여기진다는 점에서 '교의'(dogma)라고 할 수 있다.

이 교의 가운데 가장 중요한 것이 윤회(輪廻)와 업(業, Karma)에 관한 것이다. 이 둘은 모두 카스트 체계의 사회질서와 결부되어 있다. 업의 교의는 "역사상 출현했던 가장 일관성 있는 변신론(辯神論)을 보여준다."[13] 그것 때문에 가장 하급 카스트의 힌두교도도 '세계를 얻을 수 있다'라고 베버는 「공산당 선언」의 구절을 인용하여 말한다. 이 신앙의 맥락 속에서 힌두교도는 끊임없는 재생의 과정을 통해 상층 카스트에 다다르고, 낙원에 다다르며, 또 신격(神格)을 얻고자 현실적으로 열망할 수 있는 것이다. 현세에서 개인의 행위가 필연적으로 내세에서 재생을 결정한다는 교리를 통해서, 그리고 그것이 카스트 체계와 직결되어 있음으로써, 정통 힌두교는 현존 사회질서에 대한 어떠한 도전에 대해서도 넘을 수 없는 장벽을 세워놓는다.

---

12) *RI*, p.21.
13) *RI*, p.21.

불화하고 있는 각 카스트는 심한 적대감을 가진 채 서로 병존하고 있다. 모든 사람이 자신의 운명에 대한 '책임'을 지고 있다는 생각은 사회적 하층으로 하여금 여타 사람들의 풍요를 더불어 즐길 수 없도록 했다. 업의 교리가 동요하지 않는 한 혁명적 이념이나 진보를 위한 노력은 인식 불가능한 것이었다.[14]

힌두교가 확고히 정립되기 시작했던 초기의 인도에서(예수 출생보다 4, 5세기 이전임), 매뉴팩처(공장제 수공업)와 무역의 발전은 절정에 달했다. 도시의 상인 길드와 수공업 길드는 도시의 경제조직에서 중세 유럽의 길드에 비견할 만한 중요성을 가지고 있었다. 더욱이 합리적 과학이 인도에서 고도로 발전했으며, 각 시기마다 수많은 철학 학파들이 번성했다. 이들은 다른 어느 곳과도 비교가 안 될 정도로 관용적 분위기를 누렸다. 사법체계도 중세 유럽만큼이나 성숙된 형태를 갖추고 있었다. 그러나 브라만(Brahmin) 승직의 지위상승과 함께 출현한 카스트 체제는 유럽과 같은 방향으로 경제적 발전이 진전되는 것을 효과적으로 저해했다.

그러나 인도에서의 발전은, 그러한 길드 및 자치조직의 시작이 서구에서와 같은 도시자치제로 나아가지도 못했고, 또 거대한 가산제 국가의 성립 이후에도 서양의 '사유지 경제'와 같은 사회적·경제적인 조직으로 나아가지도 못했다는 점에서 그 독특한 특징을 찾을 수 있다. 오히려 그보다 먼저 시작되었음이 분명한 힌두 카스트 체계가 으뜸가는 중요성을 갖게 되었다. 한편으로는 이 카스트 체계가 여타 조직 모두를 대체했고, 또 한편으로는 그들 조직들을 불구로 만들어 버렸다. 카스트 체계는 여타 조직들이 어떠한 주목할 만한 중요성도 갖지 못하도록 방해했다.[15]

---

14) *RI*, pp.122~123; *GAR*, vol.2 p.122.

경제활동에 대해 카스트가 미친 주된 영향은 의식(儀式)을 통해서 직업구조를 안정시키려고 그럼으로써 경제의 합리화가 더 이상 진척되지 못하도록 만들었다는 점에 있다. 노동에서는 카스트 의식주의의 강조가 예술품을 생산하는 전통적 기예의 위엄과 가치에 대한 강조로 나타난다. 이러한 직업적 규범을 마음대로 깨뜨리려는 어떠한 개인적 시도도 내세에서 더 좋은 모습으로 재생할 기회를 망치는 것이 된다. 이런 이유 때문에 카스트 의무에 가장 열심히 집착하는 것은 바로 최하위 카스트에 속하는 개인이다. 그러나 카스트 체계가 경제발전에 대해 미친 부정적인 영향은 구체적이라기보다는 포괄적이다. 예컨대, 카스트 조직이 서구의 근대적 기업에서와 같이 복잡한 분업을 수반하는 대규모 생산업체와는 절대로 양립할 수 없다고 말하는 것은 잘못이다. 인도에서 식민지 기업들이 부분적으로나마 성공을 거두었다는 사실이 그 예다. 그럼에도 불구하고 베버는 다음과 같은 결론을 내린다.

근대적 산업자본주의 조직이 카스트 체계의 토대 위에서 '발생'한다는 것은 여전히 극히 있을 법하지 않은 일로 여겨져야 한다. 어떤 직업 변화도, 어떤 작업기술 변화도 의식(儀式)의 타락이라고 보는 의식법은 내생적인 경제적·기술적 혁명을 낳을 수 없다…….[16]

인도 브라만들의 지위와 전통 중국의 유학자들의 지위 사이에는 중요한 유사점이 있다. 양자 모두 평민들의 언어와는 다른 언어로 씌어진 고전적 경전을 접할 수 있다는 사실을 기반으로 지배력을 행사하는 지위집단(status group)이었다. 비록 힌두교의 주지주의(主知主義)가, 베버에 의하면, 중국의 경우보다 훨씬 덜 문자화된 문화였다고는 하더라도 말이다. 실제로도 항상 그랬던 것은 아니지만, 양 집단 모두 주술

---

15) *RI*, pp.33~34; *GAR*, vol.2 pp.35~36.
16) *RI*, p.112.

과는 아무 관련이 없다고 주장했다. 양자 모두 모든 종류의 디오니소스적 광란(orgiasticism)을 단호히 거부했다.[17]

그러나 양자 간에는 마찬가지로 중요한 차이점이 있다. 중국의 유학자(literati)는 가산관료제(家産官僚制) 내의 관료집단이다. 브라만은 원래 성직자지만, 궁정사제(宮庭司祭), 율법사(律法司), 신학 교사나 상담자 같은 다양한 직업에도 종사했다.[18] 그러나 브라만이 관직을 맡는 것은 이례적인 일이었다. 중국은 단일 군주 아래 통일국가를 수립함으로써 학문적 자격이 관리직을 얻는 관문이 되도록 할 수 있었다. 지적 훈련을 받은 사람이 관리집단의 충원기반이 되었던 것이다. 그와는 반대로 인도에서는 브라만 성직자 집단이 초기 보편적 왕권의 발전에 앞서서 이미 확고히 자리를 잡았다. 따라서 브라만은 위계체제 내로 편입되는 것을 피할 수 있었고, 동시에 지위 측면에서 원리상 왕보다도 높은 위치에 있다고 자임했다.

전통 중국에서는 베버가 경제의 합리화에 도움이 된다고 보았던 여러 가지 발전의 조짐들이 나타난 시기가 있었다. 여기에는 인도와는 다른 도시들과 길드들의 출현도 포함된다. 그리고 화폐체제의 형성, 법의 발전, 가산국가(家産國家) 내 정치적 통합 달성 등도 예로 들 수 있다. 그러나 중국의 이런 몇몇 발전 양태들과 서구 자본주의가 발흥하는 데 역할을 했던 양태들 사이에는 중요한 차이점이 있다. 고대 중국에서 도시화의 정도가 비교적 높았고, 국내 무역의 규모도 비교적 컸지만, 화폐경제의 형성은 상대적으로 초보적인 수준에 머물러 있었다. 더욱이 중국의 도시는 유럽의 도시와 크게 달랐다. 부분적으로는 화폐경제의 발전이 일정 수준을 넘어서지 못했기 때문이기도 하다. "중국에서는 표준 주화를 만들어 통화정책에서 국가를 주도할 수도 있었던 피렌체와 같은 도시가 없었다."[19] 마찬가지로 중요한 사실로서, 중국의 도시는

---

17) 인도에서도 중국에서도 주술은 일반 국민들 사이에서 사라지지 않았다. 주술 행사는 중국과 인도에서 흔히 번창했다.
18) *RI*, pp.139~140.

중세 유럽의 도시 공동체와는 달리 정치적 자치와 법적 독립성을 획득하지 못했다.

중국 도시의 시민들은 출신 부락과 대부분의 일차적 혈연관계를 유지하는 경향이 있었다. 도시는 농촌의 농업경제 속에 계속 착근하고 있었지, 서구에서와 같이 농업경제와 대립했던 것이 아니다. 중국에는 영국의 자치시민의 '특권'과 같은 것이 전혀 없었다. 따라서 커다란 내부적 자율권을 가지고 있었던 길드의 잠재적 중요성이 도시 행정의 정치적·법적 독립성의 결여로 인해 눈에 띄게 억눌리게 되었다. 정치적 자율성의 수준이 낮았던 것은 부분적으로는 국가관료제가 일찍이 발전했던 탓이기도 하다. 관료들은 도시화를 촉진시키는 데 주된 역할을 했지만, 그럼으로써 다시 도시의 지속적 발전을 규제할 수도 있었는데, 관료들은 이 통제력을 결코 완전히 포기한 적이 없었다. 이 점은 다시 서구와 대비되는 점이다. 서구의 경우 정부 관료제가 상당 정도는 그것에 앞서 있었던 자치 도시국가 형성의 산물이었다.[20]

전통 중국의 사회구조에서 가장 중요한 현상 가운데 하나는 황제가 종교적·정치적 최고 권력을 모두 장악하고 있었다는 점이다. 중국에는 강력한 성직자 층이 없었고, 황제체제에 결정적으로 도전할 만한 예언이 생겨나지도 않았다. 황권(皇權)의 카리스마적 요소는 전통적 요소에 의해 심하게 치장되었지만, 근대에 이르기까지 황제는 비와 강을 다스림으로써 카리스마를 보여주는 존재로 생각되었다. 만일 강물이 제방을 넘어 범람한다면, 황제는 백성들 앞에서 참회하지 않으면 안 되었고 모든 관리들과 함께 여론의 비난을 감수해야 했다.

통신 수단이 형편없는 모든 가산국가가 그랬듯이, 전통 중국에서도 효율적인 행정 집중의 정도는 근대 유럽의 민족국가에 비해 매우 낮았다. 그러나 관료직 임명의 기초로서 교육에서 딴 자격을 사용하는 체제

---

19) *RC*, p.13.
20) *RC*, p.16.

가 중국을 영원히 봉건제의 수렁 속으로 휘말려 들어가지 않도록 해주었다. 관리집단을 황제와 국가에 붙들어 매어두도록 한 것이 바로 그것이었다. 각 관리의 업무성과는 3년마다 재평가되었고, 따라서 그는 끊임없이 국가 교육기관의 감독을 받아야만 했다. 이론상으로 관리는 봉급을 받도록 되어 있었으나, 실제로는 봉급은 지급되지 않거나 아니면 소득의 극히 일부분을 충당할 정도밖에는 되지 않았다. 그들은 매우 보수적인 경제적 이해관계를 가지고 있었다. 그것은 관직을 이용하여 조세로부터 소득을 취하는 것이 체계화되어 있었기 때문이다.

이익을 얻을 기회는 최고위직의 유력 관리들에 의해 개인적으로 독점되었던 것이 아니다. 그보다는 관직을 박탈당할 수 있었던 관리들 모두가 그런 기회를 이용했다. 간섭에 대해서 집단적으로 반대하고, '개혁'을 주장하는 어떠한 합리적 이념가도 극도의 증오심을 가지고 박해했던 것은 바로 그들이었다. 오직 위로부터나 아래로부터의 폭력혁명에 의해서만 이런 사정이 바뀔 수 있었을 것이다.[21]

중국의 도시가 정치적 자율권을 갖지 못했다고 해서 지방적 권력마저 갖지 못했던 것은 아니다. 실제로 베버는 중앙권력과 지방권력 간의 변화무쌍한 긴장관계를 상당히 분석해보고 있다. 이 관계에서 특히 중요한 것이 경제활동과 협동의 핵심적 역할을 하는 강력한 확대가족(extended family) 단위들이다. 사실상 가계(家計)보다 큰 규모의 모든 경제적 사업체에서는 친족집단(tsung-tsu, 親威)이 그 직접적 기반이 되거나 또는 모델이 된다. 친족집단은 보통 식량 생산과 직조(織造), 그리고 기타 가내수공업을 통제하며, 그 구성원들에게 신용상의 편의를 제공해주기도 했다. 도시와 농촌 모두에서의 생산에서 친족 집단에 의한 협동적 통제가 워낙 강해서 개인적인 기업 활동과 노동력의

---

21) *RC*, p.60.

자유로운 이동을 극소화했는데, 이 두 가지는 모두 유럽 자본주의의 본질적 특징이었다. 지방 장로(長老)들의 권력은 '유학자' 지배에 대한 주요 대항 세력이었다. 관리가 아무리 훌륭한 자격을 갖추고 있어도 친족 집단 내의 특정 문제들에서는 가장 무지한 씨족 장로의 권위에 따라야만 했다.

이미 기원전 6세기 무렵에 어떤 형태의 수학이 발달해 있었음에도 불구하고 중국의 교육체계는 계산을 전혀 가르치지 않았다. 따라서 상거래에 필요한 계산 방법은 공식 교육과는 유리된 채 실생활 속에서 배워야만 했다. 교육 내용은 전적으로 문학적이었으며 고전에 정통해지는 것을 목표로 삼았다. 이 고전들에 관한 해박한 지식 덕분에 유학자들은 카리스마적 자질을 가진 것으로 여겨졌다. 그러나 그들은 인도의 브라만과 같은 세습적 성직자들은 아니었고, 유교는 힌두인들의 신비로운 신앙심과는 매우 차이가 있었다.

베버는 중국어에 영어의 종교(religion)와 같은 뜻을 갖는 단어가 없음을 지적한다. 가장 가까운 뜻을 가진 단어로서 영어의 교의(doctrine) 또는 의식(rite)과 같은 내용을 가진 말이 있지만, 이는 성(聖)과 속(俗)을 전혀 구분하지 않는 용어들이다. 유교에서는 우주질서를 영원하고도 필연적인 것으로 보며, 사회질서란 그러한 우주질서의 특별한 경우로 간주된다.

우주의 질서를 관장하는 위대한 신령들은 세상, 특히 인간의 행복만을 바랐음이 틀림없다. 사회질서의 경우도 마찬가지다. 인간은 본질적으로 조화로운 우주에 순응함으로써 제국의 '행복한' 안정과 마음의 평온을 얻고자 해야 하고 또 얻을 수 있다.[22]

유교에서는 '교양인'이 가장 높이 평가된다. 교양인이란 보편적인 위

---

22) *RC*, p.153.

엄과 예의를 갖춘, 그리고 자기 자신과 외부 세계를 조화시키고 있는 사람이다. 이 윤리는 자제와 감정의 억제를 요구한다. 마음의 조화가 궁극적인 선(善)이므로, 열정이 이 균형 상태를 깨뜨리도록 허용해서는 안 된다. 죄라는 관념도, 거기에 상응하는 구원이라는 관념도 없다. 자제에 대한 유교의 강조가 세속에서 느끼는 고통을 통해 구원을 추구하는 힌두교적 금욕주의와는 전혀 상관이 없다는 점이 특히 중요하다.

베버는 자신의 중국 연구를 유교와 청교도주의를 뚜렷하게 대비시키는 것으로 끝맺고 있다. 한 종교의 합리화의 정도를 규정해볼 수 있는 우선적인 기준이 두 가지(서로 얽혀 있는 것이긴 하지만) 있다. 즉 주술(magic)이 제거된 정도, 그리고 내적 일관성과 보편적 적용 가능성을 가진 변신론의 발전 정도가 그것이다. 첫 번째 기준에서 금욕적 개신교는 어떤 다른 종교보다도 앞서 있었다. 그러나 두 번째 기준에서는 유교는 청교도주의와 함께 높은 수준의 형식합리성에 도달해 있었다. 그러나 유교 합리주의의 내용과 그에 따라 그것이 현실의 불완전성 및 비합리성에 대해 맺게 되는 관계는 합리적 청교도주의의 경우와 판이했다. 청교도 윤리는 종교적 이상들과 세속적 세계 사이의 뿌리 깊은 긴장을 초래했던 반면, 유교 윤리는 불가피하게 주어져 있는 질서에 대한 개인의 조화로운 적응을 중심 내용으로 삼았다.

유교에서 이상적인 인간, 즉 군자에게 '우아함과 위엄'은 전통적인 의무들의 완수를 통해서 드러나는 것이었다. 따라서 가장 중요한 덕목이자 자기완성의 목표는 모든 생활환경에서 격식과 예의를 갖추는 것이었다……. 유생(儒生)에게는 야만적 무학(無學) 상태로부터의 구원 말고는 어떤 구원도 필요하지 않았다. 덕의 대가로는 현세에서 장수와 건강, 부귀가 기대되었으며 사후에는 단지 훌륭한 이름만 남기길 바랐다. 진정한 그리스인(Hellenic man)에게 그랬듯이, 어떤 종류의 선험적 윤리도, 초세속적 신에 대한 의무와 육신 세계 사이에서의 어떤 종류의 긴장도, 어떤 종류의 내세관이나 근본적 악의 관념도, 결여되어 있었다. ……세속 '속에서' 살아가지만 세속의 '일부분'이 되지는 않는다고 하는, 합리적 금욕주의[즉 금욕적 개신교] 특유의 가혹하게 또 종교적으로 체계화된 공리주의는 더 높은 수준의 합리적 태도를 산출하도록 일조했고, 그럼으로써 전문인(Berufsmensch) 정신을 낳도록 일조했는데, 요컨대 유교에서는 그것이 부인되었다……. 이런 대조를 통해서, 우리는 근대경제의 전문화된 경제인에게서 발견되는 것과 같은 '자본주의 정신'이 '이익추구정신' 및 부의 존중과 결부된 절제 및 근면성을 훨씬 뛰어넘는 것이고, 그것들만으로는 그런 '자본주의 정신'의 발생을 설명하는 데 터무니없이 부족하다는 점을 알 수 있다.[23]

따라서 합리적 자본주의를 촉진시킬 수도 있었을 여러 가지 요인이 있었음에도 불구하고, 중국에서는 자생적으로 발전하지 않았다. 일본의 경우와 마찬가지로, 중국은 아마도 외부로부터 이입된 자본주의적 생산을 흡수할 비옥한 토양을 갖고는 있었을 것이다. 그러나 이것은 자본주의적 발전을 향한 최초의 추진력을 스스로 만들어내는 것과는 매우 다른 일이다.

이 결론과 서구 자본주의 발흥에 관한 베버의 분석이 어떤 관계가 있는지 자세히 살펴보는 것이 중요하다. 베버는 중국에서는 합리적 자본주의의 출현이 '특수한 심성(mentality)의 결여'에 의해 억제되었으며, 그런 심성의 결여는 "중국의 '에토스'(ethos)에 뿌리를 둔 규범들" 때문이었다는 점을 분명히 한다.[24] 서구에서는 금욕적 개신교가 형성되면서 그런 심성이 생겨났다. 그러나 베버의 인도 및 중국 연구가 어떤 의미에서든 관련 물질적 요소들(즉 자본주의를 낳은 데 도움이 되는 경제적·정치적 조건들)을 상수로 고정시킨 상태에서 관념들의 '독립적'

---

23) RC, pp.228과 247([ ]는 필자가 넣은 것이다); GAR, vol.1, pp.514와 534.
24) RC, p.104.

영향을 분석하는 사후적(*ex post facto*) '실험'에 해당된다고 본다면 그것은 잘못이다. 예컨대 중국에서 어떤 특정시기들에 자본주의 출현에 필수적이거나 도움이 된다고 볼 만한 다수의 물질적 요소들이 존재했던 것이 사실이기는 하지만, 이 요소들은 유럽에서 그랬던 것과는 다른 특수한 '조합'(combination)을 이루면서 연결되어 있었다. 그렇다면 동양과 서양 사이에는 '물질적' 환경과 '관념적' 환경 모두에서 양자를 특징지었던 중요한 차이들이 있었던 것이다.[25]

세속적 합리주의의 확산

유럽의 발전을 독특한 것으로 만드는 특징 중에는 특수한 형태의 국가와 합리적 법의 존재가 있다. 베버는 로마법의 유산이 차후 유럽의 사회적·경제적 발전에, 그리고 특히 근대국가의 출현에 끼친 중요한 영향을 강조한다. "이 법적 합리주의가 없었더라면 절대국가의 출현도 [프랑스] 혁명도 모두 상상조차 할 수 없었을 것이다."[26] 그러나 이것과 합리적 자본주의 발전 사이의 연관은 그렇게 단순하고 명료하지 않다. 근대 자본주의는 영국에서 처음으로 그 뿌리를 내렸다. 그러나 영국은 다른 대륙 국가들에 비해 로마법의 영향을 적게 받았던 나라다. 합리적인 법체계가 먼저 있어야 한다는 것은 근대국가의 형성으로 이어진 다양한 요소들의 복잡한 상호작용에 영향을 미친 단지 한 가지의 요소였을 뿐이다. 봉급 받는 관리들이 담당하는 전문 행정의 존재를 특

---

25) 베버는 유럽의 특수한 지리적 위치를 얼마간 강조한다. 인도와 중국에서는 국토가 거대한 대륙으로 이루어져 있어 상업이 크게 발전하는 것을 심하게 방해했다. 유럽에서는 운송을 편리하게 해주는 수많은 하천과 지중해가 무역활동을 확대하는 데 유리한 조건을 마련해주었다(*General Economic History*, p.260). 더욱이 서구의 도시는 특별한 성격을 가지고 있었으며, 또 확대 친족집단이 일찍이 해체되었다는 점도 중요하다. 베버는 이 점도 길게 분석하고 있다(*ES*. vol.3, pp.1212~1372).

26) *EMW*, p.94. 〔 〕는 필자가 넣은 것이다.

징으로 하며 시민권 개념에 토대를 두는 근대국가의 발전을 향한 추세가 전적으로 경제적 합리화의 결과였던 것은 아님이 분명하며, 부분적으로는 그것보다 선행했다. 그럼에도 불구하고 자본주의 경제 질서의 등장과 국가의 성장이 밀접하게 연결되어 있다는 것은 사실이다. 국내시장과 국제시장의 발전과 과거에 계약들을 규제하는 데 큰 역할을 맡았던 친족집단 같은 지방적 집단들의 영향력의 와해, 이 모든 것이 "단일한' 보편주의적인 강제 기관에 의한 '모든' 합법적 강제 권력의 독점과 통제"[27]를 촉진했다.

베버에 의하면, 근대 자본주의 기업에서 본질적으로 중요한 것은 이윤과 손실을 화폐로 합리적으로 계산할 수 있다는 점이다. 근대 자본주의는 자본계정의 발전 없이는 생각할 수 없다. 베버의 견해로는 근대적 형태의 자본주의적 생산과 고리대 자본주의나 모험적 자본주의 같은 이전의 자본주의적 활동의 차이를 가장 두드러지게 보여주는 것은 근대적 자본주의의 합리적 부기(簿記)다.[28] 기업경영에 자본계정이 도입되기 위한 필수적인 조건들이라고 베버가 자세히 밝히고 있는 사정들은 베버가 근대 자본주의의 기본적 전제조건들이라고 받아들이는 것들로서, 마르크스가 가장 강조했던 요인들을 포함한다.

  1. 대규모 임금노동자 집단의 존재. 이들은 자신의 노동력을 공개 시장에서 판매할 수 있을 만큼 '자유로울' 뿐만 아니라, 생계의 유지를 위해서 실제로 그렇게 하도록 강제당한다.

  2. 시장에서 경제적 교환에 대한 제약들의 부재. 특히 생산과 소비에 대한 신분적 독점(인도의 카스트체제에서 극단적인 형태로 존재했던 것과 같은 것들)의 제거.

  3. 합리적 원리들을 토대로 만들어지고 조직된 테크놀러지의 사용. 기계화가 가장 명확한 표현형태다.

---

27) *ES*, vol.1, p.337.
28) *ES*, vol.1, pp.164~166.

4. 가계와 기업경영의 분리. 바자(bazaar: 동양의 시장—옮긴이)의 경우에서 볼 수 있듯이, 가정과 작업장의 분리는 다른 지역들에서도 발견되지만, 아주 멀리까지 진전된 것은 오직 서구에서만 나타난 현상이다.[29]

그러나 이 경제적 속성들은 근대국가의 합리적·법적 행정이 없이는 존재할 수 없었다. 자본과 노동 사이의 계급분화가 경제 분야의 두드러진 특징인 것만큼이나 이 점은 현존 자본주의 질서의 두드러진 특징이다. 일반적으로 정치적 조직도 기업과 똑같은 방식으로, 즉 '행정 수단'(means of administration)이 행정직원들의 소유인가 아닌가에 따라 분류될 수 있다. 이미 (앞 장에서) 언급되었듯이, 베버는 여기에서 생산수단에 대한 노동자의 통제권 몰수라는 마르크스의 개념을 매우 포괄적인 의미에서 적용한다. 전통적 국가들에서는 정치적 조직들이 '신분적'(estate) 성격을 띠는데, 거기에서는 행정수단이 관리집단에 의해 통제된다. 그러나 그런 식의 분권적 정치권력 체계는 대귀족이나 군주의 중앙집중적 행정과 불안정한 균형을 이룬다. 군주는 보통 자신에게 물질적으로 의존하는 행정직원들을 만들어내고 자기 자신의 용병 부대를 창설함으로써 자신의 지위를 공고히 하려고 한다. 지배자가 자신에 대해서만 책임을 지는 무산(無産) 간부들이 자신을 옹위하게 하는 데 성공할수록, 명목상의 예하 권력들로부터 도전받을 위험은 줄어든다. 이 과정은 근대 관료제 국가에서 가장 완전한 모습을 보여준다.

어느 곳에서나 근대국가의 발전은 군주의 행동에 의해 시작된다. 그는 자기 곁의 자치적이고 '사적'(私的)인 행정권력 담당자, 즉 타고난 권리로 행정수단과 전쟁수단 그리고 금융조직과 모든 종류의 정치적 가용(可用) 재화를 소유한 자들로부터 그것을 박탈할 길을 열었다. 이 모든 과정은 독립 생산자들을 점차 배제시킴으로써 발전

---

[29] *General Economic History*, pp.172~173; *PE*, p.22.

했던 자본주의적 기업의 발전과정과 꼭 닮았다. 결국 근대국가는 실제로는 하나의 정점 아래로 결집된 모든 정치적 조직화의 수단들을 통제한다는 점을 우리는 감지한다.[30]

관료제 국가의 성장은 정치적 민주화와 밀접히 연관되면서 진행된다. 이는 민주주의자들의 정치적 대표권 및 법 앞에서의 평등 요구가 필연적으로 특권의 전횡을 방지하기 위한 복잡한 행정적·법적 규정들의 탄생을 불러오기 때문이다. 민주주의와 관료제화가 그렇게 밀접하게 관련되어 있다는 사실은 근대 자본주의체제 내에서 가장 뿌리 깊은 긴장의 원천 가운데 하나를 만들어낸다. 근대국가 내에서 민주적 권리들의 확장은 새로운 관료제적 규제들을 만들어내지 않고서는 달성될 수 없지만, 민주주의와 관료제는 기본적으로 대립적이기 때문이다. 베버에게 이것은 사회적 행위의 형식합리성과 실질합리성 사이에 있을 수 있는 모순의 가장 통렬한 예다. 즉 특권의 소멸에 도움이 되는 추상적인 법률 절차들의 성장 자체가 어떤 측면에서는 이전의 것들보다 더욱 '자의적'이고 자동적인 새로운 형태의 견고한 독점을 재도입한다는 것이다. 관료제적 조직은 학력에 따라 모든 계층의 사람들로부터 비인격적으로 직원을 뽑아야 한다는 민주주의적 요구에 의해 촉진된다. 그러나 이것은 자신의 자리가 외부의 특권적 개인들이나 집단들의 영향으로부터 차단되어 있기 때문에 과거보다 더욱 더 총괄적인 행정권력을 갖게 되는 관리층을 만들어낸다.

그러나 근대적 민주주의 질서가 대중의 정치참여 요구에 의거하는 한, 그런 문제점이 있다고 해서 민주적 질서가 단순한 겉치레로 그치는 것은 아니다―이 점이 베버가 미헬스 등과 견해를 달리하는 점이다.[31] 민주주의의 성장은 명백한 '수평화' 효과를 보여왔는데, 이 점은 현대

---

30) *FMW*, p.82; *GPS*, pp.498~499.
31) 베버와 미헬스와의 관계에 대해서는 Günther Roth, *The Social Democrats in Imperial Germany*(Englewood Cliffs, 1963), pp.249~257.

사회들을 과거에 있었던 고도 관료제 국가들의 역사적 예들과 비교해 보면 뚜렷하게 드러난다. 이런 비교를 통해 근대 민주주의와 관료제의 관계가 아무리 밀접하다고 해도 민주적 권리들의 확장은 관료제의 팽창을 요구하지만 그 역은 성립하지 않을 가능성이 얼마든지 있다는 사실을 분명하게 알 수 있다. 고대 이집트와 로마에서 우리는 고도의 관료제 국가 안에서 주민들이 총체적으로 종속되어 있었던 증거들을 풍부하게 찾아볼 수 있다.

이 측면에서 볼 때, 관료제 자체는 매우 다양한 이해관계들—순수하게 경제적인 이해관계는 물론, 순수하게 정치적인 이해관계나 그 밖의 이해관계들—에 의해 좌우될 수 있는 정밀한 도구라는 사실을 상기해야 한다. 따라서 관료제와 민주화의 병행은 아무리 전형적이라고 하더라도 과장되어서는 안 된다.[32]

권력 행사에 지속적으로 참여하는 것을 통치라고 할 때, 근대 민주주의 국가에서 국민 대중이 통치한다는 것은 명백히 불가능하다. '직접' 민주주의는 집단 구성원들이 단일 장소에 모일 수 있는 소규모 공동체들에서나 가능한 일이다. 현재의 서방 사회들에서 '민주주의'란 고작해야 첫째, 피통치자가 투표를 통해서 통치자에게 약간의 영향력을 행사할 수 있고, 둘째, 대의기구, 즉 의회가 행정부 지도자들의 결정에 영향력을 미칠 수 있는 상황을 가리킬 뿐이다.

대규모 정당들의 존재는 근대국가에서 필수적이다. 그러나 이 정당들이 자기의 사명이 갖는 중요성을 굳게 믿는 정치지도자들을 지도부로 둘 경우 정치구조의 관료제화가 부분적으로 견제될 수 있다. 보통선거라는 조건 아래서 정치지도자들은 대중적 추종을 이끌어낼 수 있는 카리스마적 자질을 갖춰야 하기 때문에 민주주의는 필연적으로 정계의

---

[32] *ES*, vol.3, p.990.

주요 인물들의 영웅주의적(Caesarist) 성향을 고취한다. '영웅주의' 자체는 민주적 정부에 대한 위협이 된다. 그러나 그것은 정치적 기술을 훈련시키고, 합법적 권한의 한계를 넘어서려고 하는 지도자에 대한 권력위임을 철회할 수단을 제공하는 의회에 의해 통제될 수도 있다. 오늘날의 국가에서는 "'머신'(machine)을 갖춘 리더십 민주주의(leadership democracy)인가, 아니면 천직감도, 지도자의 요건인 내적인 카리스마적 자질들도 갖추지 못한 직업정치인들의 지배인 지도자 없는 민주주의(leaderless democracy)인가 하는 선택만 있다."[33]

사회주의 수립의 결과 생겨날 수 있는 사정들에 관한 베버의 태도는 이 논점들의 연장선상에서 나온다. 만일 근대경제가 사회주의적 기초 위에서 조직되고, 자본주의에 비견할 만한 수준의 기술적 효율을 재화의 생산 및 분배 영역에서 이루어내려고 한다면, 필연적으로 "전문적 관료들의 중요성이 엄청나게 커지게" 할 것이다.[34] 근대경제의 핵심적 특징인 전문적 분업은 여러 기능의 정밀한 조정을 요구한다. 이것은 자본주의의 확장과 결부되어 진전된 관료제화 현상의 토대가 되어왔던 사실이다. 그러나 사회주의 국가의 형성은 현저하게 관료제화의 정도를 심화시킬 것인데, 이는 그것이 더 광범한 행정 업무들을 국가의 수중에 맡기려고 들 것이기 때문이다.

베버는 사회주의 사회가 당면할 여러 가지 경제적 문제도 예견하고 있다. 그중에서도 특히 보상의 수단으로서 화폐보다는 노동 계정을 사용함으로써 유발될 문제들을 중시한다. 일을 잘 해내지 못하더라도 일자리를 빼앗을 수 없기 때문에, 노동 동기를 유지하는 것은 사회주의 경제가 겪을 수 있는 어려움의 다른 한 원천이 될 것이다. 그러나 사회주의 경제는 사회주의적 이념들에 대한 강력한 대중적 신봉을 활용할 잠재적 가능성을 가지고 있다.[35] 주변국들이 자본주의를 유지하는 상

---

33) *FMW*, p.113; *GPS*, p.532. 근대정치에 적용되고 있는 개념으로서 영웅주의(Caesarism)에 대한 마르크스의 견해에 관해서는 *SW*, vol.1, pp.244~245를 보라.
34) *ES*, vol.1, p.224.

태에서 사회주의 혁명을 겪는 나라는 어느 나라건 여러 가지의 추가적인 경제적 문제에 직면할 것인데, 특히 대외무역과 신용을 유지하는 데 어려움을 겪게 될 것이다.[36] 그러나 사회주의에 대한 베버의 반대는 무엇보다도 그것이 수반할 관료제의 결과들에 관한 것이었다. 이는 근대가 안고 있는 특징적 딜레마의 다른 한 예다.

사회주의 사회를 건설하고자 하는 사람들은 그들이 고수하는 사회주의가 어떤 종류든 간에 모두 자본주의에서 발견되는 제한적인 형태의 정당 민주주의를 넘어서는 정치적 참여와 자아실현이 이루어질 수 있는 질서를 성취하겠다는 전망을 가지고 행동한다. 그러나 이 전망을 실현하려는 노력의 결과는 산업과 국가의 관료제화의 촉진이라는 방향으로 나타날 수밖에 없으며, 그것은 사실상 국민 대중의 정치적 자율성을 더욱 위축시킬 것이다.

관료제는 일단 확립되면, 베버의 표현으로는, '탈출을 허락하지 않는'(escape proof) 독특한 성질을 갖는다. 이집트와 같이 관료제화가 고도로 진전되었던 과거의 사회들에서 관료적 관리 집단은 침해받지 않는 통제권을 계속 향유했고, 이는 사회질서 전체의 총체적 궤멸에 의해서만 비로소 와해될 수 있었다. 가산제적 조직들보다 훨씬 높은 수준의 합리적 전문화를 특징으로 하는 근대 관료제는 사회를 자신의 수중에서 벗어나게 하려는 모든 시도에 대해서 더욱 더 강하게 저항한다. "그런 식의 기구는 완전히 새로운 권위를 강제적으로 만들어낸다는 의미의 '혁명'을 더욱더 불가능하게 만든다……."[37]

근대 자본주의에서 관료제의 확산은 법, 정치, 그리고 산업 합리화의 원인이자 결과다. 관료제화는 미술과 음악, 건축을 포함한 서양문화의 모든 분야에 침투되어온 행위의 합리화가 행정 영역에서 구체적으

---

35) *ES*, vol.1, pp.110~111.
36) 베버는 1918년 독일에서 성공할 듯했던 사회주의 혁명에 대한 평가에서 이 점을 극히 중요시했다. *GPS*, pp.446 이하를 보라.
37) *ES*, vol.3, p.989.

로 표명된 것이다. 서양에서 진행되어온 합리화를 향한 전반적인 추세는, 비록 자본주의 시장의 확대가 그 가장 지배적인 추진력이기는 했지만, 수많은 요인의 상호작용의 결과다. 그러나 그것을 '불가피한' 진화적 추세라고 봐서는 안 된다는 것은 물론이다.

합리화라는 개념은 워낙 많은 베버의 역사학적 저작에 개입되어 있어서 그것이 적용되는 주요 영역들을 밝히기가 어려울 정도다. 소극적 의미에서는 점진적인 '세계의 각성' — 주술적 사고와 관행의 제거 — 이 합리화 확산의 지표가 될 수 있을 것이다. 위대한 종교적 예언자, 그리고 사제들의 체계화 작업은 일관성 없는 주술적 형태의 해석과 견강부회를 벗어나 일관성 있는 의미체계를 확립하는 종교적 합리화를 낳는 주된 힘들이다. 그러나 종교 사상의 합리화는 상호 관련된 많은 과정을 수반한다. 거기에는 특정 상징의 명료화(유대교에서 전지전능한 유일신 개념이 역사적으로 출현했던 것이 그 예다), 일반적인 원리들에 따라 일관성 있는 방식으로 그런 상징을 다른 상징들과 관련시키는 것(내적 일관성을 갖춘 변신론의 발전이 그 예다), 그리고 그러한 원칙들을 확장시켜 전체 우주질서까지를 포괄하도록 함으로써 그 종교적 의미 관련 속에서 해석될 수 없을 구체적 사례가 나타나지 않도록 만드는 것(예컨대 칼뱅교는 이런 의미에서 '총체적' 윤리다) 등이 포함된다.

서양에서 세속적 합리화의 성장이 갖는 중요성을 평가할 때, 형식적 합리성과 실질적 합리성의 구분을 염두에 두는 것이 중요하다.[38] 베버의 견해로는 이 구분은 사회학적 분석에서 핵심이 되며, 그것을 근대자본주의 발전과정에 대한 연구에 적용하는 것은 현대인들이 직면하고 있는 딜레마에 관한 그의 해석에서 결정적으로 중요하다. 행위의 형식적 합리성이란 행위가 합리적으로 계산될 수 있는 원칙에 따라 조직되

---

[38] *ES*, vol.1, pp.85~86. Verhandlungen des 15. deutschen Soziologentages, *Max Weber und die Soziologie heute*(Tübingen, 1965), pp.201~205에 실린 마르쿠제의 논문 "Industrialisierung und Kapitalismus"에 대한 프리드만의 논평을 참조하라.

는 정도를 가리키는 말이다. 따라서 형식적 합리성의 맥락에서 보면 관료제의 이념형은 있을 수 있는 가장 합리적인 조직 유형이 된다. 좀더 넓은 의미에서 보면, 서양 문화의 형식합리성은 서구문화 전체가 과학에 의해 침윤되어 있다는 사실에 의해 증명된다고 할 수 있다.

물론 과학은 서구 특유의 것은 아니다. 그러나 서구에 비견될 만큼 과학이 발전했던 곳은 어디에도 없다. 과학적 원리들이 사회생활의 그처럼 큰 부분의 기초를 이룬다고 해서 각 개인이 그 원칙을 잘 안다는 것은 아니다. "물리학자가 아닌 한 전차를 타고 있는 사람은 자기가 타고 있는 전차가 어떻게 움직이는지 알지 못한다······. 야만인은 자기가 사용하는 도구에 관해 비교가 안 될 정도로 잘 알고 있다." 그럼에도 불구하고 이 원리들은 '알려져 있다'고 볼 수 있는데, 이는 개인이 그렇게 하려고만 한다면 언제든지 확인할 수 있다는 의미에서, 또 개인의 행위가 "계산할 수 없는 신비적인 힘들이란 존재하지 않으며, 모든 사물은 원리상 계산에 의해 파악될 수 있다"[39]는 믿음에 의해 지배된다는 의미에서다.

형식적 합리성의 확산과 실질적 합리성의 획득—즉 합리적 계산을 특정의 목표나 가치의 신장에 적용하는 것—사이의 관계는 문젯거리다. 근대적인 합리적 자본주의는 효율성이나 생산성이라는 실질적 가치의 맥락에서 평가할 경우 인간이 발전시킨 가장 선진적인 경제체제라고 쉽게 판명된다. 그러나 그것을 가능케 했던 사회생활의 합리화 그 자체가 예컨대 개인의 창조성과 행위의 자율성을 강조하는 가치들 같은 서양 문명의 일부 가장 두드러진 가치들과 충돌을 일으키는 결과들을 낳는다. 근대적 생활의 합리화, 특히 관료제 조직형태에서 나타나는 것과 같은 합리화는 인간을 점점 더 구속할 '감옥'을 불러온다. 베버가 『프로테스탄트 윤리와 자본주의 정신』에서 결론적으로 고찰하고 있는 것이 바로 이 점이다.

---

39) *FMW*, p.139.

파우스트적인 보편성을 포기하고 전문화된 일에 몰두하는 것은 근대 세계에서 모든 가치 있는 일의 전제가 된다. 따라서 오늘날에는 행함(deeds)과 포기가 불가피하게 서로를 조건짓는다. 중간계급적 생활의 이 근본적으로 금욕적인 특성은—그것이 단순히 어떤 생활양식도 갖지 않는 상태로 그치는 것이 아니라 그 자체로서 하나의 생활양식이 되고자 한다면—괴테가 지혜의 극치에 도달했을 때 그의 『편력시대』에서 우리에게 가르치려고 했던 바로 그것이자 결국 자신의 파우스트에게 부여했던 바로 그것이다. 그에게 깨달음이란 포기를 의미했고, 완전하고 아름다운 인간성의 시대로부터 떠나는 것을 의미했다. 우리의 문화 발전과정에서 그런 시대가 다시 온다는 것은 고대 아테네 문화가 다시 꽃피는 것만큼이나 불가능하다.[40]

이런 의미에서 서구사회는 형식합리성과 실질합리성 간의 본래적 이율배반에 기초하고 있다고 할 수 있으며, 베버의 근대 자본주의 분석에 따르면 그것은 결코 해소될 수 없다.

---

40) *PE*, p.181.

4 자본주의 · 사회주의 · 사회이론

제13장 마르크스의 영향

　마르크스의 저작과 뒤르켕 및 베버의 저작 사이의 지적 관계를 만족스럽게 분석하기 위해서는 세 사람의 저작들을 어떤 면에서는 일치하게 만들기도 하고 또 어떤 면에서는 달라지게 만들기도 했던 사회적·정치적 변동을 알아야 한다. 뒤르켕과 베버는 각기 마르크스 비판가였으며, 그들의 저작은 부분적으로는 마르크스의 저작을 의식적으로 거부하거나 수정하기 위한 것이었다. 거기에다 베버의 지적 산물의 대부분은 장기간에 걸치는 '마르크스 유령과의 대화'[1]를 보여준다는 점이 일부 이차문헌들에서 거듭 지적되어왔다. 그러나 19세기 말엽 프랑스와 독일에서 마르크스 사상의 영향은 순수하게 지적인 성격을 훨씬 넘어서는 것이었다. 마르크스의 글들은 '마르크스주의'(Marxism)라는 이름으로 알려지면서 생기 있고 역동적인 정치운동의 으뜸가는 추진력이 되었다. 그럼으로써 마르크스주의, 그리고 더 일반적으로 '혁명적 사회주의'는 뒤르켕과 베버의 지적 지평 속의 주요 요소가 되었는데, 베버의 경우가 특히 그랬다.[2]

---

[1] Abert Salomon, "German Sociology," in Georges Gurvitch and Wilbert E. Moore, *Twentieth Century Sociology*(New York, 1945), p.596을 보라.
[2] 앞으로 필자는 마르크스 자신의 견해로 생각되는 것에 대해서는 '마르크스적'(Marxian)이라는 용어를, 그리고 열렬한 마르크스 추종자들의 명제 및 행위들에

마르크스는 자신의 저작을 사회에 대한 단순한 학문적 연구로 그치는 것이 아니라 특정의 실천을 성취하기 위한 발판을 제공하는 것이어야 한다고 생각했다. 방식이야 물론 달랐지만 뒤르켐이나 베버의 경우도 마찬가지다. 두 사람 모두 당시의 인간들이 직면한 가장 시급한 사회적·정치적 문제들이라고 생각했던 것에 대한 대책을 제시하기 위해 글을 썼고, 마르크스와는 다른 대안적 입장을 제시하려고 했다. 당시 영국에서는 뒤르켐과 베버에 견줄 만한 저술가가 나타나지 않았다는 사실은 언급해둘 필요가 있다. 그 이유는 물론 매우 복합적이지만, 그렇게 만든 '한' 요인이 영국에는 정말로 유의미한 혁명적 사회주의 운동이 없었다는 점이라는 데는 의문의 여지가 없다.

독일의 사회와 정치[3]

19세기로 접어들 무렵의 독일은 세력다툼을 벌이는 39개의 공국(公國)으로 이루어져 있었다. 독일의 두 주도국 프러시아와 오스트리아는 유럽의 주요 강국이었다. 이 두 나라 사이의 경쟁은 독일 통일의 방해 요인 가운데 하나였다. 독일 민족주의자들의 희망은 프러시아와 오스트리아 내부의 인종적(ethnic) 구성에 의해서도 방해를 받았다. 오스트리아에서는 1815년 이후 독일인보다 비(非)독일인 인구가 더 많아졌고, 프러시아는 동부 지역에 다수의 폴란드인을 두게 되었다. 프러시아의 입장에서는 민족주의 원리의 수용이 동부 지역 영토를 폴란드에 되돌려줘야 한다는 것을 의미하도록 되어 있었다. 오스트리아 정부는 완

대해서는 '마르크스주의적'(Marxist)이라는 용어를 사용하겠다. '마르크스주의'(Marxism)라는 용어는 포괄적인 의미에서 후자를 지칭하는 일반적 용어이다.
3) 이 장(章)에서 필자는 이미 이전에 출간되었던 나의 논문 "Marx, Weber and the development of capitalism," pp.289~310으로부터 자료들을 인용했다. 19세기 말엽 사회학에 대한 마르크스 저작의 영향에 관해서는 Maximillien Rubel, "Premiers contacts des sociologues du XIX° siècle avec la pensée de Marx," *Cahiers internationaux de sociologie*, vol.31, 1961, pp.175~184를 보라.

전한 독일 통일국가 형성을 위한 어떠한 움직임에 대해서도 단호히 반대했다.

그러나 이보다도 더욱 독일의 발전을 저해하고 있었던 요인은 독일의 사회구조와 경제구조가 갖고 있던 좀더 근본적인 특징들이었다. 가장 발전된 자본주의 나라인 영국과 비교해볼 때, 독일은 경제발전의 수준에서나 정치적 자유화의 정도가 낮았다는 점에서나 아직 중세를 벗어나지 못하고 있었다. 프러시아에서는 이전에 슬라브족의 것이던 엘베 강 동부의 거대한 장원들을 소유한 융커 지주들이 여전히 경제와 행정부의 지배적 지위들을 장악하고 있었다. 랜디스(Landes)가 말했듯이 19세기 초기에는 "유럽의 동쪽으로 갈수록 부르주아지는 장원 사회의 이질적 구성원, 귀족에게는 경멸의 대상이 되고 여전히 지방의 봉건영주에게 사적으로 예속되어 있는 농민들에게는 두려움과 증오(또는 무관심)의 대상이 되는 기이한 집단으로 보인다."[4]

그러나 독일은 1789년의 사건들에 의해 프랑스에서부터 시작된 거센 변동의 물결로부터 고립된 채로 남아 있을 수 없었다. 마르크스의 초기 저작들은 독일에서 일어날 혁명을 예견하는 가운데 씌어졌다. 바로 독일 사회구조와 경제구조의 이 후진성에 대한 마르크스의 인지가 프롤레타리아의 역사적 사명에 관한 독창적인 견해의 근저에 깔려 있다. 1844년에 마르크스는 프랑스에서는 "부분적 해방이 완전한 해방의 토대다"라고 쓴다. 그러나 발전 단계가 훨씬 낮은 독일에서는 '점진적 해방'이 불가능하다. 유일한 진보의 가능성은 급진적 혁명에 있고, 그것은 또 오직 혁명적 프롤레타리아트에 의해서만 성취될 수 있다. 그러나 당시 독일에서 프롤레타리아트의 존재는 극히 미미했다. 따라서 1847년 마르크스는 독일에서 당면한 혁명은 부르주아 혁명일 것이며, "독일 부르주아지는 이제 막 봉건적 절대주의와의 싸움을 시작했다"[5]는 점을

---
4) Landes, p.129.
5) *CM*, p.167.

명백히 하고 있다. 그러나 마르크스에게는 독일 사회구조의 특수한 사정들이 부르주아 혁명에 뒤이어 이내 프롤레타리아 혁명이 일어나게 해줄 것으로 보였다.[6]

하지만 1848년 혁명의 실패는 독일의 '미래로의 도약'이 임박해 있다는 마르크스의 낙관론을 무색케 했다. 1848년의 봉기는 독일 각국의 지배집단들에게 일종의 유익한 경험이었을 뿐, 그들의 지배를 무너뜨리지 못했다. 1848년의 봉기가 아무런 급진적 개혁도 이루어내지 못하고 실패한 것은 사회주의자 소집단들이 가졌던 희망에 대한 조종(弔鐘)이었을 뿐만 아니라 자유주의자 집단들의 희망에 대한 조종이기도 했다. 융커의 경제적 권력과 군 장교집단 및 공무원 관료제 내에서 우세한 지위는 그대로 유지되었고, 대다수 독일 자유주의자들에게 겉치레에 불과한 의회민주주의를 도입하면서 그들 내부의 지속적 분열을 조장하는 일련의 타협적 조치들을 받아들이게 했다.

1848년의 사건들은 마르크스와 베버를 직결시키는 역사적 계기가 되었다. 이 사건들을 겪게 된 결과 마르크스는 영국으로 망명하게 되었고 또 경제체제로서 자본주의의 '운동법칙'을 상세하게 보여주는 것이 중요하다는 점을 지적으로 인식하게 되었다. 1848년의 실패는 독일 내에서는 자유주의 정치의 미숙성으로 이어지는 길을 열었고, 비스마르크 헤게모니의 뻔뻔스런 성공과 대조를 이루면서 베버 사상 전체의 중요한 배경이 되고 있다.[7] 더욱이 1848년 이후까지 독일의 전통적인 사회적·정치적 구조가 지속됨으로써 노동운동의 역할에 막중한 영향을 미

---

6) 이 문제에 대한 엥겔스의 견해를 참조하라. "Der Status Quo in Deutschland," We, vol.4. 특히 pp.34~36과 49~51; 그리고 Germany: Revolution and Counterrevolution(London, 1933).
7) 지멜의 책 Schopenhauer und Nietzsche에 대한 베버의 필사본. 여기서 지멜은 "사회는 궁극적으로는 개인의 행위(what the individual does) 속에 내재한다"라고 말하고 있다. 베버는 "지극히 옳다(Quite correct). 비스마르크를 참조할 것"이라고 주석을 달아놓고 있다. Eduard Baumgarten, Max Weber: Werk und Person(Tübingen, 1964), p.614에서 인용.

쳤다. 이와 관련해서 마르크스가 라살레(Lassalle) 및 그가 시작한 운동과 맺었던 복잡한 관계를 여기서 분석하는 것은 적절치 않지만, 그중 몇 가지 측면은 짚어볼 필요가 있다.

사회민주주의 운동에서는 처음부터 마르크스의 학설에 대한 뿌리 깊은 양면적 해석이 있었고, 그것은 항구적인 당내 분열의 소지가 되었다. 라살레는 이론적 시각에서는 자본주의 발전에 관한 마르크스의 저작들에 크게 의존했지만, 새로운 운동을 실제로 지도하는 데서는 흔히 구체적 쟁점들에 관한 마르크스의 견해와 반대되는 방식으로 행동했고, 자기가 받아들인다고 말했던 이론과 어울리기 어려운 정책들을 편들었다. 독일의 노동계급이 부르주아지와 힘을 합쳐서 부르주아 혁명을 성공시키고, 그럼으로써 뒤이어 프롤레타리아가 권력을 장악하기 위한 조건들을 마련해야 한다는 마르크스의 견해와는 반대로, 라살레는 노동계급 운동을 자유주의자와 갖는 협력으로부터 멀어지게 만들었다. 메링(Mehring)이 지적했듯이, 라살레는 "점진적 부르주아지의 속물적(Philistine) 운동은 '우리가 수백 년, 수십만 년을 기다린다고 하더라도' 아무런 성과도 낳지 못할 것이라는 가정에 입각해서 정책을 세웠다……."[8]

라살레는 베버가 태어나던 해에 죽었다. 이때에 이르러서는 독일의 당면 미래는 이미 결정되어 있었다. 노동운동과 자유주의자들의 격리는 다른 요소들과 결합되어 비스마르크에 의한 독일 통일의 길을 열었다. 비스마르크가 말했듯이 이 과정에서 "독일은 프러시아의 자유주의가 아니라 그 힘에 의지했다."[9]

독일에서 마르크스를 추종했던 가장 중요한 인물들인 리프크네히트

---

8) Franz Mehring, *Karl Marx*(Ann Arbor, 1962), p.313.
9) 마리안느 베버는 1870년의 전쟁이 젊은 베버의 가족들에게 주었던 커다란 영향을 증명하고 있다. Marianne Weber, pp.47~48을 보라. 베버의 퍼스낼리티와 심리 발달에 대한 최근의 분석으로서는(부분적으로는 마리안느 베버의 전기에 나타난 측면들을 되살려보려는 의식적 시도로서 씌어진 것인) Arthur Mitzman, *The Iron Cage: An Historical Interpretation of Max Weber*(New York, 1970)를 보라.

(Liebknecht)와 베벨(Bebel)이 라살레파 노동운동과의 연합을 받아들였던 1875년의 독일은 정치적으로나 경제적으로나 1840년대에 마르크스가 처음 묘사했던 것과는 매우 다른 나라가 되어 있었다. 정치적 통합은 혁명적 부르주아지의 봉기를 통해서가 아니라 주로 '현실정치'(Realpolitik) 정책들과 민족주의의 결과로서 달성되었는데, 그것들은 본질적으로 '위로부터' 노골적인 정치권력 행사에 의존했고, 전통적 구조를 상당히 온존시키고 있던 사회체제——약간의 '복지국가'적 겉치레는 이루어냈지만——속에서 생겨났다. 독일에서는 정치통일 초기의 어려운 국면들의 돌파와 산업화로의 '도약'이 영국의 전형적인 발전과정과는 매우 다른 방식으로 이루어졌다. 마르크스는 독일, 프랑스 및 영국의 사회적·경제적 차이들을 낳은 역사발전상의 차이들을 계속 의식하고 있었다.

그의 견해에 의하면, 경제 발전 수준과 자본주의 국가의 내적 특성 사이에 일원론적 상관관계가 존재한다고 상정하는 것은 정말 잘못이다 (이 책 368쪽을 보라). 그럼에도 불구하고 마르크스는 분석적으로 보자면 어디에서나 경제력이 정치적 지배의 기초가 된다고 하는 주장에 입각하여 글들을 썼다. 따라서 『자본론』에서 마르크스는 영국이 자신의 자본주의 발전이론의 기본 모델이 된다는 점을 논리적으로 인정하고 있으며, 독일 사회구조의 특수성에 내포된 복잡한 쟁점들을 알고 있었음에도 불구하고 "이 이야기는 너 자신에 관한 것이다"(*De te fabula narratur*)라고 하는 구절에 압축적으로 표현되어 있는 기본 입장을 결코 포기하지 않는다. "더 산업화된 나라는 덜 산업화된 나라에 그 나라의 미래상을 보여줄 뿐이다."[10]

---

10) 『자본론』 제1권 첫 독문판의 서문. *SW*, vol.1, p.449. 많은 경제학자들과 사회학자들이 오늘날까지도 영국의 경험을 산업적·정치적 발전을 분석하기 위한 모델로서 사용한다. 그러나 어떤 면에서는 영국을 '예외적'인 것으로 다루는 편이 더 적절할지도 모르겠다. 이 점에 대한 적절한 쟁점들을 다루고 있는 것으로서는 Barrington Moore, *Social Origins of Dictatorship and Democracy*(London,

결과적으로 19세기 후반의 독일에서는 마르크스주의 사회주의자들이나 자유주의자들 모두가 자신들의 특수한 처지를 만족스럽게 이해할 수 있게 해줄 마땅한 역사적 모델을 갖지 못하고 있었다. 양자 모두 앞 시대에 생겨난 이론들에 의지했고, 18세기 말과 19세기 초 영국의 경험에 주로 의존했다. 사민당 내에서는 이 사정이 자본주의를 혁명적으로 전복시켜야 한다는 마르크스의 강조와 완전한 보통선거의 획득을 통해서 자본주의 국가를 장악해야 한다는 라살레의 강조 사이의 내재적 긴장이 공공연히 드러나도록 만들었다. 베른슈타인(Bernstein)의 『사회주의의 전제』(Die Voraussetzungen des Sozialismus)는, 비록 그 자체는 부분적으로 영국을 모델로 삼은 것이기는 하지만, 자본주의의 정치적 발전과 경제적 발전의 관계가 대부분의 마르크스주의자들이 『자본론』의 주된 명제라고 믿는 것들—양대 계급사회의 점진적 형성, 대중의 '궁핍화', 최종적인 파국적 공황 속에서 일어나는 자본주의의 영원한 몰락—로는 적절히 설명될 수 없다는 깨달음의 가장 구체적인 이론적 표현이었다.

베른슈타인의 '수정주의'는 독일 사민당의 정통파에 의해 거부되었지만, 그 대가로 마르크스가 초기 저작에서 비판하고 폐기했던 '수동적' 유물론으로 사실상 복귀하는 '기계적'(mechanistic) 유물론의 경향이 강화되었다. 이 경향은 '마르크스주의'가 그 추종자들의 눈에도 자유주의자들의 눈에도 『반(反)뒤링론』(Anti-Dühring)에서 엥겔스가 펼쳤던 체계적 해설과 동일시되었다는 사실에 의해서 분명한 이론적 뒷받침을 얻게 되었다.[11]

오늘날 서구 학자들 사이에서는 마르크스와 엥겔스의 사상에 근본적

1969), pp.413~432 및 기타 여러 군데를 참조하라. 독일의 사회사상을 그 '후진성'과 관련하여 논급하고 있는 마르크스주의적 입장으로서는 Georg Lukács, Die Zerstörung der Vernunft(Berlin, 1955)를 보라.
11) Anti-Dühring(Moscow, 1954). 사후에 출판된 Dialectics of Nature(Moscow, 1954)도 보라.

인 차이점들이 있음을 강조하는 것이 일반화되어 있다. 거기에서 차이들이 과장되어왔다는 데는 의문의 여지가 없다.[12] 그럼에도 불구하고 『반뒤링론』에서 드러낸 엥겔스의 입장은 분명히 마르크스 이론의 핵심인 주체-객체 변증법(subject-object dialectic)에서 벗어나 있다. 변증법을 자연세계로까지 끌어들임으로써 엥겔스는 마르크스 사상의 가장 본질적인 요소인 '역사과정에서 주체와 객체의 변증법적 관계'가 또렷하게 드러나지 못하게 만든다.[13] 그럼으로써 엥겔스는 관념은 물질적 실재를 수동적으로 '반영'할 뿐이라고 생각할 빌미를 주었다.[14]

마르크스의 독창적인 저작들의 토대가 되었던 이 원리—주체와 객체의 창조적인 변증법적 상호작용—의 부분적 이완은 윤리이론 수준에서 두 가지의 결과를 낳을 가능성이 있었는데, 둘 다 독일 사민당 내에서 실제로 나타났다. 그 중 하나는 관념을 부수적 현상으로 다루고 그럼으로써 내재적 윤리관에 대한 마르크스의 확고한 지지를 지켜낼 수 있는 철학적 유물론 방향으로의 이동이다. 수정주의자들이 택한 다른 한 가지 길은 전통철학과 똑같은 일종의 몰역사적(ahistorical)인 이론적 윤리학을 만들어낼 가능성을 다시 끌어들이는 것이다. 이것은 사회변동에 영향을 미치는 관념의 '독립적' 역할을 인정하는 데서 느껴질

---

12) 래스키의 다음과 같은 말이 더 적절할 것이다. "사실상 두 사람은 서로 마음대로 꺼내 쓸 수 있는 지적인 은행구좌쯤으로 생각했던 공동의 아이디어 창고를 같이 키워나갔다." Harold J. Laski, CM의 "Introduction" 부분. CM, p.20.
13) 이 구절은 루카치의 것이다. Geschichte und Klassenbewusstein, p.22.
14) 자신의 견해가 맞부딪친 이론적 곤경을 탈피하기 위한 엥겔스 자신의 시도는 다음과 같은 그의 말 속에 나타나 있다. "유물론적 역사관에 따르면 역사의 결정 요인은 궁극적으로 현실 속의 생산 및 재생산이다. 마르크스와 내가 주장한 것은 바로 이것이며 그 이상이 아니다." 엥겔스가 블로크에게 보낸 편지, 1890년 9월, Selected Correspondence, p.475. 일찍이 마르크스는 아이러니컬하게도 그가 "마르크스주의자가 아니었다"고 말할 수밖에 없었다. 엥겔스가 실증주의에 대해서 오랫동안 공감을 느끼고 있었음을 시사해주는 흥미로운 분석으로서는 H. Bollnow, "Engels Auffassung von Revolution und Entwicklung in seinen Grundsätzen des Kommunismus"(1847), Marxismusstudien, vol.1, pp.77~144를 보라.

지도 모를 당혹감의 소지를 없애는 장점을 갖고 있지만, 어떤 이상(理想)의 현존을 그것의 성취 가능성으로부터 탈구시키는 자발주의적(自發主義的, voluntaristic) 입장을 끌어들인다. 베른슈타인이 채택한 입장이 이것이다.

베버의 마르크스주의 및 마르크스에 대한 관계

너무 간략하게 소개되기는 했지만, 이 배경에 비추어 보아야만 마르크스와 마르크스주의에 관한 베버의 많은 언급의 진정한 의미가 제대로 이해될 수 있다. 비스마르크가 독일의 내부적 결속과 경제적 발전을 성공적으로 촉진시키는 가운데 휘둘렀던 '정치적' 권력—'경제적' 권력과는 구별되는—의 중요성(더 좁게는 이 과정 속에서 관료제의 중요성)을 올바르게 인지하는 것은 정치에 대한 베버의 접근, 나아가서는 그의 사회학 전반에서 핵심적인 중요성을 갖는 것 중의 하나다. 민족주의에 대한 베버의 신념과 독일 국가의 최우선성에 대한 그의 일생에 걸친 강조 역시 이를 통해서 이해되어야 한다. 그러나 정치권력 행사의 실재성을 인정하려는 이 확고한 입장은 베버의 사상 속에서는 고전적인 유럽 자유주의의 가치들에 대한 마찬가지로 확고한 집착과 대립된다. 이것이 베버의 많은 저작에서 그렇게나 강하게 드러나는 비애감(pathos)을 낳은 주요인이다. 그는 근대사회의 전형적인 발전 노선과 자기가 서양문화의 특징적 에토스라고 여기는 가치들 사이의 괴리가 점점 커진다는 사실을 인정하지 않을 수 없음을 발견한다. 그러나 이것은 부분적으로는 매우 미묘하고 심오하기는 하지만, 독일 자유주의 전반이 처해 있던 특이한 딜레마의 표현이기도 하다.[15]

1895년 프라이부르크 대학에서 행한 베버의 취임연설은 한쪽에서는

---

15) 베버의 정치적 저작에 대한 자세한 설명으로서는 몸젠을 보라. 그러나 그것은 베버가 '인간의 개인적 자율성' 또는 '인류의 정신적·도덕적 가치들'이라 불렀던 고전적인 자유주의적 가치들에 대한 베버의 믿음을 일부러 낮게 평가하고 있다.

낭만적 보수주의로부터, 그리고 다른 한쪽에서는 마르크스주의 정당으로부터 도전받고 있는 독일의 시민적(bourgeois) 자유주의의 전망에 관한 생각을 개략적으로 보여준다. 이 강의는 민족국가의 '제국주의적' 이해관계를 열렬히 옹호하고 있으며, 국제적 압력에 직면한 독일을 지켜내는 데 필수적인 정치적 지도력을 낳을 수 있는 역량이 어느 정도나 되는가 하는 관점에서 독일의 주요 계급들을 분석한다. 베버는 "사회정책에서 우리가 기울이는 노력의 목표는 세계를 행복하게 만드는 것이 아니라 경제적 진보의 분위기에 빠져 있는 한 국민을 사회적으로 통일시키는 것……"[16)]이라고 천명한다. 그러나 베버는 보수적 관념론이 내세우는 '신비적' 국가관과는 관계를 끊고, 융커들이 국가를 이끌 능력이 없는, 경제적으로 몰락하고 있는 계급이라고 비난한다. 그러나 노동계급 또한 정치적으로 '영원히 미숙'하며 정치적 지도에 필수적인 자원을 마련할 능력이 없다. 결과적으로 지도력을 가질 전망이 가장 큰 계급은 부르주아지이지만, 이 계급은 비스마르크의 통치에 복종함으로써 성장이 저지되어왔으며, 결국은 그들이 담당하도록 요청되고 있는 정치적 임무를 감당해낼 준비가 아직 갖춰져 있지 않다. 베버는 '붉은 유령'을 맞이한 부르주아지의 소심함을 비웃는다.

그러나 현재 상황에서 '위험한 사실'은 나라의 '권력' 이해관계의 담지자로서 부르주아 계급들이, 노동자들이 그들을 대체할 만큼 성숙성을 보여주기 시작한다는 조짐이 전혀 없는 상태에서, 시들어가고 있는 듯이 보인다는 점이다. 위험은…… '대중' 속에 있는 것이 '아니다'. 그것은 '피지배자의 경제적 지위'의 문제가 아니다. 오히려 지배

Marianne Weber, p.159에서 인용. Eduard Baumgarten p.607 참조. 그리고 필자의 *Politics and Sociology in the Thought of Max Weber*도 참조하라.
16) "Der Nationalstaat und die Volkswirtschaftspolitik," *GPS*, p.23. 독일의 보수적 민족주의의 축도로서의 트라이치케에 대한 뒤르켕의 언급과 비교해보라. *L'Allemagne au-dessus de tout*(Paris, 1915).

계급과 상승 중인 계급들의 '정치적' 자질의 문제다…….[17]

베버에 의하면 급진적 혁명이 노동계급의 정치적 해방과 경제적 향상을 위한 유일한 수단이라고 보는 것은 전적으로 잘못된 것이다. 실제로는 자본주의 내에서도 노동계급의 정치권력 신장과 경제적 처지의 향상이 모두 가능하며, 그것은 사실은 부르주아지의 이익에도 부합된다.

베버가 정치 경력의 후기로 가면서 점점 더 명확하게 인식하게 되었듯이, 자유주의적 부르주아지의 강화는 의회에 실질적인 정치권력을 부여하고 진정한 정치 지도자들의 저수지를 창출할 정부 시스템의 발전을 가져온다. 베버에 의하면 비스마르크 통치는 독일이 과거의 유산인 정부 관료기구를 장악할 정치적 리더십의 산출에 꼭 필요한 의회의 자율권을 갖지 못한 상태로 남겨두었고, 이런 사정은 독일을 "통제되지 않는 관료제적 지배"를 당하게 될 위험에 빠뜨린다.[18] 독일에서 사회주의를 수립할 가능성—아이스너(Eisner) 과도 정부를 포함해서—에 대한 베버의 태도는 독일의 사회적·정치적 구조에 관한 이 견해와 직결되어 있다. 베버는 지적 경력의 초기에 사회민주주의 운동의 주류에 속하는 지도자들의 혁명적 열정이 대부분 그 운동의 실제 발전 추세와 크게 어긋나고 있다고 지적한다. 베버의 표현대로 독일 국가가 사민당을 정복할 것이지 그 반대가 아닐 것이다. 사민당은 현존 질서에 대한 현실성 있는 혁명적 대안을 마련하기보다는 거기에 적응하는 방향으로 나아갈 것이다.[19]

사민당 자체가 이미 고도로 관료화되어버렸다고 베버는 강조한다. 독일이 직면하고 있는 주된 정치적 딜레마는 관료제의 자의적 통치가 주는 고통으로부터 벗어나는 문제다. 사회주의 정부가 들어서고 계획

---

17) *GPS*, p.23.
18) *ES*, vol.3, p.1453.
19) *GASS*, p.409.

경제가 시행될 경우 그 결과는 관료제적 억압의 확대로 나타날 것이다. 정치 영역뿐만 아니라 경제 영역에서도 관료제의 확산을 상쇄할 요소가 아무것도 존재하지 않게 될 것이다. 베버가 보기에 "이것은 고대 이집트의 '신왕조'가 사회주의적이었던 것과 거의 똑같은 방식의 사회주의가 될 것이다."[20)

'혁명적' 정당으로서 갖는 사민당의 성격에 관한 베버의 견해는 그의 일생에 걸쳐서 상당히 일관성을 보인다. 그러나 사민당의 정책들에 관한 정치적 입장에 대한 베버의 평가는 독일 정치구조의 성격 변화—특히 제1차 세계대전의 결과로 나타난—에 따라 달라졌다. 말년에 이르러 일찍이 예견했던 사태—사민당이 기존 의회 질서 속으로 점차 통합되어가는 것—를 목격한 다음, 베버는 자기 자신을 사민당과 구별하기 힘들다고 느낄 정도로 자신이 이 당과 가깝다고 천명했다.[21) 그러나 독일에서 사민당에 의해 대변되는 '마르크스주의'에 대한 베버의 견해는 달라지지 않았는데, 그것에 의하면 사민당이 공식적으로 천명하는 국가의 혁명적 전복과 무계급 사회의 달성이라는 목표들은 사민당이 독일 정치에서 수행하게 되어 있는 실제 역할과는 완전히 어긋난다.

베버가 학계의 마르크스 '해석가들'이 쓴 이론적·경험적 글들에 대해서 보여주었던 태도를 그의 사민당과의 관계로부터 간단하게 추론해 낼 수는 없다. 그와 사민당의 관계가 어느 정도는 독일의 정치 현실에

---

20) *ES*, vol.3, p.1453. 19세기의 혁명적인 러시아에 대한 베버의 견해로서는 *GPS*, pp.192~210을 참조하라. 볼셰비즘의 지배에 대해 베버는 1918년 다음과 같이 말한다. 즉 그것은 "순전한 군사적 독재이며, 그것도 단순한 장군들의 독재가 아니라 하사관들의 독재다"(*GPS*, p.280).
21) *GPS*, p.472. 사회주의적 재구성을 위한 더욱 급진적인 시도에 대한 베버의 견해는 매우 신랄하다. "이러한 시도들은 향후 100년 동안 사회주의에 대한 불신임만을 낳을 수 있을 뿐이며, 또 그리할 것이라는 점을 나는 절대적으로 확신한다"(루카치에게 보낸 편지, Mommsen, p.303에서 인용). "르프크네히트는 정신병 수용소에, 로자 룩셈부르크는 동물원에 보내져야 한다"(같은 책 p.300).

대한 베버의 평가에 의해 규정되었기 때문이다. 물론 베버는 당시의 몇몇 주요 마르크스주의 저자들이 경제학, 사회학, 법학 등에 대해서 독특하고 심지어 탁월하기까지 한 기여를 했다는 점을 인정했고, 마르크스로부터 깊이 영향 받은 학자들과 가까이 지내기도 했다.[22]

자본주의와 종교에 관한 베버의 방대한 저작이 마르크스의 업적에 대한 단순하거나 직접적인 반응은 아니라는 점을 알아두는 것이 중요하다. 베버가 경력의 초기에 마르크스의 저작들에 대한 일반적인 지식을 갖게 되었다는 데에는 의문의 여지가 없지만, 다른 영향들이 훨씬 더 중요했다.[23] 베버의 관심사는 대부분 경제사와 법학이 정통으로 다루는 문제들에서 나온 것인데, 초기에는 특히 더 그랬다. 더욱이 베버가 '사적 유물론'이라는 용어를 사용할 때 그것은 흔히 1890년대에 마르크스의 후예임을 주장하며 쏟아져 나왔던 숱한 저작을 가리킨다. 베버는 그것들을 때때로 마르크스의 아이디어들의 속류화라고 보기도 하며, 자신이 파악한 마르크스의 핵심적 견해에서 크게 벗어난 것이라고 보기도 한다.[24] 따라서 『프로테스탄트 윤리』는 매우 복합적인 계보를 갖는다. 베버는 젊은 시절부터 사회적 현상으로서 종교에 관심을 가졌

---

22) 베버와 좀바르트의 관계에 대해서는 Talcot Parsons, "Capitalism in recent German literature: Sombart and Weber," *Journal of Political Economy*, vol.36, 1928, pp.641~661을 참조하라. 베버와 미헬스와의 관계에 대해서는 Roth, pp.249~257을 보라. 강단 사회주의자들의 마르크스 수용에 대해서는 Lindenlaub, pp.272~384를 보라.
23) 로트가 지적했듯이 베버의 초기 저작들은 사적 유물론에 대한 예비적 비판의 모습을 보여준다. 그러나 이것이 베버의 주된 관심이 된 것은 나중의 일이다. Günther Roth, "Das historische Verhältnis der Weberschen Soziologie zum Marxismus," *Kölner Zeitschrift für Soziologie und Sozialpsychologie*, vol.20, 1968, pp.433 이하.
24) 예컨대 슈탐러에 대한 베버의 논의를 보라. "R. Stammlers 'Uberwindung' der materialistischen Geschichtsauffassung," *GAW*, pp.219~383. 로마 농업사에 대한 논문 말미에서 베버가 베벨에게 가하고 있는 신랄한 평가는 당대의 마르크스주의 이론가들에 대한 베버의 다양한 논평 가운데 전형적인 것이다. *Die römische Agrargeschichte*, p.275.

다.[25] 베버의 법학 및 경제학 연구들은 그가 최초의 학문적 저작들 속에서 이 관심을 직접 추구할 수 없게 했지만, 『프로테스탄트 윤리』는 부분적으로는 마음을 계속 사로잡고 있던 관심들을 보여준다.

따라서 마르크스 원전의 타당성과 유용성에 대한 베버의 견해는 부분적으로는 '속류'(俗流) 마르크스주의에 대한 평가와 구별되어야 한다. 그럼에도 불구하고 베버 저작에 포함되어 있는 마르크스에 대한 수많은 산발적인 언급은 베버가 생각한 양자의 유사점과 차이점의 주된 원천이 무엇인지를 분명하게 보여준다. 물론 베버는 역사적·사회학적 분석에 대한 마르크스의 근본적인 공헌을 인정한다. 그러나 베버에 의하면 마르크스의 발전론은 통찰력의 원천, 또는 기껏해야 특수한 역사적 경과를 설명하는 데 적용될 수도 있을 이념형적 개념 정도로 간주되어야 한다. 베버가 보기에는 마르크스가 역사는 어디에서나 합리적 '방향'으로 나아간다고 보는 것은, 마르크스가 채택하는 틀을 통해서 볼 때도, 그런 견해의 탄생을 도와준 헤겔 철학에 들어 있는 견해가 부당한 것만큼이나 부당하다. 베버는 역사 연구를 도와줄 '실용적 수단'으로 적용될 수 있는 이론적 구성물로서 발전 단계들을 사용하는 데는—엄격한 유보조건들을 달면서—동의한다. 그러나 일반적 발전이론들에 바탕을 두는 '결정론적 도식들'의 구성은 철저히 배격한다.

이런 입장으로부터 경제적 관계들이 역사발전의 근원이 된다는 견해는 어쩌다가 사태가 그렇게 펼쳐질 때나 타당성을 갖게 될 뿐이라는 결론이 나온다. '경제적'인 것의 독특한 중요성은 가변적이며, 특정 상황에 대한 경험적 연구에 의해 평가되어야 한다. 베버는 관념들이나 가치

---

25) 베버가 젊은 시절 다비드 슈트라우스의 『예수의 일생』(*Das Leben Jesu*)를 읽고 감명받았다는 사실은 흥미롭다. 이 책은 청년헤겔주의자들의 견해를 형성하는 데 뚜렷한 역할을 했다. Marianne Weber, pp.117~120과 *Jugendbriefe* (Tübingen, n.d.), pp.205 이하를 참조하라. 좀바르트의 저작이 준 자극 이외에도 Georg Jellinek, *Erklärung der Menschen-und Bürgerrechte*(1895)도 베버의 관심 방향에 중요한 영향을 준 것 같다.

들이 어떤 의미로도 물질적 이해관계들의 '파생물'이 아니라는 점은 너무나도 분명하지만, 그럼에도 불구하고 항상 그런 이해관계들과 맺는 관련 속에서 분석되어야 한다는 점을 인정한다.

　모든 문화적 현상이 '물질적' 이해관계의 산물 또는 기능으로 '환원'될 수 있다는 낡은 생각에서 해방되기는 했지만, 우리는 '사회적·문화적 현상들의 분석'을 그 현상들의 '경제적' 조건들과 파급효과들을 특히 염두에 두는 가운데 진행해야 한다는 것이 창조적 성과를 가져다주는 과학적 원리였으며, 조심스럽게, 그리고 독단론의 제약에서 벗어난 상태에서 적용되기만 한다면, 앞으로도 오랫동안 그런 원리로 남을 것이라는 점을 여전히 믿는다.[26]

　그러나 관념들의 내용(이것 자체도 가변적이다)이 독립적인 역사적 중요성을 가진다는 사실을 부정하려는 이론은 받아들여질 수 없다. 경제적 요소가 어떤 의미에서든 '최종적'으로 역사의 경로를 설명한다고 하는 이론은 "과학적 원리로서는 생명이 끝났다"고 베버는 주장한다.[27]
　베버는 마르크스의 저작들 속에서 제시되고 있는 유물론적 역사 해석이 정교함의 정도에서 차이를 보인다는 점을 인식하고 있다. 예컨대 「공산당 선언」에는 마르크스의 견해가 "아직 다듬어지지 않은 천재의 솜씨로" 표현되어 있다.[28] 그러나 『자본론』의 더욱 철저한 설명에서조차도 마르크스는 어디에서도 '경제적' 분야가 사회의 다른 분야들과 어떻게 구분되는 것인지를 정밀하게 정의하지 않는다. 베버가 '경제적' (economic) 현상, '경제에 영향을 미치는'(economically relevant) 현상, '경제에 의해 조건지어지는'(economically conditioned) 현상을 구별하는 것은 이 취약점을 분명하게 보여주기 위한 것이다. 그 자체는

---

26) *MSS*, p.68; *GAW*, p.166.
27) *GASS*, p.456.
28) *MSS*, p.68.

성격상 '경제적'인 것이 아니면서도 효용을 얻거나 누리려고 하는 사람들의 행위방식에 영향을 미친다는 점에서 경제적 행위와 관련이 있는, 예컨대 종교적 관행 같은, 행위양식들이 많이 있다. 이것은 경제에 영향을 미치는 행위양식들이다. 경제에 영향을 미치는 행위는 다시 경제에 의해 조건지어지는 행위와 구별될 수 있다. 경제에 의해 조건지어지는 행위는, 역시 그 자체는 경제가 아니지만, 경제적 요인들에 의해 인과적으로 영향을 받는 행위다. 베버는 이렇게 지적한다. "뭐라고 말하든 다음과 같은 점은 자명하다. 첫째, '경제적' 현상의 경계는 불분명하고 쉽사리 정의되지 않는다. 둘째, 한 현상의 '경제적' 측면이란 '경제에 의해 조건지어지는' 측면 '뿐만'인 것도 아니고 '경제에 영향을 미치는' 측면 '뿐만'인 것도 아니다……."29)

베버는 마르크스의 글들의 의미를 분명치 못하게 만드는 또 한 가지의 사정을 지적한다. 마르크스가 '경제적'인(economic) 것과 '기술적'인(technological) 것을 뚜렷이 구분하지 않고 있다는 점이다. 베버는 마르크스가 다소 직접적인 기술결정론으로 빠져 들어가는 곳에서는 그의 저작이 때때로 명확하게 부적절하다는 점을 보여준다. 베버에 의하면 "맷돌은 봉건영주의 사회를 낳고 증기제분기는 산업자본가의 사회를 낳는다"30)는 마르크스의 유명한 주장은 "기술적 명제지 경제적 명제는 아니다. 그리고 그것이 그릇된 주장에 지나지 않음은 쉽게 증명될 수 있다. 이는 근대에 이르기까지 지속되어온 맷돌의 시기가 지역에 따라서 매우 다양한 종류의 문화적 '상부구조들'을 보여주었기 때문이다."31) 특정의 기술은 여러 종류의 사회조직과 결합될 수 있다—마르크스에게는 사회주의가 자본주의와 본질적으로 똑같은 기술적 기초를

---

29) *MSS*, p.65.
30) *Poverty of Philosophy*, p.92. 그러나 베버는 이 구절이 낳은 논란의 배경을 설명하고 있다. '경제'(economy)와 '기술'(technology)에 대한 베버 자신의 구분으로서는 *ES*, vol.1, pp.65~67을 보라.
31) *GASS*, p.450.

가질 것이면서도 자본주의와는 매우 다른 사회형태로 받아들여진다는 점에서, 이 사실은 마르크스 자신의 견해 속에도 시사되어 있다.

베버는 역사에서 계급갈등의 중요성은 받아들이지만 계급투쟁이 마르크스가 주장하는 것만큼 중요하지는 않다고 본다. 계급 및 계급갈등에 관한 베버의 견해는 마르크스의 견해로부터 흔히 생각되는 것만큼 그렇게 많이 벗어나 있는 것은 아님에도 불구하고—베버는 재산 소유 여부가 계급 분할의 가장 중요한 근거가 된다는 점을 크게 강조한다—지위집단들의 역사적 중요성이 베버에 의해 크게 강조된다는 것은 사실이다. 그러나 베버에게는 지위집단들 사이의 갈등은 정치적 결사체들 및 민족국가들 사이의 갈등만큼 중요하지 않다. 따라서 베버가 보기에는 상이한 분파적 '이해관계들'(interests)이라는 개념은 경제적 이해관계에 국한될 수 없는 것으로, 사회생활의 다른 분야들로 확대되어 가야 한다. 따라서 예컨대 정당들(political parties)은 권력 장악을 목표로 삼는 자거나 권력 행사자로서 그들의 상황으로부터 생겨나는 이해관계들을 가지며, 그러한 이해관계는 반드시 공통의 계급상황에 바탕을 두는 것이 아니다.

그러나 베버가 자신의 입장을 마르크스와 구별하는 가장 중요한 측면은 베버의 전체 저작의 밑바닥에 깔려 있는 폭넓은 인식론적 입장과 관련되는 것이다. 베버가 받아들이는 급진적 신칸트학파의 입장은 사실명제와 규범명제의 완전한 논리적 분리를 전제로 삼는다. 베버의 저작에서는 이 전제의 필연적인 귀결로서 상쟁하는 가치들의 환원불가능성(irreducibility)이라는 원리가 관철된다. 베버가 자신이 시각을 마르크스의 그것과 가장 결정적으로 달라지게 만든다고 여기는 것은 바로 이 인식론적 입장이다. 마르크스의 저작은 어떤 의문의 여지없는 장점들을 갖든 간에 '궁극적 목적'이라는 '과학적' 윤리에 대한 신봉을 수반하며, 그 결과 일종의 '총체적' 역사관을 받아들이게 된다. 카리스마 개념 및 그것이 베버 저작에서 수행하는 역할은 역사의 전개는 그것을 규범적으로 타당한 것이 실현되어 가는 과정으로 그려내는 합리적 도식에 의해 해석될 수 없다고 하는 그의 확신을 보여준다. 베버가 보기에는 과학은 "우리는 서로 다투는 신들 가운데 누구를 섬겨야 하는가?"[32] 하는 질문에 답할 수 없다.

19세기의 프랑스: 마르크스, 그리고 마르크스주의의 성장

마르크스와 마르크스주의가 뒤르켐에게 미친 영향은 막스 베버에게 미친 영향보다는 약했다. 마르크스는 독일인이었고 저작의 대부분을 독일어로 썼다. 그리고 19세기에 독일 사민당만큼 거대하거나 정치적으로 중요한 마르크스주의 정당을 가진 나라는 없었다. 뒤르켐은 젊은 시절 한때 독일에서 공부한 적도 있었지만, 그의 지적인 전망은 거의 완고할 정도로 프랑스적인 것으로 머물렀다. 그러나 뒤르켐이 사회학을 발전시키던 당시의 사회적·정치적인 상황은 어떤 중요한 측면들에서 베버에게 영향을 주었던 상황과 비견될 만했다. 뒤르켐 역시 베버와 마찬가지로 정치사상과 활동의 두 가지 상이한 흐름—보수적 민족주의와 급진적 사회주의—이 프랑스 혁명의 유산인 자유주의의 원리들을 침식할 위험이 있는 상황 속에서 살며 저술했다. 베버와 마찬가지로 뒤르켐은 이들 상쟁하는 사상체계들로부터 일부 요소들을 수용하여 그것을 자신의 정치적 입장에, 그리고 더 일반적으로는 자신의 사회이론에 통합시키고 있다. 그러나 뒤르켐과 베버가 각기 도달하고 있는 결론은 어떤 점에서는 매우 다르다. 이 차이는 부분적으로는 19세기 후반 프랑스와 독일에서 펼쳐졌던 전반적인 역사과정의 차이에서 비롯된다.

마르크스는 1840년대의 프랑스가 독일에 비해 정치 발전 수준에서 앞서 있다고 생각했고, 프랑스에 대한 그의 태도는 너무나 당연하게도 이 생각에 의해 압도되었다. 프랑스에서 혁명에 대항하는 반동의 힘이

---

[32] *FMW*, p.153. 사회주의 정당들에 대한 베버의 언급을 참조하라. 그는 "나는 이 교파들에 참여하지 않겠다"고 말한다. Baumgarten, p.607에서 인용.

어떤 것이든 간에, 프랑스 사회주의 사상가들의 정치적 세련됨이 봉건적 과거와 결정적인 단절을 이미 성취해낸 프랑스의 사회구조에 뿌리를 두고 있다는 점은 분명했다. 마르크스가 독일의 대다수 사회주의자들에게 가했던 주요 비판 가운데 하나는 그들이 프랑스와 독일의 물질적 조건의 차이가 얼마나 큰지를 제대로 알지도 못하는 가운데 프랑스로부터 아이디어들만 '수입'한다는 것이었다. 1843년에 마르크스는 다음과 같이 쓰고 있다.

독일의 현상(*status quo*) 자체로부터 시작한다면, 가장 적절한 방식으로—즉 현상을 부정하는 방식으로—시작한다고 하더라도 그 결과는 여전히 일종의 '시대착오'가 될 것이다. 우리의 정치적 현재의 부정(negation)조차도 근대적 민족들에게는 역사의 헛간 속에 들어 있는 진부한 사실이 되어 있다. 염색된 가발을 부정해 보았자 여전히 탈색된 가발이 남을 뿐이다. 내가 1843년의 독일의 상황을 부정한다 하더라도 나는 프랑스의 연표(年表)로는 생생한 현재의 중심은 커녕 1789년에도 미치지 못할 것이다.[33]

그러나 1848~49년 사이 파리에서 발발한 봉기 이후의 사태 전개는 프랑스의 자유주의 부르주아지가 그때까지 정부 통제를 위한 발판을 얼마나 안정적으로 확보하고 있었는지에 관해 심각한 회의가 생겨나게 했다. 엥겔스는 1848년과 1849년 발발한 프랑스 사태의 결과가 마르크스와 자신의 이전의 견해를 재고하지 않을 수 없게 했음을 얼마간 상세히 적고 있다. 1848년의 파리 봉기에서 프롤레타리아가 주요 역할을 담당했던 것은 사실이지만, 결과는 사실상 '대부르주아지'의 승리로 끝났으며, 이로써 그들은 1789년 혁명에 뒤이은 보수세력의 반혁명의 결과로 확실하게 얻어내지 못했던 사태의 진전을 굳힐 수 있었다. 엥겔스는

---

[33] *EW*, pp.44~45. *CM*, pp.167~170도 보라.

이렇게 쓰고 있다. "역사는 우리가, 그리고 우리처럼 생각했던 모든 사람들이 잘못이었음을 증명했다. 역사는 당시의 경제발전 상태는 자본주의적 생산을 절멸시킬 만큼의 성숙에 훨씬 못 미치고 있었음을 확실하게 보여주었다······."[34]

마르크스는 19세기 중엽 프랑스의 상황을 두 편의 긴 글에서 분석하고 있는데, 『프랑스의 계급투쟁』(The Class Struggles in France)과 『루이 보나파르트의 브뤼메르 18일』(The Eighteenth Brumaire of Louis Bonaparte)이다.[35] 마르크스는 영국을 『자본론』에 나오는 경제이론의 모델로 여기면서도, 프랑스를 발전한 자유주의적 부르주아 정치의 가장 순수한 예로 간주하는데, 이 점은 마르크스의 저작들이 경제와 국가의 관계를 '기계론적'으로 바라보는 것이 아니라는 점을 시사한다. 마르크스에 의하면 영국에서 역사발전의 특수한 환경은 부르주아지와 기존 지주귀족의 연합에 기초한 국가를 낳았다.[36] 이와는 대조적으로 프랑스에서는 그런 '타협'이 나타날 수 없었고 따라서 계급갈등의 정치적 성격이 더욱 뚜렷하게 드러났다. 마르크스가 보기에는 프랑스의 부르주아지와 프롤레타리아는 유럽의 '정치가들'이었고, 독일인들은 '철학가들'이었으며, 영국인들은 '정치경제학자들'이었다.[37]

마르크스에 의하면 루이 필립 치하에서는 부르주아지 중 한 분파, 즉 금융자본가와 은행가와 금리생활자만이 정치권력을 계속 행사할 수 있었다. 루이 필립의 실각으로부터 이익을 얻은 주요 집단은 대산업자본가들로서, 이전에는 정권으로부터 거의 소외되어 있었다. 그 결과 계급투쟁이 선명하게 드러나게 되어 노동계급과 부르주아지의 분열이 집중적으로 조명되고, 이에 따라 뒤이어질 양대 산업계급 사이의 직접적인 정치적 대치의 소지가 마련되었다.

---

34) *SW*, vol.1, p.125.
35) *SW*, vol.1, pp.139~344.
36) *We*, vol.11, pp.95~97.
37) *We*, vol.1, p.405.

혁명의 도정에서 국민 대중을, 즉 프롤레타리아와 부르주아의 중간에 서 있는 농민과 프티부르주아들을 부르주아 질서와 자본의 전횡에 대항하도록 고무시키기 전에는, 그리하여 그들이 운동의 주역인 프롤레타리아들의 편에 서도록 만들기 전에는, 프랑스 노동자들은 한 걸음도 전진할 수 없었고 부르주아 질서의 머리카락 한 올도 건드려볼 수 없었다.[38]

그러나 마르크스는 프랑스가 즉시 새로운 내란의 와중으로 돌입하여 프롤레타리아가 승리자로 대두되리라고 기대하지는 않는다. 그런 전망은 언제까지가 될지 알 수 없는 나중으로 미루어져야 한다. "새로운 혁명은 새로운 위기의 결과로서만 가능할 뿐이다. 위기의 도래가 확실한 만큼이나 혁명의 도래도 확실하다."[39] 20년 후 이 위기는 도래했다. 그러나 마르크스가 예견한 것처럼 '부르주아 우주의 왕국'인 영국에서 경제 불황의 결과로서 도래한 것이 아니었다. 그것은 루이 나폴레옹이 독일과 벌인 1870년의 끔찍한 전쟁의 결과로서 도래했다.

비스마르크의 승전이 가져온 결과들은 이 책의 분석 대상인 세 사람의 사상을 연결시켜주는 결정적인 축이 된다. 독일에서는 군사적 승리가 통일 독일 국가에서 프러시아의 지배권을 확립하려는 비스마르크의 계획을 촉진시킨 주된 요인이 되었다. 프랑스에서는 패전의 결과가 재앙으로 나타나서 정치적 혼란이 야기되고, 다수 국민은 진정되지 않는 굴욕감을 느끼게 되었다. 코뮌(Commune)에 대한 마르크스의 태도는 악명 높을 정도로 복잡한데, 여기서 이 문제를 추적해볼 수는 없다. 중요한 것은 단명했던 코뮌과 그것에 대한 야만적인 탄압이 낳은 즉각적인 결과로 계급들 사이의 증오가 커지고 이것이 프랑스 내부의 분열을 더욱 심화시켰다는 점이다. 그러나 코뮌이 마르크스의 희망처럼 '새로

---

[38] *SW*, vol.1, p.149.
[39] *SW*, vol.1, p.231.

운 사회의 영광스런 선구자'⁴⁰⁾가 될 수는 없었다. 코뮌 패배 이후 프랑스는 민족주의의 부활이 국민적 단합을 회복하기 위한 가장 확실한 이데올로기적 토대가 되는 상황을 맞게 되었고, 어느 정도는 스스로의 후진성과 타협하게 되었다. 프랑스의 대부분 지방들은 많은 측면들에서 18세기 이래 변하지 않은 채 남아 있었다. 교회, 유산 금리소득자, 소농 사이에서는 강력한 보수적 요소들이 여전히 강한 영향력을 갖고 있었다. 심지어 『프랑스의 계급투쟁』에 나오는 마르크스의 묘사조차도, 그의 초기의 견해들에 비해서는 냉정하다고 하더라도, 산업 부르주아지의 진보적 부류들이 얻어낸 실제의 정치권력의 수준에 대한 평가로서는 너무 낙관적이라는 사실이 증명되었다.⁴¹⁾

그러나 제3공화국 아래서는 여전히 불식되지 않고 있던 보수적 요소들의 지배로부터 프랑스를 해방시키는 방향으로 상당한 진전이 이루어졌다. 드레퓌스 사건은 교회 및 군부의 반동적 이해관계와 공화주의 사이의 갈등을 최고조에 이르게 했고, 다양한 행정 기능들이 성직자들의 통제로부터 벗어나게끔 조장하는 결과를 낳았다—여기에서 가장 중요한 것은 교육의 세속화가 확산되었다는 점이다. 이것은 상당 정도 급진당(Radical Party)의 활동들에 힘입은 것이었다. 늦은 19세기의 프랑스에서 마르크스주의의 역사는 19세기 말로 가면서 독일에서 있었던 사민당의 강력한 재건에 비해보자면 별로 보잘 것이 없다. 그러나 독일에서와 마찬가지로 코뮌의 탄압 후의 수십년 동안 프랑스에 심어진 마르크스주의 사상의 씨앗은 내생적인 사회주의 전통들과 섞이게 되었고, 마르크스주의는 그것들과 불편한 동맹관계에 있었다. 마르크스주의 좌파의 입지가 훨씬 약했던 프랑스의 상황에서 나타날 수 있었던 결과는, 리히타임(Lichtheim)이 말했듯이, "최선의 경우에는 좀 닮은, 최악의 경우라면 희화(戱畵)에 지나지 않을"⁴²⁾ 교의의 출현이었다.

---

40) *SW*, vol.1, p.542.
41) 『루이 보나파르트의 브뤼메르 18일』에 나오는 마르크스의 언급을 보라. *SW*, vol.1, pp.333~335와 기타 여러 곳.

마르크스에 대한 뒤르켐의 평가

이런 배경을 참작하면, 초기의 뒤르켐에게 마르크스주의가 거의 아무런 영향을 주지 못한 이유를 헤아리기는 어렵지 않다. 베버와는 달리 뒤르켐은 정치적 행위에 능동적으로 가담하고 싶은 생각이 거의 없었으며 혼잡한 정치(cuisine politique)의 투쟁과 논쟁으로부터 떨어져 있었다.[43] 개괄적으로 보자면 뒤르켐의 정치적 입장의 핵심 내용은 너무나 분명하다. 그는 보수주의와 혁명적 사회주의를 모두 거부한다. 베버의 경우가 그렇듯이, 뒤르켐의 자유주의는 그의 조국의 특수한 사회적·정치적 조건들로부터 크게 영향 받았다. 뒤르켐의 경우 1870~71년 사이의 참화를 딛고 민족 재건을 이루는 것이 기본적으로 중요한 문제이며, 규범적 기초의 마련에 대한 큰 관심이 그의 모든 저작에서 분명하게 드러난다.

사실 뒤르켐 저작의 가장 중요한 주제는 성장하는 세속적 개인주의를 근대의 분화된 사회에서 통합을 유지하기 위해서 요청되는 도덕적 요구들과 조화시키는 것이다. 드레퓌스 사건 당시 가톨릭의 주도적 보수주의자의 견해 표명에 대한 응답으로 뒤르켐이 기고했던 한 논문은 이 쟁점들을 매우 분명하게 정리하고 있다.[44] 뒤르켐은 드레퓌스 지지자들의 개인주의는 교회 및 군부 일파가 개인주의와 동일시하는 몰도덕적인 자기이익 추구와는 전혀 다르다고 주장한다.

---

42) George Lichtheim, *Marxism in Modern France*(New York, 1966), p.9. 마르크스의 저작이 처음 프랑스에 소개될 때 프랑스에는 "자국의 '이론적' 전통의 유산과 그 도움이 없는" 상황이었다는 알튀세르의 논급을 참조하라. Althusser, *For Marx*, p.26.
43) Georges Davy, "Emile Durkheim," *Revue de métaphysique et de morale*, vol.26, 1919, p.189.
44) "L'individualisme et les intellectuels." 드레퓌스 사건의 발생 자체가 프랑스와 독일 간의 어떤 주요 차이점들을 축약하고 있다. 독일에서라면 유대인은 드레퓌스가 얻었던 지위에 이르지도 못했을뿐더러, 그러한 사건이 전국적인 규모의 양심의 위기를 자극시키지도 못했을 것이다.

경제학자들이 상정하는 인간 모델의 특징인 이기적 목표 추구가 합리주의적 개인주의와 같은 것으로 취급되어서는 안 된다. 경제학자들은 인간 행위를 시장에서의 교환으로 환원시킨다. 이 공리주의는 이제 소멸하고 없다. 출현 중인 개인주의 윤리는 그 자체가 도덕적인 현상이지 몰도덕적 현상이 아니다. "인간은……신성하다고 여겨진다."[45] 따라서 근대사회가 집단적인 도덕적 통일성의 바탕 위에 건설되어야 한다는 주장과 근대사회가 개인의 권리와 자유를 최대한 보장해야 한다는 주장은 조금도 모순을 일으키지 않는다. 전통적인 형태의 권위를 다시 도입해서 개인주의를 제한하는 것으로는 당면 문제들을 해결할 수 없다. 이와는 반대로, 가장 중요한 문제는 자신의 잠재력을 계발시킬 각 개인의 구체적인 기회들을 오늘날 사회질서의 기초가 되는 도덕적 원리들과 조화시키는 가운데 확대하는 것이다.

개인과 국가 사이에서 매개 역할을 할 직업적 결사체들을 육성하라고 하는 뒤르켕의 제안들은 급진사회당(Radical Socialists)의 연대주의(solidarisme)에 기원을 둔다.[46] 그러나 뒤르켕에게 이 제안들은 『분업론』에서 도달한 결론들이 제공하는 순수하게 사회학적인 전제들을 기반으로 하는 것이다. 뒤르켕의 주장들이 다수의 정계 요인들에게 큰 영향을 미쳤음은 의문의 여지가 없는 사실이지만, 그렇다고 해서 그가 연대주의자들을 정치적으로 돕기 위해서 그런 주장들을 개발했다고 생각한다면 잘못이다.[47] 뒤르켕은 실업, 질병, 노령 같은 문제들을 포괄하는 국가 주도의 복지제도들을 마련할 것을 제안하는 연대주의자들의 강령에 심정적으로 이끌렸다. 그렇지만 그는 이런 복지제도들이 중심이 되도록 허용되어서는 안 되고, 산업조직의 체계적인 도덕

---

45) Ibid. p.8.
46) 헤이워드를 참조하라. 혁명적 생디칼리슴에 대한 뒤르켕의 논의로서는 뒤르켕과 라갸흐텔의 토론을 볼 것. Libres entretiens, 1905, pp.425~434.
47) 생디칼리슴 운동의 지도자들도 이에 포함된다. 뒤르켕의 영향력에 대한 소렐의 견해로서는 Georges Sorel, "Les théories de M. Durkheim," Le devenir social, vol.1, 1895, pp.1~26과 148~180.

적 규제에 대한 관심 속으로 통합되어야 한다고 강조한다.

1890년대에 프랑스의 다양한 노동운동 분파들 사이에서 마르크스주의가 점점 확산되어가고 지식인들 사이에서 마르크스의 저작들에 대한 학문적 관심이 높아가게 되자, 결국 뒤르켕도 사회학과 사회주의의 관계라는 문제에 직접 대면하지 않을 수 없게 되었다. 19세기 말엽 프랑스에서 마르크스주의적 사회주의의 확산은 특히 엥겔스와 카우츠키, 라브리올라 등의 저작들이 번역되었다는 사실에서 잘 드러났다. 이런 저작들이 번역되어 나오면서 마르크스주의에 대한 조악한 게드주의적(Guesdist) 해석은 마르크스의 아이디어들에 대한 더 종합적인 해설에 의해 대체되었다. 마르크스 사상에 대한 라브리올라의 개괄적 소개서의 프랑서어 번역본에 대한 뒤르켕의 서평은 뒤르켕이 마르크스와 자신의 차이점을 어떻게 파악하고 있는지를 가장 명확하게 보여준다.[48] 1895~96년 사이에 있었던 뒤르켕의 사회주의에 관한 강의는 부분적으로는 자신의 제자들 중 일부가 마르크스주의 쪽으로 전향해가는 도전적 상황에 의해 촉발되었음이 분명하다. 뒤르켕은 사회주의와 사회학 둘 모두의 가장 중요한 원천이 되는 글들을 쓴 핵심 인물인 생시몽에 대부분의 관심을 바치기는 했지만, 그는 프루동에 대한 검토로 나아가려고 했고, 또 거기에서부터 라살레와 마르크스에 대한 검토로 나아가려고 했다. 그러나 1896년 『사회학연보』의 창간은 이 계획들이 뒤로 미뤄져야 함을 의미했고, 뒤르켕은 이후에도 다시는 이 계획들로 돌아갈 수 없었다. 뒤르켕은 「사회주의」에서 사회주의와 사회학의 역사적 관계가 매우 긴밀하다는 점을 상당히 강조한다.

뒤르켕은 19세기 개막 직후에 "① 실증과학(사회학이 여기서 배태되

---

[48] 안토니오 라브리올라의 평가. *Essais sur la conception matérialiste de l'histoire*, RP, vol.44, 1897, pp.645~651. 라브리올라의 저서는 엥겔스에게 크게 의존하고 있다. *Anti-Dühring*은 "사회주의 저작 중 가장 뛰어난 것"이라고 그는 말한다. Antonio Labriola, *Socialism and Philosophy*(Chicargo, 1918) p.53.

었다)의 방법과 역사적 방법(사회학에 필수적인 보조적 방법)을 사회과학에까지 확장해야 한다는 사상, ② 종교부흥 사상, ③ 사회주의 사상"[49] 등 세 가지 사상이 크게 부각되었다고 지적한다. 이 세 가지의 경향이 1789년 혁명 다음의 수십 년만큼이나 파란만장하고 위험스러운 시기인 19세기 말엽에 강력하게 소생하는 것은 결코 우연이 아니라고 뒤르켕은 덧붙인다. 얼핏 보면 이 셋은 공통점이 거의 없는 상충하는 사조인 것처럼 보인다. 종교부흥운동의 지지자들은 이 운동이 합리주의나 과학에 대해서는 적대적이라고 여겼다. 일반적으로 사회주의운동은 종교를 거부하는 것을 기본으로 삼으며, 사회과학 연구가 정치적 행위의 규범적 요구를 따라야 한다는 생각을 마찬가지로 기본으로 삼는다. 그러나 실제로는 이 세 가지 사조는 그것들이 각기 사회적 실재의 한 측면만을 보여주기 때문에 상충을 일으키는 것처럼 보이는 것이다. 세 가지 사조는 각기 사회 변동이 기존의 관습을 통째로 무너뜨려서 "불안정해지게 된 집합체의 조직이 더 이상 권위 있게 기능하는 않는다"[50]고 여겨질 때 사람들이 느끼는 욕구들의 일부를 표현한다.

  사회학은 사회의 시급한 심층적 재조직을 요청한 변동들의 원인들을 알아내고자 하는 욕구로부터 자극받았다. 그러나 과학적 연구는 완만하고도 조심스럽게 진행된다. 뒤르켕은 종종 자신의 글들에서 과학적 활동은 어떤 식으로든 실제적 결과를 낳지 못한다면 아무 쓸모가 없다고 강조한다. 그럼에도 불구하고 절차에서나 목표에서나 즉각적인 실제적 요청들로부터 거리를 두어야 한다는 점은 과학에서 본질적으로 중요한 점이다. 과학적 탐구는 '사심 없는' 태도를 지킴으로써 효과를 극대화할 수 있다. 과학은 '일종의 물신(物神)이나 우상'이 되어서는 안 된다. 과학은 우리에게 '단지 어느 정도의 지식만을' 제공해줄 뿐이다.[51] 그러나 화급한 사회문제의 해결책을 찾으려고 하다 보면 종종 과

---

49) *Soc*, p.283.
50) *Soc*, p.284.

학적으로 확립된 지식에 의해 뒷받침될 수 있는 것보다 훨씬 더 나가게 된다. 사회의 필수적인 재조직을 위한 전반적인 계획을 제시하는 사회주의의 교의들을 개발하고자 박차를 가하는 것이 바로 그런 예다. 반동적인 종교부흥을 외치는 반동적인 요구도 마찬가지로 과학의 한계를 보여준다. 낡은 신념들은 의문시되게 되었지만 아직 그것을 대체할 새로운 신념들은 나타나지 않은 상황이 빚어내는 도덕적 공백상태는 사회의 도덕을 공고화해야 한다는 관심을 낳으며, 이에 따라 종교적 이상들이 소생한다.

뒤르켕은 사회주의에 대한 자신의 전반적 평가에서 마르크스를 제외시키지 않는다. 마르크스의 저작들은 과학적으로 확립된 일단(一團)의 명제들인 것처럼 제시되는 완벽한 사상체계를 보여준다. 그러나 그런 체계는 실제로는 그것을 만드는 당시의 시대에 얻을 수 있는 것을 훨씬 넘어서는 엄청난 지식의 축적을 전제로 한다. 『자본론』에 포함된 일부 좀더 제한적인 일반화들조차도 그것들을 입증하기 위해서는 많은 조사연구가 필요하다. 그리하여 뒤르켕은 가스통 리샤르(Gaston Richard)의 『사회주의와 사회과학』(*Le socialisme et la science sociale*)을 검토하면서 다음과 같이 언급한다. "리샤르가 마르크스에게 가하는 비판들 가운데 가장 강력해 보이는 것은 마르크스 체계의 기본적 명제들과 그것이 기반하고 있는 관찰(현상)들 사이에 커다란 괴리가 있다는 점을 부각시키는 데만 관심을 기울이고 있는 부분이다."[52]

이런 견해들은 라브리올라의 마르크스 해설에 대한 뒤르켕의 논의에

---

[51] "L'enseignement philosophique et l'agrégation de philosophie," *RP*, vol.39, 1895, p.146.
[52] 자스통 리햐르의 회상. *Le socialisme et la science sociale*, *RP*, vol.44, 1897, p.204. 뒤르켕은 "너무도 오랫동안 그들을 가두어놓고 있었던 공식들을 쇄신하고 확대시키려는"——특히 "경제적 유물론의 교의와 마르크스주의적인 가치론, (임금)의 철칙……(그리고) 계급갈등에 부여된 으뜸가는 중요성" 등을——시도를 감행한 독일 및 이탈리아의 사회주의자들을 받아들이고 있음을 표명한다. 메를리노의 회상, *Formes et essence du socialisme*, *RP*, vol.48, 1889, p.433.

서 더욱 확대된다. 뒤르켕은 사적 유물론에 구현된 일부 가장 중요한 생각들에 대해서는 동의를 표한다. 뒤르켕은 그것이 사회생활을 단순히 관련 개인들의 의식이라는 관점에서 보는 것이 아니라, 의식에 외재하면서 의식의 형성을 돕는 요인들의 영향을 탐구하는 유익한 착상이라고 말한다. 나아가서, 마르크스가 그렇게 하는 것처럼, 그런 요인들을 사회조직 안에서 찾아야 한다고 보는 것 역시 타당하다. "왜냐하면 집합표상이 설명될 수 있으려면 그것은 분명히 무엇인가로부터 기원되어야만 하는데, 집합표상이 자폐적인 것일 수 없는 만큼, 그것의 원천은 그것의 외부에 자리잡아야만 하기 때문이다."[53] 관념들(ideas)의 원천을 특정의 토대(substratum)에서 찾는 것은 옳다. 이 토대가 특정의 사회관계들로 조직된 사회구성원들로 이루어지는 것이 아니라면 도대체 무엇으로 이루어질 수 있겠는가 하고 뒤르켕은 수사적으로 묻는다.

뒤르켕에 의하면 그러나 이런 시각을 갖게 되면 마르크스의 사상 전체를 받아들이게 될 것이라고 상정할 이유는 전혀 없다. 뒤르켕은 자신은 마르크스의 저작들의 기초가 되는 나머지 원리들은 받아들이지 않으면서 그런 생각에 도달했고, 자기의 이론은 마르크스의 영향을 전혀 받지 않은 것이라고 말한다. 앞에서 적은 사회학과 사회주의의 관계에 관한 일반적 결론에서 나타나듯이, 마르크스의 사회주의에 수반되는 다른 전제들을 추가적으로 받아들이지 않으면서도 이런 식으로 사회조직을 연구할 수 있다. 관념과 그 관념의 '물적' 토대 사이의 상호관계를 연구하는 것은 그저 사회학적 방법의 요체며 사회를 과학적 방식으로 연구하기 위한 필요조건의 하나일 뿐이다. 베버는 사회주의란 타고 있는 사람이 제 맘대로 세울 수 있는 탈 것 같은 것이 아니라고—사회주의적 신념들 자체도 사회주의자들이 다른 형태의 신념들에 대해 가하는 것과 같은 종류의 분석의 대상이 되어야 한다고—강조한다. 이와 마찬가지로 뒤르켕도 사회학자의 관점에서 보자면 사회주의 자체가 다른 사회적

---

53) Review of Labriola, p.648.

사실들과 마찬가지로 하나의 사회적 사실로 취급되어야 한다고 강조한다. 사회주의는 특정의 사회적 상태에 뿌리를 두고 있지만, 그것을 산출한 사회적 조건들을 반드시 정확하게 표현하는 것은 아니다.[54]

더욱이 관념의 기원을 경제 관계라고 보는 사적 유물론의 중심 논지는 확증된 것으로 보이는 사실들과 어긋난다. 뒤르켐은 종교가 그로부터 다른 모든 더 분화된 관념체계들이 발전되어나온 진짜 원천이라는 점이 증명되었다고 선언한다. 그러나 가장 단순한 형태의 사회들에서는 "종교 생활은 사치스럽고 모든 것에 미치는 데 반해, 경제적 요인은 갓 생겨나고 있을 뿐이다."[55] 이 경우 경제가 종교적인 의식과 상징으로부터 받는 영향은 그 역방향의 영향보다 훨씬 더 크다. 그렇다고 해서 유기적 연대가 성장하고 그와 더불어 모든 것에 미치던 종교의 포괄성이 약화되어가게 되면 집합의식 안에서 가장 중요한 자리를 차지하는 신념들의 성격을 규정하는 데서 경제관계의 영향력이 압도적으로 중요해지게 된다는 것은 아니다. 한 무리의 신념들이 일단 확립되고 나면 "그것들은 바로 그렇게 되었다는 사실에 의해서 독자적인 실재가 되고, 자율성을 갖게 되고, 스스로 원인이 되어 새로운 현상들을 낳을 수 있게 된다."[56] 단순한 구조를 갖는 원시사회들에서는 모든 관념들이 단일한 종교표상(집합표상이라고 할 때의 그 표상임—옮긴이)체계와 연결되며, 따라서 그 내용 면에서 그런 사회조직 형태의 영향을 강하게 받는다. 그러나 분업이 진전되고 비판적 이성의 적용이 강화되어 다양한 관념들의 충돌을 낳으면 신념들과 그것들이 뿌리박고 있는 토대의 관계는 더욱 복잡해진다.

이 점을 강조하는 것과 함께, 뒤르켐은 경제적 관계들—계급구조—이 사회의 정치권력의 가장 중요한 원천이라고 하는 마르크스의 견해를 거부한다. 뒤르켐에 의하면 다른 점들에서는 구조적으로 비슷한 사

---

54) *Soc*, p.40 이하.
55) Review of Labriola, p.650.
56) *Ibid*, p.651.

회들 사이에서도 정치 조직에서는 매우 큰 차이들이 있다. 이런 관점을 취함에 따라 뒤르켐은 역사 발전에서 계급과 계급갈등의 중요성을 극소화시킨다. 뒤르켐이 그의 글들에서 생시몽의 용어인 '산업사회'(industrial society)나 경제학자들의 용어인 '자본주의'(capitalism)를 사용하지 않고, 그보다는 '근대사회'(modern society)나 '현재의 사회'(contemporary society)라는 용어를 사용한다는 점도 물론 의미심장하다. 뒤르켐의 발전 모델은, 사회 진보의 특정 '단계들'(stages)의 의의를 인정하는 한편, 역사에서 혁명적 역동성의 중요성보다는 누적적 변동의 중요성을 강조한다.

그에 의하면 정치적 혁명이 가장 빈번한 사회가 가장 큰 변동의 역량을 보여주는 사회인 것은 아니다. 실제로는 그 반대다. 즉 이 사회들은 기본적인 전통들이 그대로 남아 있는 사회들이다. "표면에서는 늘 새로운 사건들이 쉴새없이 일어난다. 그러나 이 표명상의 가변성은 가장 단조로운 획일성을 숨기고 있다. 관료제적 일상은 흔히 가장 혁명적인 국민들 사이에서 가장 강력하게 나타난다."⁵⁷⁾ 과거의 사회발전이 마르크스가 계급갈등에 부여했던 우선적인 중요성을 통해서 이해될 수 없다면, 마찬가지로 현재도 그런 식으로 이해될 수 없다. 현재의 사회들에서 계급갈등이 만연하고 있는 것은 근대세계가 안고 있는 '막연한 불안'(malaise)의 증세지 그 근본 원인이 아니다. 계급갈등은 다른 곳에 기원을 두는 무질서로부터 생겨난다. 뒤르켐에 의하면 "이 사실로부터 금세기를 거치는 동안 생겨난 경제적 변화, 소규모 산업으로부터 대규모 산업으로의 전환은 사회질서의 전복과 급격한 재조직을 필연화 하는 것이 아니라는 결론이 나온다……."⁵⁸⁾

---

57) *Moral Education*, p.137; *L'Education morale*(Paris, 1925), p.156. 이 문제에 대한 마르크스의 입장을 지나치게 단순화해서는 안 된다. 마르크스는 19세기의 프랑스와 관련하여 다소 비슷한 지적을 하고 있다. 'The Eighteenth Brumaire of Louis Bonaparte," *SW*, vol.1, pp.249~250.

58) Review of Labriola, p.651.

혁명적 변동에 기초해서 현존사회를 근본적으로 재조직할 가능성은 부정하지만, 뒤르켐은 계급 분화의 소멸을 향해 나아가는 하나의 뚜렷한 경향을 예견하고 있다. 상속권의 존속은 노동과 자본 사이의 계급갈등을 영속화시키는 주요인이다.[59] 상속은 재산이 친족집단에 의해 공유되던 오래된 집단적 소유형태의 잔재며, 지위와 법적 특권의 세습이 폐지되었듯이 결국은 폐지될 것이다.[60] 물론 뒤르켐에게 이것은 재산의 국유화를 의미하는 것이 아니다. 현존 사회의 도덕적 개인주의는 공평한 계약의 형성을 방해하는 모든 장애물들이 제거되기를 요구하는 것이지 사유재산의 폐지를 요구하는 것이 아니다.

그러나 뒤르켐의 견해로는 경제의 재조직이 사회주의를 낳은 근대세계의 '위기'에 대한 주요 해결책들이 될 수는 없는데, 이는 그 위기가 경제적 원인이 아니라 '도덕적' 원인에서 비롯되기 때문이다. '강요된' 분업의 제거가 '아노미적'(anomic) 분업을 종식시키지는 않을 것이다. 뒤르켐은 자신이 마르크스로부터 벗어나게 만드는 가장 중요한 근거가 바로 이 점이라고 의식한다. 자본주의의 병리적 상태를 치유하기 위한 마르크스의 프로그램은 경제적 수단에 바탕을 둔다. 마르크스의 저작 속에서는 노동계급 이익의 옹호가 자본주의 시장경제의 '모순적' 성격에 관한 그의 견해와 직결되어 있다. '시장의 무정부상태'는 자본주의의 계급구조로부터 생겨나며, 그것은 중앙조정경제로 생산을 규제하는 체제에 자리를 내주게 될 것이다. "간단히 말해서 마르크스주의적 사회주의에서는 자본이 소멸되는 것이 아니다. 그것은 단지 개인이 아닌 사회에 의해 관리될 뿐이다."[61] 따라서 마르크스의 저작들은 사회의 생산시설들의 국가 수중으로의 집중이라는 주된 원리—뒤르켐의 용

---

59) *PECM*, p.123.
60) "La famille conjugale," *RP*, vol.91, 1921, p.10. 뒤르켐은 *PECM*, p.217에서 이 점을 다소 누그러뜨리고 있다.
61) *Soc*, p.90. 사실상 이것은 마르크스가 자본주의와 공산주의 사이의 '과도기적' 단계라고 간주했던 것을 정확히 묘사하고 있다.

법으로는 이것은 사회주의의 결정적 특징이다—에 대한 신봉을 공유한다. 그러나 그것 자체는 근대산업의 아노미적 조건으로부터 귀결되는 도덕적 진공상태를 치유하는 데 아무런 도움이 되지 않는다. 그것은 문제를 오히려 첨예화시킨다. 이는 그것이 '경제적' 관계들에 의한 사회 지배가 더 심화되는 결과를 가져올 것이기 때문이다. 국가와 경제의 그런 식의 합병은 생시몽의 산업주의와 똑같은 의미를 갖게 될 것이다. 생시몽과 마찬가지로 마르크스에게도 "사회 평화 실현의 길은 한편으로는 경제적 욕구들을 모든 제약들로부터 해방시키고 다른 한편으로는 그 욕구들을 모두 충족시켜주는 것인 것으로 보인다. 그러나 그것은 모순적이다."[62]

---

62) *Soc*, p.241.

제14장 종교 · 이데올로기 · 사회

마르크스의 저작은 다비드 슈트라우스(David Strauss)와 브루노 바우어 그리고 포이어바흐 등이 정립한 종교비판에서 출발했다. 이들의 뒷전에는 헤겔의 영향이 있었다. 헤겔의 철학은 포이어바흐가 지적했듯이 "신학적 방식으로 신학을 거부"[1]했다. 헤겔의 철학체계는 나중에 마르크스가 '이데올로기'의 한 형태인 종교의 특징이라고 보았던 두 개의 기본 요소들을 결합한다. 하나는 실제로는 사회 속의 인간에 창조된 가치들을 다른 모습으로 변질시켜서 표현하는 것이고, 다른 하나는 기존의 사회·정치적 질서—이 경우는 프러시아 국가의 그것—에 대한 지지의 원리들을 제공하는 것이다. 사회생활에 대한 종교의 영향은 또한 뒤르켕과 베버의 가장 중요한 관심사 가운데 하나이기도 했으며, 그들의 저작을 마르크스의 저작과 비교해볼 수 있게 해주는 가장 중요한 차원 가운데 하나다. 종교의 '이데올로기'성에 대한 분석에는 이 대목에서 중요성을 갖는 두 가지의 서로 연결된 문제가 있다. 하나는 종교적 상징의 내용이 어디서부터 발생되어 나오는가 하는 것이고, 다른 하나는 근대생활의 '세속화'가 어떤 결과를 낳는가 하는 것이다.

첫 번째 문제는 19세기 후반 '유물론적' 역사 해석의 본질을 둘러싸

---

1) Feuerbach, *Sämmtliche Werke*, vol.2, p.275.

고 오랫동안 전개된 중요한 논쟁에 포함된 몇몇 쟁점에 초점을 맞추도록 해준다. 뒤르켕과 베버 두 사람 모두, 마르크스에 대한 다른 모든 자유주의 비판가들과 마찬가지로, 관념과 '물질적 이해관계'의 관계에 관한 자기들 나름대로 이해한 마르크스의 생각을 거부했다. 나는 이 장에서 이 문제를 논의하면서 마르크스와 베버의 관계를 집중적으로 파헤쳐보겠다. 앞 장에서 언급했듯이 베버의 저작은 뒤르켕의 저작보다 더 직접적으로 사적 유물론의 비판적 검토를 목표로 하고 있기 때문이다. 더욱이 『프로테스탄트 윤리와 자본주의 정신』의 출간은 역사발전 과정에서 '관념'이 수행하는 역할에 관해 오늘날까지도 식을 줄 모르는 격렬한 논쟁의 불길을 당겼다.[2]

'세속화'에 관한 두 번째 문제는 '관념'과 '물질생활'의 상호작용의 성격에 관한 것이 아니라, 근대세계에서 종교의 영향력 감소가 갖는 의미에 관한 것이다. 사회생활에 대한 종교의 영향력 감소가 초래한 결과들은 실천적 수준에서나 이론적 수준에서나 이 책에서 다루는 세 사람 모두와 관계된다. 세 사람 모두 사회생활의 모든 영역으로 점점 더 합리주의가 침투해 들어가면서 종교적 사유와 관행을 대체해가는 것을 매우 중시한다. 이 점에서 일부 주요 유사점과 차이점들을 분명하게 밝혀보는 것도 마르크스의 저작과 뒤르켕과 베버 두 사람의 저작 사이의 몇몇 가장 중요한 차이를 이해하는 데 도움을 줄 것이다.

마르크스와 베버: 이데올로기로서의 종교문제

종교에 관한 마르크스의 견해와 베버의 견해 사이의 관계를 검토하

---

[2] 『프로테스탄트 윤리』에 관한 논란은 대부분 자신에 대한 초기 비판에 대해 베버가 출간했던 응답들에 대한 무지에서 비롯되어왔다. Max Weber, "Antikritisches zum Geist des Kapitalismus," in *Archiv für Sozialwissenschaft und Sozialpolitik*, vol.30, 1910, pp.176~202 그리고 "Antikritisches Schlusswort"를 참조하라.

려고 할 때 마르크스의 글들이 이 주제를 단편적으로만 다루고 있다는 사실 때문에 큰 어려움을 겪도록 되어 있다는 점은 두말할 필요 없는 사실이다. 종교제도의 영향에 관한 마르크스의 언급은 대부분 뚜렷하게 적대적이지만, 크게 보자면 그는 종교에 큰 관심을 보이지 않는다. 초기 저작에서조차도 마르크스의 관심은 압도적으로 근대 자본주의 및 사회주의에 의한 자본주의의 극복에 치우쳐 있다. 1845년 이후 그는 종교를 자세히 다루지 않았는데, 이는 청년헤겔주의자들 및 포이어바흐와 결별하고, 또 경제와 정치와 이데올로기의 관계를 사회학적으로 분석해야 할 필요를 느끼게 되면서—자신의 목표에 비추어볼 때—종교를 상세하게 분석해야 할 필요를 사실상 극복했기 때문이다. 『신성가족』에 분명하게 지적되어 있듯이, 청년헤겔주의자들은 계속 종교비판에 대부분의 노력을 바쳤으며, 그럼으로써—비록 부정적인 방식으로만 그랬다고는 하더라도—언제까지나 종교적인 세계관 속에 갇혀 있었다.

따라서 특정의 종교현상들에 대한 마르크스와 베버의 견해를 상세히 비교하고자 하는 시도들은 모두 실패하도록 되어 있다. 동양사회에 대한 마르크스의 평가는 인도와 중국의 종교에 대한 베버의 방대한 논의와 상세히 비교되기에는 너무 빈약하다. 심지어 유럽 사회들의 발전과정에서 기독교가 출현하고 중요성을 띠게 된 점에 대한 마르크스의 견해조차 대부분 헤겔 및 청년헤겔주의자들에 대한 그의 비판 가운데 나오는 다양한 간접적 언급들로부터 추론되어야 하도록 되어 있다. 이런 사정들은 그러나 마르크스와 베버의 일치점과 차이점을 암시한다. 헤겔을 면밀히 연구한 사람으로서 마르크스는 서구에서 역사가들과 철학자들이 기독교에 부여하는 근본적 중요성을 알고 있다. 마르크스는 그런 견해의 타당성을 의심하지 않는다. 그가 공격하는 것은 기독교의 영향이 관념론적 관점에서 분석되고 있다는 점이다. 따라서 그는 원시기독교의 출현에 대한 슈티르너(Stirner)의 연구가 전적으로 관념의 수준에서 이루어지고 있다는 점에서 그에 반대한다.[3]

마르크스는 기독교가 자신의 터전에서 쫓겨나 방랑하는 사람들의 종교로 생겨났고, 기독교가 확산된 이유는 로마 제국의 내부적 붕괴와 관계가 있다고 말한다. "마침내 그리스와 로마의 세계는 사라졌다. 정신적으로는 기독교 속에서, 물질적으로는 민족들의 이주 속에서."[4] 베버는 그러나 기독교가 항상 우선적으로 도시 수공업자들의 종교였다고 주장한다.[5] 그러나 마르크스는 기독교적인 윤리적 입장이 로마의 도덕적 타락과 대조를 이루면서 활력 있는 새 흐름이 되었다고 강조한다. 기독교는 로마의 범신론을 유일신론으로 대체했는데, 이 유일신의 권위는 죄와 죄 사함이라는 기독교 특유의 관념들에 바탕을 둔다. 나중의 유럽에서 기독교 진보 과정에서는 종교개혁이 내부적으로 해체되고 있던 봉건사회와 관련해서 이와 비슷한 도덕적 쇄신을 가져다주었다. "루터는……헌신에 대한 속박을 신앙에 속박으로 대체함으로써 전자를 극복했다. 그는 신앙의 권위를 회복시킴으로써 권위에 대한 신앙을 분쇄했다……. 그는 신앙심을 인간 내면의 것으로 만듦으로써 겉으로 내보이는 신앙심으로부터 인간을 해방시켰다."[6] 마르크스가 종교에 대해 적대적인 자세를 보인다고 해서 종교 이데올로기가 한편으로는 현세의 비참함 가운데서 살아가는 인간들을 만족시키는 데 기여하면서도 다른 한편으로는 더 나은 세상을 향한 적극적인 영감을 제공하기도 한다는 사실이 묻혀버려서는 안 된다. 종교 이데올로기는 '현실적 고통에 대한 저항'[7]을 만들어낸다.

---

3) *GI*, pp.143 이하.
4) *GI*, p.151 각주.
5) *ES*, vol.2, pp.481 이하. 기독교의 '프롤레타리아적' 성격에 대한 카우츠키의 이론(베버는 이를 거부한다)으로서는 그의 책 *Der Ursprung des Christentums* (Stuttgart, 1908)를 보라.
6) "Contribution to the Critique of Hegel's Philosophy of Right" 번역은 *On Religion*(Moscow, 1957), p.51에 의거했다. 그럼에도 불구하고 마르크스는 루터 및 루터교에 대해 변함없이 적대적이다. 루터는 "몸을 사슬로부터 해방시켰다. 왜냐하면 그는 마음을 사슬에 얽매어놓았기 때문이다."
7) *EW*, p.43.

그러나 이런 상대적으로 비체계적인 비교를 넘어서기 위해서는 좀더 일반적인 수준의 분석으로 되돌아가야 한다. 마르크스가 종교를 다루는 투를 해석하고자 할 때 생겨나는 문제들을 베버의 글들이 제기한 쟁점들과의 관련 속에서 만족스럽게 다루려면 그것들을 '유물론'에 관한 마르크스의 전체적인 생각에 비춰보아야만 한다. 마르크스의 '유물론'을 평가할 때는 두 가지의 핵심적 논지를 명심해야 한다.

첫째, 마르크스는 단 한순간도 학문적 이론의 정립에만 전적으로 관심을 기울였던 적이 없다. 마르크스의 그러한 태도는 다음과 같은 그 자신의 유명한 문구에 잘 드러나 있다. "철학자들은 역사를 다양하게 '해석'하기만 해왔다. 문제는 그것을 '변동'시키는 것이다."[8] 마르크스의 생각으로는 사회사상가들의 이론들 자체가 변증법―사회생활이 '인간을 변혁시키며' 동시에 '인간에 의해 변혁되는' 그런 과정―의 한 부분을 이룬다.

둘째, 마르크스의 일생에 걸친 저작들은 그가 일찍이 성년기 초기에 세웠던 저술 계획의 일부만을 커버하고 있다. 사실상 마르크스의 숱한 이론적 저작들은 『자본론』의 연속적인 초안들인데, 이 『자본론』조차도 마르크스가 죽을 때까지 미완성으로 남았다. 그러나 『자본론』 자체도 원래 부르주아 사회의 계급성을 정밀하게 해명해줄 부르주아 경제학의 예비적 분석으로서 계획되었다. 비록 네 권으로 되어 있기는 하지만 특정 주제에 집중하고 있는 『자본론』[9]을 부르주아 사회의 구조에 대한 전반적인 연구와 비판을 담고 있는 책이라고 보는 것은 잘못인데도, 마르크스주의자와 비판자를 불문하고 압도적 다수의 연구자들이 그런 식으로 잘못 생각해왔다. 마르크스가 1844년의 『경제철학 수고』에서 자기의 의도가 어떤 것인지를 밝혀주고 있는 다음과 같은 추서(追書)가 『자본론』에 대해서도 마찬가지로 정확하게 적용될 수 있다. "지금의 글에

---

[8] *WYM*, p.402.
[9] 『자본론』의 제4권은 *Theorien über den Mehrwert*이다.

서는 국가, 법, 도덕, 시민생활 등에 대한 정치경제의 관계는 정치경제학 자체가 특별히 이 주제들을 다루는 정도까지만 다루어진다."[10]

그리하여 마르크스는 자신의 유물론적 역사 이해를 그것이 그의 으뜸가는 관심사인 부르주아 사회에 적용되는 경우에조차도 결코 체계적으로 해설하지 않았다. 그럼에도 불구하고, 그의 초기 저작들에 비추어 볼 때 마르크스의 사적 유물론이 단순히 헤겔의 관념철학을 전도시키는 것으로 그치는 것이 아니라는 점에는 더 이상 의문의 여지가 없다. 반면, 포이어바흐의 저작은 그런 헤겔 전도에 입각했으며, 그 때문에 그의 유물론은 여전히 변형된 종교적 휴머니즘의 세계에 갇혀 있다. 포이어바흐의 입장은 종교란 인간의 상징적 표상이며, 인간의 자기소외를 제거하려면 종교가 탈신비화되고 합리적으로 이해되어야 한다는 것이다. 마르크스의 견해는 다르다. 마르크스가 보기에 포이어바흐의 오류는 우선 '인간'에 관해 추상적으로 논하고, 그럼으로써 인간이 오직 역사발전 과정을 거치면서 변동해가는 실제의 사회들 속에서만 살아간다는 점을 이해하지 못한다는 점이고, 둘째로는 관념과 '의식'을 단순히 물질세계에서의 인간 활동들의 '반영물'로 취급하는 점이다.

달리 말해서, 포이어바흐는 마르크스가 벗어나려고 하는 철학적 함의의 유물론에 머물러 있다. 마르크스의 말을 빌리면 "이전의 모든 유물론(포이어바흐의 유물론을 포함하여)의 주된 결점은 객체, 현실, 감각성 등을 '객체나 지각 대상'으로만 생각하고, '인간의 감각 활동'으로, 즉 '실천'으로, 주체적인 것으로 생각하지 않는다는 점에 있다."[11] 관념은 '부수현상'이라고 하는 생각, 따라서 이데올로기의 내용을 분석하는 것은 인간의 행위를 설명하는 데 아무 도움도 안 된다고 하는 생각의 배후에는 바로 유물론에 관한 이런 식의 이해가 자리잡고 있다. 마르크스의 저작이 이런 견해를 추적하는 것으로 그치지 않는다는 점

---

10) *EW*, p.63.
11) *WYM*, p.400; *We*, vol.3, p.5. 포이어바흐에 대한 최근의 논의로는 Eugene Kamenka, *The Philosophy of Ludwig Feuerbach*(London, 1970)를 보라.

이 인정되어야 한다. 『독일 이데올로기』에서 마르크스는 "모든 이데올로기들에서는 인간과 그의 환경이 사진기 속의 영상과도 같이(camera obscura) 거꾸로 서 있는 것처럼 보인다……"라고 쓰고 있다.

그러나 그런 진술들은 역사적 맥락 속에서 이해되어야 함이 분명해졌다. 사회발전의 초기 단계의 인간 의식은 물질적 활동의 '직접적 결과'이다. 이 단계에서 인간 의식은 '단순한 무리(群衆)의식'이다. 그러나 사회 분화가 진전되어감에 따라서 "의식은 스스로를 세상으로부터 '해방'시키고 나아가 '순수한' 이론, 신학, 철학, 윤리학 등을 형성할 위치로 나아간다"(관념이 그것을 낳는 사회적 조건이 전혀 없이 생겨날 수는 없다는 의미에서는 '해방'시킨다는 이야기는 불합리하다). 이것은 '정신노동' 담당 계층의 출현을 가능케 하는 분업의 등장과 더불어 최초로 가능해지며, 역사적으로는 사제직의 발전이라는 모습으로 나타난다.[12] 다음 구절이 마르크스의 입장을 분명하게 보여준다.

이 역사관은 생활 자체의 물질적 생산으로부터 출발해서 실제의 생산 과정을 서술하고, 이 생산양식과 연관되어 있음은 물론 이 생산양식에 의해서 창출된 것이기도 한 교류형태(즉 다양한 단계에 있는 시민사회)를 전체 역사의 토대로서 이해하고, 또한 이 시민사회를 국가로서 시민사회가 갖는 활동이라는 측면에서 서술할 뿐만 아니라, 모든 상이한 이론적 성과물들과 의식형태들, 종교, 철학, 윤리학 등등을 설명하고 그것들의 발생과 성장을 시민사회에 의거하여 설명할 수 있는 우리의 능력에 의존한다. 그렇게 함으로써 모든 것이 총체적으로 (따라서 이 다양한 측면들 사이의 교호작용도) 서술될 수 있다.[13]

---

12) GI, pp.37과 43; We, vol.3 pp.27과 31. 풀란차스가 말하듯이 이 분석에 의하면 "신성의 영역은, 적어도 우리가 분리되기 시작한 사법적 사실에 대해 말할 수 있는 순간부터는, 법의 영역보다 더욱 하부구조에 가깝게 보일 것이다. 법이 하부구조와 갖는 관련 속에서 이해될 수 있도록 해주는 가장 중요한 매개자를 구성하는 것은 종교적 수준이다." Nicos Ar. Poulantzas, *Nature des choses et du droit*(Paris, 1965), p.230.

이데올로기란 이처럼 "생활의 물질적 조건 속에 뿌리를 내리고 있다." 그러나 그렇다고 해서 사회의 '진정한 토대'(생산관계)와 '법적·정치적 상부구조' 사이에 어떤 보편적이고 단선적인 관계가 존재한다는 뜻은 아니다. 마르크스가 포이어바흐 비판을 통해 도달하는 독특한 결론은 관념은 사회적 산물이며, 이 사실은 역사의 외부에 서 있는 철학가에게는 이해될 수 없다는 것이다. 마르크스 유물론의 결정적 특징은 '계급구조'와 '이데올로기'의 관계에서 찾을 수 있다. 단순하고 명료하게 보일지 모르지만, 마르크스 '유물론'의 근본을 이루는 것은 관념을 물질적 관계의 부수적 현상으로 보는 것보다는 바로 이것이다. 마르크스가 이데올로기와 물질적 '하부구조'의 관계를 일반화시키는 것은 계급구조가 둘을 연결하는 주된 매개고리임을 자세히 밝히는 가운데서다. 사회의 계급구조는 그 사회의 지배적인 관념들에 규정적인 영향을 미친다. 이와 마찬가지로 지배질서에 대한 효과적인 도전을 뒷받침하는 관념들의 출현 역시 새로운 이데올로기의 구조적 토대를 낳는 계급관계의 형성에 달려 있다. 역사상 '공산주의라는 관념'은 수백 번 표현되어왔지만 공산주의혁명의 진정한 가능성은 "혁명적 계급의 존재를 그 전제로 한다."[14]

포이어바흐의 철학에서조차도 종교는 단순한 물질적 현실의 반영을 넘어서는 그 무엇이라고 지적할 수 있을 것이다. 그에게 종교란 인간이 성취하고자 애써야 하는 이상들의 원천이기도 한 것이다. 신은 인간의 당위적 모습이며 따라서 신격의 이미지는 인간이 무엇이 '될' 것을 희망할 수 있는지를 보여준다. 마르크스는 이 생각을 역사적 시각의 핵심이 되어야 하는 것은 그런 아이디어들과 '세속적 인간들'의 사회조직

---

13) *GI*, p.50.
14) *GI*, pp.51과 62. 마르크스의 이러한 지적을 파악하지 못한 것이 사회학의 이른바 '통합이론', 또는 '강압이론'의 많은 논의들을 혼란시킨 요인 중의 하나였다. 나의 논문인 "Power in the recent writings of Talcott Parsons," *Sociology*, vol.2, 1968, pp.268~270을 참조하라.

사이의 상호작용이라고 보는 변증법적 견해와 짝을 짓는다. 이 상호성은 구체적인 사회형태에 대한 경험적 연구를 통해서 이해되어야 하며, "역사과정을 사상시킨다면" 파악될 수 없다.[15] 따라서 계급구조와 이데올로기의 관계가 갖는 구체적 성격은 그 자체 역사적으로 변한다. 봉건제의 모든 인격적 유대를 떨쳐버리는 자본주의는 비인격적 시장의 작동으로 그것을 대체한다. 그리고 과학을 적용하여 합리적 기술을 구축함으로써 전통적 질서의 이데올로기적 겉치레를 돌파한다―자본주의 질서의 도래에 대해 종교적 신앙이 미친 영향이 잊혀지는 경향이 있을 정도로.

부의 생산과 평화적 경쟁에 몰입함으로써 부르주아 사회는 로마 시대 이래로 유령들이 자신의 요람을 돌봐왔다는 사실을 더 이상 깨닫지 못했다. 그러나 부르주아 사회는 영웅적이지 않다. 그럼에도 불구하고 영웅주의와 희생, 테러, 내란, 전쟁 등을 통해 부르주아 사회는 대두했다. 이와 마찬가지로 한 세기 전의 또 다른 발전 단계에서 크롬웰(Cromwell)과 영국민들은 그들의 부르주아 혁명을 위하여 구약으로부터 연설과 열정과 환상을 빌려왔다. 실제 목적이 성취되었을 때, 즉 영국사회의 부르주아화가 이룩되었을 때, 로크(Locke)가 하박국(Habakkuk: 히브리의 예언자―옮긴이)을 밀어냈다.[16]

이런 이야기는 "막스 베버의 사실들과 주장들(그의 종교사회학에서 보는)은 모두 마르크스의 체계와 완벽하게 어울린다"[17]고 하는 슘페터의 주장에 상당한 일리가 있다는 점을 분명하게 보여준다. 말하자면, 주체와 객체의 활발한 상호작용으로서 변증법을 이해한다면, 이데올로

---

15) *WYM*, p.40.
16) *SW*, vol.1, p.248.
17) Joseph A. Schumpeter, *Capitalism, Socialism and Democracy*(New York, 1962), p.11.

기나 '의식'은 개인과 세계가 서로에 대해 행위할 때 행위의 동기와 연결되는 필수적인 의미들을 제공한다는 결론이 나온다. 현실은 단순히 인간에 대해 외재하면서 인간의 의식을 모양짓는 것이 아니라, 의식의 능동적 적용과 기존환경의 수정을 통해 인간의 목적에 맞게 개조된다. 이렇게 접근해 들어가면 이데올로기가 물질적 현실로부터 '환원'될 수 있는 '결과'로서 취급될 수 없음이 분명해진다. 한편 마르크스의 사상과 관련해서 베버가 받아들이는 견해는 19세기 말 사회사상계의 특징적인 마르크스 '해석'이다. 엥겔스의 후기 저작들은 분명히 마르크스를 그런 식으로 변형시킬 정당성의 근거를 제공하는 데 중요한 역할을 했다. 그러나 앞장에서 지적되었듯이, 그런 '해석'은 유럽의 주도적인 마르크스주의 정당이 마르크스주의의 기원국인 독일의 정치현실 속에서 상당히 급박한 처지에 있었다는 사실에서 비롯된 것이기도 하다.『반뒤링론』에서처럼 변증법이 자연계에도 존재하게 된다면, 사회변동의 능동적 원천으로서의 관념의 역할을 역사로부터 제거하는 일종의 철학적 유물론으로 나아갈 길이 열리게 된다. 이데올로기는 결과가 되고 물질적 조건은 원인이 되는 것이다. 이것은 마르크스가 초기에 감지했던 철학적 유물론 특유의 문제점을 유발한다. 이데올로기가 물질적 환경의 수동적인 반영에 지나지 않는다면 사회적 현실의 창조자로서 인간의 능동적 역할은 설 자리를 잃는다.[18]

베버의 종교적 저작들은 '반영적 유물론'의 입장이 사회학적 분석의 쓸 만한 출발점이 될 수 없음을 탁월하게 보여준다. 그러나 마르크스와 관련시켜 볼 때 베버의 저작은 이 점에서 문제를 거의 원점으로 돌려놓았다고 할 수도 있을 것이다. 베버는 마르크스 추종자들이 '사적 유물론'이라는 이름으로 역사에 적용하려고 했던 '철학적 유물론'에 구속되

---

18) *WYM*, p.401. 번바움은 이 점의 중요성을 충분히 밝히지 못함으로써 그의 탁월할 수 있었던 논의를 훼손시키고 있다. Norman Birnbaum, "Conflicting interpretations of the rise of capitalism: Marx and Weber," *British Journal of Sociology*, vol.4, 1953, pp.125~141.

기를 거부했다. 이 관점에서 보면 '주관적 관념론'에서 출발하는 베버의 종교사회학 저작들은 부분적으로는 마르크스를 그의 제자들로부터 지켜준다.

베버는 이데올로기는 그 '진짜' 내용이 드러나게끔 합리적으로 재서술될 수 있다고 하는 주장이 마르크스의 전제라고 취급한다. 그러나 실제로는 마르크스가 청년헤겔주의자들과 결별하면서 반박했던 것이 바로 그런 견해다. 따라서 관념체계와 사회조직의 관계를 분석할 때 베버가 사용하는 선택적 친화성(elective affinity)[19]이라는 개념은 마르크스가 이데올로기를 다루는 방식과 완벽하게 양립 가능하다. 베버는 어떤 신앙의 상징적 내용과 그 신앙을 따르기로 '선택'(elect)한 사람들의 사회적 행위 사이의 관계가 필연적인 것이 아니라 우연성을 갖는 것이라는 점을 지적하기 위해서 이 개념을 쓴다. 역으로, 특정 사회계급이나 지위집단의 생활양식은 어떤 종류의 종교적 윤리를 거기에 수반되는 신앙의 성격을 '결정'함이 없이도 받아들이게 하는 친화성을 낳을 수 있다.

경제적 사업 활동 속에서 실무적 계산을 하는 것이 일상사로 되어 있는 도시의 수공업자와 상인들은 "적극적 금욕주의의 태도로 기울게 될 '친화성'을 갖는데, 그것은 상류 지식계층의 영향을 받은 종교들에서 최고의 가치로 드러나는 신에 대한 내면적이고 명상적인 굴종의 태도라기보다는 신의 뜻에 따라 행위한다는 태도—신의 '도구'가 된다는 감정에 의해 뒷받침되는—다.[20] 그럼에도 불구하고 '적극적 금욕주의'가 도시 계층들의 종교에만 국한되는 것도 아니며, 모든 도시 집단들이 이 유형의 종교윤리를 따르는 것도 결코 아니다.

마르크스가 자기의 입장을 표현하고 있는 구절들은 실제로 베버가 종종 채택하고 있는 구절들과 매우 비슷하다. 예컨대 마르크스는 "관념

---

19) 예컨대 *PE*, pp.90~92를 참조하라.
20) *FMW*, p.285.

은 아무것도 '실현'하지 못한다. 관념을 '실현'시키기 위해서는 어떤 실제적 힘을 무너뜨릴 사람들이 필요하다"[21]고 말한다. 베버는 항상 이데올로기의 내용과 그 이데올로기의 '담지자'인 집단의 사회적 지위 사이의 관계가 우연성을 가짐을 강조한다. 그러나 베버는 흔히 마르크스와 마찬가지로 관념이 물질적 이해관계를 매우 직접적으로 보여주는 예들을 지적한다. 마르크스와 베버 모두에게 종교체계는 인간적 가치의 창조를 표현하는 것이며, 그 가치는 인간의 생물학적 특성 속에 '주어져 있는' 것이 아니라 역사과정의 산물이다. 두 사람 모두 안정된 종교적 질서는 지배관계를 정당화하는 특징이 있다는 데 동의하며, 근대 이전에는 급진적 사회변동을 이루어내는 데서 '획기적인 진전들'이 종교적 상징의 틀 속에서 이루어졌다는 데에도 동의한다. 나아가서 마르크스는 전 자본주의 사회들에서 종교가 우주관을 제공해줌으로써 그것을 받아들이는 사람들이 존재를 이해하도록 해주었다는 사실을 부인하지 않는다.

그러므로 이런 점들을 비교 분석해보면, 베버의 종교사회학은 이데올로기가 사회변동에 '독립적' 영향력으로 작용함을 보여줌으로써 마르크스의 사적 유물론을 '거부'했다고 보는 보통의 견해가 잘못임이 명백해진다. 이 점에서 슘페터의 판단은 적절하다고 봐야 할 것이다. 즉, 통설이 잘못되었다고 해서 마르크스와 베버가 근본적으로 차이를 보이는 요소들—집필 당시의 논쟁의 맥락 속에서 철학적 유물론에 대한 베버의 비판을 실제로 가능케 했던 요소들—을 간과해서는 안 된다는 것이다. 왜냐하면 베버의 전제에 의하면 마르크스가 만들고자 하는 것과 같은 합리적인 역사발전 도식을 구성한다는 것은 도저히 있을 수 없는 일이기 때문이다.

베버가 사회와 역사에 관한 연구로부터 객관적으로 옳음을 입증할 수 있는 규범들을 끄집어낼 가능성을 부정한다는 의미에서, 그의 견해

---

21) *Holy Family*, p.160.

와 실존주의의 견해가 비슷하다고 주장해온 사람들은 전적으로 옳다. 적어도 궁극적 가치들을 수용하는 문제에서 개인의 도덕적 신념은 과학에 의해 타당성이 입증될 수 없다. 반면, 역사에서 합리성을 찾아낼 수 있다고 보는 것은 마르크스 사상의 본질적 요소 가운데 하나다. 마르크스는 다음과 같이 말한다. "나의 변증법적 방법은 헤겔과 다를 뿐 아니라, 정반대다."22) 이것은 마르크스의 사상이 헤겔의 이데올로기를 단순히 헤겔의 저작들에서 발견되는 형태를 '전도시킨' 형태로 보존하고 있다는 것을 뜻하는 것이 아니다. 사실상 마르크스는 다소 힘겹게 그런 관점을 거부한다.

마르크스에 의하면 그것은 이후의 역사를 '이전 역사의 목표'로 취급하는 사변적 왜곡일 뿐이다. "앞선 역사의 '운명'이니, '목표'니, '맹아'니, 또는 '이념'이니 하는 등의 단어가 가리키는 것은 단지 나중 역사로부터 생겨나는 추상, 앞선 역사가 나중의 역사에 미치는 능동적 영향으로부터 생겨나는 추상일 뿐이다."23) 그러나 이 말이 역사 과정에 대한 경험적 연구로부터 도출될 수 있는 특정의 발전 '논리'가 존재한다는 이론적 입장을 보여주는 것으로 받아들여지는 한, 마르크스의 저작이 역사철학을 만들어내고 있다고 본 베버의 견해는 분명히 전적으로 정당하다.

좀더 직접적으로 경험적인 수순에서 볼 때 이 차이점들은 베버 저작들에서 보이는 '카리스마'의 역할과 마르크스 저작들에서 보이는 '계급'의 역할을 통해서 드러난다. 마르크스는 한 사회 내에서 이데올로기들은 계급관계가 만들어내는 기본축을 토대로 일반적으로 수용된다고 주장한다. 따라서 이데올로기는 중요한 의미에서 '환상적'이다. 이는 관념체계의 내용이 물질적 생활의 단순한 '반영'이고 따라서 주체의 활동에 부적합하다는 의미에서가 아니라, 일반적 또는 보편적으로 타당

---

22) *SW*, vol.1, p.456.
23) *GI*, p.60.

하다고 생각되는 관념들이 사실상 분파적인 계급이익의 표현이라는 의미에서다.[24] 그러나 베버의 입장에 따르면 이데올로기는 이런 의미에서 환상적이라 판단되어서는 안 된다. 왜냐하면 그런 판단은 특정의 가치입장(valueposition)을 상정할 것을 요구하는데, 그 가치입장이 다른 가치입장들보다 윤리적으로 우월하다고 말할 합리성은 없기 때문이다. 베버가 사용하는 카리스마의 개념은 이 점과 밀접히 연관되어 있다.

카리스마적인 혁신의 요점은 기존 사회와 관련해서 '비합리적'이라고 하는 점에 있다. 왜냐하면 그것은 그 순수한 형태에서는 지도자의 비상한 자질들에 대한 믿음에 근거하기 때문이다. 따라서 카리스마적 권위에서 정당성 관계는 카리스마적 조직의 존재로부터 도움을 받는 실질적인 이해관계들이 무엇인가와 상관없이 똑같다. 가장 냉혹한 테러리즘조차도 가장 관대한 미덕과 똑같은 의미에서 카리스마적일 수 있다. 이것이 베버 사상의 핵심이며, 한편의 이해사회학(verstehende Soziologie)과 다른 한편의 그의 신칸트학파적인 방법론적 입장을 논리적으로 긴밀하게 이어주는 것이다.

이렇게 해서 베버는 의미연관의 이해는 기존의 문화적 신념들을 따르는 사회적 행위의 해석뿐만 아니라 일상으로부터의 혁명적 이탈을 설명하는 데도 필수적이라는 사실을 증명하려고 한다. 그런 혁신적 행위는 지도자에 대한 카리스마적 애착이라는 비합리적 특성에 의거하므로 새로이 만들어지는 규범들은 당시의 사회변동이나 경제변동으로부터 '추론'될 수 없다.[25] 이것은 사실관계에 관한 지식으로부터 가치판단을 추론해내는 것이 논리적으로 불가능하다고 하는, 베버가 추상적 원리로서 그렇게나 강조했던 바로 그 원리와 연결되어 있는 경험적 수

---

24) *GI*, p.52
25) 니체가 베버에게 끼친 영향은 지대하지만, 베버는 '노예반란'에 대한 니체의 견해가 환원론적 종교이론이라 보고 그것을 거부한다는 점을 인식하는 것이 중요하다. 그러나 베버는 죽기 직전에 마르크스와 니체가 근대 지성계의 가장 중요한 두 인물이라고 말함으로써 니체에게 그가 부여하고 있는 중요성을 잘 시사해주고 있다.

준의 사정이다. 그리하여 베버는, 마르크스와 마찬가지로 집단들의 분파적 이익과 관념의 관계가 갖는 중요성을 인정하지만, 계급이익과 이데올로기가 불균형을 이룬다고 하는 '규범적'(normative) 판단의 성립 가능성은 인정하지 않는다. 베버에게는 주어진 어떤 이상들에 대한 집착은 그 이상들이 종교적인 것이든, 정치적인 것이든, 경제적인 것이든, 또는 다른 어떤 무엇이든 간에, 그 이상들 자체의 내용을 통해서만 정의될 수 있는 이해관계를 산출한다.

한편 마르크스는 '분파적'(계급적) 이해관계와 '사회적' 이해관계의 분열을 인정하고, 이 분열이 봉건제에서 자본주의를 거쳐 사회주의에 이르는 발전과정 속에서 점차 사회적 이해관계가 실현되는 방향으로 해소되리라고 보는데, 바로 이 때문에 그의 도식에서는 역사에 합리성을 귀속시키는 것이 가능하다.[26] 경험적 수준에서 보면, 이 차이점은 계급관계가 정치적 권력의 원천이 된다고 하는 마르크스의 가설에서 뚜렷이 드러난다. 마르크스의 저작들에서 경제적 권력과 정치적 권력의 동화(同化)는 핵심 공리의 하나다. 이와 대조적으로 베버에게는 정치적 권력과 군사적 권력은 모두 경제적 권력 못지않게 역사적으로 중요하며, 반드시 경제적 권력으로부터 나오는 것도 아니다.

세속화와 근대 자본주의의 에토스

이 대목에서 '세속화' 문제로 옮겨가는 것이 적절할 것 같다. 물론 세속화라는 용어는 마르크스와 베버 모두가 자본주의의 발전과 함께 진행된 종교적 신념의 몰락의 결과라고 보는 다양한 측면들을 모두 담아낼 수 없는 용어다. 베버의 경우, 세계의 점진적인 각성 그 자체가 종교적 예언이 촉진한 합리화에 의해 조장된 과정이다. 주술적 의식의 제거는 칼뱅교의 등장과 더불어 완료되지만, 칼뱅교는 다시 점차 자본주

---

26) *Gru*, pp.438~439.

적 산업생산의 성숙과는 관계가 없어진다.

프로테스탄트 윤리와 근대 자본주의 '정신' 사이의 친화성에 관한 베버의 설명에 나오는 세부적인 내용들을 마르크스가 어느 정도나 받아들였을지는 알 수 없다. 그러나 마르크스는 양자의 관계가 갖는 역사적 중요성을 인정하고 있으며 근대 자본주의의 '금욕적 합리성'을 강조한다. 마르크스에 의하면 이것은 인간관계에서 시장이 차지하는 압도적 중요성과 그 자체가 목표인 금전적 이익의 추구에서 뚜렷하게 드러난다. 화폐는 모든 인간적 특성들을 양적인 교환가치로 환원시키는 만큼, 자본주의 아래서 인간의 자기소외를 집약적으로 표현한다. 따라서 자본주의는 전통문화들의 특수성을 극복하고 자신의 '화폐 도덕'을 산출하는 일종의 '보편화 작용을 하는'(universalizing) 성격을 띤다. "자본은 불가항력적으로 민족적 경계와 편견들을 넘어서 발전한다……. 자본은 좁은 범위에 국한되어 있고 전통적인 생활양식과 재생산양식에 바탕을 두는 자족상태(self-satisfaction)를 파괴한다."[27]

자본가들의 행위가 자제와 이윤의 계속적인 재투자에 기반을 둔다는 점에서 자본주의는 '금욕적'이다. 이것은 정치경제학이론 속에 잘 나타나 있다고 마르크스는 지적한다. "부의 학문인 정치경제학은 동시에 자제와 절약과 저축의 학문이다……. 정치경제학의 진정한 이상은 '금욕적'이면서도 '고리대금업자 같은' 구두쇠, 그리고 '금욕적'이면서도 '생산적'인 노예다."[28] 그 자체가 목적인 부의 추구는 일반적인 도덕적 풍조로서는 근대 자본주의 속에서만 발견되는 현상이다. 이 점에 대해서 마르크스는 베버 못지않게 명확하게 적고 있다.

부 그 자체에 대한 열정은 특징적인 발전현상이다. 옷이나 무기, 보석, 여자, 술 등등의 특정 상품에 대한 본능적인 갈구와는 다른 무엇

---

27) *Gru*, p.313. 여기서 마르크스는 차후 베버가 사제들의 '합리화' 활동에 관한 연구에서 매우 상세하게 세련시켰던 점을 지적하고 있다.
28) *EW*, p.171.

이다……. 소유욕은 화폐가 없어도 존재할 수 있다. 부자가 되겠다는 갈망은 특정의 사회적 발전의 산물이며, 자연적인 것이 아니라 역사적인 것이다.[29]

마르크스와 베버는 모두 성숙한 자본주의를 종교가 기술공학적 합리성이 으뜸을 차지하는 사회조직에 의해 대체되어 있는 세계라고 본다. 마르크스는 자본주의의 진전이 갖는 세속화 효과들을 자주 강조한다. 세속화는 "종교적 열성과 기사도적인 열정, 그리고 속물적 감상주의의 가장 거룩한 황홀경을 이기적 계산이라는 얼음물에 빠뜨려 익사시켰다." 부르주아 사회이론인 정치경제학이 자본주의 발전에 대한 과학적 설명과 비판의 기초로 공헌할 수 있는 것은 바로 이 때문이다. 부르주아 사회에서는 "모든 신성한 것들이 비속화되며, 마침내 인간은 자기 생활의 실제의 조건들과 자신의 다른 사람들과의 관계를 멀쩡한 정신으로 바라보지 않을 수 없게 된다."[30]

마르크스의 생각에 의하면, 종교의 몰락은 전통적 질서 속에서는 '환상적'인 것으로 머물러 있던 신념들을 실제로 실현될 수 있게 한다―천상에서 삶의 완성이란 지상에서 모든 인간들의 생활을 만족시켜줄 가능성을 신비적으로 바꾸어놓은 것이라고 하는 의미에서. 그러나 이것은 자본주의 내에서는 실현될 수 없다. 자본주의적 질서는 인간의 소외를 탈신비화하고 강화하는 데 기여하지만, 그렇게 함으로써 새로운 사회―기독교 속에 종교적인 형태로 표현되어 있는 가치들이 실현될 수 있는 사회―에 도달할 수 있게 해줄 조건들을 창출한다. "인간의 '환상적' 행복으로서 종교를 폐기하는 것이 인간의 '실제의' 행복을 위해 요

---

29) *Gru*, pp.133~134. 여기서 마르크스의 입장은 차후 지멜이 세밀하게 다듬은 입장에 매우 근접해 있다. Georg Simmel, *Philosophie des Geldes*(Leipzig, 1900). 베버는 지멜의 저작에 대해 다음과 같이 논평한다. "화폐경제와 자본주의를 지나치게 동일시함으로써 구체적 분석을 그르쳤다." *PE*, p.185.
30) *CM*, p.136.

구된다."[31] 마르크스에게 이것은 도덕적 가치들의 '소멸'을 뜻하는 것이 아니다. 그보다는 특정의 가치신봉들을 타파하자는 것인데, 그것들은 첫째 분파적 계급이익을 정당화하는 기능을 하고, 둘째 합리적인 용어로 표현되어 있지 않은 것들이다(이데올로기는 이 두 가지 특성을 모두 갖는다). '공산주의의 높은 단계'(higher stage of communism)에 관한 글들에서 마르크스가 예견하는 미래사회는 공리주의의 또 다른 변형일 뿐이라고 흔히 이야기되는데, 철학적 유물론에만 입각하고 있는 이론의 경우에는 이 이야기가 맞다. 그러나 주체-객체 변증법에 의거하여 의식을 파악하는 마르크스의 견해를 이해한다면 그런 비판은 부지될 수 없다. 달리 말해서, 공산주의는 자기 고유의 도덕성을 낳는데, 이 도덕성은 각기 자기의 이기적 이익만을 추구하는 개인들의 집합체를 염두에 두는 상태에서는 떠올릴 수 없는 것임이 분명하다.

사회생활에 대한 종교의 영향력 쇠퇴가 낳은 결과와 관련해서 마르크스와 베버가 의견이 달라지게 만드는 주된 원천은 보통 생각되는 것처럼 '이상들'의 소멸에 있는 것이 아니다. 사실상 자본주의가 조장하는 특징적인 생활양식에 대한 비판적 평가는 두 사람의 저작 속에서 매우 비슷하게 나타난다(기술공학적 합리성의 지배). 그러나 베버가 보기에는 '세속적' 사회를 기술공학적으로 조직해야 할 필요성은 그 사회의 발전을 조장했던 몇몇 지배적 가치들의 쇠퇴나 부정(否定)을 필연적으로 수반할 정도로 절박하다. 한편 마르크스의 생각으로는 근대 자본주의의 소외성은 그것의 계급성에서 유래되며, 사회의 혁명적 재구성에 의해 제거될 것이다. 관료제적 일상의 효과에 관한 베버의 묘사는 자본주의에서 소외의 결과들에 관한 마르크스의 설명과 거의 같다.

충분히 발달한 관료제는 한 가지 특수한 의미에서 '경멸이나 편견 없이'(*sine ira ac studio*)라는 원리 아래 놓이게 된다. 이런 특성은

---

31) *EW*, p.44.

관료제가 '비인간화'될수록, 즉 계산의 대상이 될 수 없는 사랑, 증오, 그리고 모든 순수하게 사적이고, 비합리적이고, 정서적인 요소들을 공무(公務)로부터 제거하는 데 완전하게 성공할수록 더욱 발전한다. 자본주의는 이 특성을 환영한다.[32]

그리하여 베버는 자본주의에서 원초적 비합리성을 감지한다. 관료제의 형식합리성은 한편으로는 대규모의 행정사무를 기술적으로 수행할 수 있도록 해주지만, 반면에 개인성과 자발성을 억누름으로써 실질적으로 서구문명의 일부 가장 두드러진 가치들과 충돌을 일으킨다. 그러나 이것을 극복할 합리적 방법이 없다. 제도화된 경직성(mechanized petrification)을 특징으로 하는 사회 속에서 살아가는 것, 그것이 '시대의 운명'이다. 아마도 새로운 신의 카리스마적인 부활만이 대안을 제시해줄 수 있을 것이다.[33]

그러나 이 덕은 우리에게 명령한다. 오늘날 새로운 예언자나 구세주를 고대하고 있는 많은 사람들에게 사정(事情)이 저 「이사야서」에 기록되어 있는 유수시대(幽因時代)의 에돔인 파수꾼의 아름다운 노래에서와 똑같음을 확인하라고. 즉 "그가 에돔에 있는 세여(Seir)에서 나를 부르니, 파수꾼이여, 밤은 얼마나 남아 있느뇨? 파수꾼이 가로되, 아침은 오나 지금은 아직 밤이니라. 만약 네가 물으려거든 다시 한 번 올지니라." 이 말을 들은 민족은 2천년을 넘게 같은 것을 물어왔고 기다려왔다……[34]

마르크스는 특수한 형태의 계급사회인 자본주의가 소외를 불러오는 특성을 갖는다고 본다. 베버는 근대적 형태의 사회는 그것이 '자본주의

---

32) *ES*, vol.3, p.975; *WuG*, vol.2, p.571.
33) *PE*, p.182.
34) *FMW*, p.156.

적'이든 '사회주의적'이든 필연적으로 관료제적 성격을 수반한다고 본다. 그리고 마르크스와 베버 사이의 가장 뿌리 깊은 차이는 마르크스가 말하는 자본주의의 소외성이 실제로 어느 정도나 베버가 말하는 관료제적 성격으로부터 나오는가 하는 점과 관련된다.[35] 이 문제는 다음 장에서 더 자세히 다뤄질 것이다.

마르크스와 뒤르켕: 종교와 근대적 개인주의

종교사회학에서 뒤르켕의 관심사들은 물론 여러 가지 구체적 측면들에서 베버의 관심사들과는 다르다. 종교에 관한 일반 '이론'을 세우려고 시도하는 것은 베버 저작들의 주된 취지와는 낯선 것이다. 그럼에도 불구하고 『종교생활의 기본형태』에 나타나는 뒤르켕의 관심의 초점은 잘못 해석되기 쉽다. 일반적으로 이 책에 전개된 종교에 관한 견해는 근대사회들의 구조에 관한 뒤르켕의 생각에서 근본적 중요성을 갖는다고 여겨지고 있는데, 이는 맞는 판단이다. 그러나 뒤르켕에 대한 이차적 해석자들은 너무나 자주 이 판단과 관련되는 추론으로 나아가는 데 실패해왔다. 원시사회에서 종교의 기능에 관한 묘사와 그것이 현대 사회에 대해서 갖는 적실성(relevance)이 연결되게끔 『분업론』에서 분석되고 있는 진화의 차원이 보충 설명되어야 한다는 추론이 그것이다. 근대사회들에 존재하는 '신성한' 신념들의 성격은 전통적 형태의 사회에서 특징적으로 나타나는 신념들의 성격과는 뚜렷이 '다르다'는 것이 뒤르켕의 주요 강조점 가운데 하나다. 『종교생활의 기본형태』의 주된 주제 가운데 하나가 전통적 사회들에서 연대의 핵심적 토대로서 종교가 갖는 기능적 중요성을 밝히는 것이라는 점은 분명한 사실이다. 뒤르켕에 기원을 둔다고 주장하는 수많은 인류학적·사회학적 연구들이 관심을

---

35) Jürgen Kocka, "Karl Marx und Max Weber. Ein methodologischer Vergleich," *Zeitschrift für die Gesamte Staatswissenschaft*, vol.122, 1966, p.328.

두어왔던 것이 바로 이것이다.

그러나 뒤르켐의 저작에서 똑같이 중요하며, 보통 뒤르켐의 '지식사회학'이라고 일컬어지는 가운데 나타나는 것처럼 사회구조의 범주들에 관념들을 정적(靜的)으로 결부시키는 것으로 드러나지 않는, 제2의 모티프가 하나 있다. 그것은 특히 주기적인 의식(儀式)에 의해 생성되는 집합적 열정 속에서 잘 드러나듯이, 사회는 새로운 신념과 표상의 원천이라는 점이다. 종교적 의식은 단순히 기존 신념들을 강화시키기만 하는 것은 아니다. 거기에서는 창조와 재창조의 상황이 펼쳐진다.[36] "이제 이 모임을 통해서 도덕적 생활이 찬양받는다. 이 찬양은 새로이 고취된 생활을 묘사하는 한 무리의 이상적인 생각들의 형태를 취한다. 그것들은 생존과 관련되는 일상적 일들을 위해서 우리가 자유로이 처분할 수 있는 것에 덧붙여지는 이 새로운 물리적 힘들에 조응한다."[37]

이 생각과 『분업론』에서 개진된 명백히 '기계론적'인 사회변동론 사이에는 아무런 필연적 모순도 없다. 『분업론』에서 뒤르켐은 인구변동을 분업 확장의 주요인으로 간주한다. 그러나 이 결과는 오직 사회적인 현상인 동시에 도덕적인 현상인 하나의 매개변수—역동적 밀도(dynamic density)—의 작용에 의해서만 생겨난다. 여기에서 작용하는 과정이 도덕적 성격을 갖는다는 점은 뒤르켐이 '도덕적 밀도'와 '역동적 밀도'를 동의어로 사용한다는 사실에 의해 시사된다. 환절형 사회구조의 와해는 "이전에는 서로 아무런 영향을 주고받지 않던 사회의 각 부분들 사이의 상호 교류"와 관련되어 있다. "이 도덕적 결속은 개인들 사이의 실제 거리가 어떤 식으로든 가까워져야만 효과를 낼 수 있다……. 무엇이 무엇을 결정하는지를 알아내려고 하는 것은 쓸데없는 짓이다. 그것

---

36) *EF*, p.464.
37) *EF*, p.476; *FE*, p.603. 따라서 "결국, 사회의 숭배가 신의 숭배보다 더 쉽사리 설명될 수 있는 이유는 무엇인가?"라는 식의 의문을 제기하는 것은 분명히 오해에서 비롯되는 것이다. W.G. Runciman, "The sociological explanation of religious beliefs," *Archives européennes de sociologie*, vol.10, 1969, p.188.

들이 서로 불가분의 관계에 있다고 말하는 것으로 충분하다."[38] 분업의 세밀화로 나아가는 변동들은 사회적인 동시에 도덕적이며, 양자는 상호의존적이다. 도덕적 개인주의, 즉 개인예찬은 분업 복합체 출현의 규범 측면의 대응물이다. "개인들 자체가 더욱더 분화됨에 따라서, 그리고 개인의 가치가 점점 더 커짐에 따라서, 거기에 상응하는 예찬이 종교생활의 총체 속에서 상대적으로 더 큰 자리를 차지해왔다……."[39]

뒤르켕은 사회조직과 관념체계의 관계의 상대성을 강조하는 데서 자기의 입장을 마르크스의 입장과 구분하려 한다.

> 따라서 이 종교이론을 절대로 사적 유물론의 단순한 부활이라고 봐서는 안 된다. 그것은 우리의 사상에 대한 터무니없는 오해가 될 것이다. 종교가 본질적으로 사회적인 그 무엇임을 보여줄 때, 우리는 종교란 사회의 물질적 형태 및 그 즉각적인 필수 요건들을 다른 언어로 바꾸어놓은 것에 불과하다고 말하려고 하는 것이 결코 아니다.[40]

이 구절의 역사적 함의는 분명하다. 즉 뒤르켕은 관념과 그것의 사회적 '토대' 사이의 일방적인 관계를 상정하는 인식론으로부터 자신을 분리시키고 있는 것이다. 뒤르켕의 명제가 마르크스의 저작들 속의 명제와 실제로 얼마나 다른지를 생각해보고자 할 때 이 점은 가장 중요시되어야 한다. 『종교생활의 기본형태』는 현존하는 가장 단순한 형태의 종교에 관한 책임을 밝히고 있다. 이 책에서 제시되는 인식론은 더 분화된 사회유형들에 대해 총괄적으로 적용될 수 없다. 가장 단순한 사회유형으로부터 더 복잡한 사회유형으로 가는 발전의 선후관계에 관한 이론적 설명의 주요 내용은 뒤르켕이 학문 활동을 시작할 당시에 밝혔던 바로 그 원리—전통사회와 근대사회 사이에는 매우 근본적인 차이점

---

38) *DL*, p.257; *DTS*, pp.237~238.
39) *EF*, p.472.
40) *EF*, p.471; *FE*, p.605.

들이 있지만, 기계적 연대와 유기적 연대 사이에는 여전히 일정한 도덕적 연속성이 있다는 원리—를 이론적으로 세련되게 한 것이라고 할 수 있다.[41]

『종교생활의 기본형태』에서 드러낸 뒤르켕의 명제에 따르면, 토테미즘에서 사유의 범주들은 사회적 사실들의 표상으로서 생겨난다. '공간', '시간' 등의 개념은 '사회적 공간', '사회적 시간' 등에서 나온다. 뒤르켕이 말하듯이, 이것은 종교적 신앙의 내용은 "순전히 환상적이기만 할 수는 없다"[42]고 하는 일반적 전제에 바탕을 둔다. 뒤르켕은 기초적 형태의 종교적 신앙은 자연현상의 표상들이나 인간의 마음속에 선천적으로 '주어진' 범주들에 근거를 둔다는 견해를 받아들이지 않는다. 따라서 그것은 그 밖의 유일한 실재, 즉 실제의 질서인 사회에 근거를 두는 것일 수밖에 없다. '자연'과 '사회'를 엄격하게 구별해야 한다는 뒤르켕의 강조가 갖는 효과는 그 양자가 무언가 반대되는 것으로 보이게 하는 것임이 분명하다. 이것이 뒤르켕과 마르크스가 강조하는 것에서 한 가지 중요한 차이를 낳는다.

단순한 사회들에서는 사회적 현실과 관념들이 비교적 직접적으로 연결된다고 본다는 점에서 마르크스의 견해는 뒤르켕과 다르다. 그런 사회들에서는 "의식은……그저 '즉각적인' 감각적 환경에 관한 의식이며, 점점 더 자기의식적(self-conscious)으로 되어가는 개인 외부의 다른 사람들과 사물들과의 제한된 관계에 관한 의식일 뿐이다."[43] 그러나 마르크스가 보기에 이 의식은 불가피하게 생산 속에서의 인간과 자연의 상호작용을 토대로 형성된다. 원시인은 거의 전적으로 자연으로부터 소외되어 있다. 그 결과 자연세계를 지배하려는 상대적으로 미약한 시도는 그의 통제 바깥에 놓여 있는 광대무변한 힘들에 비추어볼 때 그것들과 대면하고 있는 자신이 무력하다고 하는 느낌에 의해 가려진다. 자

---

41) Review of Tönnies, p.421.
42) *EF*, p.464.
43) *GI*, p.42.

연은 '전능하며 도전을 허락하지 않는 힘'으로 비치며, "자연에 대한 인간의 관계는 순전히 동물적이고, 인간은 금수들이 그런 것처럼 자연을 두려워한다. 따라서 이것은 자연에 대한 순전히 동물적인 의식(자연 숭배)이다." 그러나 마르크스는 '자연숭배'가 인간과 자연의 매개되지 않은 대립의 결과라고 보지 않는다. "이 자연종교는……사회형태에 의해 규정되며, 또 그것을 규정한다."[44]

뒤르켕과 마찬가지로 마르크스도 인구밀도의 증가가 "양떼 같은, 또는 부족적인, 의식"[45]의 상태를 넘어서서 나아가는 데서 '근본적으로 중요하다'고 본다. 이것이 분업의 발전을 초래하며, 분업의 발전은 다시, 앞에서 살펴보았듯이, 마르크스에게는 계급사회의 존재를 정당화해주는 관념체계 형성의 주된 전제조건이 된다. 그러나 뒤르켕의 분석은 집단적 의식(儀式) 속에서 종교적 신앙의 발생이 갖는 사회적 성격을 강조하는 가운데 경제와 사회의 상호관계의 중요성을 최소화시킨다. 뒤르켕은 경제 활동이 단순한 사회들의 관념체계에 영향을 미칠 수 있음을 인정하지만, 크게 봐서는 경제적 관계가 종교적 관념만큼 중요하지 않을 가능성이 크다고 주장한다.[46] 이 강조는 더 복잡한 사회들의 형태 묘사에도 적용된다.

뒤르켕의 형태론적 도식에서 순서 짓기의 으뜸가는 원칙은 구조 분화의 정도에 따르는 것이다. 따라서 경제적 계급의 존재에 대해서는 특별한 중요성이 부여되지 않는다. 뒤르켕은 분업이 많이 진전되어 있는 사회들에서는 계급관계가 사회구조의 주요 축이 되지 않는다고 보는 것이 확실하다. 뒤르켕의 사회유형론에서는 정치권력의 배분조차도 기본적인 기준인 분화에 비해서는 부차적인 중요성밖에는 갖지 못하는 것으로 간주된다. 그렇다면 뒤르켕과 마르크스 사이의 주된 차이는 관념이 사회적 '하부구조'에 대해 어느 정도나 '독립성'을 갖는가 하는 점

---

44) *GI*, p.42.
45) *GI*, p.43.
46) *EF*, p.466(각주).

에 관한 것이 아니라 '그 하부구조의 구성상의 특성'에 관한 것이다. 이 점은 다음 장에서 더 자세히 논의될 것이다.

종교적 신앙의 '환상적' 성격이라는 문제는 근대사회에서 종교의 중요성에 관한 뒤르켕과 마르크스의 견해들을 원시종교에 관한 이론과 적절하게 연결시켜주는 가교다. 이 문제에 관한 두 사람의 견해 차이는, 베버와 마르크스 두 사람의 경우와 마찬가지로, 어느 정도는 두 사람의 윤리적 입장의 차이에서 비롯된다. 뒤르켕은 자신의 특수한 윤리적 상대주의의 입장에 서서 철학적 신칸트주의(neo-Kantianism)를 배척한다. 사회'병리학' 개념에 바탕을 두는 그의 윤리적 상대주의에 의하면 한 사회유형에서는 '타당한' 도덕성이 다른 유형의 사회에서는 적절하지 못한 것이 된다. 보편적 타당성을 주장할 수 있는 도덕적 이상들이란 없다. 마르크스는 이것과 비슷한 강조를 상당 정도 수용한다. 그러나 뒤르켕에게는 주어진 도덕적 이상들의 타당성을 판별할 주된 기준이 그 이상들의 '사회유기체의 필요에 조응'하는가 하는 점인 데 반해, 마르크스의 견해로는 도덕적 이상들이 계급관계와 연결되어 있어서 도덕은 사회에서 경제적 권력 배분의 비대칭성을 표현한다. 마르크스의 글들에서는 이 견해가 다시 '분파적' 이익과 '일반적' 이익이 분화(계급구조/소외)되어 있는 상황의 역사적 해소를 강조하는 근본적 입장과 통합되어 있지만, 뒤르켕의 글들에서는 그렇지 않다.

따라서 마르크스가 보기에는 종교의 '환상적' 성격은 소외의 역사적 전개와 비교되면서 평가된다. 원시인은 자연으로부터 소외되고, 이 소외는 '자연종교'의 형태로 표현된다. 자연에 대한 지배력을 넓혀가면서 분업이 확대됨에 따라, 종교적 신앙은 인간의 자기소외를 보여주는 더 분명하게 '합리화된' 관념체계(베버 식의 의미에서)의 모습으로 세련된다. 자본주의는 자연에 대한 인간의 지배를 엄청나게 진전시켰다. 인간의 기술적·과학적 노력에 의해 자연은 점점 더 '인간화'되어간다— 그러나 이것은 자본주의적 생산이 조장하는 분업의 진전에 따르는 자기소외의 엄청난 심화를 대가로 해서 성취된다. 여기에서 종교의 '환상'성은 종교가 자본주의 내에서는 실현 불가능한 인간의 잠재적 능력들을 신비적인 영역으로 전속시킴으로써 현존의(소외된) 사회질서를 정당화하는 데 공헌한다는 사실에서 발견된다.

마르크스는 종교적 믿음들은 피지배계급의 종속적 지위를 정당화하는 데 도움을 준다는 의미에서 인민의 '아편'[47]이라고 말한다. 이 (경멸적인) 말은 종교는 가난한 자들을 위로하며 "사회질서는 신의 섭리에 따른 것이라고 가르침으로써 그들의 운명에 만족하도록 가르친다……"[48]고 하는 뒤르켕의 명제와 그 직접적인 '사회학적' 의미가 같다. 그러나 소외에 관한 마르크스의 논지를 두고 본다면, 종교는 인간의 능력을 초인간적 존재의 능력인 것처럼 위장한다는 점에서 종교의 지배는 여전히 '환상'에 기초를 두는 것이다. 이와는 대조적으로 뒤르켕에게는, 특정의 종교적 신념들이 기존 사회유형의 존재와 더 이상 기능적으로 병립할 수 없는 경우—근대사회에서 전통적 종교는 사실 이렇게 되어 있다—를 제외하고는, 종교가 그런 의미로 환상적일 수 없다. 뒤르켕은 기독교가, 그리고 더 구체적으로는 개신교가 근대적 개인 예찬의 직접적 원천이었음을 인정한다. 그는 고대의 종교적 예찬과 기독교의 상징적 내용의 대비를 상당히 강조한다. 고대 세계의 종교들은 "무엇보다도 우주의 규칙적인 운동을 보증하는 것을 본질적 목표로 삼는 의식(儀式)체계"였다. 따라서 초점은 "외부세계로 돌려졌다." 그러나 기독교는 개인 영혼의 구제를 강조한다.

> 기독교도에게 미덕과 신앙은 물적인 의식들이 아니라 영혼이라는 내면의 상태에 있다. 이 때문에 그는 끊임없이 자기 자신을 감독하지

---

[47] *EW*, p.44.
[48] *Su*, p.254. 마르크스와 뒤르켕을 사회학적으로 비교함에서, 종교에 대해 전자는 '적대적' 태도를, 후자는 '호의적' 태도를 취한다고 피상적으로 판단하는 것이 잘못인 까닭이 여기에 있다. 이러한 단순한 관점의 예로서는 Robert A. Nisbet, *The Sociological Tradition*(London, 1967). pp.225~226과 243~251을 보라.

않을 수 없다……. 따라서 있을 수 있는 모든 사유의 두 가지 극단인 한편의 자연과 다른 한편의 인간 중에서 기독교 사회들의 사유는 어쩔 수 없이 인간 쪽으로 끌려가게 된다…….[49]

그러나 도덕적 개인주의가 이 원천으로부터 나오는 것이 맞기는 하지만, 그것은 또한 18세기 말 이래 근대사회를 변형시켜온, 그리고 사회생활의 모든 측면에 합리주의를 침투시켜 온, 일련의 사회변동들의 표현이기도 하다. 이 신념들이 진정으로 '신성한' 성질을 갖기는 하지만, 과거에 교회가 누렸던 지배로 복귀하는 것으로는 이 신념들이 보증되지는 않는다. 오늘날의 도덕 질서를 전반적으로 유지시킬 주된 책임은 점점 더 국가가 떠맡아야 한다.

뒤르켕이 이전의 종교들과 현재의 도덕적 요구 사이를 이론적으로 연결한다고 해서 그가 전통사회와 현대사회의 차이점들을 인정한다고 하는 마찬가지로 중요한 사실이 간과되어서는 안 된다. 뒤르켕은 전통적인 이신론(理神論)으로의 복귀를 갈구하는 보수적 입장을 전적으로 거부한다. 뒤르켕이 과거와 현재 사이의 중요한 불연속의 요소들을 강조하는 동시에 상징과 가치들에서 연속성을 강조할 수 있는 것은 그가 '종교'를 성(聖)과 동일시하고, 나아가서 그가 말하는 도덕적 규제(moral regulation)와 동일시하는 식으로 넓은 의미로 정의하기 때문이다. '인격예찬'에 토대를 두는 미래의 도덕성은 종교를 세속적 휴머니즘으로 전환시킨 것과 다르지 않다. 이 생각을 마르크스의(그리고 포이어바흐의) 생각과 달라지게 하는 것은 전통적 종교가 휴머니즘적 윤리(humanistic ethic)로 대체되어야 한다고 하는, 19세기 초 이래 프랑스와 독일 두 나라의 사회사상이 공통으로 보여온 입장이 아니다. 그것은 이 윤리와 구체적인 사회구조(즉 분업) 사이의 관계의 성격이다. 이 점과 관련해서는 방법론적 쟁점 하나가 간략히 다뤄져야 한다.

---

49) *L'évolution pédagogique*, p.323.

뒤르켕은 사회적 사실(social facts)이 개인에 대해 '외재성'과 '강제성'을 갖는다고 생각한다. 마르크스는 우리가 "무엇보다도 '사회'를 개인과 마주서는 추상물인 것처럼 다시 한 번 상정하는 것을 피해야" 한다고 강조한다. 이 두 입장의 관계를 해석할 때는 마르크스가 소외와 객체화를 구별한다는 사실을 명심하는 것이 중요하다. 마르크스는 사회적 '사실들'이—부르주아 사회에서는—두 가지 의미에서 개인에 '외재'한다고 본다. 첫째, 인간에 의해 창조되는 물질적 가공품과 마찬가지로, 사회적 관계들은 그것들이 '실재'(realities)라는 점에서 객체화된다. 따라서 공상적 사회주의(그리고 관념론 일반)에 대한 마르크스의 일관된 비판은 그것이 사회를 지성의 산물인 양 취급함으로써 사회생활의 실상에 관심을 기울이지 못하게 한다는 점에 집중된다. 이런 의미에서 모든 인간은 자기가 그 일익을 담당하는 사회적 관계들의 산물인 동시에 그 산출자다. 물론 이 관점은 사회주의 사회까지를 포함해서 모든 종류의 사회들에 적용된다. 그러나 부르주아 사회에서는 사회적 사실들은 '외재적'이고 구속적인 성격도 갖는데, 역사적으로 상대적인 것으로 소외된 관계들의 구조로부터 생겨난다. 따라서, 이런 의미에서, 개별 노동자는 마르크스가 소외 분석에서 구체적으로 적고 있는 다양한 방식으로 그에게 '외재적인' 관계들 속으로 들어가도록 강제당한다.

그러나 개인과 사회의 이러한 이원성은 자본주의 사회가 극복됨과 더불어 해소될 것이다. 그러므로 뒤르켕의 방법론에서는 외재성과 구속성이 필연적으로 매우 '독립적'인 반면, 마르크스는 '소외'라는 의미에서 외재성/독립성을 사회적 현상의 보편적 특징이 아니라고 생각한다. 사회주의 사회에서는 도덕적 권위의 성격이 법률상의 의무나 양심상의 의무라는 칸트적인 요소의 유지를—이 요소가 개인이 개인의 비위에 거슬리는 도덕적 규범들을 지켜야 할 필수성과 연결되어 있는 한—요구하지 않을 것이다.

이런 이론적 고려들이 세속화의 결과에 관한 마르크스와 뒤르켕의 상이한 견해의 밑바닥에 깔려 있다. 마르크스에 의하면 종교는 항상 소외의 한 형태다. 이는 종교적 신앙이 실제로는 인간에게 속하는 능력과 힘을 신비적인 실체들에게 귀속시키기 때문이다. 이 관점에 따르면, 종교의 지양(Aufhebung)은 단순히 종교적 상징을 합리적이고 과학적인 지식으로 대체하는 것으로 그치는 것이 아니라, 전에는 신비적인 형태로 표현되었던 인간적 능력이나 모양 갖춤을 의식적으로 회복시키는 결과까지 갖고 온다. 종교의 극복은 가능하다. 그것은 개인과 사회 사이의 분열과 대립을 해소하는 것이 가능하기 때문이다. 뒤르켕의 입장에서는 이것은 현대사회와 관련해서 볼 때 완전히 공상에 지나지 않는다. 개인과 사회 사이의 분열이 없는 사회형태가 존재할 수 있다는 점을 두고 뒤르켕이 마르크스와 견해를 같이하는 일면이 있다. 기계적 연대의 경우가 그렇다. 기계적 연대는 "개인과 사회를 아무런 매개 없이 직결시킨다."[50] 그러나 이 사회형태는 유기적 연대에 자리를 넘겨주었으며, 회복 불가능하다. 그리고 심지어 회복이 가능한 경우라고 하더라도 마르크스가 구상하는 사회 유형은 널리 확산된 집합의식의 재부과가 주어지는 경우에만 생각해볼 수 있는데, 그것은 필연적으로 성(聖)의 영역을 광범하게 재확장하는 결과를 가져올 것이다.

근대사회들에서 행해지는 세속화의 결과에 관한 마르크스와 뒤르켕의 견해가 가장 중요하게 대비되는 지점은 이 사회들에서 '출현 중인'(emergent) 발전의 으뜸 경향들에 관한 두 사람 각각의 진단과 관련되는 부분이다. 이것은 마르크스, 뒤르켕, 그리고 베버의 저작들 속의 한 가지 주된 주제로 이어지는데, 이 주제는 세 사람 사이의 일부 주요 차이점들을 하나로 묶어서 보여준다. 이 주제는 분업의 복잡성의 증대가 수반하는 사회적 분화의 효과들에 관한 그들의 다양한 해석들과 관계되는 것이다.

---

50) *DL*, p.129.

제15장 사회분화와 분업

마르크스와 베버, 그리고 뒤르켕은 근대사회에 대한 분석과 도덕적 비판을 각자의 독특한 방식으로 혼융시킨다. 베버가 경험적 또는 과학적 지식과 가치지향적 행위는 논리적으로 완전히 별개의 문제라고 주장했다는 사실이 그가 역사적 분석과 사회학적 분석이 정치와 사회비판에의 적극적 참여에 대해서 갖는 관련성을 마찬가지로 강한 어조로 긍정했다는 사실을 덮어버려서는 안 된다. 마르크스와 뒤르켕은 모두 칸트의 윤리적 이원론을 거부하고 현대 사회질서의 특징적 양상들에 대한 사실적 평가와 도덕적 평가를 통합하려고 더 직접적으로 시도한다. 뒤르켕은 평생에 걸쳐 선진사회들의 '병리적' 양상들에 대한 진단적 해석을 위한 과학적 토대를 세우려고 노력했다. 마르크스의 업적과 정치적 행위들은 "인간은 실천을 통해서 진리, 즉, 자기 사유의 실제성과 힘, 그리고 현세성을 증명해야 한다"[1]는 주장에 입각한 것이다.

마르크스와 뒤르켕의 저작 속에서는 '소외'와 '아노미' 개념이 각기 근대사회에 대한 비판적 해석의 초점이 된다. 소외 개념은 마르크스의 자본주의 비판을 떠받치는 기둥이며, 따라서 부르주아 체제가 새로운 사회에 의해 극복될 수 있다는 명제의 기둥이다. 그것은 단순히 마르크

---

1) *WYM*, p.401; *We*, vol.3, p.5.

스가 나중에 포기했던 초기의 유토피아적 입장을 표현하는 것도 아니고, '상품의 물신성'에 대한 마르크스의 논의가 『자본론』에서 차지하고 있는 비교적 주변적인 자리로 밀려나게 되는 것도 아니다. 뒤르켕의 아노미 개념도 마찬가지다. 그것은 근대적 위기 및 그 위기가 해소될 수 있는 양식에 관한 뒤르켕의 분석 전반에 필수불가결한 개념이다.

소외 · 아노미 · '자연상태'

마르크스와 뒤르켕이 각기 사용하는 소외 개념과 아노미 개념의 주된 차이점들은 '자연상태' 속의 인간에 관한 암묵적인 견해 차이에서 비롯되는 것임이 분명해 보인다. 마르크스의 소외 개념은 인간은 '원래는'(naturally) 선하나 사회에 의해 타락하게 되었다는 전제에 입각해 있다고 관례적으로 주장되어왔다. 그리고, 이와는 대조적으로, 아노미 개념은 인간은 '원래는' 제멋대로인 존재이며 사회가 그 이기주의를 엄격히 제한해야 한다는 가정에서 나온 것이라고 주장되어왔다. 첫 번째 견해는 루소의 견해에, 두 번째 견해는 홉스의 견해에 가깝다고 여겨진다.[2] 그러나 이 주장은 관련 쟁점들을 지나치게 단순화시킨다. 가설적인 자연상태에 비추어서 소외와 아노미를 평가하는 것은 마르크스와 뒤르켕의 저작이 문제삼는 가장 본질적인 차원—인간의 '역사적' 성격—을 간과하는 것이다. 뒤르켕이 표현하듯이, "현재는 스스로를 과거에 대립시키지만, 동시에 과거로부터 나오며, 과거를 영속시킨다."[3]

두 사상가 모두 명백하고도 단호하게 자신의 입장을 역사의 바깥에서 놓고 있는 추상적 철학의 입장과 구별한다. 뒤르켕은 이 관점에서

---

[2] 예컨대 John Horton, "The de-humanisation of anomie and alienation," pp.283~300; Sheldon S. Wolin, *Politics and Vision*(Boston, 1960), pp.399~407; 이보다 더욱 상세한 논의로는 Steven Lukes, "Alienation and anomie," in Peter Laslett and W.G. Runciman, *Philosophy, Politics and Society*(Oxford, 1967), pp.134~156을 보라.

[3] *L'évolution pédagogique*, p.21.

특히 루소와 홉스를 모두 비판한다. 그에 의하면 루소와 홉스는 모두 '개인과 사회 사이의 연속성의 단절'을 가정하면서 출발하며, 또 "인간은 원래 이처럼 공동생활에 어울리지 않는 존재로서 강제될 때에만 비로소 공동생활을 따른다"고 생각한다. 여기서 뒤르켕은 자기가 '강제성'(constraint)이라는 용어에 부여하는 의미는 홉스와는 판이하다고 강조한다.[4]

뒤르켕이 이기적 욕구들의 원천을 개인 유기체의 생물학적(즉 전[前] 사회적) 구조 속에서 찾고 있다는 것은 사실이다. 그럼에도 불구하고 그는 이기주의가 대부분 사회적 산물임을 분명히 한다. 예컨대 뒤르켕도 마르크스에 못지않게 경제적 자기 향상의 충동을 근대사회의 산물로 파악한다.[5] 개인성이 고도로 발전되는 근대사회에서 이기주의는 사회적 화합에 대해 더 큰 위협을 가져오는 부수적 효과를 갖는다. 개인주의는 이기주의와는 전혀 다르지만, 그럼에도 불구하고 개인주의의 성장은 이기적 성향의 한계를 확장한다. 근대사회들의 특정 부문들에서 만연하고 있는 아노미라는 상황은 장기적인 사회발전과정의 결과인 개인들의 동기 및 감수성(sensibilities)의 범위 확장 바로 그것을 반영한다. 다시 말하자면, 근대인은 아노미 상황을 체험할 때, 전(前) 사회적 자연상태의 (가설적) 야만인과는 매우 다른 존재다.

야만인은 아노미적인 상황에 놓이지 않을 것이다. 이와 비슷하게, 새로 태어난 어린아이는 이기적 존재기는 하지만 아노미적 존재는 아니다. 이는 어린아이의 욕구들이 한정된 생물학적 한계에 묶여 있기 때문이다. 어린아이가 사회화된 존재가 되어감에 따라서 이기적 충동들의 범위도 넓어지며, 그가 아노미적 상태에 처할 가능성도 커진다. "사회적 생활이 모두 소멸한다면 그와 함께 도덕적 생활도 소멸할 것이다. 왜냐하면 도덕적 생활의 목표가 더 이상 존재하지 않을 것이기 때문이

---

4) *RSM*, p.121과 124.
5) *Su*, p.360 ; *DL*, vol.11, 272~274 및 403~404.

다. 18세기 철학자들이 상정한 자연상태는, 부도덕하지는 않더라도, 적어도 '몰도덕적'(amoral)이다."[6]

이 일반적 관점은 마르크스의 입장과 흔히 생각되는 것만큼 크게 다르지 않다. 마르크스는 18세기의 합리주의자들이 자연상태의 인간에게 부여했던 능력들이 실제로는 사회로부터 유래된 것임을 뒤르켕 못지않게 의식한다. 비교적 자의적인 자연의 변덕에 지배되는 초기 형태의 인간사회에서는 인간적 특징들과 능력들의 범위가 제한받는다. 마르크스가 보기에 인간을 '인간답게' 만드는 것, 즉 인간을 동물과 구별되게 만드는 것은 바로 인간의 이 사회성이다. 인간 존재의 모든 감각들과 생물학적 욕구들이 그런 변화의 가능성을 갖고 있다. 예컨대 인간에게 성행위나 먹고 마시는 행위들은 단순한 생물학적 욕구의 충족이 아니다. 사회의 발전과정 속에서 그것은 다면적인 만족을 주는 행위로 변화해왔다. 마르크스가 말하듯이, "우리들의 욕구와 만족은 사회로부터 생겨난다. 따라서 우리는 그것을 만족시켜주는 객체들에 의해서가 아니라 사회에 의해 가늠한다. 그것은 사회적 성격을 띤 것이며, 따라서 상대적 성격을 띤다."[7]

이런 의미에서 소외 개념과 아노미 개념 이면에 놓여 있는 '상수(常數)들'(constants) 사이에는 피상적인 비교에서 드러날 수 있는 것보다 훨씬 밀접한 유사성이 있다.[8] 마르크스와 뒤르켕은 모두 인간적 특성과 욕구와 동기들은 대부분 사회발전의 산물이라는 사실을 강조한다. 양자 모두 이기주의를 사회이론의 기초로 삼는 정치경제학의 한 가지

---

6) *DL*, p.399. "비록 어린아이는 원래 이기적이지만……교양인은……유기체적 욕구와 무관한 많은 관념과 느낌과 예의를 갖는다." *Su*, p.211.
7) *SW*, vol.1, p.94.
8) 종종 그러하듯이 뒤르켕과 프로이트를 지나치게 간단히 비교하는 것 역시 인간욕구의 역사성과 사회성에 대한 뒤르켕의 강조를 무시하는 것이다. 뒤르켕의 입장이 얼마나 홉스의 입장과 비교됨직한 것인지는 홉스가 실제로 어느 정도나 자연상태를 상정하고 있느냐에 달렸다. C.B. Macpherson, *The Political Theory of Possessive Individualism*(London, 1962), pp.19 이하.

중대한 이론적 결점을 인지한다. 마르크스의 표현을 빌리면, "'분업'과 '교환'이라는 두 현상은 경제학자들에게 자기 학문의 사회적 성격을 자랑하게 해준다. 그러나 동시에 그는 무의식적으로 자기 학문의 모순성—비사회적이고 특수적인 이해관계를 통해 사회의 성립을 설명하려고 하는 점—을 드러낸다."[9] 이와 비슷하게, 뒤르켕은 퇴니에스를 비판한다. 퇴니에스의 '이익사회' 개념이 공리주의적 방식으로 사회를 다룸으로써 사회를 국가의 '외적인' 영향력에 의해 응집되어야만 비로소 하나의 통일체를 이룰 수 있는 독립적이고 개별적인 원자들(atoms)의 집합체로 본다는 이유에서다.

뒤르켕에 의하면 이것은 전적으로 부당하다. 계약을 맺는 개인들의 활동은 분업 속의 광범위한 사회적 연결의 망(網)을 표현한다. 그리고 실제로는 이것이 국가의 바탕이 된다. 마르크스는 이와는 다른 논쟁의 맥락에서 거의 똑같은 이야기를 한다. 시민사회에서 개인을 원자에 비유할 수는 없다. 원자란 '아무런 욕구도 갖고 있지 않고', 또 '자족적'이기 때문이다. 경제학자들이 적용하는 원자적 개인관의 오류는 시민사회의 구성원이 상호의존적 관계에 의해 타인들과 결합되어 있다는 점에서 드러난다. 국가의 진정한 기초는 그들이 인식하지 못한 바로 이 관계들이다. 실제로는 국가야말로 "시민적 생활에 의해 유지된다."[10] 부르주아 사회에서 분업의 성장이 갖는 '(사회를-옮긴이) 통합시키는' 성질은 사실은 마르크스의 정치경제학 비판의 한 기둥이다. 자본주의의 팽창은 자율적인 지방공동체를 파괴하며, 사람들을 엄청나게 더 포괄적인 상호의존의 틀 속으로 몰아넣는다. 마르크스에 의하면 이 과정은 그러나 오직 소외라는 대가를 치르면서만 진행된다.

더욱이 마르크스의 '자유' 개념은 실제로는 뒤르켕의 자율적 자기통

---

9) p.187; 슈티르너의 이기주의 비판도 참조하라. *GI*, pp.486~495.
10) *Holy Family*, p.163. 마르크스는 시민사회에서 개인의 '원자적'인 입장은 계약 및 재산의 규범들에 의해서도 정당화된다는 점을 지적한다. 봉건주의와는 대조적으로 "법은 여기서 특권적 지위를 차지한다"(p.157).

제 개념과 매우 가까우며, 공리주의적 견해와 동일시되어서는 절대 안 된다. 마르크스의 저작에서는 헤겔의 저작에서만큼이나 '자유로운' (free)이라는 단어와 '합리적'(rational)이라는 단어가 긴밀하게 연관되어 있다. 헤겔은 공리주의가 함축하고 있는 생각, 즉 인간은 그의 성향이 그에게 욕망하도록 만드는 것을 할 수 있는 정도만큼 자유롭다고 하는 생각을 거부한다. "거리의 인간은 하고 싶은 대로 마음껏 행위하도록 허용된다면 자유롭다고 생각한다. 그러나 그의 자의성 그 자체가 바로 그가 자유롭지 못함을 의미한다."[11] 자유란 이기주의의 발휘가 아니며, 실제로는 그것과 대립된다. 개인이 자기 앞의 여러 대안들 중에서 단지 비합리적인 선택만을 한다면, 그런 선택에 따른 행위는 '자유로운' 것이라기보다는 '자의적인' 것이다. 동물이 곤경에 처했을 때 적으로부터 달아나기보다는 맞서 싸우기를 선택한다고 해서 그 동물이 '자유롭게' 행동하는 것은 아니다. 자유롭다는 것은 자율적이라는 것이며, 따라서 합리적 통제를 벗어나는 외부나 내부의 힘들에 의해 강요되지 않는다는 뜻이다.

이것이 자유가 인간적 특권인 이유다. 왜냐하면 인간만이 사회의 구성원 됨을 통해서 의지작용의 형식뿐만 아니라 내용까지도 통제할 수 있기 때문이다. 헤겔의 견해로는 개인이 합리적 이상을 수용할 때 이것이 가능하다. 마르크스가 보기에는 실제의 사회적 재조직, 즉 공산주의 사회의 건설을 전제한다. 사회 속의 개인의 처지는 예컨대 학문공동체 속의 학자들의 처지와 비슷하다(뒤르켕 역시 비슷한 맥락에서 이것을 예로 든다). 학문 활동을 정의해주는 규범을 받아들이는 학자는 그것을 신중하게 거부하는 학자에 못지않게 자유롭다. 그는 학문 공동체의 구성원이 됨으로써 자신의 개인적 역량을 강화하고 창조적으로 활용하도록 해주는 공동연구에 참여할 수 있다. 이런 식으로, 도덕적 요

---

11) *Philosophy of Right*, ed. Knox(London, 1967), p.230. 베버의 '자유' 개념에 대해서는 *GAW*에서 로셔와 크니스에 대한 논의를 보라.

구를 받아들이는 것은 외적 구속을 받아들이는 것이 아니라 합리적인 것을 인정하는 것이다.

물론 이것은 뒤르켕과 마르크스 두 사람의 관점에 성질상 '역사와는 무관한'(ahistorical) 것인 중요한 차이가 전혀 없다는 것을 의미하는 것이 아니다. 뒤르켕은 개인의 퍼스낼리티가 그가 속해 있는 사회의 형태의 특성들에 의해 압도적으로 영향을 받는다는 점을 힘주어 강조한다. 그러나 그는 이 측면에서 완전한 역사적 상대주의를 받아들이지는 않는다. '원시적'이든 '문명화'되었든, 모든 인간은 그 내면에서 이기적 힘과 도덕적 힘이 대립하고 있다는 의미에서 이중적 인간(homo duplex)이다. 마르크스는 그런 심리학적 모델을 사용하지 않는다. 마르크스의 생각으로는 개인과 사회의 그런 암묵적 대립에는 반드시 그것을 불러오는 사회적 토대가 있다. 마르크스에게는 "개인은 '사회적 존재'다……. 개별 인간의 삶과 유적 삶은 서로 다른 것이 아니다."[12] 부르주아 사회에서 특히 두드러진 형태로 나타나는 개인과 사회의 이기적 대립은 분업 발전의 한 결과다. 이와는 달리 뒤르켕이 인간 개성이 이중성을 갖는다고 보는 것은 생래적인 생물학적 욕구에서 생겨나는 어린아이의 이기심은 그 후 그 아이의 도덕적 발전에 의해 반대 방향으로 바뀌거나 완전히 제거될 수 없다는 가정에 기초를 둔다.

이 점은 다시 마르크스와 뒤르켕이 각기 채택하고 있는 사회 모델에서 생산활동이 수행하는 서로 다른 역할과 관련시켜볼 수 있다. 뒤르켕은 '사회'적인 것의 인과적 특수성—사회학적 설명의 자율성—을 강조함으로써 사회와 자연 사이의 상호관계는 일반적으로 무시한다. 구체적으로 이것은 물질세계에서 물리적 생존과 관련되는 욕구들은 '사회적' 의무로부터 생겨나는 행위지향에 의해 순치되지 않는다는 명제 속에 잘 나타나 있다. 이에 비해서 마르크스는 사회와 자연세계 사이의 상호작용 분석에 초점을 맞추며, 그럼으로써 개인 유기체와 물리적 환경

---

12) *EW*, p.158.

에 대한 그의 적응을 매개하는 '감각적 욕구'가 사회화된 것임을 강조한다. 그러나 이 점을 지나치게 과장해서는 안 된다. 앞에서도 살펴보았듯이 마르크스와 뒤르켐은 모두 인간적 욕구를 조건짓는 역사적 차원을 강조한다. 뒤르켐이 보기에는 이기주의는 오직 인간적 감성이 크게 확장되어 있는 사회형태 속에서만 사회적 단결에 위협이 된다. "모든 정황을 두고 볼 때 문명의 발전과 더불어서 우리는 갈등을 일으키는 우리 내면의 두 힘 사이에서 점점 더 노력하게 될 것으로 예상된다."[13]

분업의 장래

마르크스의 부르주아 사회 분석에는 자본주의 생산양식에 근원을 두는 소외의 두 가지 원천이 있는데, 이 양자는 직접 관련되어 있지만 부분적으로는 분리 가능하다. 첫째는 노동과정, 즉 노동자의 생산 활동 속의 소외며, 둘째는 자기 생산품으로부터 노동자의 소외, 즉 노동과정의 '결과'에 대한 통제로부터의 소외다. 편의상 나는 이것을 각기 '기술적 소외'(technological alienation)와 '시장적 소외'(market alienation)라고 부르겠다.[14] 양자는 모두 자본주의적 생산에 수반되는 분업으로부터 생겨난다. 후자는 생산관계의 조직이 한 계급의 타 계급에 대한 착취적 지배에 기반을 두는 계급체계를 만들어낸다는 사실을 표현한다. 전자는 직업적 전문화가 일(work)을 판에 박힌 지루한 작업들로 파편화시키는 근본원인임을 확인한다.

마르크스에게는 두 유형의 소외 모두가 분업 확대의 필연적 결과다. 역사 속에서 계급사회의 출현은 잉여생산으로 가능해진 작업의 전문화에 달려 있다. 따라서 무계급 사회의 형성은 자본주의 아래서 알려져 있는 것과 같은 분업을 폐기시키게 될 것이다. 마르크스의 견해로는 기

---

13) 『인간 본성의 이중성』, p.339.
14) 이것은 마르크스가 구분하고 있는 다양한 의미의 소외와 일치하지는 않지만, 이 장에서의 목적을 위한 기초적 구분을 제공해준다.

술적 소외와 시장의 소외는 이처럼 모두 분업과 불가분의 관계에 있다. 마르크스의 말을 빌리면, "'분업'은 인간 활동의 소외된 형태 바로 그것이다……"[15] 전문화는 개인의 활동을 한정된 작업 속에 가둠으로써 노동을 통해서 재능과 능력을 완전하게 발휘할 기회를 주지 않는다. 사회의 혁명적 재조직을 통한 소외의 극복은 전문화의 이런 파편화 효과를 역전시키게 될 것이다.

뒤르켐의 분업이론은 그를 전혀 다른 방향으로 이끈다. 그는 분업의 성장을 계급체계 형성이라는 관점보다는 전문화가 갖는 통합 효과라는 관점에서 설명한다. 따라서 뒤르켐은 계급갈등이 사회의 혁명적 재구성을 위한 토대가 된다고 보지 않는다. 그보다도 분업체계 속의 서로 다른 직업집단들을 도덕적으로 조정하는 데 결함들이 있음을 알리는 징후로 파악한다. 뒤르켐은 '강제적' 분업이 '아노미적' 분업과는 대체로 별개의 것이라고 보며, 전자의 완화는 그 자체로서는 후자로부터 제기되는 문제점들에 대한 대응책이 되지 못할 것이라고 본다. 그에 의하면 마르크스의 사회주의는 전적으로 강제적 분업의 철폐에만 관심을 두며, 그것이 시장의 규제—생산의 사회화—에 의해 성취될 것으로 파악한다. 그러나 뒤르켐이 이 견해에 맞세우고 있는 그의 공식 견해에 의하면, 이전 사회형태들의 도덕적 근간이던 전통적 제도들의 파괴의 결과로서 생겨나는 경제적 관계의 영향력 증대가 바로 근대적 '위기'의 주요인이다.

뒤르켐이 시장의 규제—시장적 소외의 제거—가 마르크스의 유일한 관심이라고 짐작하는 것은 사실은 잘못이다. 마르크스는 뒤르켐이 관심을 가졌던 것과 똑같은 문제—근대사회에 대한 경제적 관계의 '몰도덕적'(amoral) 지배—에 처음부터 더 근본적으로 관심을 두며, 생산의 사회화를 인간을 경제적 생산에 종속시킴으로써 '비인간화'시키는 노동조건들(기술적 소외)을 제거할 수단으로 파악한다. 뒤르켐

---

15) *EW*, p.181; *We, Ergd*, p.557.

자신은 분명 노동자들을 소외시키는 근대적 노동과정의 성질을 인식하고 있다. 그는 그것이 노동자에게 "단조롭게 규칙적으로 같은 동작을 반복하도록 하지만, 그 동작에 대해 아무런 흥미도 이해도 갖지 못하게" 한다고 말한다. 그는 이것이 '인간 본성의 타락'이라는 데 동의한다.[16] 그러나 이 비인간화의 축소 또는 근절을 위한 뒤르켕의 제안은 분업 속에서 전문화를 도덕적으로 공고히 뒷받침하는 데 바탕을 두는 반면에, 마르크스는 분업 그 자체의 근본적 변화를 희망하고 예상한다. 바로 이 점이 마르크스의 소외 개념과 뒤르켕의 아노미 개념의 가장 중요한 차이점이다.

뒤르켕은 생산 활동의 비인간화가 분업 자체의 파편화 효과로부터 나오는 것이 아니라 노동자의 아노미적인 도덕적 처지로부터 나온다고 본다. 다시 말해서, 노동과정의 비인간화는 개별 노동자들 사이에서 자기의 노동이 사회의 집단적 생산 활동과 결합되어 있다고 하는 공통의 인식이 뚜렷하게 형성되어 있지 못하기 때문에 생겨났다는 것이다. 그러므로 이 상황은 개인에게 분업 속에서 수행하는 특수한 역할이 가지는 사회적 중요성을 도덕적으로 일깨워줌으로써 치유될 수 있다. 그렇게 되면 그는 이제는 더 이상 소외된 자동기계가 아니라 유기적인 전체의 유용한 부분이 된다. "그때부터는 그의 활동은 그것이 아무리 특수하고 획일적일지라도 지적인 존재의 활동이 된다. 왜냐하면 그 활동은 방향을 가지고 있고, 그는 그것을 인식하기 때문이다."[17]

이 점은 분업의 성장 및 그것과 인간의 자유의 관계에 대한 뒤르켕의 일반적 설명과 완전히 부합된다. 개인이 자의식적 존재로서 고도의 자율성을 성취할 수 있게 되는 것, 그리고 미분화된 사회들에서 요구되는 엄격한 도덕적 동조의 압제와 실현 불가능한 욕구들의 압제 모두로부

---

16) *DL*, p.371.
17) *DL*, p.373: *DTS*, p.365. 뒤르켕의 입장에 대한 비판으로서는 Georges Friedman, *The Anatomy of Work*(London, 1961), pp.72~81과 그리고 여러 곳을 보라.

터 벗어날 수 있게 되는 것은 오직 분업 속에서 자신의 특수한 역할을 도덕적으로 수용하는 것을 통해서다.

마르크스의 견해의 전제는 세밀한 분업 속으로 개인을 도덕적으로 통합시키는 것이 아니라, 인간의 사회적 교류의 조직 원리로서 분업을 효과적으로 해체하는 것이다. 마르크스는 이 미래 사회가 어떻게 사회적으로 조직될 것인지에 관해서 어디에서도 자세히 밝히지 않지만, 어쨌든 이 시각은 뒤르켕과는 결정적으로 다르다. 개인의 복종과 협동적 연대라는 도덕적 규범을 바탕으로 통합된 고도로 세분화된 분업에 대한 전망은 미래사회에 대한 마르크스의 예견과는 정말 다르다.[18]

뒤르켕의 입장에 따르면, 기술적 소외의 제거에 대한 마르크스의 희망의 저변에 깔려 있는 기준들은 근대적 형태의 사회에는 더 이상 적절하지 않은 도덕적 원리들로의 복귀를 의미한다. 뒤르켕이 『분업론』의 첫머리에서 제기하는 것이 바로 이 문제다. "완벽하고 완전한 인간 존재, 스스로 느끼기에 정말 충분한 인간 존재가 되고자 애쓰는 것이 우리의 의무인가, 반대로 단지 전체의 한 부분, 유기체의 한 기관이 되고자 하는 것이 우리의 의무인가?"[19] 뒤르켕은 『분업론』에서 행한 분석이 결론적으로 근대 사회들에서는 유기적 연대가 '정상적' 유형이며, 따라서 '보편적' 인간의 시대는 종말을 고했다는 점을 보여준다고 본다. 보편적 인간이라는 이상은 17세기와 18세기에 이르기까지 서구를 풍미해온 것으로서, 현대적 질서의 다양성과 양립될 수 없다.[20] 이와는 대조적으로, 마르크스는 이 이상을 보존하는 문제에서 뒤르켕과는 반

---

18) 그러나 엥겔스가 보여준 견해는 뒤르켕의 입장과 매우 가깝다. Engels, "On authority," *SW*, vol.1, pp.636~639 참조.
19) *DL*, p.41; *DTS*, p.4
20) *L'évolution pédagogique*, pp.374 이하. 뒤르켕은 다음과 같이 말하기도 한다. "『분업론』에서 우리는 인간주의적 도덕성의 낡은 이념과 교양인이라는 도덕적 이념을 평가했다. 우리는 그것이 오늘날 어떻게 점점 시대착오적인 것으로 여겨질 수 있는지, 또 사회적 기능의 전문화가 진전된 결과로서 어떻게 새로운 이념이 형성·발전하는지를 보여주었다." *AS*, vol.10, 1907, p.355.

대되는 주장을 펼친다. 자본주의의 파괴로 나아가는 경향들은 그 자체가 모든 개인들이 공유하는 인간의 '보편적' 속성들이 회복되게끔 영향을 미칠 수 있다는 것이다.

분업의 폐기는 교류와 생산력이 보편적으로 발전하여 사유재산과 분업이 교류와 생산력의 더 이상의 발전을 막는 질곡이 될 정도가 되어야 가능해진다……. 사유재산은 개인들이 만능인간으로 발전될 때라야 철폐될 수 있다. 개인의 창조적이고 자유로운 발전이 단지 말로 그치는 것이 아닌 유일한 사회, 즉 공산주의 사회에서는 이 발전은 정확히 개인들 사이의 상호관계에 의해 규정된다. 공산주의 사회에서 개인들 사이의 상호관계는 한편으로는 경제적 필요조건들에, 또 한편으로는 만인의 자유로운 발전이라는 필수적 연대에, 그리고 끝으로 현존 생산력에 기초한 개인들의 활동이 갖는 보편적 성격에 바탕을 둔다.[21]

흔히 주장되는 것과는 대조적으로, 이 견해는 인간의 형이상학적 '완전성'에 대한 어떠한 믿음도 함의하지 않는다. 마르크스의 견해를 그런 식으로 바라보는 것은 소외와 객체화를 혼동하는 데 따른 것이다―마르크스가 공리주의를 공격하는 것이 정확히 바로 이 점이다. 만일 소외의 극복이 주체적 인간의 활동에 대한 모든 장애의 완전한 소멸을 뜻한다고 해석된다면, 인간의 자결(self-determination)이 으뜸가는 원리가 되고 인간의 모든 잠재적 능력들이 최종적으로 실현되는 유토피아적 세계를 상정하는 것이 된다. 그러나 소외의 극복이 객체화의 종식을 수반하는 것은 아니다. 그런 경우에도 사회(그리고 물질적 환경)는 여전히 개인에 '외재'할 것이다. 그러나 그것은 소외 상태에서처럼 의식

---

21) *GI*, p.495. 헤겔과 그를 통한 실러의 영향이 여기서 분명히 나타난다. Schiller, *On the Aesthetic Education of Man*(1795)(Oxford, 1967), pp.31~43(6번째 편지)을 참조하라.

적 실천(Parxis)과 대립되거나 단절된 세계로 여겨지지는 않을 것이며, 그것과 혼연일체를 이루고 있는 것으로 여겨지게 될 것이다.

마르크스에 의하면 이전의 모든 시대들에서 보편적 인간이라는 이상은 자연으로부터 인간 소외라는 대가를 치르고서야 성취되든지—원시사회들에서처럼—소수 계급들에게만 배타적으로 허용되어왔다. 자본주의를 타도함과 더불어 분업도 폐지함으로써 모든 사람은 전문화된 직무를 으뜸가는 사회적 특징(선생 '이다', 또는 임금노동자 '이다')으로 만드는 직업적 범주화로부터 풀려날 것이다. 그렇게 되면 각 개인은 자기 내부에 인류의 보편적 속성들을 지니게 될 것이고, 그럼으로써 '유적 존재'로부터 인간의 소외가 해소된다.[22]

마르크스와 뒤르켕의 좀더 일반적인 입장 차이는 이런 맥락 속에서 조명되어야 한다. 뒤르켕은 근대사회의 구조는 집합체의 구성원이라는 사실이 개인에게 제기하는 도덕적 요구들과 이기주의 사이의 대립을 더 격화시킨다고 본다. 개인성과 자기의식의 발전을 가능케 하는 현대사회의 조직 자체가 필연적으로 개인의 이기적 성향을 강화하기 때문에, 이 대립이 해소될 가능성은 없다. 나아가서 뒤르켕의 분업론은 유기적 연대(분업 가운데 기능적 상호의존성)가 '정상적'인 근대적 유형이라는 주장을 내포하고 있기 때문에 도덕적 통합의 문제(아노미)가 가장 중시되어야 한다는 결론에 이르게 된다.

분업이 이루어지는 가운데 전문화되고 제한된 작업이 계속 유지되게 해야 할 조직적 필요성이 있는 사회질서, 개인을 집합체에 종속시키는 강력한 윤리의 지배를 받지 않는 사회질서에서는 '개인적 지평을 제한'할 것인가, 아니면, 그 반대로, 충족될 수 없는 욕구들에 대한 제약을 모두 풀어버릴 것인가 하는 문제가 특히 첨예하게 대두된다. 뒤르켕은 사람들이 복수의 직업적 지위들을 갖게 되는 사회가 오게 될 것이라고 예

---

[22] Thilo Ramm, "Die künftige Gesellschaftsordnung nach der Theorie von Marx und Engels," *Marxismusstudien*, vol.2, 1957, pp.77~179.

견하는데, 그 사회에서는 상위 계층들로의 접근이 물려받은 특권에 의해 정해지는 것이 아니라 교육체계를 통한 경쟁적 인재 선발에 의해 정해지게 될 것이다. 능력을 객관적으로 인정받는 데 따라서 개인의 성취가 이루어지도록 장려하는 사회는 화합되기 어려운 이기심들이 자라나게 하는 쪽으로 압력을 가하는 것이 틀림없다. 그런 사회에서는 '만인 대 만인의 투쟁'이 펼쳐질 우려가 있는데, 이기심과 이타심의 균형을 통해서 억제되어야 한다. 이 갈등은 영원히 지속될 운명적인 것이다.

관료제문제

자본주의적 기업 형성의 배경을 이루는 분업의 확장에 관한 마르크스의 분석에서, 생산수단으로부터 노동자를 축출하는 것은 중요한 위치를 차지한다. 마르크스의 견해로는 이것은 부르주아 사회 출현의 가장 필수적인 조건이며, 역사적 차원에서 볼 때 자본제적 생산양식에 내재하는 노자 간의 계급관계를 형성시키는 것도 바로 이것이다. 마르크스가 자본주의를 폐지함으로써 소외를 극복할 수 있다는 결론으로 나아갈 수 있도록 하는 것은 분업과 계급구조의 관계가 갖는 특성이다. 뒤르켕과 베버도 사회주의 사회의 형성 가능성을 부정하지 않는다. 그러나 두 사람은 모두 사회주의로의 이행이 기존 사회형태를 근본적으로 변화시키지는 않을 것이라고 주장한다. 그러나 이 점에서 뒤르켕의 입장의 핵심은 베버와는 크게 다르며, 서양 사회들에서 분업의 발전에 관한 베버와는 뒤르켕이나 마르크스와는 다른 제3의 대안적 견해가 된다고 볼 수도 있다.

베버의 인식론은 사회발전에 관한 그의 일반적 시각을 뒤르켕 및 마르크스와 구분시킨다. 뒤르켕과 마르크스는, 두 사람 사이의 온갖 차이점들에도 불구하고, 원시사회로부터 근대에 이르기까지 사회발전의 '단계들' 속에 한 가지 특정한 전반적 패턴이 있다고 믿는다는 점에서는 같다. 베버의 저작 속에서는 '세속적 합리화라는 일반적 흐름'[23]이

다른 두 사람이 제시한 발전 도식의 대응물이 된다고 흔히 이야기되어 왔다. 그러나 베버의 입장에서 볼 때, 합리화의 진전에 대한 분석은 역사에 관한 '유일한' 또는 '올바른' 묘사가 아니라 문화적으로 주어지는 하나의 '관점'에서 얻어진 지식에 불과하다는 점을 잊어서는 안 된다. 이 중요한 단서조항을 명심한다면, 자본주의 발전의 전형적 과정에 대한 베버의 분석과 마르크스의 분석을 비교해보는 일이 가능할 것이다.

베버 저작의 한 중요한 부분은 종교적 신앙의 영역에서 '의미의 수준에서' 합리화를 촉진시키는 요인들을 가려내는 작업이다. 그러나 베버는 항상 합리화의 성장에 영향을 미치는 동시에 그것으로부터 영향을 받는 사회적 관계들의 연계를 추적할 것을 강조한다. 이런 의미에서, 가장 중요한 질문들은 합리화의 '정도'뿐만 아니라 합리화의 결과들이 사회적 관계들과 제도들의 특수한 연관을 조장하는 방식에까지 관심을 둔다. 그런 까닭에 서구에서 뜻하는 합리화, 더 구체적으로는 자본주의에서 뜻하는 합리화는 그 정도에서뿐만 아니라 '방향'에서도 다른 주요 문명들에서 뜻하는 합리화와 다르다. 근대 서구 자본주의에서는 합리화가 그 정도나 방향에서 다른 어떤 곳에서도 알려지지 않은 방식으로 진행된 영역들이 많이 있다.

첫 번째는 기본적인 중요성을 갖는 과학의 확산이다. 이것은 '탈주술' 과정을 완결시킬 뿐만 아니라 합리적 기술이 생산에 점차 적용되는 것을 가능케 한다. 더욱이 "과학은 진보 과정을 거치지 않을 수 없다……. 모든 과학적 '업적'은 새로운 '질문'을 제기한다. 그것은 '자신을 능가하는 것이 나와서' 자신을 낡은 것으로 만들어버릴 것을 '요청'한다."[24] 그리하여 과학의 제도화는 근대적 생활이 혁신(innovation)과 변화라는 맹목적인 힘과 함께 하게 만드는데, 이 힘은 그 자체로서는 '의미'를 제공해주지는 않는다(과학적 탐구가 활동을 규정하는 규

---

23) Gerth and Mills, "Introduction: the man and his work," *FMW*, p.51.
24) *FMW*, p.138.

범이 되는 전문 과학자는 여기서 예외다). 근대경제에서는 과학적 혁신을 기술에 적용하는 것이 합리적 계산 방법들을 도입하는 것과 결부된다. 현대자본주의의 그렇게나 뚜렷한 특징인 체계적인 기업 활동 수행을 촉진하는 부기(簿記)가 그 좋은 예다. 합리적 자본주의의 관행은 다시 사회조직 영역에 불가피한 결과들을 가져오며, 필연적으로 관료제의 확산을 조장한다.

물론 베버는 근대 자본주의가 자본과 임금노동에 기초한 계급 체계를 수반한다는 점을 부인하지 않으며, 마르크스가 그렇게나 강조하는 농민 추방 역사의 중요성도 인식한다. 그러나 베버에 의하면 이것은 그 자체로서는 자본주의의 특징인 세분화된 분업의 주된 구조적 축이 아니다. 근대 자본주의 생산의 특징으로서 활동의 합리화가 갖는 중요성을 강조하고, 또 그것의 계급관계로부터의 부분적 독립성을 강조함으로써, 베버는 자본주의의 계급체계를 분업 속에서의 분화 그 자체로부터 분리해낸다(그러나 뒤르켕과는 다른 방식으로). 다시 말해서, 베버는 작업들의 관료제적인 전문화를 자본주의의 가장 특징적 양상이라고 본다. 좀더 경험적인 수준에서는 경제와 정치에서의 부분적으로 분리 가능한 관료제화 과정에 대한 베버의 분석에 의해서 이 입장이 뒷받침된다. 관료제적으로 조직된 관리 집단을 갖는 합리적 국가의 성장이 전적으로 경제적 합리화의 파생현상인 것은 아니다. 그것은 어느 정도는 자본주의의 발전에 선행했다―뿐만 아니라 자본주의의 대두를 촉진한 조건들을 창출하기도 했다.

따라서 베버는 생산수단으로부터 노동자를 축출하는 일이 산업분야에 국한된 것이라는 견해를 명확히 부정하고, 그 개념을 다른 제도적 환경들에도 적용한다. 베버가 보기에는 권위의 위계가 있는 모든 형태의 조직에서 '축출' 과정이 생겨날 수 있다. 베버는 '생산수단'이라는 마르크스의 개념을 '행정수단'(means of administration)이라는 개념으로 대체한다. 다소 지나치게 단순화한다는 느낌이 있지만, 마르크스가 생산관계에 부여했던 으뜸가는 중요성을 베버는 지배·종속관계의 조직에 부여한다고 할 수도 있겠다. 베버에 의하면 어떠한 정치적 결사체라도 관리들 스스로가 행정수단을 소유하는 '신분'(estate) 형태로 조직될 수 있다. 따라서 중세에는 가신들이 행정구역의 재정을 직접 통제했으며, 군대와 군사 장비를 마련할 책임을 지고 있었다. 근대적 국가기구의 형성은 행정수단을 자신의 수중으로 집중시킨 군주들의 행위에 의해 촉진되었다.

단 한 명의 관리도 자기가 지출하는 돈, 또는 관리하는 건물, 상점, 도구, 전투장비 등을 개인적으로 소유하지 않는다. 현대 '국가'에서는 행정간부, 행정관리, 그리고 일꾼들이 행정조직의 물질적 수단으로부터 완전히 '격리'된다—그리고 이것이 국가 개념에 필수적이다.[25]

이런 사정들이 '분업에 기초한 전문 관료집단'[26]이 행정수단에 대해 일체의 소유권을 갖지 않는 근대국가의 출현을 촉진한 가장 중요한 요인들이었다. 일반적으로 분업의 진전은 행정수단의 집중과 그에 따른 관리들의 '몰수'(expropriation)와 나란히 진행된다. 이것은 군대조직에서 잘 입증될 수 있다고 베버는 지적한다. 봉건 군대들에서는 병사들은 각기 스스로 마련한 장비로 무장한다. 이것은 모든 형태의 의용군에 해당된다. 그러나 고대 이집트의 경우처럼 왕이 통수권을 갖는 상비군을 둘 필요가 있는 국가들에서는 관료제화된 구조가 발전하며, 이 경우 왕이 무기와 군사장비들을 소유하고 공급한다. 행정의 집중과 직무의 합리적 계산이라는 두 가지 사정의 영향을 받아온 서구 자본주의에서는 행정수단으로부터의 축출 과정이 군대뿐만 아니라 전문화된 분업이 이루어지는 다른 조직들—대학, 병원 등—을 포함해서 많은 영역들로 스며들어간다. 관료제적 전문화의 확산을 촉진하는 주요인은 그것

---

25) *FMW*, p.82.
26) *FMW*, p.88.

이 행정작업들을 조정하는 데서 다른 유형의 조직보다 기술적으로 우월하다는 점이다. 이 우월성은 다시 부분적으로는 전문화된 교육적 자격의 소유에 따라 관직을 충원함으로써 확보된다. "근대적인 완전한 관료제화의 전개만이 합리적이고 전문화된 시험체계가 전면으로 등장하는 것을 저항할 수 없는 흐름으로 만든다."[27] 따라서 관료제의 확산은 필연적으로 전문화된 교육을 요구하게 되며, 전에는 '보편적 인간'―뒤르켕이 말하는 '철저하고 완전한 존재'―을 가능케 해주었던 인문학적 문화를 점점 더 파편화시키게 된다. 베버는 이전의 교양인이 이제는 훈련된 전문가로 바뀌었다고 주장함으로써 본질적으로 이와 비슷한 입장을 밝힌다. 자본주의 내에서 관료제화 추세는 되돌릴 수 없는 것이므로, 기능적 전문화의 진전은 근대 사회질서의 필연적인 부수현상 가운데 하나라는 결론이 나온다.

베버에 의하면 근대세계에서 '관료제적 메커니즘의 계속적인 진전'은 '불가피하다.'[28] 그러나 앞장에서 지적했듯이, 베버는 관료제화의 진척이 점차 행정의 기술적 효율성에 대한 요구와 자발성과 자율성이라는 인간적 가치들 사이의 긴장을 드러낼 것이라고 본다. 관료제적 분업은 근대의 천직인(天職人, Berufsmenschen)이 들어가 살아야 할 '새장'이 된다. "청교도는 천직 속에서 살기를 원했다. 우리는 그렇게 하도록 강요당한다."[29] 파우스트(Faust)적인 '보편적' 인간은 포기되고 근대적 생산의 효율성의 조건인 노동의 전문화가 선택된다. 즉 '영혼 없는 전문가들, 심장 없는 감각주의자들'이 선호되는 것이다. 베버가 보기에는 주된 규범적 쟁점은 관료제화의 과정이 어떻게 역전 가능하게 되는가 하는 것이 아닌데, 이는 다양한 제도들을 운용하는 데서

---

27) *ES*, vol.3, p.999; *WuG*, vol.2, p.585; *GASS*, pp.500~501을 참조하라.
28) *GASS*, p.413.
29) *PE*, p.181. 오늘날 개별노동자는 관료제적 기계장치의 '조그만 톱니바퀴'에 지나지 않으며, "그가 자문하는 것은 자기가 그 작은 톱니에서 더 큰 톱니로 진보할 수 있느냐 하는 점뿐이다." *GPS*, p.413.

엄밀한 계산을 필요로 하는 사회에서는 그것이 불가능한 일이기 때문이다. "따라서 중요한 문제는……우리가 이 영혼의 파편화로부터, 관료제적 이상이 생활을 완전하게 지배하게 되는 이 상황으로부터, 일정부분만이라도 인간성을 지켜내기 위해서 이 기계화에 맞서서 무엇을 할 수 있을 것인가 하는 것이다."[30]

베버에 의하면 사회주의 혁명을 통해서 사회생활의 관료제화를 변화시킬 가능성은 전혀 없다는 점이 분명하게 인지되어야 한다. 실제 사정은 정확히 그 반대다. 자본주의 경제에서는 상당히 많은 일처리가 시장의 힘의 작용에 맡겨진다. 그러나 사회화된 경제에서는 국가가 그것을 떠맡으며, 따라서 관료제적 행정의 지배를 받게 될 것이다. 그러므로 사회주의 사회는 불가피하게 자본주의가 이미 그런 것보다 더 심하게 관료제적 통제의 고통 속에 갇히게 될 것이다. 생산수단의 사유를 폐지한다 해도 이 과정을 역전시킬 수는 없을 것이며, 오히려 더욱더 촉진시키게 될 것이다. 관료제에 대한 마르크스의 견해는 이와는 매우 다르다. 그리고 그 차이는 다시 한 번 주로 마르크스가 생각하는 시장의 소외와 기술적 소외의 관계—즉 계급구조와 관료제적 전문화의 관계—속에 놓여 있다. 관료제 문제에 관한 마르크스의 견해의 핵심내용은 같은 문제를 다루는 헤겔의 글들에 대한 그의 초기 비판에 나타나 있다.

헤겔은 이 문제를 다루면서 국가 관료기구를 '보편적 계급'으로 묘사한다. 즉 사회의 일반이익을 구현하기 위해 일하며, 따라서 시민사회에 존재하는 이기적인 '만인 대 만인의 투쟁'(*bellum omnia contra omnes*)을 초월하는 존재로 보는 것이다. 헤겔에 의하면 '정부 사무에 이루어지는 분업', 즉 공무 관료제는 시민사회 속에서 살아가는 사람들의 특수하고 개인적인 이익들과 국가의 보편성을 매개해주는 조직적 매체다. 관료제의 위계적 성격은 시민사회 속 개인들의 '구체적' 이익들과 국가정책의 '추상적' 성격을 조정할 층위들이 필요하다는 점을

---

30) *GASS*. p.414.

통해서 설명된다. 시험에 근거한 관리 임명, 봉급이 주어지는 관직들로의 세분, 그리고 비인격적인 도덕적 '의무'라는 개념 등이 합쳐져서 '보편적 계급'의 성원에게 '주관적 목적들의 변덕스런 충족'을 단념케 한다. "……공무에 관한 한, 바로 이것이 보편이익과 특수이익을 잇는 연결지점이 되며, 이것을 통해서 국가와 그 내적 안정성이라는 개념이 생겨난다."31)

그러나 마르크스가 보기에는 헤겔의 관료제론은 헤겔의 국가 개념에 포함된 오류들을 특히 직접적으로 보여주는 예에 지나지 않는다. 관료제는 공동이익을 대변하는 것이 아니라 특수이익을 대변한다. 관료제적 권위는 환상적 보편성에 토대를 두고 있는데, 그것은 실제로는 특정의 계급이익을 은폐한다. 따라서 국가 관료제는 지배계급의 분파적 권력이 제도화되어 있는 행정기관이다. 그러므로 관료제적 조직에 구현되는 형식적인 권위 위계는 헤겔이 설명하듯 시민사회와 국가 사이의 연계를 낳는 것이 아니라, 오히려 정치권력을 집중시키고 그것을 시민사회 구성원들이 통제할 수 없는 것으로 만드는 '분리' 작용을 한다. 관료제적 국가는 '사회 위에 첨가된 기관'인 것이다.32) 더욱이 관료제는 꽉 짜여 있다는 성질 때문에 각별히 무책임한 정치적 행정 형태다.

"관료제는 아무도 벗어날 수 없는 굴레다……. 관료제는 국가의 정수를, 사회의 정신적 정수를, 자신의 '사유재산'으로 점유한다. 관료제의 보편적 정신은 '비밀'이다. 그것은 관료제 자체의 내부에서는 위계질서에 의해서 유지되고 대외적으로는 법인체의 폐쇄성에 의해서 유지되는 신비(mystery)다."33)

그렇다면 마르크스에게는 국가관료제는 관료제적 조직의 원형이고, 그것을 제거할 가능성은 사회주의로의 혁명적 이행의 한 결과물로서

---

31) Hegel, *WYM*, p.181에서 재인용.
32) *SW*, vol.2, p.32.
33) *WYM*, pp.185~186. Irving Fetscher, *Karl Marx und der Marxismus* (Munich, 1967), pp.164~173.

주어지는 셈이다. 그에 의하면, 고도로 발전된 관료제적 국가를 가지고 있는 나라들—프랑스와 독일은 모두 이 범주에 든다—은 부르주아지가 정치권력을 잡기 위해 지주귀족에 대해 특히 격렬하게 투쟁했던 나라들이다. 그리하여 프랑스의 관료기구는 절대왕정기에 처음 생겨났고, 1789년의 대혁명에 의해 한차례 강력한 추진력을 얻게 되었다. 이처럼 역사적 내용을 두고 보면 마르크스의 관료제 분석은 베버의 그것과 특정의 핵심 논지들을 같이한다. 마르크스는 유럽의 관료제 국가가 봉건적 분권 상태를 해소하고자 했던 절대군주에게 도움을 주는 도구로서 출현했다는 점에 동의한다. 군주의 수중으로 국가가 집중되는 것은 부르주아 이익들의 대두를 가능케 한 주요 조건 가운데 하나였고, 그 다음에는 이 부르주아 이익들이 스스로 권력을 장악했다.[34] 그러나 베버와 달리 마르크스는 이를 사회생활의 모든 분야에서 나타나는 관료제적 전문화로 나아가는 거역할 수 없는 추세의 한 부분이라고 보지 않는다. 마르크스에게는 관료제적 집중은 오히려 부르주아 국가의 한 특수한 표현이고, 따라서 자본주의 자체만큼이나 과도기적인 사회 형태의 하나에 불과하다.

사회주의 사회에서 관료제의 제거를 마르크스가 어떻게 상상하고 있는가 하는 점은 프랑스 국가의 관료제화에 관한 그의 언급에서 일부 시사되고 있다. 프랑스에서 이 '기생체'(寄生體)는 심지어 독일조차 능가할 정도의 '편재성(遍在性), 전지성(全知性)'을 획득했다. 마르크스는 특히 18세기 후반 이래 프랑스 관료제를 특징지어온 지속적인 성장에 대해 언급한다. "모든 혁명들이 이 기계를 분쇄하는 대신 그것을 완전하게 만들었다."[35] 그러나 그런 독립적인 관료제적 질서의 존재가 집중화된 경제의 유지에 원래부터 필수적인 것은 아니다. 사회주의는 "국가의 행정을 간소화"하고 "시민사회 및 여론이 정부권력으로부터 독립

---

34) *SW*, vol.1, p.516.
35) *SW*, vol.1, p.333.

된 스스로의 기관을 창조하도록" 해줄 것이다.[36] 마르크스가 『프랑스의 내전』에서 코뮌을 논의하며 분명히 해두고 있듯이, 그러한 변혁 프로그램은 부르주아 국가의 전면적 폐기나 마찬가지다. 코뮌은 "보통선거에 의해 선출되고……짧은 임기 이후 해임될 수 있는" 관리들로 구성하도록 되어 있었다. 법관과 경찰 역시 "책임을 추궁당하고 항상 해임될 수 있는" 코뮌의 요원들이 될 것이다. 그런 조건들 아래서는 시민사회로부터 독립적인 정치권력의 담당자로서 관료제적 국가가 더 이상 존재하지 않는 셈이다. "공공 기능들은 더 이상 중앙정부라는 도구의 사유재산이 아니게 된다."[37]

이 입장과 베버가 받아들인 입장의 차이는 명백하다. 베버는 관료제의 진척을 행정 영역에서 합리적 권위가 관철되기 위한 필요조건이라고 보는 관점을 바탕으로 관료제화의 영향을 일반화한다. 따라서 베버에게는 관료제적 국가의 성장에 관한 분석은 모든 분야에서 관료제화의 과정을 설명하기 위한 패러다임을 제공하는 것이다. 한편, 마르크스는 국가행정의 '체계적이고 위계적인 분업'[38]은 정치권력의 집중을 표현하는 것이고, 그것은 부르주아 국가 자체가 극복될 때 지양될 것이라고 본다. 마르크스는 관료제적 국가의 문제와 관련시켜서 산업분야에서 관료제화 문제를 논의하고 있지는 않지만, 그럼에도 불구하고 후자는 전자와 비슷한 맥락에서 다루어진다. 마르크스에 의하면 근대적 공장의 권위체계는 본질적으로 자본주의 경제가 산출한 필요와 결부되어

---

36) *SW*, vol.1, p.284.
37) *SW*, vol.1, p.519. 『프랑스 내전』 초판에 대한 마르크스의 논평으로서는 *We*, vol.17, pp.538~549를 참조하라. 마르크스는 코뮌이 '사회적 해방의 정치적 형태'였다고 말한다(*Ibid*, p.545).
38) *SW*, vol.1, p.516. 정부기관의 관료제화와 관련한 부르주아 사회의 정치체계에 대한 마르크스의 해설은 베버의 견해와 매우 가깝다. 따라서 19세기 프랑스를 논의하면서 마르크스는 "번갈아 권력을 다루는 지배계급의 분파들과 정당들은 이 거대한 정부기관을 소유하고 주도하는 것이 가장 큰 성공의 열매라고 보고 있다"라고 말한다. *We*, vol.17, p.539.

있다. 그러나 이전에 세워졌던 다양한 형태의 협동조합적 공장들은 관료제적 위계를 깨뜨려버릴 매우 다른 유형의 권위 구조를 창조하는 것이 가능하다는 점을 보여준다. 협동조합적 공장에서는 더 이상 일방적인 권위의 배분이 존재하지 않는다.[39]

결론

마르크스와 뒤르켐, 그리고 베버의 사회학적 시각은 근대적 사회형태의 기본 구조 및 발전 추세에 관한 서로 다른 파악에 그 뿌리를 두고 있음을 강조하는 것이 이 장의 목적이었다. 마르크스는 자기 나름대로 분업 확장(그리고 그에 따른 소외 형태들의 분화)과 양극화된 계급구조 출현 사이의 연관성을 상정하고, 전적으로 그것을 근거로 삼으면서 자본주의를 분석한다. 마르크스는 생산자를 그 생산수단으로부터 축출해온 역사적 과정이 서구 자본주의의 기원을 이룬 으뜸가는 요소였다고 본다. 따라서 자본주의는 본질적으로 계급사회다. 즉 부르주아 계급의 존재는 무산노동자라는 종속계급을 그 전제로 하며, 그 역도 마찬가지다.

그러나 자본주의의 계급체계는 유럽에서 그것에 선행했던 사회형태의 계급체계와는 전혀 다르다. 봉건제에서 지배는 분명히 생산수단, 즉 토지재산의 통제에 대한 차별적 접근(access)에 토대를 둔다. 그러나 신분의 분화로 표현되는 봉건적 계급구조는 개인을 공동체적 관계들에 대한 참여로부터 완전히 격리시키지는 않는다. 즉, '사회적'인 것과 '경제적'인 것이 명료하게 구별되지 않는 것이다. 자본주의의 출현은 시민사회의 유대를 순수한 시장의 유대로 바꾸어놓는다. 개인은 '정치적' 영역이라는 하나의 별도의 영역에서 시민으로서 권리를 보유한다는 추상적인 의미에서만 '공동체'의 일원으로 기능한다. 그러므로 근대

---

39) *Cap*. vol.3, p.431.

적 사회질서는 '인간의 **주체적 실체를**' 인간적 통제로부터 '분리'시키며, 인간의 능력들을 변형시켜 그것들이 '외화'되어 있는 형태를 취하게 한다."[40] 따라서 노동자의 생산수단으로부터의 축출—역사적으로 말하자면 이것은 부르주아 사회의 계급체계의 형성과 같다—은 그의 '유적 존재'로부터의 소외, 즉 사회에 대한 참여가 **잠재적으로** 그에게 부여할 수도 있는 역량과 재능의 행사로부터의 소외와 나란히 진행된다. 달리 말해서, 자본주의는 사회의 생산력을 엄청나게 증대시키지만, 그것은 소외의 극대화라는 대가를 치르고서야 이루어지는 일이다.

부르주아 사회에서는 과학을 통한 합리적인 세계 설명이 현실을 궁극적으로 지배하는 것은 신이나 정신이라고 설명하는 종교적 세계관을 많이 추방해왔다. 그러나 그것은 이런 형태의 인간소외를 인간이 시장의 경제력에 의해 통제되는 형태의 인간소외로 대체했다. '신의 지배'가 '시장의 지배'로 대체된 것이다. 따라서 인간의 최종 목표와 당면 목적들은 외부의 경제적 힘들의 작용에 의해 지배되는 것으로 드러난다. 구체적인 수준에서 이것은 분업에 종속되어 있는 전문가(Fachmensch)의 무력감 속에서 잘 나타난다.

『자본론』의 경제학적 용어들로 이를 표현하자면, 자본주의는 교환가치 극대화의 추구를 추진력으로 하는 상품생산 체제이다. 사용가치가 아니라 교환가치가 자본주의 생산논리의 필수요소이고, 심지어 인간노동 자체에까지 적용된다. 노동은 단지 노동력으로서만, 즉 추상적인 에너지의 지출로서만 가치를 가진다. 자본주의 경제에 내재하는 기본적 '모순들'은 그것이 교환가치의 생산에 바탕을 두는 체계라는 특성으로부터 직접 파생된다. 이윤율을 유지하거나 높이려는 욕구는 이윤율 저하의 경향적 법칙과 대립된다. 생산자와 소비자의 분리(즉 알려진 필요에 따라 생산하기보다는 교환가치의 극대화를 위해 생산할 수밖에 없는 자본주의의 필연성)는 자본주의가 주기적으로 겪는 공황의 배후

---

40) *We*, vol.1, p.285.

에 놓여 있는 주요인이다. 그리고 자본주의 시장의 작동은 노동력이 그 교환가치 이상으로 매매될 수 없도록 만들고(그리하여 대다수의 노동계급을 지속적인 경제적 궁핍상태에 빠뜨리면서), 빈곤 속에서 살도록 운명지어진 대규모의 '산업예비군'을 산출한다. 자본주의 생산의 '운동법칙'에 의해 생겨난 경제적 변화는 한편 그 체계를 내부로부터 변형시키는 동시에 그것을 변증법적으로 대체할 새로운 사회질서를 마련한다. 마르크스에 의하면, 부르주아 사회의 계급체계가 극복되면 지금까지 행한 분업과는 근본적으로 달라진 분업을 갖는 사회의 발전이 가능해진다.

반면에 뒤르켕과 베버는 계급구조가 분업의 점진적 진전에 필수적으로 수반되는 것이라고 보지 않는다. 두 사람은 모두 근대적인 사회형태는 계급사회임을 인정하지만 이 계급분화를 본질적 특성이라고 보는 견해를 받아들이지 않는다. 뒤르켕의 생각으로는 '강제적' 분업은 '비정상적 형태'이긴 하지만 반드시 사회적 분화의 확대 그 자체의 필수적 결과인 것은 아니다. 오늘날의 사회에서 계급투쟁은 "계급제도가……타고난 재능의 배분과 일치하지 않거나 또는 더 이상 일치하지 않게 되었다"[41]는 사실의 결과이다. 다시 말하면 계급 갈등의 발생을 설명해주는 것은 주로 부당한 계약을 강요하기 위한 경제력의 행사이다. 근대적인 사회형태와 전통적인 사회형태를 구분해주는 것은 전자가 특수한 계급성을 지녔다는 점이 아니라 그것에 유기적 연대가 확산되어 있다는 사실이다. 근대사회의 기본적인 조직원리는 유산자와 무산자의 계급체계로서 '자본주의적' 성격에서가 아니라 협동적인 직업적 분야들의 '유기적' 전문화에서 볼 수 있다.

뒤르켕의 입장에서 보면, 마르크스가 계급구조를 분업 속의 개인소외와 연결짓는 것은 '이기주의'와 '개인주의'를 혼동했기 때문이다. 근대적 사회질서의 '개인주의'는 정치경제학자나 공리주의 철학자들이

---

41) *DL*, p.375; *DTS*, p.368.

말하는 '이기주의'와 혼동되어서는 안 된다. 개인주의(분업 속에서 행해지는 전문화에 대한 도덕적 규제)는 근대사회 발전의 불가피한 부수현상이다. 근대 사회질서의 병리적 현상(pathology)의 이면에 놓여 있는 특징적인 요인은 정확히 분업에 대한 도덕적 타당화의 결여 바로 그것이다. 그런 도덕적 타당화는 전통적 원천, 즉 종교에 의해 보장될 수 없다. 합리화된 세계에서는 낡은 상징들과 낡은 형태의 도덕적 지배가 이미 진부한 것이 되어버렸기 때문이다. 따라서 국가와 직업적 결사체들이 '개인예찬'의 주된 도덕적 지지기반이 되어야만 한다.

현존 분업이 근본적으로 뒤바뀌고 그에 따라 별도의 정치영역으로서 국가가 소멸할, 그런 사회로 나아갈 가능성은 전혀 없다. 그와는 반대로, 국가와 사회의 분리야말로 아노미를 줄이기 위한 필수조건이다. 뒤르켐은 분명 국가가 단순한 '정치적' 기관에 지나지 않는 것으로 보지 않는다. 국가는 시민사회와 결부된, 그러면서도 그것과는 구별되는, 그런 기구로 남아 있어야만 도덕적 역할을 한다.[42]

뒤르켐과는 대조적으로 베버는 '자본주의'라는 용어를 사용한다.[43] 그러나 근대적 사회형태의 기본적 특징에 관한 그의 생각은 뒤르켐과 비슷하게 마르크스로부터 벗어난다. 베버에 의하면 근대자본주의 기업의 으뜸가는 요소는 합리적 계산이고, 사회생활의 합리화는 일반적으로 근대 서구문화의 가장 두드러진 속성이다. 마르크스가 자본주의의 주축으로 파악하는 계급관계는 실제로는 그보다 훨씬 더 광범위한 과정인 합리화 속의 한 요소에 불과하다. 합리화는 '생산수단으로부터 노동자의 축출' 과정을 현대 사회 대부분의 제도들에까지 확대시킨다. '자본주의'로부터 '사회주의'로의 이행이 노동계급에게 가져다줄 수 있으리라고 생각되는 경제적 이익은 관료제화를 더욱 진전시킴으로써만 얻어질 수 있다. 관료제적 분업이 초래하는 인간성의 '파편화'는 인간

---

42) *PECM*, pp.55~69.
43) Parsons, "Capitalism in recent German literature"를 참조하라.

행위의 이 합리화가 낳는 필연적인 부수현상이다. 합리적 자본주의 대두의 전제조건이 되는 동시에 그것에 의해 완결되기도 하는 세계의 '각성'은 이전에는 단지 인간 활동의 '수단'일 뿐이던 것(전문적인 천직을 통한 합리적인 이익의 추구)을 그것의 '목적'으로 만든다.[44)]

일상화된 분업을 토대로 조직되는 사회세계에서 개인적 자율성과 자발성을 표현할 통로는 사회제도들 사이의 틈새들로 한정된다.[45)] 그 밖에 또 무엇이 있다면 현대세계에서 합리성의 비합리적 지배로부터의 탈출일 뿐이다. '시대의 숙명을 짊어질 수 없는' 개인은 기존 종교나 또는 새로운 형태의 신비주의 속에서 안식처를 찾을 수 있다. 그러나 이 것들은 근대적 사회질서의 요구로부터의 도피에 불과하다. 사회과학을 위한 베버 자신의 방법론적 요청은 이 분석과 밀접히 연관되어 있다. '시대의 운명'에 정면으로 맞부딪치는 이는 "생활현실을 훈련된 냉정함으로써 바라보며, 그 현실을 직시하고 그것에 내면적으로 적응할 수 있는 능력"[46)]을 가진 사람을 말한다.

따라서 자본주의에 '모순들'이 있다고 해도, 그 모순이 해소될 역사적 필연성은 존재하지 않는다. 반대로, 지금까지 알려진 적이 없는 물질적 풍요를 창출하고 있음이 분명한 합리화의 진전[47)]은 필연적으로 서구문명의 특징적 가치들(자유, 창조성, 자발성)과 근대인을 가두고 있는 '철창'(iron cage) 같은 현실의 간격이 더욱더 벌어지도록 자극한다.

---

44) Karl Löwith, "Max Weber und Karl Marx," *Archiv für Sozialwissenschaft und Sozialpolitik*, vol.67, 1932, part 1, p.85.
45) 따라서 베버는 다음과 같이 말한다. "우리의 가장 위대한 예술품이 기념비적인 것이 아니라 사적(私的)인 것임은 우연한 일이 아니다. 예전에는 횃불과도 같이 커다란 공동체를 휩쓸었던 예언자적 성령과도 같은 가슴 두근거리는 어떤 것이 오늘날에는 가장 작고 사적인 모임들 내에서만, 최소의 규모로서만 그들을 하나로 뭉쳐줄 뿐이라는 사실도 결코 우연한 일이 아니다." *FMW*, p.155.
46) *FMW*, pp.126~127. 뢰비트는 "이념형적인 이론은 특히 '환상을 벗어난' 인간성을 그 기초로 한다……"고 말한다. Löwith, part 1, p.75.
47) "매우 적절하게도 「공산당 선언」은 부르주아적 자본가인 기업가가 갖는 경제적 (정치적이 아니다) '혁명성'을 강조한다." *GPS*, p.448.

저자 후기

이 책에서 길게 다룬 마르크스와 다른 두 사람이 쓴 글의 관계를 두고 서로 정반대되는 두 개의 정설이 있다. 많은 서방 사회학자가 받아들이는 첫 번째 정설은 마르크스의 글들이 사회사상의 '전사'(前史)에 속하며, 엄밀한 의미에서 사회학의 역사는 뒤르켐과 베버가 속하는 세대로부터 시작된다고 본다.[1] 두 번째 정설은 보통 마르크스주의자들이 받아들이는 것으로서, 이 나중 세대의 저작들은 마르크스에 대한 부르주아적 응답에 지나지 않으며, 따라서 흔히 '사회학'이라고 불리는 것 대부분은 자유주의적 부르주아 이데올로기의 후기적 표현일 뿐이라고 주장한다. 두 정설은 각기 상당한 진실을 담고 있는 동시에, 위험스러울 정도로 오해를 유발한다.

첫 번째 입장은, 뒤르켐과 베버 세대의 저자들이 스스로의 저작이 그 형식에서 '과학적'이고, 그런 점에서 19세기 초 저작자들의 거대하고 '사변적인' 구성과는 본질적으로 다르다고 주장했던 것을 무비판적으로 받아들이는 입장이다. 이 견해를 받아들인 사람들은 대체로 뒤르켐과 베버 및 그 동시대인들의 사상이 그것의 배경이 된 사회적·정

---

1) Talcott Parsons, "Some Comments on the Sociology of Karl Marx," *Sociological Theory and Modern Society*(New York, 1967), pp.102~135를 보라.

치적 환경과는 관련이 없는 것으로 규정했고, 이에 따라서 두 사람의 학문적 저작과 내적으로 결합되어 있는 더 넓은 세계관을 대체로 무시했다. 이와는 대조적으로 나중의 마르크스주의자들은 사회학에 대한 비판을 준비하면서 뒤르켐과 베버가 글을 쓰던 당시의 사회적 배경을 알아내고 그들의 저작이 은폐하려고 했던 것으로 추정되는 정치적 이해관계를 밝혀내는 데 집중해왔다.[2] 그리하여 그런 공격들 중에서도 조악한 부류는 뒤르켐과 베버의 글들이 마르크스주의자의 도전에 직면한 자유주의 부르주아 사회를 당파적으로 옹호하고 있으므로 '오류'라고 규정한다.

후자의 견해는 심지어 그와 같은 나이브한 상대주의를 피하고 있는 마르크스 자신의 인식론과도 부합되지 않는다. 예컨대 마르크스는 부르주아 경제이론의 진실성이 부분적이고 때로 왜곡되어 있음을 인지하면서도, 그 대부분이 자본주의의 발전에 관한 설명으로서 타당하다는 점을 인정한다. 마르크스주의의 술어로 말하자면, 뒤르켐과 베버 모두 '부르주아적인' 정치적 입장에 빠져 있지만, 그것이 그들 저작의 내용이 틀렸다고 쉽게 결론짓고 무시해버릴 합당한 근거가 될 수는 없다. 실제 사정은 신칸트학파 관념론의 전제들로부터 출발하는 베버의 마르크스주의 비판이 어떤 점에서는 일부 마르크스의 추종자를 자임하는 이들의 결정론적 교의들보다도 더 원래 마르크스의 변증법에 가까운 결론들에 도달한다는 것이다.

뒤르켐과 베버의 정치적 견해들을 자유주의와 사회주의라는 전통적인 구별에 따라서 범주화하기 어렵다는 것은 우연한 일이 아니다. 베버의 방법론적 입장은 뒤르켐보다 좀더 '개인주의적'이다. 그러나 양자는 모두—그들에 앞서서 마르크스가 그랬듯이—공리주의의 이론적 유아론(唯我論)을 거부하고 있고, 또 이와 함께 19세기 정치적 자유주의

---

2) 예컨대 Herbert Marcuse, "Industrialisierung und Kapitalismus," pp.161~180 을 참조하라.

의 어떤 가정들도 거부한다. 앞장들에서 내가 보여주고자 애썼듯이, 이 점의 사회·정치적 배경은 19세기 후반 영국과 독일과 프랑스의 발전 과정의 맥락 속에서 포착될 수 있다. 이것은 뒤르켐과 베버의 마르크스에 대한 비판의 배경인 동시에, 이 책에서는 분석하지 않은 뒤르켐과 베버 사이의 주된 차이점들의 배경이기도 하다.

뒤르켐과 베버의 저작들은 한편의 낭만적 과잉민족주의적 보수주의와 다른 한편의 혁명적 사회주의로부터 주어지는 쌍둥이 압력으로부터 정치적 자유주의를 방어하려는—또는 재해석하려는—시도에서 비롯된 것이다. 반면에 마르크스의 저작은 초기 자본주의에 대한 분석과 비판으로 이루어져 있다. 그러나 마르크스의 저작이 정치적 대중운동의 원천으로서 저명해진 것은 19세기 후반 자본주의가 공고해지던 시기였다. 이런 일이 일어난 것은 마르크스의 독창적인 견해가 19세기의 중요한 지적 경향들에 대한 비판적 분석이나 그것들을 대체하려는 시도라기보다는 그런 흐름들의 직접적인 '표현'이라고 알려지는 상황 속에서였다. 결과는 마르크스의 저작이 뒤르켐과 베버의 저작과 후자의 두 사람이 분명하게 알았던 것보다 훨씬 더 많은 공통점을 갖는다는 것이다. 마르크스의 글들도 뒤르켐이나 베버의 글들과 마찬가지로 (독일 철학 속의) 낭만적 보수주의와 고전 경제학에 드러나 있는 공리주의 양자를 변형시키고 대체하려는 시도를 보여주고 있어서, 세 사람의 논쟁 대상도 같았다.

이 점을 분명히 해둔 다음, 마르크스와 나머지 두 사람의 이론적 시각 및 경험적 해석에는 물론 해소 불가능한 차이점들도 있다는 점을 인정해야 한다. 나는 가장 기본적인 몇몇 차이점은 근대 사회에서 일어나는 분업—단순히 경제적인 의미가 아니라 사회적 분화로 이해되는 분업—의 성장이 가져온 결과들에 관한 상이한 해석에 집중되어 있음을 보여주고자 했다. 그러나 사회학에 대한 마르크스의 공헌이 갖는 중요성을 인정하면서도 마르크스를 '죽은 성자(聖者)'가 아닌 '살아 있는 사상가'[3]로 다룰 수 있는 사람들이라면 마르크스의 저작과 다른 사회사상가들의 저작을 각자의 지적 배경에 비추어 해석하고 그것들을 비교 분석함으로써 쉽게 많은 중요한 문제들을 제기할 수 있다.

오늘날 마르크스주의와 강단사회학에서 이론적인 재고(再考) 과정이 대대적으로 진행되고 있다고 말하는 것은 결코 과장이 아니다.[4] 이런 움직임은 대체로 동일한 정황에 의해 조장된 것인데, 자본주의 사회들과 사회주의 사회들의 사회구조에서 보이는 뚜렷한 '수렴' 현상이 바로 그것이다. 뒤르켐과 베버가 글을 쏟아내던 당시에는 '사회주의적'임을 자처하거나 마르크스로부터 주로 고무되고 있음을 주장하는 사회는 하나도 없었다. 그러나 혁명적임을 자처하는 대규모 노동계급운동이 프랑스와 독일에 있었고, 사회주의 혁명의 발생도 결코 불가능하다고 생각되지 않았다. 그러나 러시아의 10월혁명은 경제적으로 유럽에서 가장 낙후한 나라 가운데 하나에서 일어났다. 마르크스가 생애의 말기에 미르(mir: 러시아의 전통적 농촌 촌락 공동체-옮긴이)라는 공동체적 조직이 러시아가 직접 사회주의로 나아가도록 해줄 가능성을 받아들였을 때 예상했던 것은 서구 자본주의의 혁명적 전복을 위한 진군 나팔소리가 아니었다. 그것은 오직 러시아와 비슷하거나 오히려 더 낮은 경제발전 수준을 가진 나라에 대해서만 혁명적 변화를 위한 자극이 될 것이었다.

만일 선진 자본주의 나라들이 변화했다면, 그것은 혁명에 의한 것이 아니라 그 나라 내부로부터 점진적인 변화의 축적에 의한 것이었다. 오늘날 경제에 대한 국가 개입의 강화, 화이트칼라의 성장, 엘리트들의 좀더 무정형적인 다원주의에 의한 과거 유산 상류계급의 부분적 대체 등과 같은 일부 내부적 수정들이 갖는 중요성을 부정하는 것은 더 이상 가능하지 않다. 그러나 지난 30~40년 동안 서구 자본주의 나라들이 현

---

3) Erich Fromm, "Foreword," *EW*, p.1 ; Irving Fetscher, pp.9 이하도 참조하라.
4) Norman Birnbaum, "The crisis in Marxist sociology," in Hans Peter Dreitzel, *Recent Sociology No.1*(London, 1969), pp.12~42 참조. Jürgen Habermas, *Theorie und Praxis*(Neuwied and Berlin, 1967), pp.261~335도 역시 보라.

저하게 변화해온 것과 마찬가지로, 러시아와 러시아를 뒤따라 사회주의 혁명을 경험했던 유럽도 크게 변해왔다. 이 나라들에서도 "각자의 자유로운 발전이 모두의 자유로운 발전의 조건이 되는"[5] 합리적 질서가 계급지배를 대체할 것이라는 마르크스의 예언은 서구의 자유민주주의 나라들에서 만큼이나 실현이 요원한 듯이 보인다. 오히려 인식론적으로 왜곡된 형태의 마르크스주의가 채택되어 서방 나라들의 경제적 수준을 '따라잡는 것'을 으뜸가는 목표로 삼는 산업화로의 신봉을 정당화하고 있다.

그 결과 적어도 매우 최근에 이르기까지 마르크스주의 사회사상은 지난 수십 년 동안 사회주의 및 자본주의 사회들에서 펼쳐온 발전의 경향에서 나타난 문제들을 포착하는 데 완전히 실패했다. 홉슨(Hobson)과 레닌의 '제국주의' 이론은 제국주의의 경향들이 이 사회들의 구조에서 일어나는 모종의 중요한 '내부적' 수정에 비추어져서 설명될 것이 아니라 제국주의 나라들과 '저발전' 국들의 착취적 관계로부터 파생되는 것이라고 하는 가정을 뒷받침하는 데 이용되어왔다. 이 나라들에서 이데올로기적 독단이 되어버린 마르크스주의에 의해서 사회주의 사회들 자체의 발전에 대한 어떤 이론적 재평가도 배제당했다. 그 결과 역설적이게도 이 나라들에서는 사회학이 특이하게 폭이 좁은 기술적(記述的) 학문으로 이해되었다. 그러나 서방의 사회학자들 역시 아직까지 이 문제점들을 파악하지 못해왔다. 일반적으로 자본주의 사회에서 발생한 변화들을 이해하고자 했던 글들은 뒤르켐과 베버가 속했던 세대의 사회사상가들이 글에 나와 있는 견해들을 부연설명하고 있는 것일 뿐이다. 그러나 가장 중요한 강조점은 몰역사적인 '일반이론'을 정립하려는 시도에 두어졌는데, 그것은 사회변동이나 사회발전의 문제로부터 의도적으로 관심을 돌리는 것이다.[6] 최근에 이르기까지도, 마르크

---

5) *CH*, p.162.
6) 무엇보다도 Talcott Parsons, *The Social System*(London, 1951)을 보라.

스주의 사회사상에서 그랬듯이, 발전 문제에 관한 연구가 이루어지는 경우에 관심은 비(非)산업국들에 집중되어 왔다.

비산업국들에 대한 서구의 기술과 문화의 영향은 분명히 사회학에 대해서 엄청난 중요성을 갖는 이론 및 조사연구의 분야다. 그러나 이 분야에 대한 접근은 보통 '발전된 사회들'의 주요 특징은 이미 '알려져 있고', 문제는 단지 '제3세계'의 사회들이 미래의 어느 시점에 어느 정도나 이 모델에 성공적으로 도달할 것인가 하는 점일 뿐이라는 식으로 암묵적으로 가정되는 가운데 진행된다. '산업사회'라는 용어, 또는 더 최근의 '탈산업사회'(post-industrial society)라는 용어가 사회학 속으로 스며들어 명목상 '자본주의적인' 사회와 '사회주의적인' 사회 모두를 가리키는 거의 보편적인 용법으로 쓰이고 있다는 사실은 이 관점의 밑바닥에 깔려 있는 가정들을 보여준다. 그러나 자본주의 사회와 사회주의 사회의 '수렴'이라는 문제[7]와 계급관계가 전통적으로 인식되어 온 방식으로 해소될 것인가 하는 문제[8]에 관해서 최근에 야기되어 온 다양한 논쟁은 '선진' 사회들 내부의 발전 경향을 분석하고자 하는 관심이 부활하고 있음을 보여주는 징후기도 하다.

중요한 측면에서 이것은 이 책에서 논의된 세 저자의 글이 압도적인 중요성을 부여하는 쟁점들로 복귀함을 뜻한다. 이것이 사회이론의 중요한 재정향(再定向)을 위한 것이라면, 그들의 저작은 여전히 중요한 출발점이 될 것이 틀림없다. 원형 그대로인 마르크스의 자본주의 모델은 "우리가 살고 있는 후기 부르주아 산업사회(post-bourgeois industrial society)에는 부적절하다……"[9]는 점이 인정될 수 있을 것

---

7) John H. Goldthorpe, "Social stratification in industrial society," in Paul Halmos, *The Development of Industrial Society*, Sociological Review Monograph, no.8, 1964, pp.97~122를 보라.
8) Ralf Dahrendorf, *Class and Class Conflict in Industrial Society*; Norman Birnbaum, *The Crisis of Industrial Society*(New York, 1969).
9) George Lichtheim, "On the interpretation of Marx's thought," in Lobkowicz, p.4.

이다. 그렇다고 해서 마르크스의 부르주아 사회 분석에 담긴 몇몇 주요 요소가 오늘날 별로 중요하지 않다는 결론이 나오는 것은 아니다. 이 이야기는 마르크스가 오늘날의 사회들의 몇몇 중요한 특징을 정확히 '예측'했다거나, 그의 다른 '예측'들은 나중 오류임이 증명되었거나 하는 식의 진부한 주제를 되풀이하고자 하는 것이 아니다. 그것은 마르크스의 분석이 여전히 근대 사회학의 '문제틀'(problematic)로 간주되어야만 할 쟁점들을 제기한다는 점을 주장하고자 하는 것이다.

이 점 뒤르켕과 베버의 글들과 관련해서도 꼭 마찬가지다. 사회학의 창시자들이 몰두했던 관심사로 되돌아가는 것이 근대 사회학의 주요 과제 가운데 하나라고 주장하는 것이 전적으로 퇴행적인 행보를 제안하는 것은 아니다. 역설적으로, 그들이 주로 관심을 기울였던 문제들을 다시 다루어봄으로써 우리는 궁극적으로는 그들의 아이디어들에 지금처럼 심각하게 의존하고 있는 상태로부터 해방되기를 희망해볼 수 있을 것이다.

옮긴이의 말

이 책은 영국 사회학자 앤서니 기든스의 *Capitalism and Modern Social Theory*(Cambridge, 1971)의 1975년 제2판을 완역한 것이다. 여기에는 마르크스, 뒤르켐, 베버 등 사회(과)학의 세 거인으로 불리는 인물들의 저작에 관한 기든스의 소개와 해석이 담겨 있다. 기든스는 오늘날 사회학자들 가운데 고전에 관한 이해가 가장 충실하다는 점에서 남다른 강점을 지닌 인물로 알려져 있는데, 그의 그런 면모를 가장 잘 보여주는 것이 바로 이 책이다. 이 책의 영문판은 1971년에 처음 출판된 후 이내 학계의 관심을 받게 되었고, 세계의 많은 대학에서 꾸준히 교재로 채택되면서 판을 거듭, 지금까지 60만 부 이상이 판매되었다. 학술서의 경우로는 그리 흔치 않은 일이다.

이 책은 전체 4부로 되어 있다. 제1~3부에서 기든스는 마르크스, 뒤르켐, 베버의 순서로 각자의 저작들을 면밀하게 검토한다. 이 부분에서 그는 세 이론가의 저작들을 각자가 처해 있던 시대적·사회적 배경에 비추어 살피고, 또 각자의 총체적인 사상적·이론적 맥락에 비추어서 해석한다. 마지막 제4부에서는 마르크스의 주요 아이디어들을 중심에 두고 그것을 베버 및 뒤르켐의 주요 아이디어들과 비교한다. 그는 이런 작업들을 통해서 초기 마르크스와 후기 마르크스 사이에 인식론적 단절이 있다고 하는 주장이 적절치 못하다거나, 베버와 (베버가 이해하는 마르크스주의가 아닌) 원래의 마르크스의 현실인식이나 이론적 입장의 차이가 의외로 크지 않다거나, 마르크스가 헤겔식 변증법을 받아들이는 데 반해 베버가 신칸트학파의 이원론을 받아들인다고 하는 정말 근본적인 인식론상의 차이가 두 사람 사이 다른 차이들의 밑바닥에 깔려 있다거나, 뒤르켕이 사회만을 내세울 뿐 인간이라는 주체를 무시하는 이론가라고 보는 것이 적절하지 않다거나 하는 주목할만한 해석들을 제시한다.

이 책에 담겨 있는 그의 이러한 고전연구의 성과는 세계 사회(과)학계의 주목을 끌 만큼 가치 있는 것일 뿐 아니라, 그 자신 향후의 전 학문 활동의 밑바탕을 이루는 것이기도 하다. 그런 의미에서 이 책은 독자들을 마르크스, 뒤르켕, 베버의 세계로 충실하게 안내해준다는 의의를 가질 뿐만 아니라, 현대의 가장 중요한 사회학자 가운데 한 사람이라고 일컬어지는 기든스 자신의 전체 학문세계로 안내하는 길잡이로서의 의의를 갖기도 한다. 이 책은 다소 어렵기 때문에 일반인들이 읽기에는 쉽지 않겠지만, 대학에서 사회(과)학의 고전을 공부하거나 기든스의 학문세계에 접근해보고자 하는 이들에게는 매우 유익한 교재가 될 수 있을 것인데, 이 책이 최근까지 판을 거듭해오고 있는 것도 바로 이 점에서 이 책이 갖는 독보적인 가치 때문일 것이다.

임영일이 밝은 눈으로 이 책을 찾아낸 데 힘입어서, 옮긴이들은 과거에 이미 한 차례 이 책을 번역·출판한 적이 있다. 당시에는 임영일이 마르크스, 베버 부분과 결론부를, 내가 뒤르켕 부분을 번역했다. 한 번 출판되었던 책을 30년 가까운 시간이 흐른 다음에 다시 낸다는 것 역시 흔한 일은 아닐 터인데, 그럴 수 있는 이유는 영문판 자체가 지금까지 판을 거듭할 수 있는 이유와 다르지 않을 것이니 별도의 설명이 필요하지 않을 것이다.

이 책이 과거에 동일한 옮긴이들에 의해 번역·출판된 적이 있는 만큼, 비록 '한길그레이트북스'의 하나로서는 초판이 될지도 모르겠으나 옮긴이들의 입장에서 보면 재판에 해당된다. 이 책을 준비하는 과정에서 초판 당시의 번역본을 검토한 결과 적지 않은 오류가 발견되어 전면적인 수정작업이 필요했다. 그러나 초판 당시의 주 번역자인 임영일은 참여할 수 없는 사정이었기 때문에 수정작업은 내가 전담했다. 따라서 이 책의 번역상의 잘못은 모두 나의 책임이다.

좋은 책은 좋은 출판사의 협조 없이는 나올 수 없다. 이 책을 '한길그레이트북스'의 하나로 출판하기로 결정하고 책을 만드는 과정에서 아낌없는 협조를 보내주신 한길사의 여러분에게 깊은 감사를 드린다.

2008년 1월
충남대 유성캠퍼스에서
박노영

찾아보기

ㄱ

가변자본 128
가부장제 302
가산제 304
『가족, 사유재산 및 국가의 기원』 95
가치명제 271
가치와 잉여가치 125
가치중립 280
가치판단 280, 283
가치합리적 행위 295
가톨릭 교회 249
간스, 에두아르트 51
감리교 254
강단사회주의자 242
강단사회학 44
강제 이민 92
강제적 분업 419, 435
개인에 대한 사회의 우월성 224
개인예찬 165, 176, 183, 236, 402, 436
개인의 자유 209
개인적 자아 182
개인적 향락 252

개인주의 165, 172, 184, 413, 435
개인주의와 사회주의의 관계 201
개인주의적 공리주의 158
개인화 87, 165
객체화 65, 145, 408, 422
게르만적 형태 89
결과의 역설 270
결합노동에 의한 생산양식 141
경건파 254
『경제와 사회』 283, 284, 296, 312, 323
경제윤리 322
경제적 전통주의 251
『경제철학 수고』 41, 44, 55, 61, 62, 68, 71, 73, 74, 78, 80, 143, 385
계급 105, 312, 316
계급갈등 107, 117, 177
계급관계 110, 393
계급구조 388, 429
계급사회 86, 418
계급이익 384
계급투쟁 365, 435
계약관계 113, 165, 172

찾아보기 451

고리대 93, 247
고리대 자본주의 337
고립된 개인 87, 104, 156, 187
『고타강령 비판』 143, 145
공동체소유 87
공리주의 41, 103, 173, 190, 210
공리주의 국가이론 147
공리주의적 개인주의 164
「공산당 선언」 79, 136, 149, 363
공산주의 73, 147, 202, 416
공산주의 사회 148, 422
공산주의의 높은 단계 398
공상적 사회주의 408
공장제 생산 39
공황 133, 134
과잉생산 134
관념론 43, 113
관념적 유대 156
관료제 303, 305, 307, 339, 340, 342, 398, 426
관료제 국가 339
관료제의 이념형 344
관료제의 확산 342
관료제적 전문화 429
관료제적 통제 429
관리 집단 210
교양인 197, 333, 428
교환가치 122, 434
교환경제 63
구조기능주의 30
구질서 38
구체적 유용노동 123
국가 55, 57, 210, 301, 407, 436
국가의 철폐 146

군인 가신 95
궁극적 목적윤리 269
규모의 경제 140
규범명제 365
근대 자본주의 250, 251, 260
근대국가 111
근대적 관료제 304
금납 97
금리생활자계급 313
금욕주의 260, 334
금융시스템 140
금제 221
급진사회당 372
기계적 연대 170, 176, 228, 403
기계적 유물론 232, 355
기계화 102, 137
기능적 분석 175, 193
기능적 상호의존성 171
기독교 383
『기독교의 본질』 52, 53
기술결정론 364
기술적 개념 279
기술적 소외 418
길드 조직체 98

ㄴ

나선형의 과정 135
낭만적 보수주의 358
내부적 고립감 256
네거티브 소유계급 313
네거티브 영업계급 314
노동 소외 66
노동가치론 122
노동력의 가치 126

노동생산성 132
노동의 이동성 130
노동일의 연장 133
노동착취의 강화 132
노예제 88, 92
농노제 95
농민의 생산수단으로부터의 추방 98

ㄷ
다원주의 212
다윈 154, 175
단선적 인과관계 247
대중 정당 319
도덕률 159, 160, 185, 237
도덕적 강제 189
도덕적 개인주의 183, 235, 407
도덕적 밀도 174, 401
도덕적 연대 173
도덕적 통제 209
도시 90, 96
독일 고전철학 50
독일 관념철학 50
『독일 이데올로기』 77, 78, 80, 147, 387
독일의 후진성 40
동기의 순수성 270
동양사회 89, 90
동양적 전제정치 89
동직조합 214
드레퓌스 사건 370, 371

ㄹ
라브리올라 43, 373
라살레 353, 373
라자노프 44

라티푼디아 94
랜디스 351
레닌 443
레드 테이프 306
로셔 264
루게 59
루소 154, 156, 412
『루이 보나파르트의 브뤼메르 18일』 368
루터 37
루터교 254
루터의 천직 개념 254
룸펜프롤레타리아 109
르누비에 154, 165
르봉 294
리더십 민주주의 341
리샤르, 가스통 375
리카도 41, 122
리케르트 264, 273
리프크네히트 353
리히타임 370
릴리엔펠트 154

ㅁ
마나 223, 323
『마르크스-엥겔스 전집』 44
마르크스의 계급 개념 107
마르크스주의 33, 42, 44, 248, 349
마르크스주의 고전 연구 43
마르크스주의 사회학 29
마이어, 에두아르트 275
마키아벨리 37
매뉴팩처 97, 100~102, 111
메링 353
모스 201

모어, 토머스 202
모험적 자본주의 253, 337
목적합리적 행위 295
목표-수단 계산 295
몸젠 243
몽테스키외 154
무계급사회 147, 418
무정부적 체제 134
무정형적인 다원주의 442
문화과학 264
물리적 밀도 174
물물교환 88, 133
물화 131, 292
미르 442
미헬스 339
민법 112
민족주의 42, 211, 357
민주주의 213, 339
밀 107

ㅂ

바그너 158
바우어, 브루노 52, 80, 381
박사클럽 52
박스터 257
『반뒤링론』 42, 355, 390
반봉건적 구조 246
반부랑법 99
반영적 유물론 390
백과전서파 165
범신론 384
범인류주의 211
법칙적 명제 274
법칙적 지식 273

베른슈타인 355
베버, 알프레드 241
베벨 354
변증법 389
변화하는 질서의 성질 33
병리적 현상 184
보통선거 340
보통선거권 57
보편적 계급 429
보편적 인간 421, 428
복원적 법률 171
복원적 제재 168
본원적 축적 98
봉건제로부터 자본주의로의 이행 96
봉건제의 해체 96
부기 337, 426
부르주아 119
부르주아 강제이론 440
부르주아 사회학 29
부르주아 혁명 351, 352
부르주아지 110, 111, 119
부정성의 변증법 82
부족사회 87, 88
부트루 154
분업 86~88, 147, 419, 441
『분업론』 159, 165, 172, 174, 179, 183, 185, 192, 201, 218, 236, 401, 421
분업의 소외유발효과 139
분업의 지양 148
분업의 폐기 422
분트 161
불변자본 128
브라만 330

브루투스 92
비스마르크 40, 353, 369
비인간화 420
비인격적 규범 303
비판철학 75
빈델반트 264

ㅅ

사민당 42, 359
사실적 명제 271
사실적 진리 270
사실판단 283
사업가계급 313
사용가치 122
사유재산 63
사적 생활 56
사적 소유권 107
사적 유물론 55, 107, 260, 361, 376
사회과학 280
사회민주주의 43
사회민주주의 운동 353, 359
사회병리학 195
『사회유기체의 구조와 삶』 155, 291
사회유형론 404
사회의 총잉여가치 129
사회적 계급 314
사회적 권력 318
사회적 분화 435
사회적 사실 188~190, 193, 408
사회적 연대 167
사회적 자아 182, 213
사회적 통합 182
사회적 행위 285, 293
사회정책협회 248

사회주의 144, 201, 202, 208, 342, 373
사회주의 경제 341
사회주의 금지법 42
사회주의 사회 143, 149, 429, 431
사회주의 혁명 429
『사회주의의 전제』 355
사회학 34, 38, 373
『사회학적 방법의 규칙』 174, 179, 185, 216
산업과 국가의 관료제화 342
산업사회 39, 378, 444
산업예비군 137, 139, 435
산업주의 154
산업프롤레타리아 61
산업혁명 39, 102
상대적 과잉인구 137
상부구조 110, 114, 117
상업자본 97
상품의 물신성 412
생물유기체 156
생물진화론 154
생산가격 128
생산관계 107, 110, 115, 117
생산력 105, 117
생산수단 107, 426
생산양식 107, 117, 387
생산의 사회화 144, 419
생시몽 153, 201, 207, 373
생시몽주의 51
서구 자본주의 250
서구 자본주의 정신 321
선택적 친화성 260
선택적인 이타적 자살 185
설명적 이해 288, 289

찾아보기 455

성과 속 220, 221, 227
성숙한 마르크스 32
성직자 325
세계의 각성 255, 325, 343
『세계종교의 경제윤리』 321
세속적 개인주의 371
세속적 금욕주의 258
세속적 합리주의 38
세속화 382, 397
셰플레 154, 155, 164, 201, 291
소극적 의식 227
소농경제 94
소농민층 94
소비에트 공인철학 42
소외 63, 70, 119, 126, 145, 405, 408, 411, 412, 418, 422, 434
소외된 노동 68
소외의 극복 419
소유계급 313
소유자와 경영자의 분리 141
소유형태 86
속죄적 의식 229
수단과 목표의 구별 195
수동적 유물론 82
수정주의 355
순간적인 신 324
슈몰러 158, 241
슈트라우스, 다비드 80, 381
슈티르너 383
슘페터 389
스미스, 애덤 41, 122
스펜서, 허버트 30, 172
시민사회 55, 57, 387, 415
시민사회이론 70

10월혁명 49, 442
시장적 소외 418
신념 공동체 172
신마르크스주의 30
『신성가족』 77, 80
신용거래 245
신용제도 140
신용체계 130
신의 영광 255
신칸트주의 33, 272, 405
신칸트학파 365, 394
신칸트학파 인식론 266
실용주의 270
실존주의 393
실증적 단계의 사회 154
실증적 도덕과학 157
실증주의 42, 155
실질적 합리성 343
쌍방향 커뮤니케이션 213
씨족 결합체 223

ㅇ

아나키즘 146
아노미 177, 182, 208, 214, 238, 411~413, 436
아노미적 분업 214, 379, 419
아노미적 자살 182
아시아적 생산양식 89
액턴 37
억압적 법률 171
억압적 제재 167
에라스무스 37
엥겔스 42, 43, 52, 62, 95, 250, 355, 373, 390

역동적 밀도 174, 401
역사철학 86
연대주의 372
영업계급 313
예속노동자 246, 249
예언자 325, 326
예정조화설 257
완전고용 136
왕정복고 40
원시기독교 383
원시사회 169, 178
원시종교 161
원자적 개인관 415
웜스 154
유교 334
유교 윤리 334
유기적 연대 171, 176, 196, 214, 377, 403, 421, 435
유기체론 154
유대교 321, 324
유목민 집단 88
유물론 43, 82, 385, 390
유물론적 역사 이해 386
유물론적 역사 해석 381
유용노동 123
유일신 384
유적 본성 68
유적 존재 70, 72, 87, 423
유토피아 202, 204
유학자 330
육체노동계급 315
윤리적 상대주의 405
윤리적 중립성 282
윤리적 진리 270

『윤리학』 161
융커 246, 351, 358
의무적인 이타적 자살 184
의미연관 289, 394
의식 112, 221, 225
이기적 자살 182
이기주의 184, 206, 236, 238, 413, 435
이념형적 개념 277
이데올로기 114, 117, 386, 388, 393, 394, 398
이데올로기적 상부구조 115
이론과 실천의 통일 80
이슬람교 324
이슬람교의 예정설 258
이윤 동기 134
이윤율의 경향적 저하 법칙 131
이익사회 172, 415
이자 낳는 자본 141
이중적 인간 417
이차적 집단 212, 213, 216
이해사회학 285, 291, 394
인간과 자연의 상호작용 403
인간과학 263, 264
인과귀속 274
인과적 분석 175
인구밀도 174
「인권선언」 38
일고노동자 246, 249
일반이익 117
일신교 324
임금노동 176
잉여가치론 124
잉여가치율 127
잉여노동 127

찾아보기 457

잉여생산 89, 105

ㅈ

자본가적 농업경영자 101
『자본론』 32, 62, 121, 139, 144, 354, 385
자본의 유기적 구성 128
자본의 유동성 130
자본주의 63, 102
자본주의 생산양식 64, 142
자본주의 정신 252, 253
자본주의에서 원초적 비합리성 399
자본주의의 지양 142
자본주의적 생산 67
자본주의적 축적의 절대적 일반법칙 139
자살 173, 179
『자살론』 179, 180, 185
자살률 173, 180
자연과학 263, 264
자연상태 412, 413
자연숭배 404
자유인 93
자유주의 371
자유주의적 부르주아지 359
자치농 96
자치시 96
장로제 302
장원 96, 246
재산 소유계급 313
적극적 금욕주의 391
전 자본주의적 사회 109
전유 65, 66
전통적 지배 301

전통적 행위 296
전통주의 251
전통주의적 세계관 252
절대군주 111
정당 318, 319, 340
정치경제학 41, 64, 70, 99, 103, 116, 164, 396, 414
『정치경제학 비판』 63, 78
정통 경제학이론 158
정통 정치경제학 208
제국주의 이론 443
조야한 경제결정론 244
조잡한 공산주의 73, 74
종교 59, 169, 217, 323, 324, 397
종교개혁 98, 249, 250, 253, 254, 260, 384
종교비판 59
종교사회학 218, 392
『종교생활의 기본형태』 219, 225, 232, 400, 402, 403
종교의 환상성 405
종교적 소외 66
종교적 의식 401
종획운동 98
주관적 관념론 391
주변적 계급 108
주술 323, 324, 334
주식회사 141
주체-객체 변증법 356, 398
주체의 객체화 55
중앙집중적 경제통제 202
중앙집중적인 생산 규제 205
증권시장 245
지도자 없는 민주주의 341

지리적 발견 99
지멜 241, 294
지배계급 107, 113, 114
지위에 따르는 특권 318
지위집단 299, 312, 316, 365
직관주의 286
직업적 결사체 212, 214, 372, 436
직업정치인 319
직업집단 216
직접 민주주의 340
진정한 민주주의 57, 73
진화론 155
집단심성 32
집합의식 157, 169, 172
집합체적 인격 170
집합표상 31, 228, 376

ㅊ
착취적 계급관계 135
책임윤리 269
책임윤리의 추구 270
책임정치 270
처벌을 통한 속죄 171
천민 317
천직 253
1848년 혁명 352
철학적 관념론 143
철학적 유물론 43, 83, 356
청교도 256
청교도의 천직 개념 257
청교도주의 334
청년마르크스 32
청년헤겔주의자 40, 52, 53, 62, 75, 383

초자연적 성격 220
촌락공동체 90
총체적 역사관 365
총투하자본 129
침례교 254

ㅋ
카리스마 307, 393, 394
카리스마의 일상화 309, 310
카리스마적 지배 301, 307
카스트 제도 317
카우츠키 43, 373
카토 92
칸트 49
칸트의 이원론 50, 195
칼뱅교 249, 254, 257, 260, 321, 395
캄파넬라 202
코뮌 369
코페르니쿠스 37
콩트 30, 153, 164, 191, 264
크니스 264

ㅌ
탈산업사회 444
토지재산 90, 92
토크빌 30
토테미즘 220~222, 229, 403
토템 문장 222
통전론 292
퇴니에스 415
특수과학 264
특수이익 117, 430

ㅍ

파리코뮌 146
평균이윤 129
평균이윤율 130
포이어바흐 52~54, 68, 81, 82, 381, 386
『포이어바흐에 관한 명제』 81, 83
포지티브 소유계급 313
포지티브 영업계급 314
푸이예 154
프랑스 사회주의 41
프랑스 혁명 38, 39, 49, 165, 235, 366
『프랑스의 계급투쟁』 109, 368, 370
프로테스탄트 181, 249
『프로테스탄트 윤리와 자본주의 정신』 245, 248, 250, 253, 259, 263, 322, 344, 382
프로테스탄티즘 234, 249
프롤레타리아 60, 61, 99, 110, 119, 145, 351
프롤레타리아 독재 145
프롤레타리아 혁명 352
프루동 201, 373
프티 부르주아지 110, 315
플라톤 202
피지배계급 107

피히테 49, 50

ㅎ

합리적 자본주의 335, 336, 344
합리주의 233, 253
합법적 지배 301
해방 농노 97
헤게모니 118
헤겔 41, 49, 50, 53, 57, 61, 381, 416
헤겔 국가철학 73
『헤겔 국가철학 비판』 58, 78
헤겔의 관념론 210
혁명적 계급 388
혁명적 투쟁 117
현상학 30
형법 167, 169
홉스 412
홉슨 443
화이트칼라 노동자 315
화폐 312, 396, 397
화폐제도 97
확대가족 332
환절형 사회구조 401
황권 331
후기 부르주아 산업사회 444
힌두교 327

지은이 앤서니 기든스

앤서니 기든스(Anthony Giddens, 1938~)는 영국 에드먼턴에서 태어나 헐 대학교에서 사회학을 전공한 뒤 런던 경제학교에서 석사학위, 케임브리지 대학교에서 박사학위를 받았다. 1969년 케임브리지 대학교를 시작으로 미국·프랑스·독일 등지에서 사회학 교수로 활약했다. 기든스의 학문적 장점은 마르크스와 막스 베버, 에밀 뒤르켐 등의 고전과 현상학·구조주의 같은 현대사회이론을 토대로 하여 현대사회와 자본주의의 현상을 분석한 데 있다. 1980년대 이후 좌우이념 대립 및 그 극복방안을 연구한 끝에 구조주의와 행동이론을 결합한 '구조화 이론'을 발표하여 명성을 얻었으며, 그 연구결과는 영국의 정치가 토니 블레어가 주장한 '제3의 길'의 이론적 기반이 되었다. 그는 폴리티라는 학술전문 출판사를 세워 1985년부터 매년 80여 권에 이르는 학술서적을 출판하고 있고, 1997년부터는 런던 경제학교 총장 겸 교수로 있다. 또한 기든스는 미국기초학문아카데미의 펠로이자 케임브리지 대학교 킹스 칼리지의 종신 펠로이다. 분명하고 유창한 언변으로도 유명한 그는 덴마크의 아르후스 대학교로부터 '세계최우수강사' 타이틀을 받기도 했고, 2002년에는 '에스파냐의 노벨 상'으로 알려진 프린스 오브 아스투리아스 상 (Prince of Asturias Prize) 사회과학부문 수상자가 되기도 했다.. 저서에 『자본주의와 현대사회이론』(1971), 『선진사회의 계급구조』(1973), 『사회학방법의 새로운 규칙』(1976), 『사적 유물론의 최신비판』(1981), 『국민국가와 폭력』(1985), 『모더니티의 결과들』(1990), 『모더니티와 자아정체성』(1991), 『친밀성의 변동』(1992), 『좌파와 우파를 넘어서』(1994), 『사회학의 변론』(1996), 『제3의 길』(1998) 등이 있다.

옮긴이 박노영·임영일

박노영(朴魯英)은 서울대학교 사회과학대학 사회학과와 같은 학교 대학원을 졸업하였다. 지금은 충남대 사회학과 교수로 있다. 옮긴 책으로는 C.W. 밀즈의 『정치·권력·민중』(공역), 앤더슨의 『사회계급론 서설』(공역) 등이 있다.
임영일(林榮一)은 서울대학교 사회과학대학 사회학과에서 학사·석사, 부산대학교에서 박사학위를 받았다. 경남대학교 사회학과 교수(1986~2006)를 지냈으며, 지금은 창원 노동사회교육원 이사장 및 산업노동연구소 소장으로 있다.

HANGIL GREAT BOOKS 94

자본주의와 현대사회이론

지은이 앤서니 기든스
옮긴이 박노영 · 임영일
펴낸이 김언호

펴낸곳 (주)도서출판 한길사
등록 1976년 12월 24일
주소 10881 경기도 파주시 광인사길 37
홈페이지 www.hangilsa.co.kr
전자우편 hangilsa@hangilsa.co.kr
전화 031-955-2000~3 **팩스** 031-955-2005

인쇄 오색프린팅 **제본** 경일제책사

제1판 제1쇄 2008년 2월 10일
제1판 제9쇄 2024년 11월 22일

값 30,000원

ISBN 978-89-356-5738-4 94160

• 잘못 만들어진 책은 구입하신 서점에서 바꿔드립니다.

한길그레이트북스 — 인류의 위대한 지적 유산을 집대성한다

1 관념의 모험
앨프레드 노스 화이트헤드 | 오영환

2 종교형태론
미르치아 엘리아데 | 이은봉

3·4·5·6 인도철학사
라다크리슈난 | 이거룡
2005 『타임스』 선정 세상을 움직인 100권의 책
『출판저널』 선정 21세기에도 남을 20세기의 빛나는 책들

7 야생의 사고
클로드 레비-스트로스 | 안정남
2005 『타임스』 선정 세상을 움직인 100권의 책
2008 『중앙일보』 선정 신고전 50선

8 성서의 구조인류학
에드먼드 리치 | 신인철

9 문명화과정 1
노르베르트 엘리아스 | 박미애
2005 연세대학교 권장도서 200선
2012 인터넷 교보문고 명사 추천도서
2012 알라딘 명사 추천도서

10 역사를 위한 변명
마르크 블로크 | 고봉만
2008 『한국일보』 오늘의 책
2009 『동아일보』 대학신입생 추천도서
2013 yes24 역사서 고전

11 인간의 조건
한나 아렌트 | 이진우
2012 인터넷 교보문고 MD의 선택
2012 네이버 지식인의 서재

12 혁명의 시대
에릭 홉스봄 | 정도영·차명수
2005 서울대학교 권장도서 100선
2005 『타임스』 선정 세상을 움직인 100권의 책
2005 연세대학교 권장도서 200선
1999 『출판저널』 선정 21세기에도 남을 20세기의 빛나는 책들
2012 알라딘 블로거 베스트셀러
2013 『조선일보』 불멸의 저자들

13 자본의 시대
에릭 홉스봄 | 정도영
2005 서울대학교 권장도서 100선
1999 『출판저널』 선정 21세기에도 남을 20세기의 빛나는 책들
2012 알라딘 블로거 베스트셀러
2013 『조선일보』 불멸의 저자들

14 제국의 시대
에릭 홉스봄 | 김동택
2005 서울대학교 권장도서 100선
1999 『출판저널』 선정 21세기에도 남을 20세기의 빛나는 책들
2012 알라딘 블로거 베스트셀러
2013 『조선일보』 불멸의 저자들

15·16·17 경세유표
정약용 | 이익성
2012 인터넷 교보문고 필독고전 100선

18 바가바드 기타
함석헌 주석 | 이거룡 해제
2007 서울대학교 추천도서

19 시간의식
에드문트 후설 | 이종훈

20·21 우파니샤드
이재숙
2005 서울대학교 권장도서 100선

22 현대정치의 사상과 행동
마루야마 마사오 | 김석근
2005 『타임스』 선정 세상을 움직인 100권의 책
2007 도쿄대학교 권장도서

23 인간현상
테야르 드 샤르댕 | 양명수
2007 서울대학교 추천도서

24·25 미국의 민주주의
알렉시스 드 토크빌 | 임효선·박지동
2005 서울대학교 권장도서 100선
2012 인터넷 교보문고 MD의 선택
2012 인터넷 교보문고 MD의 선택
2013 문명비평가 기 소르망 추천도서

26 유럽학문의 위기와 선험적 현상학
에드문트 후설 | 이종훈
2005 서울대학교 논술출제

27·28 삼국사기
김부식 | 이강래
2005 연세대학교 권장도서 200선
2012 인터넷 교보문고 필독고전 100선
2013 yes24 다시 읽는 고전

29 원본 삼국사기
김부식 | 이강래 교감

30 성과 속
미르치아 엘리아데 | 이은봉
2005 『타임스』 선정 세상을 움직인 100권의 책
2012 인터넷 교보문고 명사 추천도서
『출판저널』 선정 21세기에도 남을 20세기의 빛나는 책들

31 슬픈 열대
클로드 레비-스트로스 | 박옥줄
2005 서울대학교 권장도서 100선
2005 연세대학교 권장도서 200선
2008 홍익대학교 논술출제
2012 인터넷 교보문고 명사 추천도서
2013 yes24 역사서 고전
『출판저널』 선정 21세기에도 남을 20세기의 빛나는 책들

32 증여론
마르셀 모스 | 이상률
2003 문화관광부 우수학술도서
2012 네이버 지식인의 서재

33 부정변증법
테오도르 아도르노 | 홍승용

34 문명화과정 2
노르베르트 엘리아스 | 박미애
2005 연세대학교 권장도서 200선
2012 인터넷 교보문고 명사 추천도서
2012 알라딘 명사 추천도서

35 불안의 개념
쇠렌 키르케고르 | 임규정
2012 인터넷 교보문고 필독고전 100선

36 마누법전
이재숙·이광수

37 사회주의의 전제와 사민당의 과제
에두아르트 베른슈타인 | 강신준

38 의미의 논리
질 들뢰즈 | 이정우
2000 교보문고 선정 대학생 권장도서

39 성호사설
이익 | 최석기
2005 연세대학교 권장도서 200선
2008 서울대학교 논술출제
2012 인터넷 교보문고 필독고전 100선

40 종교적 경험의 다양성
윌리엄 제임스 | 김재영
2000 대한민국학술원 우수학술도서

41 명이대방록
황종희 | 김덕균
2000 한국출판문화상

42 소피스테스
플라톤 | 김태경

43 정치가
플라톤 | 김태경

44 지식과 사회의 상
데이비드 블루어 | 김경만
2002 대한민국학술원 우수학술도서

45 비평의 해부
노스럽 프라이 | 임철규
2001 『교수신문』 우리 시대의 고전

46 인간적 자유의 본질·철학과 종교
프리드리히 W.J. 셸링 | 최신한

47 무한자와 우주와 세계·원인과 원리와 일자
조르다노 브루노 | 강영계
2001 한국출판인회의 이달의 책

48 후기 마르크스주의
프레드릭 제임슨 | 김유동
2001 한국출판인회의 이달의 책

49·50 봉건사회
마르크 블로크 | 한정숙
2002 대한민국학술원 우수학술도서
2012 『한국일보』 다시 읽고 싶은 책

51 칸트와 형이상학의 문제
마르틴 하이데거 | 이선일
2003 대한민국학술원 우수학술도서

52 남명집
조식 | 경상대 남명학연구소
2012 인터넷 교보문고 필독고전 100선

53 낭만적 거짓과 소설적 진실
르네 지라르 | 김치수·송의경
2002 대한민국학술원 우수학술도서
2013 『한국경제』 한 문장의 교양

54·55 한비자
한비 | 이운구
한국간행물윤리위원회 추천도서
2007 서울대학교 추천도서
2012 인터넷 교보문고 필독고전 100선

56 궁정사회
노르베르트 엘리아스 | 박여성

57 에밀
장 자크 루소 | 김중현
2005 서울대학교 권장도서 100선
2000·2006 서울대학교 논술출제

58 이탈리아 르네상스의 문화
야코프 부르크하르트 | 이기숙
2004 한국간행물윤리위원회 추천도서
2005 연세대학교 권장도서 200선
2009 『동아일보』 대학신입생 추천도서

59·60 분서
이지 | 김혜경
2004 문화관광부 우수학술도서
2012 인터넷 교보문고 필독고전 100선

61 혁명론
한나 아렌트 | 홍원표
2005 대한민국학술원 우수학술도서

62 표해록
최부 | 서인범·주성지
2005 대한민국학술원 우수학술도서

63·64 정신현상학
G.W.F. 헤겔 | 임석진
2006 대한민국학술원 우수학술도서
2005 연세대학교 권장도서 200선
2005 프랑크푸르트도서전 한국의 아름다운 책100
2008 서우철학상
2012 인터넷 교보문고 필독고전 100선

65·66 이정표
마르틴 하이데거 | 신상희·이선일

67 왕필의 노자주
왕필 | 임채우
2006 문화관광부 우수학술도서

68 신화학 1
클로드 레비-스트로스 | 임봉길
2007 대한민국학술원 우수학술도서
2008 『동아일보』 인문과 자연의 경계를 넘어 30선

69 유랑시인
타라스 셰브첸코 | 한정숙

70 중국고대사상사론
리쩌허우 | 정병석
2005 『한겨레』 올해의 책
2006 문화관광부 우수학술도서

71 중국근대사상사론
리쩌허우 | 임춘성
2005 『한겨레』 올해의 책
2006 문화관광부 우수학술도서

72 중국현대사상사론
리쩌허우 | 김형종
2005 『한겨레』 올해의 책
2006 문화관광부 우수학술도서

73 자유주의적 평등
로널드 드워킨 | 염수균
2006 문화관광부 우수학술도서
2010 동아일보 '정의에 관하여' 20선

74·75·76 춘추좌전
좌구명 | 신동준

77 종교의 본질에 대하여
루트비히 포이어바흐 | 강대석

78 삼국유사
일연 | 이가원·허경진
2007 서울대학교 추천도서

79·80 순자
순자 | 이운구
2007 서울대학교 추천도서

81 예루살렘의 아이히만
한나 아렌트 | 김선욱
2006 『한겨레』 올해의 책
2006 한국간행물윤리위원회 추천도서
2007 『한국일보』 오늘의 책
2007 대한민국학술원 우수학술도서
2012 yes24 리뷰 영웅대전

82 기독교 신앙
프리드리히 슐라이어마허 | 최신한
2008 대한민국학술원 우수학술도서

83·84 전체주의의 기원
한나 아렌트 | 이진우·박미애
2005 『타임스』 선정 세상을 움직인 책
『출판저널』 선정 21세기에도 남을 20세기의 빛나는 책들

85 소피스트적 논박
아리스토텔레스 | 김재홍

86·87 사회체계이론
니클라스 루만 | 박여성
2008 문화체육관광부 우수학술도서

88 헤겔의 체계 1
비토리오 회슬레 | 권대중

89 속분서
이지 | 김혜경
2008 대한민국학술원 우수학술도서

90 죽음에 이르는 병
쇠렌 키르케고르 | 임규정
『한겨레』 고전 다시 읽기 선정
2006 서강대학교 논술출제

91 고독한 산책자의 몽상
장 자크 루소 | 김중현

92 학문과 예술에 대하여·산에서 쓴 편지
장 자크 루소 | 김중현

93 사모아의 청소년
마거릿 미드 | 박자영
20세기 미국대학생 필독 교양도서

94 자본주의와 현대사회이론
앤서니 기든스 | 박노영·임영일
1999 서울대학교 논술출제
2009 대한민국학술원 우수학술도서

95 인간과 자연
조지 마시 | 홍금수

96 법철학
G.W.F. 헤겔 | 임석진

97 문명과 질병
헨리 지거리스트 | 황상익
2009 대한민국학술원 우수학술도서

98 기독교의 본질
루트비히 포이어바흐 | 강대석

99 신화학 2
클로드 레비-스트로스 | 임봉길
2008 『동아일보』 인문과 자연의 경계를 넘어 30선
2009 대한민국학술원 우수학술도서

100 일상적인 것의 변용
아서 단토 | 김혜련
2009 대한민국학술원 우수학술도서

101 독일 비애극의 원천
발터 벤야민 | 최성만·김유동

102·103·104 순수현상학과 현상학적 철학의 이념들
에드문트 후설 | 이종훈
2010 대한민국학술원 우수학술도서

105 수사고신록
최술 | 이재하 외
2010 대한민국학술원 우수학술도서

106 수사고신여록
최술 | 이재하
2010 대한민국학술원 우수학술도서

107 국가권력의 이념사
프리드리히 마이네케 | 이광주

108 법과 권리
로널드 드워킨 | 염수균

109·110·111·112 고야
홋타 요시에 | 김석희
2010 12월 한국간행물윤리위원회 추천도서

113 왕양명실기
박은식 | 이종란

114 신화와 현실
미르치아 엘리아데 | 이은봉

115 사회변동과 사회학
레이몽 부동 | 민문홍

116 자본주의·사회주의·민주주의
조지프 슘페터 | 변상진
2012 대한민국학술원 우수학술도서
2012 인터파크 이 시대 교양 명저

117 공화국의 위기
한나 아렌트 | 김선욱

118 차라투스트라는 이렇게 말했다
프리드리히 니체 | 강대석

119 지중해의 기억
페르낭 브로델 | 강주헌

120 해석의 갈등
폴 리쾨르 | 양명수

121 로마제국의 위기
램지 맥멀렌 | 김창성
2012 인터파크 추천도서

122·123 윌리엄 모리스
에드워드 파머 톰슨 | 윤효녕 외
2012 인터파크 추천도서

124 공제격치
알폰소 바뇨니 | 이종란

125 현상학적 심리학
에드문트 후설 | 이종훈
2013 인터넷 교보문고 눈에 띄는 새 책
2014 대한민국학술원 우수학술도서

126 시각예술의 의미
에르빈 파노프스키 | 임산

127·128 시민사회와 정치이론
진 L. 코헨·앤드루 아라토 | 박형신·이혜경

129 운화측험
최한기 | 이종란
2015 대한민국학술원 우수학술도서

130 예술체계이론
니클라스 루만 | 박여성·이철

131 대학
주희 | 최석기

132 중용
주희 | 최석기

133 종의 기원
찰스 다윈 | 김관선

134 기적을 행하는 왕
마르크 블로크 | 박용진

135 키루스의 교육
크세노폰 | 이동수

136 정당론
로베르트 미헬스 | 김학이
2003 기담학술상 번역상
2004 대한민국학술원 우수학술도서

137 법사회학
니클라스 루만 | 강희원
2016 세종도서 우수학술도서

138 중국사유
마르셀 그라네 | 유병태
2011 대한민국학술원 우수학술도서

139 자연법
G.W.F 헤겔 | 김준수
2004 기담학술상 번역상

140 기독교와 자본주의의 발흥
R.H. 토니 | 고세훈

141 고딕건축과 스콜라철학
에르빈 파노프스키 | 김율
2016 세종도서 우수학술도서

142 도덕감정론
애덤 스미스 | 김광수

143 신기관
프랜시스 베이컨 | 진석용
2001 9월 한국출판인회의 이달의 책
2005 서울대학교 권장도서 100선

144 관용론
볼테르 | 송기형·임미경

145 교양과 무질서
매슈 아널드 | 윤지관

146 명등도고록
이지 | 김혜경

147 데카르트적 성찰
에드문트 후설·오이겐 핑크 | 이종훈
2003 대한민국학술원 우수학술도서

148·149·150 함석헌선집 1·2·3
함석헌 | 함석헌편집위원회
2017 대한민국학술원 우수학술도서

151 프랑스혁명에 관한 성찰
에드먼드 버크 | 이태숙

152 사회사상사
루이스 코저 | 신용하·박명규

153 수동적 종합
에드문트 후설 | 이종훈
2019 대한민국학술원 우수학술도서

154 로마사 논고
니콜로 마키아벨리 | 강정인·김경희
2005 대한민국학술원 우수학술도서

155 르네상스 미술가평전 1
조르조 바사리 | 이근배

156 르네상스 미술가평전 2
조르조 바사리 | 이근배

157 르네상스 미술가평전 3
조르조 바사리 | 이근배

158 르네상스 미술가평전 4
조르조 바사리 | 이근배

159 르네상스 미술가평전 5
조르조 바사리 | 이근배

160 르네상스 미술가평전 6
조르조 바사리 | 이근배

161 어두운 시대의 사람들
한나 아렌트 | 홍원표

162 형식논리학과 선험논리학
에드문트 후설 | 이종훈
2011 대한민국학술원 우수학술도서

163 러일전쟁 1
와다 하루키 | 이웅현

164 러일전쟁 2
와다 하루키 | 이웅현

165 종교생활의 원초적 형태
에밀 뒤르켐 | 민혜숙·노치준

166 서양의 장원제
마르크 블로크 | 이기영

167 제일철학 1
에드문트 후설 | 이종훈
2021 대한민국학술원 우수학술도서

168 제일철학 2
에드문트 후설 | 이종훈
2021 대한민국학술원 우수학술도서

169 사회적 체계들
니클라스 루만 | 이철·박여성 | 노진철 감수

170 모랄리아
플루타르코스 | 윤진

171 국가론
마르쿠스 툴리우스 키케로 | 김창성

172 법률론
마르쿠스 툴리우스 키케로 | 성염

173 자본주의의 문화적 모순
다니엘 벨 | 박형신
2022 대한민국학술원 우수학술도서

174 신화학 3
클로드 레비스트로스 | 임봉길
2022 대한민국학술원 우수학술도서

175 상호주관성
에드문트 후설 | 이종훈

176 대변혁 1
위르겐 오스터함멜 | 박종일

177 대변혁 2
위르겐 오스터함멜 | 박종일

178 대변혁 3
위르겐 오스터함멜 | 박종일

179 유대인 문제와 정치적 사유
한나 아렌트 | 홍원표

180 장담의 열자주
장담 | 임채우

181 질문의 책
에드몽 자베스 | 이주환

182 과거와 미래 사이
한나 아렌트 | 서유경

183 영웅숭배론
토마스 칼라일 | 박상익

184 역사를 바꾼 권력자들
이언 커쇼 | 박종일

185 칸트의 정치철학
한나 아렌트 | 김선욱

186 클라우제비츠 전쟁론 완성하기
르네 지라르·브누아 샹트르 지음 | 김진식

●한길그레이트북스는 계속 간행됩니다.